| 전면 3개정판 | **대중문화**의 이해

김창남 지음

한울
아카데미

『대중문화의 이해』 초판은 1998년 봄에 나왔다. 이후 전면개정판은 2003년, 전면 2개정판은 2010년에 각각 나왔다. 그리고 지금 네 번째 판을 낸다. 전면 2개정판이 나온 지 12년 만이고, 초판이 나온 때로부터는 24년이나 흘렀다. 그사이 참 많은 일들이 있었고 우리 사회도 많은 변화를 겪었다.

초판이 나온 1998년 봄은 한국 사회가 IMF 외환위기의 늪에 빠진 가운데 김대중 정부가 출범하던 시점이다. 급속한 경제성장 과정에서 누적된 거품이 순식간에 빠지며 수많은 사람들이 직장을 잃고 고통을 겪던 시절이다. 초판 서문에서 나는 이런 상황을 롤러코스터에 비유하며 이렇게 적었다.

"전근대에서 근대를 거쳐 탈근대라는 사회적 징후에 이르기까지 불과 30~40년 남짓 걸린 셈이니 생각해 보면 수천만이 비명을 질러대며 롤러코스터를 타고 달려온 것이나 다름없다. 불과 몇 달 만에 국민소득 1만 달러 시대에서 5000달러 시대로 급전직하하는 놀라운 수직 하강의 아찔함 속에서 수많은 사람들이 안전대를 놓치고 궤도를 이탈해 튕겨나가고 있지 않은가. 그 끔찍한 공포는 안전이 보장된 롤러코스터의 일시적 공포에 비할 바가 아니다."

전면개정판이 나온 2003년은 2002년 월드컵의 '붉은 악마'에서 시작된 젊은 세대의 에너지가 노사모, 국민경선, 촛불시위로 이어지며 노무현의 참여정부를 탄생시킨 시점이다. 개정판 서문은 당시 내가 품었던 다소간의 희망과 낙관을 보여준다.

"중요한 것은 이미 우리 사회가 변화의 대단히 중요한 한 고비를 넘어서고 있으며 이는 어떤 힘으로도 결코 되돌릴 수 없으리라는 사실을 확인하는 일이다. 이는 지난 한 해 세계를 놀라게 한 우리 사회의 놀라운 역동성이 어떤 정치세력이나 정치집단의 전략이나 전술이 아니라 기본적으로 새로운 세대의 자생적인 문화적 에너지에 근거하고 있다는 사실에서 비롯된다."

2010년에 나온 전면 2개정판의 서문은 또 다른 분위기를 담고 있다. '어떤 힘으로도 결코 되돌릴 수 없으리라' 믿었던 세상이 순식간에 과거로 회귀하며 온갖 살풍경이 연출되고 있던 시점이다.

"마치 데자뷔처럼 언젠가 본 듯한 장면들이 끝없이 되풀이된다. 시위하는 시민이 전경의 군홧발에 밟히고, 철거에 저항하던 사람들이 불에 타 죽고, 입바른 소리를 한 사람들은 체포되고, 미운 털 박힌 사람들은 마구잡이로 쫓겨난다. 그 속에서 전직 대통령이 스스로 목숨을 던지는 초유의 비극마저 일어났으니 더 이상 무슨 말을 하겠는가."

그로부터 다시 10여 년이 지나면서 한국 사회는 또 다시 여러 차례 역사의 굴절을 겪었다. 독재자의 딸이 권력을 잡으면서 많은 사람들을 절망하게 했지만 국정농단을 일삼던 권력은 결국 촛불을 든 국민의 손에 퇴출되었고, 전직 대통령 둘이 구속되었다. 하지만 촛불의 힘으로 탄생한 정권은 국민의 희망과 기대에 충분히 부응하지 못한 채 5년 만에 다시 과거 세력에게 권력을 넘겨주고 말았다. 좋은 의미에서든 나쁜 의미에서든 한국 사회의 역동성은 여전히 섣부른 예측을 불허한다. 전면 2개정판 서문에 썼던 다음 구절은 그래서 여전히 유효하다고 믿는다.

"그 절망 속에서 분명히 깨닫는 것은 민주주의란 그저 정치적 절차의 문제가 아니라 우리 모두의 의식과 정신의 문제라는 사실이다. 지난 수십 년의 세월 동안 우리 마음속에 자리 잡아온 욕망의 구조를 바꾸지 않은 채 권력의 담당자와 절차만 바꾼다고 사회가 진정 변화하는 것은 아니라는 새삼스러운 자각이다. 사람들의 일상과 무의식 속에 알게 모르게 켜켜이 쌓인 욕망의 왜곡된 구조를 바꾸는 것이야말로 진정 우리가 성취해야 할 변화의 지향점이다. 욕망의 구조라는 말은 결국 문화라는 말과 다름없을진대, 문화가 최후까지 추구되어야 할 변혁의 공간일 수밖에 없는 것은 그 때문이다. 문화·일상·욕망의 문제를 천착하는 지적 기획으로서 문화연구의 의의가 새삼스럽게 다가오는 까닭이다."

이 책 『대중문화의 이해』는 문화에 대한 공부를 시작하고자 하는 사람들을 위한 입문서이자 대중문화에 대해 알고자 하는 사람들을 위한 교양서이다. 내가 초판 때부터 가장 염두에 두었던 점은 이 책을 읽는 독자가 그저 문화와 대중문화에 관한 지식을 쌓는 데 그치는 것이 아니라 이를 통해 진정한 문화의 주체로 서는 데 도움이 되었으면 하는 것이었다. 문화와 대중문화에 관한 여러 이론적 논점과 더불어 우리가 일상 속에서 접하는 대중문화의 다양한 현실적 논점들을 가능한 한 풍부하게 담고자 한 것은 그 때문이다.

이번 전면 3개정판은 몇 가지 점에서 새롭게 구성했다. 먼저 지난 전면 2개정판까지 제2부 전체를 구성했던 한국 대중문화의 역사에 관한 부분을 없애고, 서구 대중문화와 한국 대중문화의 간략한 역사를 다룬 두 장을 새로 넣었다. 이는 대중문화의 역사를 아는 것이 중요하지 않아서가 아니다. 오히려 그 반대이다. 나는 한국 사회의 변동 과정 속에서 대중문화가 형성·변화해 온 과정을 따로 떼어 『한국대중문화사』(한울엠플러스, 2021)라는 별개의 책을 집필했다. 현시대의 문화적 상황과 대중문화의 변화에 관한 좀 더 깊이 있는 이해를 원한다면 『대중문화의 이해』와 『한국대중문화사』를 함께 읽기를 권한다. 문화연구나 대중문화에 관한 교과목의 교재로 쓸 때도 가능하면 두 책을 함께 쓰기를 권한다.

또한 이번 개정판에는 한국 사회의 변화와 함께 새롭게 떠오르고 있는 문화적 주제들, 이를테면 정치적 올바름의 문제나 세대 담론, 스토리텔링 등에 관한 장을 새로 넣었고 이론 부분 전반을 보완해 새로 구성했으며, 다른 장들도 시대적 변화에 맞추어 최대한 수정하고 보완했다. 물론 여전히 부족한 부분이 적지 않으리라 생각한다. 독자들의 질책과 지적을 기대한다.

　순전히 내 게으름 때문에 개정판 작업이 너무 늦어졌다. 한울엠플러스(주)의 관계자 여러분들, 고맙게도 이 책을 교재로 써주시는 분들, 이 책을 읽으실 모든 독자들께 사과와 감사 인사를 함께 드린다.

2022년 8월

김창남

　2003년에 쓴 전면개정판 서문을 다시 읽다 보니 이 구절이 눈에 박힌다.

　"중요한 것은 이미 우리 사회가 변화의 대단히 중요한 한 고비를 넘어서고 있으며 이는 어떤 힘으로도 결코 되돌릴 수 없으리라는 사실을 확인하는 일이다. 이는 지난 한 해 세계를 놀라게 한 우리 사회의 놀라운 역동성이 어떤 정치세력이나 정치집단의 전략이나 전술이 아니라 기본적으로 새로운 세대의 자생적인 문화적 에너지에 근거하고 있다는 사실에서 비롯된다. 이 새로운 세대에게 문화는 그대로 삶이며 정치이자 축제이다. 그들이 가진 문화적 에너지를 어떻게 현실의 사회개혁과 진보의 역동성으로 수렴할 것인가, 이것이 우리 사회의 미래를 결정지을 가장 중요한 핵심 과제가 될 것이다."

　이 글을 쓸 당시는 한일 월드컵과 붉은 악마, 촛불시위 그리고 대통령 선거에 이르기까지 드라마틱하게 펼쳐졌던 2002년의 역사를 겪고 난 직후였고, 나 역시 우리 사회의 미래에 대해 어느 정도 낙관과 희망에 차 있었다. 그로부터 7년이 흐른 지금 다시 개정판을 내는 나의 마음은 그때와는 딴판으로 몹시도 무겁다. 내가 '어떤 힘으로도 결코 되돌릴 수 없으리라' 생각했던 것과 달리 세상은 순식간에 10년 전 혹은 20년 전으로 되돌아간 듯 살풍경하다. 마치 데자뷔처럼 언제가 본 듯한 장면들이 끝없이 되풀이된다. 시위하는 시민이 전경의 군홧발에 밟히고, 철거에 저항하던 사람들이 불에 타 죽고, 입바른 소리를 한 사람들은 체포되고, 미운털 박힌 사람들은 마구잡이로 쫓겨난다. 그 속에서 전직 대통령이 스스로 목숨을 던지는 초유의 비극마저 일어났으니 더 이상 무슨 말을 하겠는가.

　생각해 보면 우리가 지난 세월 이루어놓은 사회 변화라는 것이 얼마나 허약한 기반 위에 서 있었던 것인지 허망한 마음을 감추기 어렵다. 이 모든 것이 합법적인 선거 과정을 통해 우리가 직접 선출한 권력에 의해서 자행되고 있고 그 권력이 결코 적지 않은 사람들의 지지를 받고 있다는 사실은 우리를 더욱 절망케 한다. 그 절망 속에서 분명히 깨닫는 것은 민주주의란 그저 정치적 절차의 문제가 아니라 우리 모두의 의식과 정신의 문제라는 사실이다. 지난 수십 년의 세월 동안 우리 마음속에 자리 잡아온 욕망의 구조를 바꾸지 않은 채 권력의 담당자와 절차만 바꾼다고 사회가 진정 변화하는 것은 아니라는 새삼스러운 자각이다. 사람들의 일상과 무의식 속에 알게 모르게 켜켜이 쌓인 욕망의 왜곡된 구조를 바꾸는 것이야말로 진정 우리가 성취해야 할 변화의 지향점이다. 욕망의 구조라는 말은 결국 문화라는 말과 다름없을진대, 문화가 최후까지 추구되어야 할 변혁의 공간일 수밖에 없는 것은 그 때문이다. 문화·일상·욕망의 문제를 천착하는 지적 기획으로서 문화연구의 의의가 새삼스럽게 다가오는 까닭이다.

『대중문화의 이해』는 문화연구에 입문하려는 사람들을 위한 개론서이자 입문서이다. 하지만 나는 이 책이 문화나 미디어를 전공하는 사람들뿐만 아니라 평범한 일상 속에서 문화를 수용하고 실천하는 모든 사람들에게 두루 읽혔으면 하는 바람이 있다. 문화는 우리가 그 속에서 삶을 살아가고 관계를 맺어가는 가장 기본적인 환경이자 조건이다. 그것은 마치 공기처럼 우리를 둘러싸고 있으면서 알게 모르게 우리의 몸과 정신에 영향을 미친다. 우리가 공기의 존재를 의식하지 못하는 것처럼 문화 역시 객관적으로 인식되지 않는 경우가 많다. 너무나 익숙한 까닭에 그것의 의미를 미처 깨닫기 전에 넘어가버리는 수많은 문화현상들을 낯설게 보면서 그 의미를 새삼 반추해 보는 일은 우리 스스로 삶의 주체로 서기 위해 꼭 필요한 일이다. 나는 이 책이 바로 그렇게 모든 사람들이 일상과 문화를 낯설게 바라보면서 그 속에 숨겨진 의미를 스스로 깨달을 수 있는 능력을 키우는 데 도움이 되기를 바란다. 그런 깨달음이 쌓일 때 우리는 자기 자신과 이 사회를 좀 더 정확하게 이해할 수 있고 또한 변화시킬 수 있다.

이 책도 지난 판의 체제를 그대로 따르고 있다. 1부에서는 문화와 대중문화의 이론적 맥락을 살펴보고, 2부에서는 한국 대중문화의 형성과 전개 과정을 다룬다. 1부와 2부의 경우는 대체로 지난 개정판에 실렸던 글들을 부분적으로 수정·보완했다. 3부에서는 최근의 사회 변화 속에서 부각된 주요 논점들을 살펴보는데, 시의성을 살리다 보니 대부분 새로 집필해야 했다. 대중문화의 구체적 현실과 관련된 일반적 주제를 다루고 있는 4부 역시 시대 변화에 맞추어 수정·보완했다. 초판과 지난 개정판을 통해 지적되었던 결함과 실수를 최대한 교정하고자 했지만 여전히 부족한 부분이 적지 않으리라 생각한다. 앞으로도 많은 지적과 질책을 기대한다.

늦어도 5년 안에는 새로운 판을 냈어야 했는데 필자의 게으름 탓에 개정이 늦어졌다. 도서출판 한울의 김종수 사장님과 편집부 여러분들, 고맙게도 이 책을 교재로 사용해 주시는 분들, 이 책을 읽으셨거나 읽고 있거나 읽으실 독자들께 사과와 감사를 함께 드린다. 책과의 만남은 그 책을 쓴 사람과의 만남이기도 하고 그 책을 읽은 다른 독자들과의 만남이기도 하다. 그 작은 만남이 소중한 것은 그것이 모든 변화의 시작이기 때문이다.

2010년 2월

김창남

IMF 경제위기 속에서 결코 심상할 수 없는 마음으로 『대중문화의 이해』 초판을 낸 지 벌써 5년이 흘렀다. 그 사이 우리 사회는 또다시 많은 곡절을 겪었다. 외환위기를 극복했다며 축하의 샴페인과 함께 요란하게 시작되었던 뉴 밀레니엄의 감격은 그저 새로운 혼돈과 갈등을 알리는 서막에 지나지 않았다. '국민의 정부' 후반기를 점철했던 갖가지 추문과 혼란은 우리 사회의 개혁과 진보라는 것이 얼마나 지난한 것인지를 새삼 실감케 했다. 수십 년 동안 쌓이고 쌓인 사회적 모순과 가치의 왜곡은 단순히 정권이 바뀌고 권력의 추가 이동한다고 해서 쉽사리 극복되는 것이 아니라는 사실을 우리는 뼈저리게 느껴야 했다.

그런 가운데 2002년 한 해 동안 너무나 놀라운 드라마가 펼쳐졌다. 국민경선과 '노풍'으로 시작된 대중의 자발적 에너지는 '노사모', '붉은 악마', '촛불시위'로 이어지면서 창조적인 대중 참여의 정치적 변화를 이끌어냈다. 이후 시작된 '참여정부'의 초반부 모습은 많은 사람들에게 실망을 안겨주고 기대에 못 미쳤지만, 따지고 보면 지금 우리 사회는 대단히 급속한 과도기적 상황 속에 있으며, 그런 가운데 사회 여러 방면에서 갖가지 파열음과 불협화음이 나타나는 것은 어느 정도 예견된 일이라 할 수 있다.

중요한 것은 이미 우리 사회가 변화의 대단히 중요한 한 고비를 넘어서고 있으며 이는 어떤 힘으로도 결코 되돌릴 수 없으리라는 사실을 확인하는 일이다. 이는 지난 한 해 세계를 놀라게 한 우리 사회의 놀라운 역동성이 어떤 정치세력이나 정치집단의 전략이나 전술이 아니라 기본적으로 새로운 세대의 자생적인 문화적 에너지에 근거하고 있다는 사실에서 비롯된다. 이 새로운 세대에게 문화는 그대로 삶이며 정치이자 축제이다. 그들이 가진 문화적 에너지를 어떻게 현실의 사회개혁과 진보의 역동성으로 수렴할 것인가, 이것이 우리 사회의 미래를 결정지을 가장 중요한 핵심 과제가 될 것이다.

『대중문화의 이해』전면개정판을 준비하면서 필자가 되풀이해 고민했던 문제의
식이 그것이다. 문화를 연구하고, 대중문화를 공부하는 목적이 그저 단편적 지식과
현학을 과시하려는 것일 수는 없다. 문화를 통해 현실을 바라보고 대중문화를 통해
나 자신의 삶을 객관화하여 그 속에서 새로운 사회, 새로운 삶, 새로운 가치를 추구
할 수 있는 성찰과 창조의 능력을 키우는 것이야말로 문화를 공부하는 가장 중요한
목표이자 의의가 되어야 한다. 문화는 예술이나 문화산업, 미디어 등 눈에 보이는
영역만이 아니라 개인과 사회 전체를 관통하는 삶의 양식이자 가치이며 상상력과
창조력이고 사회적 욕망과 욕구의 체계이다. 그런 의미에서 문화가 변화한다는 것
은 곧 우리 자신의 삶의 내용과 형식, 가치와 욕망이 변화한다는 것이고 이를 통해
사회 전체의 체계가 변화한다는 의미인 것이다. 필자는 이 책을 통해 독자들이 자
신의 삶과 사회를 바라보고 새로운 삶과 사회를 고민하는 성찰의 기회를 갖게 되길
바란다.

전면개정판을 내면서 각 장의 내용을 현실 변화와 시의성을 고려해 수정했고 일
부 새로운 장을 추가했으며 몇몇 장은 삭제했다. 그동안 초판을 읽은 많은 분들이
지적해주신 오류와 문제점들은 그런대로 수정이 된 셈이지만 전체적으로 많은 부
분을 새롭게 구성하려던 애초의 계획은 나 자신의 무능과 게으름으로 포기할 수밖
에 없었다.

초판과 달리 전체를 4개의 부로 나누었는데, 1부에서는 주로 이론적 개념과 갈래
들을 다루었고, 2부에서는 한국 대중문화의 역사를, 3부에서는 1990년대 이후의 사
회 변화 속에서 제기된 문화의 논점들을, 그리고 4부에서는 몇 가지 비평적 주제와
정책의 문제를 다루었다. 독자들이 우리 사회의 문화를 이해하고 이를 통해 한 사

람 한 사람 건강한 문화적 주체로서 자신의 삶과 가치를 새롭게 갈무리하는 데 이 책이 자그마한 도움이라도 되기를 바란다.

20대 시절에 만나 변함없이 신세를 지고 있는 도서출판 한울의 김종수 사장님, 늘 웃는 얼굴로 원고를 채근해주신 고경대 상무님, 그리고 보잘것없는 글을 예쁘게 포장해준 편집부 여러분께 감사드린다.

2003년 8월

김창남

　최근에 난생 처음으로 보름 정도 미국 구경을 할 기회가 있었다. 개나 소나 외국 드나들기를 우습게 아는 시대에도 외국행 비행기 한번 못 타본 토종으로 살아온 처지에 뒤늦게 이런 기회를 가질 수 있었던 것은 순전히 거품경제의 막차에 운 좋게 편승할 수 있었던 탓이다. 국내의 어떤 기업이 미국의 어떤 대학에 돈을 주고 열어온 학술회의에 초청을 받은 것이니 내 돈은 한 푼 안 들었어도 결국 외화 소비에 한 몫한 셈이고 요즘 같은 시대에 대놓고 자랑할 일은 못 되지 싶다. 아무튼 얼마 되지 않는 기간이나마 몇 군데의 도시와 대학을 돌아다니며 이런저런 일들을 경험할 수 있었는데 그 가운데 기억나는 것 하나가 디즈니랜드에서 타본 롤러코스터이다. 그런 것이야 서울랜드나 에버랜드에도 있는 것인데 굳이 디즈니랜드까지 가서 타야 할 이유가 없지만, 거기에는 남부끄러운 사정이 있다. 디즈니랜드에 혼자 들어선 나는 일단 제한된 시간 동안 본전을 뽑아야 한다는 생각에 사로잡혀 대충 사람들이 줄지어 서 있으면 뭐든 가리지 않고 따라가 타거나 보거나 했다. 이것저것 자세히 따지고 물어가면서 다니기에는 마음도 급했고 빈약한 영어 실력 때문에 신경 피곤해지기도 귀찮고 해서 입 다물고 줄만 따라다닌 것이다. 그러다 보니 어느 줄인가 그 쳐다보기도 끔찍한 롤러코스터로 향하는 줄을 따라가게 된 것이다. 나는 원래 겁이 많은 편이라 그런 식의 자학적 공포체험은 절대로 하지 않는 사람이지만 그것이 롤러코스터인 줄 알았을 때는 이미 늦어버렸다. 빽빽이 들어선 사람들을 헤치면서 다시 줄을 거꾸로 거슬러 나오는 일도 내게는 쉬운 일이 아니었기 때문이다. 그렇게 해서 올라탄 롤러코스터의 경험은 역시 짐작한 대로 불쾌하기 짝이 없었는데, 특히 꼭대기로 올라갔다가 급속도로 수직 하강하는 코스는 말 그대로 끔찍한 것이었다. 엉뚱한 자리에서 디즈니랜드의 롤러코스터 이야기를 꺼내는 것은 롤러코스터의 아찔한 경험이 어쩐지 한국 사회에 살면서 우리가 겪는 사회적 격변의 경험과 유사하다는 생각이 들어서이다. 다시 말하기도 새삼스러운 일이지만 한국 사회의 가장 중요한 특징은 무엇이든 급격하게 이루어진다는 점에 있다. 급속한 경제성장, 급격한 사회변동의 흐름 속에서 한국 사회는 불과 수십 년 만에 다른 나라가 수백 년간에 걸쳐 경험한 사회 변화의 과정을 집약적으로 겪었다. 전근대에서 근대를 거쳐 탈근대라는 사회적 징후에 이르기까지 불과 30~40년 남짓 걸린 셈이니 생각해 보면 수천만이 비명을 질러대며 롤러코스터를 타고 달려온 것이나 다름없다. 불과 몇 달 만에 국민소득 1만 달러 시대에서 5000달러 시대로 급전직하하는 놀라운 수직 하강의 아찔함 속에서 수많은 사람들이 안전대를 놓치고 궤도를 이탈해 튕겨나가고 있지 않은가. 그 끔찍한 공포는 안전이 보장된 롤러코스터의 일시적 공포에 비할 바가 아니다. 그런데도 사람들은 그 속에서 그럭저럭 살아가고 있으니 그 또한 신기한 일이다.

이런 시대에 문화를 연구하고 문화에 관해 이야기한다는 것은 무슨 의미가 있을까? 거듭 생각하는 문제이지만 늘 그렇듯이 내게 해답은 없다. 그런데 지금 나는 또 한 권의 책을 내고 있다.

여기 실린 글들은 몇 편을 제외하면 대부분 1997년 한 해 동안 유니텔에서 제공한 가상 대학의 강좌용으로 작성된 것들이다. 문화를 전공하지 않은 일반인들을 대상으로 한 강좌였기 때문에 깊이 있는 주제나 이론적 논점 같은 것은 들어 있지 않다. 또 나만의 학문적 탐구에서 나온 무슨 독창적인 아이디어 같은 것도 별로 없다. 나로서는 평범한 생활인들과 대학생들이 대중문화에 대해 알고자 할 때 필요하다고 생각되는 주제들을 평이하게 서술하는 데 주안을 두었을 뿐이다. 그러다 보니 기왕에 나와 있는 여러 문헌들을 얼기설기 얽어놓은 듯한 부분도 적지 않다. 일일이 각주를 달거나 출전을 달지 못한 부분에 대해서는, 혹 그 때문에 마음 상하시는 분이 있다면 이 자리에서 양해를 구한다. 또 하나, 가능한 한 쉽게 써야 한다는 생각은 늘 하지만 역시 쉽게 쓰는 일만큼 어려운 일이 없다. 일부를 제외하고는 읽기에 결코 쉽지 않은 글이 되어버린 것에 대해서도 미안하게 생각한다.

1990년대 들어 문화의 시대니 문화 담론의 시대니 할 만큼 문화연구에 대한 관심이 폭발해 왔지만, 그 넘치는 담론 속에서 대중은 오히려 소외되어 왔다는 것이 내 생각이다. 주기적으로 유행이 바뀌면서 등장하는 외국의 이론가들과 그들의 알 듯 모를 듯한 이론들, 현학적이고 난삽하지 않으면 지나치게 주관적이거나 거칠고 공격적이기만 한 글쓰기들이 넘쳐나는 와중에 문화 담론의 시장에도 적지 않은 거품이 생겨났다. '적어도 그런 거품 만들기는 되지 말아야 할 텐데…….' 늘 그런 다짐을 해보지만 결과가 항상 그에 합당했는지는 자신이 없다. 어쨌거나 나는 대중이 문화의 진정한 주체가 되어야 한다고 생각하며 책을 집필했다.

이 책의 각 장 끄트머리에 붙어 있는 '생각해 볼 문제'들은 늘 주어진 문화에 대해 거리를 두면서 사고하는 습관을 붙였으면 하는 바람에서 나온 내 나름의 배려이다. 또 각 장마다 주요 개념들을 따로 분류해 놓았다. 원래 가상 대학의 온라인상에는 하이퍼텍스트 형식으로 각주가 붙어 있었지만 여기서는 내용을 생략하고 개념들만 열거해 놓았다. 가능한 대로 참고문헌과 사회과학사전 등을 찾아보면서 읽기 바란다. 그러면 훨씬 풍부한 이해를 얻게 될 것이라 믿는다.

아울러 요즘 같은 시대에 선뜻 책을 내준 도서출판 한울의 여러분에게 고마운 마음을 전한다.

김창남

차례

전면 3개정판 서문 _ 3
전면 2개정판 서문 _ 7
전면개정판 서문 _ 10
초판 서문 _ 13

제1부 · 문화와 대중문화

01 **문화란 무엇인가 _22**

1. 미디어, 커뮤니케이션 그리고 문화 22 | 2. 문화는 인간과 역사의 산물 24 | 3. 문화에 관한 몇 가지 정의 방식 26 | 4. 문화를 공부한다는 것의 의미 31

02 **대중문화란 무엇인가 _ 36**

1. 대중문화에 대한 몇 가지 상식 37 | 2. 대중문화와 대중예술 그리고 키치 39 | 3. 매스 컬처 (mass culture)와 파퓰러 컬처(popular culture) 42 | 4. 대중문화라는 문제 영역 45

03 **대중문화의 생산과 소비 _ 55**

1. 생산 주체와 소비 주체의 분리 56 | 2. 대중문화 생산의 경제 논리 57 | 3. 대중문화 생산의 정치 논리 63 | 4. 대중문화의 수용: 소비와 실천 65

04 **서구 근대 대중문화의 형성과 변화: 인쇄술에서 디지털까지 _ 72**

1. 근대사회의 개막과 대중의 형성 73 | 2. 매스미디어 기술의 발전과 대중문화 75 | 3. 디지털 시대의 대중문화 82

05 **한국 대중문화의 형성과 변화 _ 89**

1. 일제강점기: 근대적 미디어의 도입과 대중문화의 형성 90 | 2. 1945-1950년대: 전후의 혼란과 미국문화의 영향 93 | 3. 1960년대: 개발독재 시대 매스미디어의 확산과 대중사회의 도래 96 | 4. 1970년대: 청년문화의 등장과 좌절 99 | 5. 1980년대: 지배문화와 저항문화 103 | 6. 1990년대: 신세대문화와 소비문화 106 | 7. 21세기: 온라인과 모바일 시대의 일상과 문화 109 | 8. 한국 대중 문화사, 세 번의 굴곡 112

제2부 · 대중문화의 이론

06 대중의 취향과 대중문화의 미학: 대중문화에 관한 엘리트주의적 관점 _ 118

1. 엘리트주의적 비판론에서 말하는 대중적 취향과 대중문화의 미학 119 ㅣ 2. 다원주의자의 문화 수준론과 취향문화론 121 ㅣ 3. 엘리트주의자의 고급문화론도 역사의 산물일 뿐 126

07 마르크스주의와 프랑크푸르트학파의 문화이론 _ 130

1. 마르크스주의 문화론 131 ㅣ 2. 프랑크푸르트학파의 문화이론 134 ㅣ 3. 발터 벤야민의 기술복제 시대의 예술 140

08 구조주의와 기호학, 주체구성의 이론 _ 146

1. 구조주의와 기호학 147 ㅣ 2. 알튀세르의 주체구성론 157 ㅣ 3. 구조주의의 반인간주의 160

09 문화주의와 문화연구, 헤게모니 이론 _ 163

1. 문화주의 164 ㅣ 2. 문화연구와 그람시 168 ㅣ 3. 대중문화와 지배 이데올로기 175

10 상징권력과 문화자본: 피에르 부르디외의 문화사회학 _ 178

1. 문화자본 179 ㅣ 2. 구별짓기 181 ㅣ 3. 장(field)과 아비투스(habitus) 183

제3부 · 대중문화와 21세기 한국 사회

11 대중문화와 세대 _ 190

1. 세대, 세대 담론, 세대문화 191 ㅣ 2. 1970년대 자유주의 청년문화 194 ㅣ 3. 1980년대 민중주의 청년문화 196 ㅣ 4. 1990년대 신세대 청소년문화의 헤게모니 198 ㅣ 5. 2000년대, 광장과 촛불 그리고 인터넷 하위문화 200 ㅣ 6. 청년세대와 비주류 문화 203

12 디지털혁명과 대중문화 _ 207

1. 디지털 시대의 문화산업 208 ㅣ 2. 온라인과 모바일 시대의 일상과 문화 212 ㅣ 3. SNS와 OTT 시

대의 대중문화 218

13 대중지성과 시민사회 _ 223

1. 매스미디어 시대 수용자와 대중에 대한 인식 224 | 2. 디지털 시대의 수용자 대중 227 | 3. 대중의 집단지성과 '사유의 외주화' 230 | 4. 디지털 미디어 리터러시와 시민사회 234

14 지구화 시대의 한류 _ 238

1. 한류의 등장과 성장 239 | 2. 한류의 성공 요인 242 | 3. 한류 현상을 둘러싼 담론들 246 | 4. 아시아적 존재로서 한국, 한류 248

15 대중문화와 표현의 자유 그리고 정치적 올바름의 문제 _ 251

1. 군사독재 시대의 정치적 통제와 억압 252 | 2. 민주화 이후 국가 개입과 표현의 자유 문제 257 | 3. 소수자 문화와 정치적 올바름 그리고 정체성 정치 261

제4부 · 대중문화, 대중 주체의 문화

16 대중문화, 스토리텔링과 카타르시스의 즐거움 _ 268

1. 문화 콘텐츠와 스토리텔링의 시대 269 | 2. 디지털 스토리텔링 272 | 3. 이야기를 통한 카타르시스의 즐거움 275

17 스타시스템과 팬덤의 문화정치학 _ 281

1. 스타는 어떻게 만들어지는가 282 | 2. 사람들은 왜 스타에 열광하는가 287 | 3. 자본주의와 스타 시스템 290 | 4. 팬은 누구인가 292 | 5. 팬덤과 팬클럽의 문화적 기능 294 | 6. 적극적 수용자이자 생산자로서의 마니아 297

18 대중문화 시대의 스포츠 _ 302

1. 스포츠가 주는 즐거움 303 | 2. 스포츠 스타와 집단 정체성 305 | 3. 스포츠와 경제 307 | 4. 스포츠와 정치 310

19 육체의 문화, 성의 문화 _ 314

1. 문화화된 몸 315 ┃ 2. 한국 사회 성 담론의 이중성 317 ┃ 3. 몸에 대한 집착과 육체산업의 호황 320 ┃ 4. 포르노그래피와 디지털 성 착취 323

20 호모루덴스, 문화의 주체가 되기 위하여 _ 327

1. 노동하는 인간, 놀이하는 인간 328 ┃ 2. 자본주의 시대의 놀이, 대중문화 331 ┃ 3. 좋은 문화란 어떤 것인가 333 ┃ 4. 자유로운 문화의 주체가 된다는 것 337

찾아보기 _ 341

제1부 **문화와 대중문화**

01 문화란 무엇인가

02 대중문화란 무엇인가

03 대중문화의 생산과 소비

04 서구 근대 대중문화의 형성과 변화:
   인쇄술에서 디지털까지

05 한국 대중문화의 형성과 변화

01

문화란 무엇인가

주요 개념 및 용어 | 문화(culture)와 문명(civilization), 산업사회(industrial society), 대중사회 (mass society), 전문직주의(professionalsm), 자연화(naturalization), 마녀 사냥

'대중문화'는 '문화'의 부분집합이다. 대중문화라는 개념을 이해하기 위해 우선 문화라는 용어부터 이해할 필요가 있다. 문화는 누구나 알고 보편적으로 쓰는 말이지만 그 개념을 정확하게 정의하기는 매우 어렵다. 오랫동안 많은 사람들이 다양한 방식으로 문화를 정의해 왔다. 첫 장에서는 문화라는 개념의 기본적인 의미를 알아보고 다양하게 정의되어 온 문화의 개념을 몇 가지로 분류해 살펴본다. 그와 함께 우리가 문화를 공부한다는 것은 어떤 의미를 가진 것인지 생각해 본다.

1. 미디어, 커뮤니케이션 그리고 문화

이 세상에 처음 태어났을 때 우리는 어머니의 젖을 빠는 동물적 생존 본능 이외에 아무것도 가지지 못한 존재였다. 우리는 어머니의 품

안에서 어머니와 다양한 방식으로 상호작용함으로써 조금씩 언어를 깨치고 자아와 타자를 구분하며 차츰 한 사회의 구성원으로서 필요한 사회적 규범을 익힌다. 즉, '사회적 인간'으로 성장해 가는 것이다. 이렇듯 인간이 동물적 수준에서 사회적 인간의 수준으로 성장하기 위해서는 어머니를 비롯한 주위의 존재들과 끊임없는 상호작용을 하지 않을 수 없다. 이런 상호작용에는 다양한 수단이 이용된다. 옹알거림, 표정, 입맞춤, 피부 접촉으로부터 시작해서 좀 더 자라서는 말과 글, 그림, 책과 TV 등 다양한 수단을 통해 우리는 사회생활에 필요한 지식과 행동양식, 사고방식을 익히는 것이다. 인간과 인간 사이에 이루어지는 다양한 상호작용의 수단을 미디어라고 부른다. 그리고 미디어를 통해 인간들 상호 간에 정보와 지식, 감정과 의사가 교환되고 공유되는 과정을 커뮤니케이션이라 한다. 커뮤니케이션은 인간이 사회적 삶을 영위해 가기 위해 필수적인 요소이며, 인간 사회가 형성·유지·발전하게 하는 가장 기본적인 요소이다. 전 세대까지 축적된 지식과 정보는 커뮤니케이션을 통해 후대로 전달되며, 이는 후세대가 새롭게 창조하는 지식과 정보를 통해 변화하고 좀 더 발전하여 다시 다음 세대로 전달된다. 인간의 역사는 커뮤니케이션을 통해 지속적으로 발전해 왔다.

하나의 미디어가 의사소통 수단이 되기 위해서는 그것이 담고 있는 의미에 대해 인간들 상호 간에 약속의 공유가 이루어져야 한다. 이를테면 우리가 사용하는 언어는 그것을 사용하는 사람들 사이에 공유되고 있는 약속을 통해서 의미를 가질 수 있다. 민족 또는 지역에 따라 다른 언어가 사용되고 똑같은 손짓이나 몸짓도 서로 다른 의미를 나타내는 것은 역사 속에서 각 집단마다 각기 다른 약속이 이루어졌기 때문이다. 이런 약속의 체계를 문화라 부른다. 우리가 사회적 존재로, 즉 한 사회의 구성원으로 성장한다는 것은 그런 약속의 체계, 즉 문화 속으로 들어감으로써 다른 사람과 커뮤니케이션이 가능해진다는 의미이다. 문화는 한 사회의 인간집단이 오랜 세월을 두고 자연과 싸우면서 자연을 변화시켜 온 물질적·정신적 과정의 산물이다. 이 말은 문화라는 것이 절대 고정불변하는 것이 아니라 역사 속에서 만들어진 것이며 역사와 함께 끊임없이 변화하는 것이라는 뜻을 담고 있다.

2. 문화는 인간과 역사의 산물

문화라는 말처럼 다양하게 쓰이는 말이 또 있을까. 우리가 흔히 쓰는 문화라는 개념을 대강만 열거해 보아도 그 쓰임새의 다양함을 쉽게 알 수 있다. 예컨대 우리는 신세대문화, 청소년문화, 주부문화, 중산층문화, 노동자문화 같은 용어를 흔히 쓴다. 이때 문화는 특정한 집단에 공통적으로 존재하는 사고방식이나 행동양식, 취향 같은 것을 가리키는 말이 된다. 인터넷문화, TV문화, 게임문화, 스마트폰문화처럼 어떤 미디어나 기술을 둘러싼 다양한 현상을 문화라고 표현하기도 한다. 또우리는 화장실문화, 낙서문화, 교통문화, 음식문화, 심지어 쓰레기문화, 고스톱문화 같은 말도 심심치 않게 들을 수 있다. 그런가 하면 문화인, 문화영화, 세종문화회관 같은 말에서도 '문화'개념이 쓰이고 있다. 세종문화회관의 '문화'와 신세대문화, 인터넷문화, 혹은 쓰레기문화의 '문화' 사이에는 어떤 공통점이 있는 것일까.

잘 알려진 것처럼 서양에서 문화(culture)라는 말은 '경작하다', '재배하다'라는 뜻을 가진 라틴어(colore)에서 파생되었다. 그래서 영어 단어를 보면, 농업(agriculture)이라든가 양식 진주(a cultured pearl), 박테리아 배양(bacteria culture) 같은 용어에 culture, 즉 문화라는 단어가 사용된다. 경작이나 재배라는 개념은 언뜻 보기에 우리가 이야기하고자 하는 문화라는 용어와 거리가 먼 것처럼 보인다.

그러나 사실 그것이야말로 앞서 여러 가지 용법으로 표현된 복잡하고 다양한 문화 개념, 즉 화장실'문화'와 인터넷'문화', 세종'문화'회관 사이의 공통점을 설명해 줄 수 있는 가장 기본적인 출발점이다. 무슨 말인가 하면 화장실이건 고스톱이건 인터넷이건 세종문화회관이건 그것들은 결국 인간의 '경작' 혹은 '재배' 행위로부터 비롯된 것이라는 사실이다. 즉, 자연 상태의 어떤 것에 인간적인 작용을 가하여 그것을 변화시키고 새로운 것을 창조하는 과정에서 나온 것이라는 말이다. 문화란 그런 것이다. 화장실이나 고스톱, TV와 스마트폰 혹은 세종문화회관에서 공연되는 예술은 모두 자연 그대로의 어떤 것이 아니라 인간의 작용에 의해 변화되거나 창조된 것들이다. 즉 인간의 산물이다. 이 세계는 인간의 의지와 무관하게 주어진 것과 인간에 의해 만들어진 것으로 구성되어 있다. 인간의 의지와 무관하게 주어진 것을 자연(自然)이라고 하고 인간에 의해 만들어진 것을 문화(文化)라 한다. 가장 넓은 의미에서 문화는 자연에 대립되는 개념이라 할 수 있고 그것은 인간이 유인원의 단계를 벗어나 인간으로 진화하면서부터 이루어낸 모든 역사의 산물 전체의 무게를 담고 있다. 거기에는 정치나 경제, 법과 제도, 문학, 예술, 도덕, 종교, 풍속 등 모든 인간적 산물이 포함된다. 흔히 문화를 정치나 경제와는 구별되는 별개의 영역으로 생각하는 경향이 있지만 가장 넓은 의미에서 보면 정치나 경제도 인간이 만들어낸 문화의 일부이다. 문화는 자연에 대응하여 생존하고자 한 인간의 생존 본능과 생산 활동, 그것과 따로 떨어져 있을 수 없는 것이다.

문화에 대한 다양한 정의는 결국 그토록 엄청나게 광범위한 인간적 산물들의 관계를 어떻게 규정하는가 하는 문제와 연관된다. 또 시대에 따라, 집단에 따라, 관점에 따라 문화에 대한 정의가 다른 것은 인간이 만들어낸 역사적 산물들을 두고 인간들이 벌이는 권력 다툼과 밀접하게 관련되어 있다. 인간들 사이의 권력 다툼이란 모든 인간적 산물들의 소유와 배분을 둘러싼 다툼이고 결국 문화를 둘러싼 다툼이기 때문이다. 이를테면 한 집단이 '문화의 개념은 여기서부터 저기까지'라고 규정할 때 그 규정 바깥에 놓인 사람들은 인간적 산물의 소유와 배분 과정에서 자연스럽게 소외되게 된다. 문화는 인간들 사이의 권력과 소유와 권위를 둘러 싼 갈등과 투쟁의 영역인 것이다. 그렇다면 지금까지 주로 서구 사회에서 이루어져 온 '문화' 개념의 정의 방식에는 어떤 것들이 있을까.

3. 문화에 관한 몇 가지 정의 방식

1) 뛰어남으로서의 문화

문화에 관한 서구의 논의에서 가장 뿌리 깊은 영향을 미친 것은 메슈 아놀드(Matthew Arnold) 같은 비평가들로 대표되는 문화 개념, 즉 인간의 사고와 표현의 뛰어난 정수라는 의미의 문화 개념이다. 문화는 물질적인 것이 아닌 정신적인 개념으로 규정되었고 여기에는 완성이라는 관념, 즉 위대한 문학, 미술, 음악 등에 대한 지식과 실천을 통한 정신적 완성의 추구, 지적·정신적·심미적 계발이라는 열망이 담겨 있다. 흔히 문화를 뛰어난 것, 수준 높은 교양 등의 의미로 사용할 때 문화의 개념이 바로 이런 관념에 근거한 것이라 할 수 있다. 이러한 개념은 고도의 개인주의적 철학을 반영하는 것이기도 하고 또한 일종의 '엘리트 의식' 혹은 특정한 인간 집단의 우월성에 대한 철학적 신념을 깔고 있는 것이기도 하다. 이러한 문화 개념에 기초하여 오랫동안 문화 비평가들은 '최상의 작품'을 찾는 데 몰두해 왔고 문화란 결국 가장 뛰어난 것을 판별하고 감상할 수 있는 능력을 의미하는 것으로 이해되었다. 그들에게 세계는 문화적인 소수와 비문화적인 다수로 구분되었으며, 문화적인 소수가 권력을 갖는 것은 당연하고 자연스러운 것으로 받아들여졌다.

산업사회(industrial society)가 도래하고 대중사회(mass society)가 형성되면서 문화를 갖춘 교양층의 지배가 도전 받게 되었을 때 이러한 문화 개념의 옹호자들은 더욱 방어적으로 물질문명과 과학기술, 정치경제와 동떨어져 독립적으로 존재하는 문화의 개념을 고수했다. 그들은 스스로를 산업사회의 물질문명에 대항하여 문화의 '정신적 광채'를 보호하고 무지몽매한 대중에게 전파하는 전사들로 생각하는 경향이 있었다. 흔히 전통적으로 인간 문화의 정수로 지칭되는 이른바 고전들이 주로 산업 사회 이전의 과거에 등장한 산물이거나 반산업주의 경향을 띠고 있는 것도 이와 무관하지 않다.

이러한 문화 개념은 아직도 사회적으로 적지 않게 남아 있다. 정부의 문화 행정 담당자, 지식인, 언론 등에서 이런 '뛰어난 교양과 정신적 완성'으로서의 문화 개념은 여전히 존재한다. 최근에 와서는 좀 달라지긴 했지만 예술대학의 분과체계는 오랫동안 전통적인 '고급'예술장르 중심으로 편제되어 있었고 대중예술인들에게는 세종문화회관 공연을 허락해서는 안 된다고 주장하는 문화 엘리트들도 적지 않았다. 그들의 의식 밑바닥에서 저 오랜 '교양인'의 엘리트 의식을 발견하는 것은 그리 어려운 일이 아니다.

2) 사회진화론적 관점: 서구 문명이 곧 문화

흔히 문화는 한 사회의 지적·도덕적 발달 상태를 지칭하는 경우가 많다. 여기서 문화는 문명(civilization)이라는 개념과 연결되거나 혼용된다. 이는 다윈의 진화론에 영향을 받은 사회진화론자들의 입장과 연관되어 있기도 하다. 아시아와 아메리카, 아프리카를 침략하면서 야만인들을 교화시킨다고 주장했던 제국주의의 문화, 문명관이 이것이다. 이는 앞서 살핀 '완성으로서의 문화' 개념과도 연관되어 있다. 문명이라는 말은 시민(civis), 시민권(civitas)이라는 말에서 유래했고, civil이 '교육받은, 질서 있는'이라는 뜻을 가진 데서도 드러나듯 인류가 지향해야 할 하나의 성취된 상태라는 의미를 지닌다. 18세기 후반에 이르면 문화라는 말과 문명이라는 말이 구분되기 시작하여 문화가 정신적인 발전의 상태를, 문명은 물질의 발전 상태를 의미하는 말로 쓰이게 된다.

문화와 문명을 진화론적으로 보는 관점은 아직도 넓게 퍼져 있다.

콜럼버스가 아메리카 대륙을 '발견'했다고 주장하는 서구인들의 입장
은 결국 콜럼버스 이전에 이미 아메리카 대륙에서 고유의 문명을 이루
며 살고 있던 원주민들의 문화를 부정하는 관념에 기대 있다. 그들에
게 문명이란 서구적인 의미로 도시화된 상태에서 주어지는 것이며 문
화란 서구의 정신사적 전통 속에서 형성된 것이다. 그들에게 아메리카
의 원주민들은 문화와 문명을 가지지 못한 야만적 존재인 셈이며, 그런
맥락에서 서구에 의한 아메리카 침략과 원주민 정벌은 정당화된다. 문
제는 이토록 철저하게 서구 중심주의의 맥락에 있는 문화와 문명의 개
념을 역시 서구 중심의 세계에서 변방일 수밖에 없는 한국인들이 여전
히 뿌리 깊게 가지고 있다는 점이다.

우리가 흔히 문명의 반대말을 야만이라고 할 때 우리의 머릿속에는
자신도 모르는 사이에 서구적인 진화론적 패러다임이 자리 잡고 있는
셈이다. 따지고 보면 서구문화와 무관하게 나름의 풍습과 제도, 곧 문
화를 지니고 있었던 아메리카 원주민이 아니라, 폭력을 앞세워 다른 문
화를 자신의 문화로 '교화'하려 한 서구인들의 행위야말로 부도덕하고
잔인하기 이를 데 없는 야만적 행위였다고 할 수 있다. 어떤 경우에도
원시적인 야만보다 문명을 등에 업은 야만이 훨씬 잔인하고 비인간적
인 법이다. 문명적 야만이라는 개념을 가지고 본다면 우리가 흔히 빠
지기 쉬운 서구 중심의 진화론적 관점은 쉽게 부정될 수 있다. 문명은
그 자체로 '좋은 것'이 아니며 문화 역시 그러하다.

3) 예술 및 정신적 산물로서의 문화

아마 문화에 관한 가장 일반적인 용법은 문화를 예술, 종교, 교육, 언
론 등 주로 지적인 활동, 그중에서도 특히 예술 혹은 그와 유사한 활동
을 지칭하는 개념으로 쓰는 것일 터이다. 흔히 신문의 '문화'면에서 쓰
는 문화의 개념이 바로 그런 것이다. 신문의 문화면은 대부분 문학, 예
술, 교육, 종교, 패션, 방송, 영화 등의 주제로 구성된다. 신문의 다른

지면을 구성하는 정치, 경제, 사회 등의 영역과 구분되는 정신적이거나 오락적인 주제들이다.

문화를 이렇게 인간의 정신 활동과 관련된 몇 가지 구체적인 영역으로 정의하는 방식에는 문화를 물질적 생산과 분배를 둘러싼 사회관계와 분리시켜 사고하는 관념이 깔려있다. 그래서 여기에는 흔히 배타성, 순수성, 전문성과 같은 개념이 개입한다. 문화예술은 사회와 무관한 것이라고 주장하는 다양한 형태의 순수문화론, 문화를 특정 집단의 전문적 영역으로 가두어두고자 하는 각종 등용문 제도나 전문직주의(professionalism) 같은 것이 그러하다. 문화와 문명을 구분하는 사고 방식 역시 이와 관련이 깊다. 문화를 정신적인 영역, 문명을 물질적인 영역으로 구분하는 시각은 결국 문화를 정치, 경제, 사회와 동떨어진 '순수'한 영역으로 보고자하는 관념의 소산이다. 그러나 앞서 살펴보았듯이 문화란 인간이 생존을 위해 자연과 맞서 나가는 과정에서 창조된 것이며 따라서 물질적인 생산이나 분배를 둘러싼 사회적 과정과 결코 분리될 수 없다.

문명 개념과 문화 개념을 분리시키려는 노력이 18세기 후반부터 나타나기 시작한 것에 주의할 필요가 있다. 그 시기는 산업혁명과 함께 '대중'이라고 하는 새로운 사회 세력이 등장하기 시작하는 시기이다. 대중의 등장은 기득권을 가진 귀족 집단에 커다란 위협으로 다가왔고 그러한 위기감은 대중에 대한 경멸적 적대감으로 나타난다. 문명과 문화의 분리는 그러한 위기감 속에서 기존의 문화적 질서와 기득권을 수호하려는 의도와 밀접히 관련된다. 문화를 다른 사회 영역과 분리된 독자적이고 순수한 영역으로 보는 관념은 결국 기존의 문화적 독점과 위계 구조를 정당화하는 관점으로 연결된다. 문화는 사회와 분리된 것이고 따라서 현재의 문화적 질서는 사회 구조와 무관하게 형성된 자연스럽고 정당한 것이라는 논리와 연결되는 것이다.

문화에 관한 논의를 위해서 문화를 구체적인 몇 가지 영역으로 정의

하는 방식은 의미가 있다. 실제 대부분의 문화 담론, 특히 대중문화 담론은 문화를 인간의 지적인 산물인 몇 가지 구체적인 영역들(매스미디어, 영화, 대중음악, 방송 등등)의 집합으로 정의하는 방식을 따르는 경우가 많다. 그러나 이 경우에도 분명히 염두에 두어야 할 것은 문화가 물질적 생산과 분배를 둘러싼 사회적 관계와 결코 동떨어져 존재할 수 없다는 사실이다.

4) 상징체계 혹은 생활양식으로서의 문화

사회학이나 인류학에서는 흔히 문화를 인간의 상징체계, 혹은 생활양식으로 정의한다. 인간은 상징체계를 통해 사회를 경험하고 인식하며 다른 인간과 커뮤니케이션한다. 인간이 한 사회의 구성원이 된다는 것은 그 사회에 이미 존재하는 상징체계를 습득하여 사용할 수 있게 된다는 것이며 그 상징체계가 반영하고 있는 사회의 질서와 규범, 즉 생활양식을 따르게 된다는 것을 의미한다. 그런 양상이 가장 전형적으로 드러나는 것이 인간의 언어생활이다. 예컨대 한국어에서는 웃어른에게 사용하는 언어와 아랫사람에게 사용하는 언어가 다르다. 그런 언어 규범은 한국 사회의 가부장적 위계질서의 전통을 반영하는 것이며 우리가 그런 언어 규범에 따라 말을 할 때 그것은 한국어의 언어 체계가 담고 있는 가부장적 위계질서에 순응함을 의미하게 된다. 그렇게 보면 사회내의 의미질서, 혹은 상징의 체계 속에서 이루어지는 커뮤니케이션 그 자체가 문화임을 알 수 있다. 문화를 커뮤니케이션, 혹은 그것의 기반이 되는 상징체계라 할 때, 그것은 단순히 정신적 작용의 산물이 아니라 사회내의 관습, 가치, 규범, 제도, 전통 등을 포괄하는 총체적인 생활양식을 의미하게 된다.

문화를 한 인간, 집단, 종족의 총체적인 생활양식으로 정의한다면 집단 사이의 문화적인 차별성은 좋고 나쁨이나 위계의 문제가 아니라 '차이'의 문제로 인식된다. 그런 의미에서 이러한 문화 개념은 앞에서 설명한 문화 개념의 정의 방식들에 비해 좀 더 다원주의적인 개념이라 할 수 있다. 좀 더 다원적이고 민주적인 문화를 지향하는 사회학이나 인류학, 문화연구(cultural studies)에서 생활양식으로서의 문화 개념이 발전되어 온 것도 그 때문이다.

4. 문화를 공부한다는 것의 의미

들판에 우연히 피어난 한 송이 장미꽃은 문화라고 할 수 없다. 그것은 명백히 자연의 영역에 속한다. 그러나 어떤 젊은이가 그 꽃을 꺾어 자기가 사모하는 여인에게 사랑의 징표로 바친다면 그 장미꽃은 분명 문화의 영역에 속하게 된다. 그때의 장미꽃은 단순한 식물이 아니라 하나의 의미를 담은 상징이며 기호이다. 그 의미란 이를테면 '장미처럼 붉은 정열과 사랑' 같은 것일 터이다. 그런데 사랑이라는 감정과 장미꽃은 사실 아무런 필연적인 관계도 없다. 단지 인간들에 의해 그런 의미가 부여된 것일 뿐이다. 자연으로서의 장미를 사랑이라는 기호로서의 장미로 변화시킨 것은 바로 인간의 의미행위이다. 그러한 의미행위는 '장미는 사랑의 징표'라는 이미 확립된 사회적 관습에 의해 의미를 가지게 된다. 만일 그러한 관습이 존재하지 않는다면, 혹은 정반대로 장미꽃이 증오의 징표로 관습화되었다면, 그 청년의 장미꽃은 전혀 다른 의미를 가지게 되었을 것이다. 자연의 장미가 사랑의 기호로 변화한 그 의미작용, 그리고 그것이 가능하게 된 사회적 관습, 바로 그것이 문화이다.

그렇다면 결국 문화란 사회적으로 형성된 의미의 체계인 셈이며 이는 인간의 오랜 역사 속에서 이루어져 온 것임을 알 수 있다. 특정한 동물을 '개'라고 부르는 문화와 'dog'라고 부르는 문화와 '구(狗)'라고 부르는 문화는 결국 역사 속에서 그러한 의미의 체계가 다르게 형성된 것이라 할 수 있다. 우리의 언어가 긴 세월을 거치며 꾸준히 변화해 왔듯이 문화는 인간의 역사가 진행되면서 끊임없이 변화해 왔다. 이 너무도 당연한 사실을 새삼 일깨우는 것은 이것이 우리가 문화에 대해 사고함에 가장 기본적인 출발이 되기 때문이다.

문화는 인간의 역사 속에서 형성된 것이며 누군가에 의해 만들어진 것이며 끊임없이 변화해 온 것이며, 지금도 변화하고 있는 것이며, 앞으로도 변화해 갈 것이다. 즉 문화는 결코 자연(nature)이 아닌 것이다. 그러나 모든 문화는 마치 자연현상인 것처럼 우리 앞에 다가온다. 고정불변이며 당연하고 이론의 여지가 없는 것이며 앞으로도 영원히 변치 않을 것처럼 강요된다는 뜻이다. 상징적이고 사회적인 현상인 문화가 마치 자연적인 것처럼 표상되는 그러한 속성을 자연화(naturalization)라고 한다. 영원불변하는 자연의 원리인 것처럼 강요되는 문화를 거부하고 새로운 문화를 추구할 때에는 항상 크고 작은 억압과 징벌, 고통이 가해진다. 예컨대 우리가 살고 있는 자본주의사회에서 자본주의적인 계급구조나 남성 우위의 질서는 대단히 '자연스러운' 것처럼 표상되는 반면 사회주의나 페미니즘은 특별하고 위험하며 부자연스러운 것으로 간주된다.

중세 유럽에는 한때 '마녀'가 횡행했고 '마녀사냥'이 수없이 행해졌다. 그런데 사냥의 대상이 된 마녀란 우리가 통상 알고 있는 '마녀'들이 아니다. 그들은 빗자루를 타고 날지도 못하고, 주문을 외워 금을 만들어내지도 못한다. 그들은 단지 당대의 지배적인 사상체계였던 기독교적 세계관에 적응하지 못했거나 기독교적 세계관으로 무장한 권력자들에 의해 이단으로 낙인찍혔을 뿐이다. 그저 일시적인 지배문화였던 기독교가 마치 고정불변의 자연인 것처럼 강요됨으로써 수많은 사람들이 '마녀'라는 이름으로 희생된 것이다. 지금 적어도 문명화된 사회에서 누가 기독교를 거부한다고 해서 사냥의 대상이 되지는 않는다. 문화가 변화한 것이다.

또 하나의 예를 들어 보자. 우리는 노래를 잘 못 부르는 사람을 흔히 음치라 부른다. 웬만한 자리에서는 으레 돌아가며 노래 부르는 관습을 가지고 있는 우리 사회에서 음치들은 수시로 곤혹스러운 경험을 하곤 한다. 그만큼 음치는 부끄러운 것이라는 인식이 형성되어 있다. 음치를 좀 더 객관적으로 정의한다면, '우리 사회의 주류적 음정체계인 서양식 조성음계에 익숙하지 못한 사람' 또는 '서양식 7음계에 적응하지 못하는 사람'이 될 것이다. 다른 말로 바꾸면 '우리 사회의 주류적 음정체계에 상관없이 자기만의 음정체계를 가지고 있는 사람'이라고 할 수도 있다. 그런데 따지고 보면 서양식 조성음계는 지구상에 존재하거나 존재했던 수많은 음계 가운데 하나일 뿐 절대로 유일무이한 음계가 아니다. 인도라는 한 나라에만도 수백 개의 음계가 존재한다. 우리 사회에도 역사적으로 조성음계가 아닌 다른 음계들이 존재해 왔다. 우리 사회에서 조성음계가 지배적인 음정 체계로 자리 잡은 것은 줄잡아도 100년 남짓밖에 되지 못한다. 말하자면 음계라는 것도 역사적인 과정에서 형성된, 그리고 끊임없이 변화해 온 하나의 제도, 혹은 관습에 지나지 않는 것이다. 그렇게 본다면 음치란 결코 부끄러운 일일 수 없다. 오히려 그저 일시적인 제도에 지나지 않는 조성음계를 절대적이고 유일무이한 것처럼, 즉 문화인 것을 마치 자연인 것처럼 믿어 의심치 않으면서 그것에 충실히 순응하는 것을 자랑스럽게 생각하는 태도야말로 부끄러운 일이다. 만일 모든 사람들이 기존의 문화와 관습에 그저 충실히 따르고 순응하기만 한다면 문화의 발전이란 있을 수 없을 것이다. 누군가는 박해를 무릅쓰고 그것에 반발하고 새로운 것을 추구했기에 문화가 변화하고 발전할 수 있었다. 어떤 의미에서는 음치야말로 문화의 발전을 이루어낼 수 있는 소중한 존재들인 셈이다.

   우리가 문화에 대해 사고하고 연구하는 가장 중요한 이유는 이처럼 마치 절대적이고 유일무이한 원리인 것처럼 강요되는 문화에 대해 그 역사적 근원을 이해하고 그것이 단지 인간 사회의 산물이며 따라서 늘 새로운 변화의 가능성을 가지고 있음을 인식하는 데 있다고 할 수 있다. 문화를 공부하는 의의가 거기에 있다. 문화를 공부하는 것은 역사적 사고, 비판적 사고, 자유롭고 창조적인 사고의 능력을 키우기 위한 것이다. 주어진 문화가 역사의 산물임을 이해하는 것, 그것의 의미와 기능을 비판적으로 볼 줄 아는 것, 그리고 자유롭게 새로운 대안을 모색할 줄 아는 것, 그것이 문화를 공부하는 의미이다.

생각해 볼 문제

1. 역사적으로 형성된 '문화'이면서 마치 고정불변 하는 '자연'인 것처럼 보이는 '자연화'의 경향에 대하여 일상생활 속의 예를 생각해 보자.
2. 문화는 역사의 산물이라는 말의 뜻을 생각해 보자.
3. 문화나 예술은 사회와 무관한 순수한 것이라는 주장이 왜 잘못된 것인지 생각해 보자.

참고 자료

에드거, 앤드루·피터 새즈윅(Andrew Edgar and Peter Sedgwick) 엮음. 2003. 『문화이론사전』. 박명진 외 옮김. 한나래.

문화이론은 다루는 연구 대상도 다양하지만 그 이론 속에 문학, 언어학, 철학, 사회학, 정신분석학 등 여러 학문적 담론으로부터 빌려온 다양한 개념과 용어가 복잡하게 섞여 있다. 이 책은 그런 다양한 문화이론에 등장하는 용어의 기본적인 개념을 설명하고 있는 가이드북이다. 문화연구나 문화비평에 관심 있는 사람은 늘 곁에 두고 참고하면 좋을 것이다.

스토리, 존(John Storey). 1999. 『문화연구와 문화이론』. 박이소 옮김. 현실문화.
원용진. 2010. 『새로 쓴 대중문화의 패러다임』. 한나래.

서구문화이론의 다양한 갈래들을 비교적 쉬운 문체로 소개한 개론서이다. 문화연구의 다양한 접근 방식을 관건하기에 적합하다. 이론에 관심 있는 사람이라면 우선 이 책들을 찾아보는 게 유용할 것이다.

이글턴, 테리(Terry Eagleton). 2021. 『문화란 무엇인가』. 이강선 옮김. 문예출판사.

문화를 둘러싼 담론의 흐름을 흥미롭게 정리한다. 지난 2세기 동안 문화 개념이 어떻게 변화해 왔는지, 현대 자본주의사회에서 문화의 역할은 무엇인지 다양한 논점을 중심으로 한 비판적 통찰을 읽을 수 있다.

전경수. 1999. 『문화의 이해』. 일지사.

인류학적 시각에서 쓴 문화학 개론서이다. 사실 미디어학이나 사회학 쪽에서 쓴 대중문화론보다 인류학의 문화론을 읽는 것이 문화에 대한 기초 개념을 확장하기에 유용하다는 것이 필자의 생각이다.

해리스, 마빈(Marvin Harris). 2018. 『문화의 수수께끼』. 박종렬 옮김. 한길사.

이 책의 원제는 "Cows, Pigs, Wars and Witches: The Riddles of Culture(암소, 돼지, 전쟁 그리고 마녀: 문화의 수수께끼)"이다. 힌두교도의 암소 숭배, 모슬렘의 돼지고기 금기, 원시인의 전쟁, 그리고 남녀 차별과 기독교문화 등 인류학적 주제들을 중심으로 문화에 대한 기본적인 시각을 제공한다. 쉽게 읽히는 책은 아니지만 참고 끝까지 읽다 보면, 문명과 문화에 관해 우리가 알고 있는 상식이 통쾌하게 무너지는 경험을 할 수 있다. 같은 저자의 『음식문화의 수수께끼』와 『작은 인간』도 읽어보기를 권한다.

02 대중문화란 무엇인가

주요 개념 및 용어 | 고급문화, 매스미디어, 매스커뮤니케이션, 매스컬처, 파퓰러컬처, 계급, 일상생활, 대중성, 민중문화운동, 검열, 대중과 민중, 정체성(문화정체성), 지구화, 텍스트, 대중예술, 키치, 팝 아트(pop art), B급 문화, B급 영화

우리는 대중문화라는 용어를 쉽게 쓰고, 쉽게 듣는다. 하지만 '대중'도 '문화'도 쉽게 규정하기 어려운 개념이고 당연히 대중문화도 매우 복잡한 층위를 가진 모호한 개념이다. 대중문화는 산업과 시장의 문화이기도 하고 다양한 개인들의 일상을 구성하는 문화이기도 하다. 대중문화는 질적 차원에서 미적 수준이 낮은 문화로 규정되기도 하고, 양적 차원에서 대량 문화로 규정되기도 한다. 그런가 하면 대중문화는 매스커뮤니케이션이나 대중예술이라는 개념과 혼용되기도 한다. 대중문화는 그 모든 것이면서 동시에 아니기도 하다. 대중문화에 대해 우리가 흔히 갖고 있는 상식은 여러 가지로 허점이 있다. 대중문화라는 개념을 이해하기 위해서는 그것을 몇 가지 구체적인 대상으로 정의하기보다 그 개념이 사용되는 맥락을 살펴보는 것이 중요하다.

1. 대중문화에 대한 몇 가지 상식

먼저 우리가 흔히 상식적으로 알고 있는 대중문화의 개념에 대해 생각해 보자. 우리는 영화나 TV, 대중가요 같이 매스미디어를 통해 대량 생산되는 문화가 대중문화라는 상식을 가지고 있다. 물론 영화나 TV, 대중가요가 대중문화의 중요한 부분을 차지하는 것은 틀림이 없다. 하지만 그것만이 전부는 아니다. 매스미디어나 문화산업과는 상관없이 만들어지지만 다수의 대중이 일상적으로 향유하는 문화도 적지 않다. 예컨대 한국 사람들이 명절 때마다 가족끼리 모이면 으레 벌어지게 마련인 고스톱은 대중문화인가 아닌가. 누구에 의해서인지 모르게 삽시간에 유행하다 어느 틈엔가 사라지는 다양한 구전 유머들, 누군가에 의해 만들어져 인터넷을 통해 확산되는 온갖 밈(meme)과 사진, 동영상들은 어떤가. 또 대량생산된다고 할 때 그 '대량'의 기준은 무엇인가. 수천만 원을 들여 제작한 대중가요 음반이 시장에서 참패를 하고 아무도 그 노래를 듣거나 부르지 않는다면 그것은 대중문화인가 아닌가. 극장에서 며칠 만에 간판을 내린 영화, 그래서 불과 수천 명도 채 관람하지 않은 영화와 천만의 흥행을 올린 영화를 똑같이 대중문화라는 개념으로 논할 수 있을까?

한편 우리는 흔히 대중문화는 질 높은 고급문화, 예컨대 클래식이나 오페라 같은 것에 비해 수준이 낮고 그래서 평범한 다수의 사람들이 좋아하는 문화라는 상식을 가지고 있다. 그렇다면 그 '수준'은 누가 정하는 것인가. 뉴욕 필하모니 같은 오케스트라가 레너드 번스타인 같은 유명 지휘자의 지휘로 비틀즈(Beatles)의 레퍼토리를 연주할 때 그것은 대중문화인가 아닌가. 이탈리아의 세계적인 테너 루치아노 파바로티가 푸치니의 곡을 노래한 〈아무도 잠들지 않으리라〉라는 음반이 1990년 영국 음반 차트 1위를 차지한 적이 있다. 그 어떤 대중음악보다도 더 많은 청중을 끌어들인 그의 음악은 대중문화라고 할 수 없는가? 그런

밈

밈은 2010년대부터 젊은 인터넷 이용자들의 커뮤니케이션 수단이 되고 있다. 생물학자 리처드 도킨스는 인간의 문화가 유전자와 같이 번식 욕구를 갖고 장소와 세대를 옮겨 다니며 변화하고 증식한다는 것을 설명하고자 '문화의 최소 단위'로서 밈 개념을 고안했다. 젊은 네티즌들이 자신들만의 독특한 유희의 산물을 도킨스의 밈에 비유하면서 자연스럽게 밈칭으로 자리 잡았다.

명제, 슬로건, 유행어, 특정 단어 등 발화된 것과 이미지, 제스처, 가상 혹은 실존 인물, 대중문화 텍스트, 동물 등 무엇이든 밈이 될 수 있다. 다소 혼란스러운 개념이지만, 그 쓰임에는 나름의 일관성이 있다. 밈의 용례는 은어의 그것과 비슷하다. 특정 밈을 이해하는 사람과 이해하지 못하는 사람의 겹침과 배제가 발생한다. 예컨대 긴 설명을 요구하는 복잡하고 미묘한 감정 상태를 어떤 영화의 한 장면에 빗대어 간단하게 표현하는데, 이것을 바로 이해하고 공감하는 사람이 많으면 성공적인 밈이라고 할 수 있다.

비틀즈

1960년대부터 전 세계적으로 인기를 끌며 팝 음악 전반에 커다란 변화를 일으킨 영국 출신의 록 그룹이다. 존 레넌, 폴 매카트니, 조지 해리슨, 링고 스타 네 명으로 구성된 이 밴드는 다양한 음악을 로큰롤(Rock'n Roll)이라는 기본 형식의 테두리 안으로 끌어들임으로써 록 음악이 서구 대중음악의 기본적인 사운드로 자리 잡는 데 기여했다. 이들은 역사상 가장 뛰어난 음악을 구사했고 상업적으로도 가장 성공한 록 밴드로 기록되고 있다.

가 하면 과거에는 대중적인 작품으로 받아들여지던 것이 지금에 와서는 고급문화의 범주로 분류되는 것들도 적지 않다. 예컨대 셰익스피어의 연극은 동시대 사람들에게 그저 대중적인 연극이었을 뿐이며, 찰스 디킨스나 발자크의 소설 또한 마찬가지다. 이른바 '고급'과 '대중'을 가르는 심미적 기준 역시 고정되어 있는 것은 아니라는 말이다. 한편으로 사람들은 고급예술을 하기 위해서는 대중문화에 비해 훨씬 많은 재능과 훈련이 필요하다고 생각하는 경향이 있다. 그러나 예컨대 에릭 클랩턴(Eric Clapton)이나 지미 페이지(Jimmy Page) 같은 기타리스트의 훈련 과정이 요요마나 조성진 같은 클래식 연주가에 비해 적었다고 말할 수 있을까. 보컬리스트로서 조용필이나 프레디 머큐리가 가진 재능이 루치아노 파바로티나 플라시도 도밍고보다 못하다고 말할 수 있을까. 영국의 팝 가수 엘튼 존(Elton John)이 최고의 권위를 자랑하는 영국 왕립 음악학교 출신이라는 사실은 또 어떤가.

사람들은 흔히 고급문화는 오랫동안 사랑을 받는 것이고 대중문화는 일시적인 유행으로 그친다는 상식을 가지고 있다. 그러나 이 역시 따지고 보면 그리 근거가 확실하지 않다. 모차르트의 음악은 지금껏 연주되고 있지만 비슷한 시기에 활동했고 당대에는 비슷한 평가를 받았던 살리에리의 음악을 아는 사람은 별로 없다. 대부분의 사람들은 그의 이름조차 〈아마데우스〉라는 영화를 통해 비로소 알게 되었을 뿐이다. 모르긴 해도 그렇게 잊혀간 예술가가 한둘이 아닐 것이다. 그런가 하면 20세기 초의 재즈는 21세기가 된 지금에도 여전히 연주되고 있고, 1950~1960년대 엘비스 프레슬리(Elvis Presley)와 비틀즈의 음악은 그들이 죽거나 해체된 지 수십 년이 지난 지금까지도 되풀이되어 연주되며 매년 엄청난 저작권료를 발생시킨다. 생각해 보면 이른바 고급문화의 유산들이 어차피 수백 년간의 역사 속에서 형성되어 온 것인데 반해 우리가 대중문화라고 부르는 문화 산물은 길게 잡아도 그 역사가 100년 남짓에 지나지 않는다. 그것을 수평적으로 비교한다는 것 자체가 무리가 아닐까. 적어도 모든 고급예술이 살아남지 않듯이 모든 대중문화 산물이 금방 사라지지는 않는 것이다.

우리가 상식적으로 이해하고 있는 대중문화 개념은 이렇듯 많은 허점과 모순을 지니고 있다. 그것은 대중문화에 대한 오랜 편견이 상식이라는 이름으로 자리 잡은 것에 기인하기도 하지만 어떻게 보면 대중문화현상 자체가 그만큼 복잡하고 다양한 측면을 포괄하고 있기 때문이기도 하다.

2. 대중문화와 대중예술 그리고 키치

대중문화는 흔히 대중예술과 동의어처럼 쓰이기도 한다. 하지만 엄밀히 말하면 대중문화와 대중예술은 동의어가 아니다. 대중예술은 대중문화 가운데서 예술적 형식을 가진 것들을 의미한다. 말하자면 대중예술은 대중문화의 부분집합이다. 물론 현대사회에서 미디어를 통해 접하는 콘텐츠의 상당 부분은 대중예술의 범주에 포함된다. 멜로, 추리, 무협, 공포, SF, 코미디, 판타지 등 다양한 장르의 속성으로 구분되는 영화, TV 드라마, 소설 등은 물론이고, 가벼운 오락을 제공하는 각종 예능 프로그램, 대중가요, 웹툰, 만화, 애니메이션, 광고, 상업미술 같은 것들이다.

사실 대중예술이라는 용어는 대중문화 가운데 예술적 형식을 가진 일부를 따로 떼어 구분하기 위해 생긴 '분류적' 개념이라기보다는 전통적인 예술의 기준에서 볼 때 좀 더 대중적이고 접근하기 쉬우며 상징성이 낮은, 요컨대 미적으로 수준이 낮은 예술을 지칭하는 '평가적' 개념으로 사용되어 왔다. 산업화와 함께 매스미디어가 발달하고 대중적인 예술 양식들이 대량생산되는 가운데 전통적인 예술의 가치를 옹호하는 사람들은 새롭게 부상하는 예술에 '대중'이라는 접두어를 붙임으로써 이들을 엘리트들의 예술과 구분하고자 했다. 대중예술과 다른 엘리트들의 예술에는 본격예술, 순수예술 혹은 고급예술 같은 이름을 부여했다.

대중예술은 민속예술(folk arts)과 구분되기도 한다. 민속예술은 전통 시대 이래 서민들의 일상적 삶 속에서 필요에 의해 생겨난 다양한 예술적 형태를 의미한다. 대중예술과 민속예술 모두 서민층의 문화이지만, 대중예술이 산업화된 시스템에 의해 상업적으로 주어지는 것인 반면 민속예술은 민중의 자발성에 기초한 예술이다. 대중예술은 고급예술, 민속예술과 함께 삼분법적인 문화 유형의 하나로 간주되어 왔다.

대중문화, 대중예술의 개념과 깊게 연관된 또 하나의 용어가 키치(kitsch)다. 키치는 19세기 말 독일 남부 지역에서 관광객들을 대상으로 판매된 싸구려 모작 예술품을 의미하는 단어에서 유래했다. 산업혁명 이후 부상한 신흥 부르주아들이 귀족들의 소유였던 비싼 예술작품 대신 값싼 모조품들을 향유한 것을 비하하는 용어로 쓰인 말이다. 대량생산과 복제가 가능해지면서 소수의 전유물이었던 예술작품이 중산층에게까지 널리 확산되는 과정에서 생겨난 현상이다. 키치라는 용어에는 진품을 흉내 낸 모조품, 진짜인 것처럼 보이지만 예술적 진정성이라는 핵심이 빠져 있는 가짜라는 의미가 담겨 있다. 이후 키치는 현대 자본주의 소비사회에서 대중의 일상생활을 장식하는 다양한 상품들과 이를 소비하는 대중의 삶의 방식과 태도, 허위의식까지를 포괄적으로 지칭하는 용어로 사용되었다. 이를테면 과거 이발소마다 걸려 있던 속칭 '이발소 그림'이나 "삶이 그대를 속일지라도 슬퍼하거나 노여워하지 말라"식의 시구가 적혀 있는 액자, 커다란 돼지가 새끼에게 젖을 먹이는 모습과 함께 "가화만사성(家和萬事成)" 따위의 글이 쓰여 있는 목제품, 관광지에서 흔하게 볼 수 있는 공예품, 예수상이 그려진 장식품 등은 전형적인 키치라 할 수 있다. 그런가 하면 단 한 번도 펼쳐보지 않은 채 거실을 장식하고 있는 졸부 집의 브리태니커 사전, 상투적인 문구가 끝없이 이어지는 시집이나 에세이류 같은 책들 역시 대단히 키치적이다. 중세의 성 모양을 흉내 내 지은 결혼식장이나 모텔 건물, 그럴싸한 가짜 미술품으로 장식된 레스토랑, 정원에 물레방아가 돌고 비단잉어가 노니는 인공 연못을 만들어놓은 한정식집, 그 속에서 귀족 스타일의 식사 예절을 지키며 상류층이 된 듯한 만족감을 느끼는 사람들의 모습 등도 키치적인 현상이라 할 수 있다. 그러고 보면 우리는 현대 소비사회의 일상 속에서 다양한 키치문화를 경험하며 살고 있는 셈이다.

평범하고 상투적이며 진부한 키치는 때로 예술가들에 의해 미학적으로 전유되면서 전혀 새로운 예술의 소재가 되기도 한다. 앤디 워홀(Andy Warhol)은 캠벨수프 깡통이나 메릴린 먼로, 엘비스 프레슬리의 초상을 여러 개 복제한 작품을 통해, 로이 리히텐슈타인(Roy Fox Richtenstein)은 만화의 한 장면을 크게 확대한 작품을 통해 키치적 감성으로 가득 찬 현대 소비사회의 일면을 표현했다. 이들의 팝 아트(pop art)는 예술과 현실, 고급예술과 대중예술의 경계를 해체하여 소비사회의 일상을 낯설게 성찰하게 한 현대예술의 한 장르로 평가되며, 엄청난 고가에 거래된다.

키치는 이른바 B급 문화와도 연관된다. B급 문화라는 말은 B급 영화에서 왔다. 1920~1950년대 할리우드 영화산업에서 유명 배우와 감독을 기용해 대규모 예산으로 만드는 A급 영화와 저예산으로 빠른 시간에 제작된 B급 영화를 끼워팔기식으로 배급했던 데서 유래한 용어다. B급 영화는 대체로 상투적이고 자극적이며 저질스러운 영화로 평가되지만 나중에 걸작으로 재발견된 영화도 많고, 특유의 열악한 제작 환경 때문에 오히려 놀라운 창의성이 발휘되는 경우도 있다. B급 문화 역시 대체로 상투적이고 촌스러운 감성의 문화를 가리키지만, 오히려 그런 B급 감성이 적극적으로 채용되면서 의도적으로 B급 감성을 표방한 문화가 인기를 얻기도 한다. 특히 과거 세대에게 촌스럽게 느껴지는 것이 새로운 세대에게는 오히려 새로운 것으로 받아들여지면서 적극적 의미를 부여받기도 한다.

우리가 흔히 대중문화라고 부르는 현상은 대중사회에서 매스미디어에 의해 형성된 문화를 지칭하는 경우가 많다. 영어로 mass culture에 해당하는 대중문화의 개념이 이것이다. 여기서 대중(mass)이라는 말에는 고립분산되어 있고 주체성을 가지지 못했으며 비합리적이고 열등한 집단이라는 경멸적인 의미가 담겨 있다.

그러나 언제부터인지 서구 학계에서 mass culture라는 개념은 거의 쓰이지 않게 되었다. 경멸적인 대중의 개념 대신 중립적이거나 긍정적인 함의를 가진 대중성(the Popular)의 개념을 써서 popular culture라는 용어를 보편적으로 쓰고 있다. popular culture라고 할 때 대중문화는 '다수의 사람들이 향유하는 문화'라는 의미에 가깝다. mass culture가 주로 문화의 생산 과정에 초점을 맞춘 개념이라면 popular culture는 문화의 소비 내지 수용 과정에 초점을 맞춘 개념이라 할 수 있다. mass culture는 대량 복제가 가능한 매스미디어가 등장한 근대자본주의 이후의 문화 산물로 한정되지만 popular culture는 자본주의 이전 민중 사이에 존재했던 문화까지 포괄하는 개념이 된다. 물론 현대의 popular culture는 대부분 매스미디어에 의해 생산·유통되는 문화로 이루어진다. 따라서 현대사회에서 mass culture와 popular culture는 동일한 대상을 각기 다른 시각에서 정의하는 개념으로 보아도 크게 틀리지는 않는다. 그러나 '삶의 양식'이라는 좀 더 보편적인 문화의 개념을 염두에 두면 mass culture라는 개념으로는 대중적 문화현상의 많은 부분을 놓치게 된다. 따라서 일반적인 의미에서 대중문화의 개념은 popular culture로서의 대중문화, 즉 다수의 사람들이 소비 향유하는 문화라는 관점으로 접근하는 것이 타당하다. 사실 어떤 문화든 그것이 대중의 삶 속에 존재하며 대중에 의해 수용되지 않으면 아무런 의미가 없는 것이다.

popular culture로서 대중문화를 정의한다고 해도 여기에는 여전히 몇 가지의 측면이 복합적으로 얽혀 있다. 하나의 문화 산물이 만들어지는 과정, 그렇게 만들어진 문화 산물 자체, 그리고 그것이 다수 대중에 의해 수용되는 과정이 그것이다. 즉 텍스트(text)의 생산, 생산된 텍스트, 그리고 텍스트의 수용(혹은 소비)이라는 세 가지의 층위가 대중문화라는 현상 속에 복합되어 있는 것이다. 여기서 텍스트란 책, 영화, 드라마 등 소비 대상이 되는 문화 산물들은 물론이고, 수용자들의 생활양식과 문화실천 행위처럼 의미를 담고 있는 모든 형태의 대상을 말한다.

영화의 예를 들어보자. 한 편의 영화나 드라마가 대중문화로서 존재하기 위해서는 자본을 가진 문화산업의 조직, 즉 영화사나 방송사에 의해 일련의 제작 과정을 거쳐 한 편의 작품이 완성되어야 하고(텍스트의 생산 과정) 그렇게 완성된 작품(텍스트)이 대중의 일상생활 속에서 소비되어야(텍스트의 수용과정) 한다. 이러한 일련의 과정 속에서 대단히 다양한 문제들이 생겨난다. 이를테면 대중문화 텍스트가 생산되는 과정에 개입하는 자본과 권력의 영향력이라는 문제, 대중의 취향과 선택의 문제, 유통과정의 문제, 시장에서의 성공과 실패의 문제, 문화 텍스트의 수준과 질에 관한 문제, 집단별로 나타나는 수용 방식의 차이와 갈등이라는 문제 등등이 모두 대중문화를 둘러싼 다양한 문제들이다. 우리가 대중문화라 부르는 현상은 이렇게 다양한 문제들이 매우 복잡하게 얽히면서 가지를 치고 있는 거대한 문제 영역이라 할 수 있다.

이 대중문화라는 문제 영역은 사실 우리가 살고 있는 사회 전체의 구조와 밀접히 연관되어 있다. 사회가 변화하면서 대중문화를 이루는 요소들이 변화하게 되고 그것들이 얽혀 이루는 관계가 변화하게 된다. 그것은 곧 우리의 일상적인 삶 자체의 변화를 의미하는 것이기도 하다. 아주 간단한 예로 검열(censorship)에 관한 문제를 생각해 보자. 사회가 민주화되고 개방화되면서 사회를 이루는 중심적 구조와 권력의 체계가 변화하게 된다. 그 변화의 과정에서 정치적 검열의 기준이 완화

검열

메시지의 전체 혹은 일부분에 가해지는 차단, 규제, 조작의 과정을 흔히 검열이라 부른다. 가장 대표적인 검열은 매스미디어에 대한 것이며, 그것은 대개 국가권력에 의해 이루어진다. 검열은 일반 대중에게 전달되는 정보를 주도면밀하게 차단하고 왜곡하는 결과를 가져온다. 검열은 국가뿐 아니라 특정한 사회집단이나 단체 등에 의해 행해지기도 한다. 정신분석 이론에서는 인간이 무의식적으로 고통스러운 기억이나 사회적으로 수용되기 어려운 욕망을 억압하고 왜곡하여 덜 적대적인 형태로 바꾸는 과정을 검열이라는 개념으로 부르기도 한다.

되거나 검열 자체가 폐기되고, 그렇게 되면 대중문화의 생산 과정이 변화하게 된다. 그러면 당연히 대중문화의 내용과 성격에도 일정한 변화가 발생하게 되고, 그것은 다시 우리의 일상적인 생활과 정서에도 변화를 가져오게 된다. 그렇게 일상 문화가 변화하게 되면 다시 그것은 사회 전반의 구조를 변화시키는 힘이 된다.

오랫동안 대중문화에 대한 논의는 주로 대중문화 산물, 즉 텍스트의 생산 과정과 텍스트 자체에 집중된 경향이 있었다. 대중문화 논의가 주로 대중문화 텍스트를 만들어내는 미디어의 문제, 그리고 그렇게 만들어진 텍스트(영화, 대중음악, TV 드라마 등)의 문제에 주된 관심을 쏟아왔다는 말이다. 하지만 어떠한 대중문화 텍스트도 그것이 대중에 의해 소비되지 않는다면 의미를 가질 수 없다. 최근 들어 대중문화 논의에서 대중문화의 수용 및 소비에 대한 관심이 높아진 것은 매우 중요한 의미를 띠고 있다. 그것은 대중문화라는 문제 영역에서 그것을 생산하는 미디어나 문화산업 자본뿐 아니라 문화를 자신의 삶 속에서 소비하고 실천하는 주체로서 대중에 대한 관심이 대두했음을 의미하는 것이다. 대중문화는 대중의 욕망을 충족시키는 대상이라는 점에서 소비문화의 성격을 띤다. 대중이 어떤 영화를 보고, 어떤 노래를 부를 때 그것은 자신의 욕망과 정체성을 담은 일종의 표현 행위라 할 수 있다. 대중이 하나의 문화 텍스트를 통해 자신의 욕망과 정체성을 표현하는 방식은 다양하다. 특히 대중문화는 물질적으로 소비되는 상품이면서 동시에 대중의 심리와 욕망을 담은 상징적 소비의 대상이라는 점이 중요한 의미가 있다. 따라서 그 다양한 소비 행위를 통해 대중이 어떤 방식으로 자신을 표현하고 자신의 욕망을 충족시키는가 하는 것은 대중문화를 이해하는 데 매우 중요한 열쇠가 된다.

4. 대중문화라는 문제 영역

앞에서 살펴본 것처럼 대중문화에 대해 우리가 알고 있는 상식들은 대부분 근거가 충분하지 않거나 불명확하고 모순적인 것이 많다. 그것은 문화라는 개념 자체가 너무나 광범위하고 다양한 영역을 포괄하고 있기 때문이기도 하고 대중이라는 개념 또한 보는 관점과 시각에 따라 적지 않은 논란의 여지를 가지고 있기 때문이기도 하다. 대중문화라는 개념을 구체적인 내용으로 정의하려는 시도는 언제나 다양한 반론과 비판에 직면하기 마련이다. 서구에서 이루어진 대중문화 연구의 사례들을 보아도 대중문화는 그것에 대립되는 상대 개념이 무엇인가에 따라 다양한 의미를 가져왔다. 대중문화(popular culture)는 그것을 논하는 사람에 따라 고급문화(high culture), 민속문화(folk culture), 대량문화(mass culture), 지배문화(dominant culture), 노동계급문화(working class culture) 등등 다양한 범주의 상대 개념이 되어왔다. 우리나라에서 이루어진 문화 담론의 경우에도 마찬가지이다. 적지 않은 사람들은 여전히 대중문화를 고급문화의 대립항으로 이해하고 있고 군사독재 시절 진보적인 문화 활동을 펼치던 사람들은 대중문화를 민중문화, 혹은 민족문화의 대립 개념으로 규정했다. 고급문화의 상대 개념으로 보면 대중문화는 '저급한 싸구려 문화'라는 함의를 갖게 되고, 민중문화라는 대립항을 설정하면 대중문화는 '대중을 마취시키는 지배의 도구'라는 측면에서 정의되며, 민족문화와 대비시킬 경우에는 '문화 제국주의의 산물'이라는 성격이 부각된다. 어느 편이건 대중문화는 긍정적이기보다는 부정적인 쪽으로 규정되어 온 것이 사실이다. 1990년대 이후 한국 사회의 정치적·문화적 환경이 바뀌면서 대중문화를 좀 더 긍정적인 시선으로 바라보는 논의가 많아졌고 그와 함께 대중문화 담론은 더욱 복잡한 성격을 띠게 되었다.

결국 이렇게 복잡한 논의 구조 속에서 대중문화에 대해 구체적인 대상 몇 가지를 나열하는 방식으로 개념을 정의하는 것은 사실 큰 의미가 없다. 대중문화라는 것은 그 개념이 사용되는 맥락에 따라 때로는 서로 모순적일 수도 있는 여러 가지 것들로 채워질 수 있는, 그런 의미에서 사실상 '비어 있는' 개념이라 할 수 있다. 따라서 우리는 대중문화를 애써 정의하려 하기보다 그것이 다양한 문화 담론 속에서 어떤 방식으로 채워질 수 있는지 살펴볼 필요가 있다. 말하자면 대중문화라는 개념이 포괄하는 문제 영역이 무엇인가 하는 것이다.

1) 매스커뮤니케이션으로서의 대중문화

혼히 우리는 영화나 방송 같은 매스미디어를 대중문화라 부른다. 대중문화를 매스커뮤니케이션과 동의어로 사용하는 경향이 있다는 말이다. 이는 부분적으로는 타당하지만, 또한 타당하지 않기도 하다. 매스미디어를 통해 산출되는 문화 산물들, 즉 매스커뮤니케이션의 산물들은 분명 대중문화를 구성하는 중요한 부분이지만, 대중문화는 그 이상의 부분을 포괄한다. 문화를 인간집단의 상징체계와 생활양식 전반으로 규정할 때 매스커뮤니케이션은 인간집단의 삶의 양식을 구성하는 일부 요소일 뿐이다. 그렇기는 해도 현대사회의 사회적 삶에서 매스커뮤니케이션이 대단히 중요한 비중을 차지하며, 이를 둘러싼 일련의 문화현상들이 대중문화를 구성하는 중요한 부분임은 틀림이 없다.

커뮤니케이션은 인간들 사이에서 어떤 형태의 의미가 생산되어 전달·소통·공유되는 과정을 의미하며, 미디어는 그런 과정의 수단이 되는 매개물을 의미한다. 그리고 그런 미디어와 커뮤니케이션을 통해 이루어진 인간의 모든 정신적·물질적 산물이 문화이다. 어떤 청년이 들판의 장미꽃을 한 송이 꺾어 짝사랑하는 여인에게 바칠 때, 그 행위를 통해 청년의 사랑이 여인에게 전달된다. 그것은 하나의 커뮤니케이션 행위이며, 여기서 장미꽃은 사랑의 감정을 담은 미디어로서 기능한 셈이다. 또한 장미꽃을 통한 사랑의 표현은 그 사회 구성원 사이에 공유되는 문화적 행위이다. 커뮤니케이션, 미디어, 문화, 서로 밀접하게 얽혀 있는 이 세 가지 개념은 사실상 인간 사회가 형성·유지·변화해 가는 거대한 과정 자체의 무게를 담고 있는 셈이다. 인류의 역사는 각 인간 사회가 어떤 형태로 커뮤니케이션을 하고 어떤 미디어를 사용했으며 이를 통해 어떤 문화를 형성했는가에 따라 시대구분을 할 수 있다. 그중 우리가 살아왔고 살고 있는 시대가 매스커뮤니케이션, 매스미디어의 시대이다. 디지털 기술의 발전과 함께 정보화 시대, 뉴미디어의 시대로 이행한다고 하지만, 매스미디어는 여전히 우리 삶의 중요한 부분이다.

인간은 태어나 죽을 때까지 다양한 미디어를 수단으로 커뮤니케이션을 한다. 한 송이 장미꽃이 미디어가 될 수 있듯이, 인간이 사용하는 미디어는 헤아릴 수 없이 많다. 어쩌면 인간이 만들어내고 사용하는 모든 사물이 미디어라고 말해도 좋을 정도이다. 그 다양한 미디어들 중에는 비교적 규모가 작고 개인적인 수준에서 사사로이 사용하는 것도 있고 한꺼번에 다수의 사람들을 상대로 메시지를 유통할 수 있을 만큼 규모가 큰 것도 있다. 규모가 큰 것들, 이를테면 신문·방송·출판·광고·영화·음반 같은 미디어들은 몇 가지 공통점이 있다.

첫째, 이들은 모두 대규모의 자본을 필요로 한다. 예컨대 웬만한 극장용 장편영화 한 편을 만들기 위해서는 적어도 수십억 원 이상의 돈이 든다. 전국 규모의 TV 방송을 하기 위해서는 수백억 이상의 돈이 필요하고 신문사 역시 마찬가지이다. 그렇기 때문에 일정한 정도의 자본을 가지지 못한 사람들이 이런 미디어를 이용해 커뮤니케이션하기는 어렵다. 오직 자본을 가진 사람, 혹은 집단만이 이런 미디어들을 통해 의미를 생산·유통시킬 수 있다.

둘째, 이들은 모두 대량 복제의 테크놀로지를 기반으로 한다. 그래서 매스미디어는 인쇄술, 전자통신 기술 등 대량 복제 기술이 발명된 근대 자본주의 이후에 등장했다.

셋째, 매스미디어들을 통해 생산되는 커뮤니케이션 산물들은 모두 상품의 성격을 띠고 시장을 통해 유통된다. 미디어 소유자들은 상품의 형태로 메시지를 생산하고, 대부분의 사람들은 이를 돈 주고 사서 소비한다. TV 방송은 공짜로 시청한다고 착각하는 사람이 있을지 모르지만, 그렇지 않다. 수신료를 부과하는 공영 채널이나 이용료를 지불하는 유료 채널은 물론이고 그 재원이 광고료로 충당되는 상업 채널의 경우도 광고료가 결국 소비자들의 상품 구매에서 나오는 것이고 보면, 결국 돈을 주고 방송을 보는 셈이다. 당연히 여기에도 최소 비용으로 최대 이윤을 노리는 경제원칙이 작용한다.

넷째, 이 모두는 한 사람의 힘으로 제작하기 어렵다. 여기에는 일정한 분업체계를 갖춘 집단, 즉 조직이 필요하다. 신문사, 방송사, 영화사, 음반회사, 출판사 같은 조직이 그것이다. 그 조직은 자본을 가진 자본가를 정점으로 하는 위계구조를 갖추고 있다. 그 위계의 말단에 의미를 생산하고 조합하는 전문가들, 이를테면 작가·기자·PD·작곡가·가수·편집인·연기자 등이 고용되어 있다.

다섯째, 이런 미디어들이 생산하는 의미들은 특정한 사람을 대상으로 하는 것이 아니라 불특정한 다수를 대상으로 한다. 이 불특정한 다수를 흔히 대중이라고 부른다. 이들은 수적으로 다수일 뿐 아니라 매우 다양한 집단을 포괄한다.

이런 몇 가지 특징을 공유하는 대규모의 미디어들을 우리는 매스미디어 혹은 대중매체라 부르며, 이런 매스미디어를 매개로 이루어지는 커뮤니케이션을 매스커뮤니케이션이라 부른다. 매스커뮤니케이션은 대중사회의 성립과 밀접히 관련된다. 19세기 초부터 서구 사회에서 산업혁명과 함께 공업화, 도시화가 빠른 속도로 진행되면서 거대도시가 출현하게 된다. 거대도시들은 다양한 출신 배경을 지닌 이질적 구성원들로 형성되어 집단적 결속력이 약했고, 구성원 상호 간 관계는 자본주의적 계약관계로 이루어졌다. 자연히 공동체적 유대관계는 사라져 갔고, 사람들은 고립된 개별적 존재로 남게 되었다. 매스미디어는 도시의 대중이 고립감을 벗어나 사회적 관계를 맺을 수 있는 통로로 기능했지만, 매스미디어에 의존한 사회적 관계는 결과적으로 대중의 고립과 개별화·원자화를 더욱 심화시켰다. 권력을 가진 지배자들은 매스미디어를 통해 대중사회를 통제하고 사회적 통합을 이룸으로써 체제를 유지하려 했다.

2) 일상생활로서의 대중문화

대중문화는 우리의 생활공간 가장 가까운 곳에, 즉 일상의 한가운데 존재한다. 우리는 길을 걷거나 밥을 먹는 것처럼 가장 일상적인 행위 속에서 대중문화를 접촉하고 실천한다. 예컨대 우리는 집 안 청소를 하면서 대중가요를 읊조리고, 저녁 식사를 하면서 TV 드라마를 시청하며, 침대 위에서 로맨스 소설이나 만화책을 읽는다. 그뿐 아니라 우리는 친구와 가족, 동료와 술잔을 기울이고 커피를 나누어 마시며 일상적으로 대중문화를 이야기한다. 대중문화를 수용(혹은 소비)한다는 것은 전혀 특별한 일이 아니다. 그것은 마치 호흡을 하듯 밥을 먹듯 자연스러운 일이다. 대중문화의 가장 중요한 특징은 이렇게 자연스러운 일상 속에서 그다지 특별하거나 낯설지 않은 행위로 존재한다는 사실이다. 이 말은 대중문화 실천이 의식적인 선택에 의해 이루어지기도 하지만, 상당 부분 무의식적인 행위로 이루어진다는 뜻이다. 바로 그런 까닭에 대중문화는 많은 대중의 감수성이나 취향, 행동양식에 무의식적인 영향을 미친다. 서구의 대중문화 연구에서 정신분석학 같은 학문 분야가 중요한 이론적 자원이 되는 까닭도 여기에 있다. 왜 여성들이 특정한 드라마에 열광하는지, 혹은 왜 청소년들이 아이돌 스타에게 그토록 광적인 애정을 표하는지 등의 문제는 대중집단의 문화실천 속에 내재되어 있는 무의식의 심연을 읽어냄으로써 좀 더 분명히 밝혀질 수 있다.

대중문화의 영향력, 사회적 효과 같은 문제가 중요할 수밖에 없는

열린음악회

것도 바로 대중문화가 지닌 일상성 때문이다. 대중문화가 일상적이라는 말은 그것을 객관적으로 보기가 쉽지 않다는 말과 통한다. TV 드라마에 열중하고 대중가요를 따라 부르면서 자신의 그런 모습을 객관적으로 성찰하기는 쉬운 일이 아니다. 말하자면 나 자신과 대중문화 사이를 거리를 두고 비판적으로 관찰하기가 어렵다는 것이다. 가장 일상적인 것일수록 그것을 객관적인 시선으로 보기가 어려운 법이다. 사실사람들은 대부분 자신의 문화적 취향이나 정치적 성향이 주체적인 선택에 의해서가 아니라 자신의 일상을 둘러싼 문화 환경의 영향 속에서형성된 것임을 인정하고 싶어 하지 않는다. 그러나 모든 사람들의 취향이나 성향은 다분히 성장 과정을 둘러싼 문화 환경의 영향 속에서 형성되는 것이며, 대중문화는 그런 문화 환경의 가장 중요한 부분이다.다만 그것이 너무나 가까이 일상적으로 존재하기 때문에 그 영향을 쉽게 인식하지 못할 뿐이다.

3) 대중문화: 정체성 대립과 갈등의 장

흔히 사람들은 대중문화를 보편성을 지닌 하나의 동질적 문화로 생각하는 경향이 있다. 그러나 엄밀히 말하면 대중문화는 하나의 문화가 아니다. 어떤 의미에서는 대중문화란 존재하지 않고 수많은 복수의 '문화들'이 존재한다고 말할 수도 있다. 예컨대 TV를 보면 〈열린음악회〉나 〈전국노래자랑〉 같은 프로그램이 있는가 하면, 젊은 세대 취향의 음악 프로그램이 있다. 이들은 프로그램의 진행 방식이나 출연진, 레퍼토리, 주요 시청자 집단에서 명확히 구분된다. 〈전국노래자랑〉을 좋아하는 집단과 아이돌그룹이 출연하는 프로그램을 좋아하는 집단 사이에는 적지 않은 문화적 차이가 존재한다. 그 차이는 단순한 취향의 차이일 뿐 아니라 그것을 좋아하는 사람들의 정체성 차이를 반영한다. 정체성이란 자기 자신을 확인하는 방식, 다시 말해 '나는 누구인가'라는 질문에 대답하는 방식이라고 할 수 있다. 〈전국노래자랑〉을 좋아하는 사람들과 아이돌그룹을 좋아하는 사람들은 분명 서로 다른 정체성을 가지고 있으며, 이들은 대중문화라는 장에서 서로 갈등하고 대립한다. 사람들의 정체성을 결정하는 변수는 세대, 계급, 성별, 지역 등 다양하다. 대중문화라는 장은 세대, 계급, 성별, 지역이 서로 다른 수많은 사회집단의 문화적 정체성이 부딪치고 갈등하며 타협하는 장소이다. 똑같은 문화 산물을 두고도 서로 다른 집단이 서로 다른 의미를 부여함으로써 갈등을 빚기도 한다. 꽤 오래전 이야기지만 '서태지와 아이들'이 레게파마를 했다는 이유로 TV 출연을 못하게 되었던 일이 있다. TV 출연을 막아야 한다는 사람들은 그들이 그런 머리 모양을 하는 것을 한국인의 정체성을 부정하는 몹시도 불손하고 퇴폐적인 행위로 인식했기 때문이었을 것이다. 똑같은 머리 모양을 두고 어떤 사람은 새로운 멋과 스타일로 받아들이고, 어떤 사람은 퇴폐적이고 파괴적인 행위로 보는 것이다. 이런 종류의 갈등은 오래전부터 수없이 되풀이되어 왔다. 1970년대에는 장발과 미니스커트가 당국의 단속 대상이 된 적도 있었고, 가수들이 예명을 모조리 한국 이름으로 바꾸어야 했던 웃지 못할 일도 있었다. 이런 사례는 대중문화가 단순히 정체성 갈등의 장일 뿐 아니라 그런 갈등 자체가 일종의 권력투쟁임을 잘 보여준다.

대중문화가 정체성 갈등의 장이며 권력투쟁의 영역임이 가장 잘 드러나는 경우는 특히 세대 간의 문화적 차이와 관련해서다. 1990년대 이후 우리 사회의 문화 담론에서 중심적 지위를 차지했던 다양한 세대 논쟁은 새로운 세대의 문화가 기성의 문화와 충돌하면서 나타났던 사회적 반응을 잘 보여준다. 서구 사회도 마찬가지이다. 1950년대 후반 로큰롤에 열광하는 젊은 세대와 그들의 문화에 거부감을 보이는 기성세대 사이에 갖가지 형태의 대립과 갈등이 나타난 바 있다. 1960년대에는 기성사회의 가치관을 거부하고 반전과 평화의 사상을 구현하고자 했던 히피문화가 서구 젊은이들을 사로잡으면서 서구 사회 전반에 엄청난 갈등과 변화를 몰고 오기도 했다.

문화정체성 갈등의 또 다른 주요 요인은 계급이라는 변수이다. 사실 문화는 치열한 계급투쟁의 장이다. 문화를 고급문화와 대중문화로 나누는 시각에도 따지고 보면 엘리트 계급의 계급적 이해관계가 투영되어 있다. 우리나라에서 문화가 계급론의 시각에서 본격적으로 다루어진 것은 1980년대이다. 1980년대 진보적인 민중문화운동은 다분히 계급문화론의 시각을 가지고 있었고, 특히 1980년대 후반부터 1990년대 초반 사이에는 노동계급에 기반을 둔 문화운동이 활발하게 이루어졌다. 마르크스주의의 영향을 받은 서구의 문화이론에서 대중문화는 지배계급의 이데올로기 지배도구의 성격을 지닌 것으로 규정된다.

그런가 하면 지역적인 문화정체성의 문제 역시 중요하다. 우리 사회의 경우 영호남의 지역감정이라는 것도 다분히 문화적인 차원과 연결되어 있음을 부정하기 어렵다. 그보다 더 큰 수준에서 보면 서구문화와 제3세계 문화의 관계가 매우 중요한 의제가 된다. 20세기 내내 미국을 비롯한 서구의 대중문화가 전 세계로 확산되면서 제3세계의 문화적 정체성이 위협받는 상황이 국제적 갈등의 요인이 되기도 했다. 최근에는 이른바 세계화, 혹은 지구화(globalization)의 추세가 강화되면서 지역적인 문화정체성의 문제가 역시 대중문화와 관련한 중요한 주제가 되고 있다.

결국 대중문화는 그 속에 수많은 부분집합을 가지고 있고, 그 속에서 끊임없는 갈등과 대립, 타협과 공존이 이루어지는 복잡하고 변화무쌍한 영역인 것이다.

생각해 볼 문제

1. 고급문화와 대중문화의 차이는 어디에 있는가?
2. mass culture로서의 대중문화와 popular culture로서의 대중문화가 지닌 개념적 차이는 무엇인가?
3. 매스미디어를 변화시키면 대중문화도 변화시킬 수 있을까?
4. 대중문화의 일상성과 무의식적 영향이라는 점에 관해서 각자의 체험을 이야기해 보자.
5. 고급문화와 대중문화의 이분법이 지닌 문제점은 무엇인가?
6. 대중문화가 갈등의 영역임을 보여주는 사례들을 생각해 보자.
7. 키치의 개념에 대해 좀 더 알아보자.

참고 자료

강상현·채백 엮음. 2009. 『디지털 시대 미디어의 이해와 활용』. 한나래.

대중 매체의 여러 갈래들의 역사와 구조, 성격 등을 중심으로 포괄적으로 정리한 개론서이다. 『대중매체의 이해와 활용』을 디지털 시대에 맞추어 개정·증보했다. 대학의 교양과목 교재의 성격을 띠고 있어 미디어에 관한 상식적 관점을 지닌 일반인들이 비교적 쉽게 접근할 수 있다. 1993년 초판이 발행되었고 1996년 2판, 2002년 3판을 거쳐 다시 개정되었다.

박명진 외 엮음. 1996. 『문화, 일상, 대중: 문화에 관한 8개의 탐구』. 한나래.

1990년대 중반 이후 사회 변화 속에서 대중문화를 보는 우리의 시각도 큰 변화를 겪었다. 이 책은 그 변화의 흐름을 짚어보고자 모인 연구자들이 공동 독회를 통해 읽은 글들을 옮겨 엮은 책이다. 1990년대 이후 대중문화 담론의 변화를 짚어보는 데 도움이 된다.

한국언론정보학회. 2020. 『현대사회와 매스커뮤니케이션』. 한울엠플러스.

한국언론정보학회가 편집한 매스컴 개론. 앞의 『디지털 시대 미디어의 이해와 활용』과 마찬가지로 대학 교양 과목 교재로 적합한 책이지만, 이 책의 편제는 좀 다르다. 『디지털 시대 미디어의 이해와 활용』과 달리 이 책은 매체별이 아니라 매스커뮤니케이션과 사회의 관계라는 거시적 맥락에서 다양한 주제를 다룬다. 두 책을 함께 읽으면 큰 도움이 될 것이다.

스토리, 존(John Storey). 1999. 『문화연구와 문화이론』. 박이소 옮김. 현실문화.

원용진. 2010. 『새로 쓴 대중문화의 패러다임』. 한나래.

03 대중문화의 생산과 소비

주요 개념 및 용어 | 문화의 생산 주체와 소비 주체, 문화상품, 청년문화, 스타 시스템, 아카데미 영화제, 미디어 이벤트, 리메이크, 현실도피, 마취, 쌍방향성(상호작용성), 지배적-헤게모니적 해독, 교섭적 해독, 대립적 해독, 선호된 해독, 기호학적 저항, 문화실천, 정치적 올바름(political correctness)

앞서 2장에서 살펴본 것처럼 대중문화는 단순히 구체적인 어떤 것들의 집합으로 정의하기는 어려운 개념이다. 그보다는 다양한 현상과 관계가 얽혀 있는 문제 영역으로 보는 것이 타당하다. 우리가 흔히 대중문화 하면 떠올리는 영화나 대중가요, TV 드라마 같은 문화 산물을 생각할 때도 거기에는 그것을 생산하는 주체와 생산 과정, 그런 과정을 통해 생산된 텍스트 자체, 그리고 그것을 일상생활 속에서 경험하는 대중의 수용 과정 등이 복합적으로 얽혀 있음을 잊어서는 안 된다. 이 장에서는 대중문화 산물을 만들어내는 자본주의적 생산 과정과 수용자의 소비 과정의 문제를 살펴보고자 한다.

미다스 왕

그리스 신화에 나오는 왕. 황금에
눈이 멀었던 그는 만지는 것마다 황
금으로 변하는 손을 갖게 되었으나
그 때문에 사랑하는 공주마저 황금
으로 변하는 비극을 겪는다.

1. 생산 주체와 소비 주체의 분리

현대의 대중문화가 과거의 문화와 다른 점 가운데 가장 기본적인 것
은 생산 주체와 소비 주체가 분리된다는 것이다. 전통 시대 민중의 일
상에 존재하던 문화는 대부분 생산자와 소비자가 구별되지 않았다. 생
산자가 곧 소비자이고, 소비자가 곧 생산자였다. 민요의 예를 생각해
보면 된다. 전통 시대의 민요는 특정한 개인의 창작물이 아니다. 그것
은 당시 사람들의 일상생활과 노동 과정에서 자연스럽게 생겨나 입에
서 입으로 전해지면서 풍부한 표현을 얻었다. 누구나 노래를 지어 부
를 수 있었고 누구나 기존의 노래를 자신의 삶에 비추어 변형할 수 있
었다. 그런 의미에서 전통 시대의 민중은 모두 작곡가이며 작사가였던
셈이다. 그러다가 사회가 분화하고 삶의 양식이 변화하면서 전문적으
로 노래를 짓고 부르는 예인들이 생겨났다. 우리나라의 경우에도 조선
시대 후기로 넘어오면서 전문적인 예인집단이 등장했다. 그러나 이 경
우에도 그들이 부르는 노래는 일반 사람들이 부르는 노래와 뚜렷하게
구분되는 것은 아니었다. 전문 예인들의 노래도 결국은 일반의 민요에
서 형식과 내용을 차용한 것이 대부분이었다.

오늘날과 같이 문화의 생산자와 소비자가 명확하게 구분되는 것은
자본주의 성립과 밀접하게 관련된다. 자본주의는 마치 미다스(Midas)
왕의 손처럼 모든 것을 황금으로 만들어버린다. 모든 것은 상품이 되
었고 그 상품을 만들어 파는 자와 그것을 돈 주고 사서 소비하는 자가
뚜렷이 구분되었다. 기계기술이 발전하면서 대규모의 기계설비를 통
해 상품을 대량생산하는 산업사회가 등장하고, 상품화의 경향은 일상
과 사회의 전 영역에 걸쳐 나타났다. 사람들이 일상적으로 즐기던 여
가와 오락, 문화와 예술도 상품화의 경향에서 예외가 아니었다. 이제
사람들이 삶 속에서 자연스럽게 만들고 향유하던 노래와 이야기 대신
매스미디어를 통해 대량생산되고 상품으로 유통되는 대중음악과 드라

마, 영화가 그 자리를 메우게 된 것이다.

상품화된 문화는 그것 역시 상품인 까닭에 다른 공산품과 다름없이 경제원칙의 지배를 받는다. 최소의 비용으로 최대의 이윤을 얻어야 한다는 경제원칙은 여기에도 예외 없이 적용된다. 그러나 문화상품은 상품이면서도 단순한 상품 이상의 것이다. 그것은 단순히 물질적 필요에 따라 사용하고 버리는 일반 소비재 상품과 다르다. 문화상품은 사람들의 물질적 필요가 아니라 정신적 욕구를 충족시켜 주는 상품이기 때문이다. 사람들은 문화상품을 구매하고 소비하는 가운데 그 속에 담긴 정신적 내용에 어떤 형태로든 영향을 받지 않을 수 없다. 더욱이 상품화된 대중문화는 소비 대상이 불특정 다수이기 때문에 그것이 많은 사람들에게 어떤 정신적 영향을 미칠 때 사회적 효과는 매우 클 수 있다. 그렇기 때문에 대중문화에 대해서는 늘 정치적 통제와 영향력이 작용한다. 즉, 상품화된 대중문화의 생산 과정에는 최대 이윤을 추구하는 경제 논리와 사회적 영향을 통제하는 정치적 논리가 작용하게 되는 것이다.

2. 대중문화 생산의 경제 논리

자본주의사회에서 대중문화는 하나의 산업조직에 의해 생산된다. 여기에는 마치 공산품의 생산 공정과도 유사한 분업의 원리가 작용한다. 예컨대 대중음악의 생산 과정에는 작사와 작곡, 편곡, 연주, 녹음, 음반 제작, 재킷 제작 등 다양한 공정이 있고, 각각의 공정은 각 분야의 전문가들에 의해 분업적으로 이루어진다. 이 모든 노동 과정에 참여하는 예술적 혹은 생산적 노동자들은 모두 자본가에게 고용된 피고용인이다. 자본가는 문화상품의 제작 과정에서 최종적인 결정권을 행사한다. 결국 하나의 문화산업에서 대중문화의 생산은 생산의 방향과 한계를 궁극적으로 결정짓는 자본가를 정점으로 하고, 그가 정한 테두리 내에서 구체적인 상품을 제작하는 예술 노동자들과 생산 노동자들로 이루어진 위계적 조직에 의해 이루어진다.

흔히 작곡가나 연출가를 대중문화의 생산 주체라고 생각하기 쉽지만 그렇지 않다. 작곡가, 연출가, 가수, 배우 같은 사람들은 대중문화를 생산하는 위계조직에 속한 하나의 분업 단위일 뿐이다. 기본적으로 대중문화 상품을 생산하는 것은 바로 자본이기 때문이다. 일례로 아카데미 영화제를 보면 최고의 영예라고 하는 작품상을 받는 사람은 감독이나 배우가 아니라 제작비를 대고 제작 과정을 지휘한 프로듀서 혹은 제작사의 대표이다. 아무리 훌륭한 작품이라도 자본가의 마음에 들지 않으면 상품화될 수 없다. 문화상품을 생산하는 자본가의 기본적인 의도는 물론 돈을 버는 것이다. 가능한 한 최소의 비용을 들여서 최대의 이윤을 창출하는 것, 그것은 모든 대중문화 생산자들의 공통된 목표이다. 돈을 많이 벌기 위해서는 대량생산과 대량소비가 필수적이다. 모든 문화상품 생산자들은 대량생산과 대량판매를 지향하며, 소비자를 극대화하기 위해 모든 전략을 강구한다.

특히 중요한 것은 대중문화 산업이 시장의 반응을 예측하기 어려운 산업이라는 점이다. 실제로 시장에 나오는 대중문화 상품 가운데 이익을 남기는 것은 소수에 지나지 않는다. 우리나라의 경우에도 일부 한국 영화가 1000만 명이 넘는 관객을 동원하기도 하지만, 영화산업 전체로 보면 이익을 남기는 영화는 일부에 그치며 대부분 손해를 보고 있다. 사정이 이렇다 보니 대중문화 상품 생산자들은 모험을 통해 대박을 노리기보다는 가급적 안전한 투자를 통해 손해를 줄이는 전략을 택하게 된다. 시장의 불확실성, 즉 리스크를 줄이는 것이야말로 대중문화 상품 생산의 가장 중요한 원칙이며, 이에 따라 대중문화 생산의 가장 중요한 전략들이 만들어진다.

1) 가장 적극적인 소비층 공략

소비자를 극대화하기 위해 우선 문화상품의 생산자들은 가능한 한 평균적인 대중 취향에 맞추려고 한다. 과거 우리나라 TV 제작자들 사이에는 모든 TV 프로그램을 중학교 2학년 수준으로 맞추라는 불문율이 있었다. 그 정도의 수준으로 제작했을 때 시청률이 가장 높았다는 경험적 근거가 있었기 때문일 것이다.

문화 소비에 가장 적극적인 계층과 세대를 주요 대상으로 삼아 문화상품을 생산하는 것도 주요한 전략이다. 이는 대중음악의 주된 경향이 시대와 함께 변화해 온 과정을 살펴보면 잘 나타난다. 한국에서 1960년대까지 대중문화의 주된 소비집단은 직장을 다니는 성인계층이었다. 당시의 경제수준이나 규모로 보아 스스로 경제 활동을 하는 계층만이 문화 소비의 구매력을 가질 수 있었던 것이다. 그런 까닭에 당시까지 대중문화의 주요 내용은 직장인과 성인계층의 삶을 담았고 형식적 특성도 성인 취향을 반영한 것이었다. 1960년대 영화에서 가장 중요한 장르는 성인들의 애정관계를 담은 멜로드라마였고, 대중가요의 가사도 대부분 성인들의 애환을 담은 것이었다.

1970년대로 오면 대중문화의 새로운 소비집단으로 대학생을 중심으로 한 청년세대가 떠오른다. 1970년대에 청년문화가 크게 유행한 것은 대학생들을 중심으로 청년시장(youth market)이 형성되었기 때문이다.

이때 대중음악에서는 청년층의 취향에 어울렸던 통기타 가요가 큰 인기를 끌었다. 이 노래들은 젊은 층이 품고 있던 기성세대와 사회에 대한 환멸을 순수하고 낭만적인 이미지에 담아 표현했다. 영화의 경우에도 하길종, 이장호 등 새로운 감각으로 무장한 젊은 감독들이 등장해 〈바보들의 행진〉, 〈별들의 고향〉 등 당대 청년층의 삶과 의식을 반영한 작품들을 내놓아 크게 인기를 끌었다. 코미디의 경우에도 전통적인 코미디 대신 개그라는 새로운 양식이 등장해 젊은 층의 인기를 모았다.

1980년대 중반부터 대중문화의 새로운 주류 소비자로 떠오른 것이

청년문화

원래 1960~1970년대에 미국과 유럽을 휩쓴 진보적인 학생운동과 청년들의 저항운동 속에서 나타난 일련의 문화적 현상을 지칭하는 용어이다. 당시 서구의 청년들은 엄격한 청교도주의와 업적주의에 근거해 기존 자본주의 체제를 유지하고자 하는 기성세대와 지배 질서에 저항하면서 반전, 평화, 특히 인권과 공동체 회복을 부르짖었다. 그런 움직임은 신좌파 이념을 추구한 학생운동에서 공동체 회복을 주장하며 현실도피의 성향을 보인 히피즘에 이르기까지 다양한 양태를 보였다. 이런 저항운동 속에서 청년문화가 번성했는데, 특히 많은 록 가수들과 포크 가수들이 이 운동에 동참하면서 풍부한 문화를 꽃피웠다. 이런 문화가 1960년대부터 한국에 소개되기 시작했다.

1970년대 초 대학생들을 중심으로 한 한국의 젊은 세대는 기성세대와는 여러모로 다른 사고방식과 감수성을 가지고 있었다. 그들은 기성세대와 달리 해방 후 미국식 교육체계에서 교육을 받았고, 서구문화의 영향권에서 성장했다. 이들은 1960년대부터 미국과 유럽을 휩쓴 히피문화의 영향을 받아 장발과 청바지, 생맥주를 즐겼다. 이들은 당시 서구의 청년들이 열광했던 포크 음악과 록 음악을 선호하여 한국 대중음악계에도 통기타 가요와 록 음악이 선풍을 일으켰다. 특히 포크송이라 불린 통기타 가요는 1970년대 중반까지 한국 대중음악계의 또 다른 주류로 자리 잡았다. 1970년대 초반의 이런 젊은 층의 문화에 대해 당시의 언론들은 구미의 청년문화에서 그 이름을 빌려 한국식 청년문화라 불렀다. 당시 이런 문화는 젊은이들의 정서를 사로잡았고 기성세대의 반발을 부르면서 청년문화 논쟁을 유발했다.

1970년대 청년문화

10대 청소년층이다. 경제성장과 함께 중산층의 청소년들이 부모들에게 받는 용돈만으로도 충분히 대중문화의 구매자가 될 수 있었던 것이다. 입시지옥으로 대변되는 억압적인 조건에서 살아가는 청소년들에게 대중문화는 가장 쉽게 도피할 수 있는 출구의 역할을 했다. 1980년대 중반 이후 대중음악에서 청소년 취향의 댄스음악이 주류로 등장한 것도 그런 까닭이다. 이런 양상은 1990년대로 오면서 더욱 심화되었고, 지금은 대중음악의 경우 10대 청소년 취향의 대중음아이 시장의 대부분을 차지하고 있다.

2) 모방과 반복, 원소스멀티유즈(one source multi use)와 창구 효과(window effect)

가능한 한 위험부담을 최소화하고 이윤을 극대화하기 위해 대중문화 상품의 생산자들은 이미 시장에서 상품성을 인정받은 요소를 되풀이하여 사용함으로써 안정적인 판매를 이루고자 한다. 여기서 대중문화의 반복적이고 상투적인 행태가 나오게 된다. TV 드라마를 보면 삼각관계, 신데렐라 스토리, 출생의 비밀, 기억상실 같은 요소가 빈번하게 등장하는데, 이런 상투적 내용들이 일정한 시청률을 보장한다는 경험적 믿음이 있기 때문이다. 대중문화 상품의 생산자들은 어떤 경우건 위험부담이 큰 모험을 피하려 한다. 대중문화의 영역에서 실험적이고 새로운 시도가 잘 이루어지기 어려운 까닭이 그것이다. 하긴 그런 경향은 이른바 고급문화 영역이라 해도 크게 다르지 않다. 한 번 형성된 관습과 패턴을 고수하려는 경향은 늘 존재하기 때문에, 새롭고 실험적이며 진보적인 문화적 시도는 어디서건 그다지 환영받지 못한다.

비슷한 유형의 대중문화 상품이 일시적으로 유행하는 경향이 생기는 것도 일단 시장에서 잘 팔린 문화상품을 모방하고 본뜸으로써 시장성에 편승하려는 문화산업의 전략 때문이라고 할 수 있다. 2000년대 들어 나타났던 리얼리티 프로그램의 유행, 먹방의 유행, 오디션 프로그램의 유행에서 보듯이 TV 예능에서 하나의 프로그램 포맷이 인기를 모으면 비슷한 프로그램들이 우후죽순처럼 생겨난다. 또 시장성을 인정받은 상품을 최대한 반복적으로 이용하는 것도 주요 전략의 하나가 된다. 베스트셀러를 영화화하거나 하나의 작품을 다른 시점에 새롭게 제작하는 것(remake), 인기를 끈 영화의 속편이 계속 제작되는 것이 그런 예이다. 영화나 드라마에서 비슷하게 반복되는 이른바 클리셰(cliche)도 그런 모방과 반복 속에서 만들어진다.

상품성이 확인된 작품을 여러 유형의 상품으로 제작하는 것도 리스크를 줄이는 전략으로 애용된다. 베스트셀러 소설이나 인기 웹툰을 영화나 드라마 혹은 뮤지컬 등으로 제작하는 것이다. 이런 식으로 하나의 원작을 다양한 형식의 상품으로 제작해 상품화하는 것을 원소스멀티유즈라 한다. 원소스멀티유즈와는 조금 다르게 하나의 작품을 여러 다른 창구 혹은 플랫폼을 통해 상영해서 이윤을 얻는 것을 창구효과라 한다. 한 편의 영화를 극장, 영화전문 채널, DVD, VOD 서비스, OTT 서비스 등 다양한 창구를 통해 유통하면 시장을 그만큼 확대하므로 리스크를 줄이는 효과를 얻게 된다.

3) 스타시스템(star system)

앞서 말한 바와 같이 대중문화 산업은 수요와 공급을 미리 예측하기 어렵다. 반드시 히트하리라고 예상했던 영화가 흥행에서 참패하고 그다지 기대를 걸지 않았던 작품이 엄청난 성공을 거두는 예가 비일비재하다. 그만큼 불확실성이 큰 투기성 사업이라 할 수 있다. 문화상품의 생산자들은 다양한 장치를 통해 시장의 불확실성을 줄이고 안정적인 판매를 추구한다. 이른바 스타라는 개념이 만들어진 것도 문화산업의 그런 전략 때문이다. 스타를 통해 안정적으로 수요를 유지하기 위해 문화산업은 다양한 방식으로 스타를 '제조'한다. 스타를 만들어내고 만들어진 스타를 이용해 이윤을 극대화하는 것이 바로 스타시스템이다.

스타시스템을 뒷받침하면서 문화상품의 소비를 촉진하는 장치도 다양하게 이용된다. 대표적인 예가 영화제 같은 미디어 이벤트이다. 예컨대 아카데미 영화제는 할리우드 영화산업이 안정적으로 세계 시장을 확보할 수 있도록 해주는 역할을 한다. 매년 이 영화제를 전후하여 전 세계 매스컴이 관심을 쏟고 이 영화제가 풍부한 볼거리를 지닌 대규모 미디어 이벤트로 치러짐으로써 할리우드 영화는 대단히 큰 홍보와 마케팅 효과를 얻는 것이다.

4) 끊임없는 신상품 개발

대중문화 상품 생산자들은 시장의 리스크를 줄이기 위해 시장성이 확인된 내용이나 형식을 관습적으로 반복하는 한편, 하나의 상품을 재빨리 노후화시키고 끊임없이 새로운 상품을 제시하는 전략을 사용한다. 대중음악에서 새로운 가수나 그룹이 한 번 뜨면 단기간에 모든 TV 프로그램과 CF에 출연시켜 돈을 번 다음 대중이 싫증을 느낄 무렵에는 여지없이 폐기 처분하고 새로운 스타를 내놓는 식이다. 이른바 일회용 가수가 양산되고 어린 나이에 한두 곡 히트시키고 '은퇴'하는 어처구니 없는 일이 흔하게 벌어지는 것은 그 때문이다. 이때 새로 등장한 스타 는 내용적으로는 이전의 스타와 다를 바 없지만, 의상이나 용모 등에서 약간의 차이를 내세우면서 '차별성'과 '개성'을 강조하곤 한다. 숱한 가 수와 그룹이 '개성'을 내세우지만, 정작 그들 사이에서 아무런 차별성 도 발견하기 어려운 것은 그들이 내세우는 개성이 '음악'이 아니라 단 지 스타일과 제스처의 차이에 그치기 때문이다.

3. 대중문화 생산의 정치 논리

1) 대중문화 생산에 대한 국가의 개입: 검열(censorship)의 문제

대중문화의 생산을 결정하는 원리가 경제적인 것만은 아니다. 어떤 점에서는 경제적인 것보다 더욱 중요한 것이 정치적 혹은 이데올로기 적 원리라 할 수 있다. 자본주의 체제를 유지하기 위해서는 대중이 현 재의 상황과 질서에 순응하게 하는 것이 필요한데, 여기에 대중문화가 매우 중요한 역할을 한다. 대중문화는 한꺼번에 수많은 사람들을 대상 으로 전파되는 것이기 때문에 그것의 이데올로기적 효과가 매우 크고, 그래서 언제나 국가권력은 대중문화를 자기의 통제와 관리 아래에 두 려고 한다. 국가권력이 대중문화 생산에 개입하는 가장 전형적이고 대 표적인 방법이 검열 기제를 통하는 것이다. 또 대중문화를 생산하는 문화산업에 일정한 제도적 통제를 가하기도 한다. 문화산업과 연관된 각종 위원회 제도 같은 것이 대표적이다. 기본적으로 문화상품의 생산 은 경제적 이해관계를 일차적인 동기로 하지만, 궁극적으로는 국가의 개입에 의해 일정한 테두리가 지어지며 그 테두리를 벗어나면 여러 가 지 제도적 억압을 당하게 된다.

일반적으로 대중문화에 대한 검열은 어느 사회에나 있다고 할 수 있 다. 다만 검열의 주체와 방식, 수준에서 다양한 편차를 보이는데, 대체적으로 검열은 선진국일수록 민간이 주체가 되어 자율적으로 행해지고, 후진국일수록 국가를 주체로 이루어지는 경우가 많다. 당연히 후진국일수록 검열의 잣대가 엄격하며, 허용되는 문화적 표현의 폭이 좁다.

우리나라의 경우 오랜 군사정권 시절을 거치면서 대중문화에 대한 검열이 세계적으로도 가장 강도가 높고 억압적인 형태로 이루어져 왔다. 대중문화에 대한 검열은 공연윤리위원회, 방송위원회 등 주로 정부기관에 의해 이루어졌으며, 영화나 연극, 가요, 광고, 방송 등 거의 모든 문화 분야에서 행해졌다. 특히 대중문화에 대한 검열의 엄혹함을 가장 잘 보여준 부문이 대중가요와 영화인데, 이 분야에 대한 검열은 거의 일제강점기에 만들어진 검열 방식을 답습하다시피 하여 많은 대중예술인들에게 원성의 대상이 되어왔다. 대중가요는 1970년대부터 수많은 금지곡이 양산되었고, 영화에 대한 심의 당국의 '가위질'은 영화인의 창작의지와 상상력을 싹둑 잘라버리는 원인이 되었다. 오랜 검열 관행은 대중문화 전반의 내용적 획일화를 불러왔으며, 대중예술인의 상상력을 옥죔으로써 문화수준의 질적 정체를 초래했다. 1990년대 후반에 이르러서야 대중가요와 영화에 대한 사전심의 제도가 위헌판결을 받아 철폐되고 등급 심의 제도로 바뀌는 등 검열 기제의 전반적인 완화가 이루어지면서 한국의 대중문화는 비로소 최소한의 표현의 자유를 얻게 되었다. 그렇지만 이른바 블랙리스트 사건에서 볼 수 있듯이 여전히 음으로 양으로 정치적 검열 메커니즘이 작동하고 있고, 특히 청소년 보호 등 다양한 이유를 내세우며 검열 강화를 외치는 세력이 존재한다. 최근에는 정치적 올바름(PC: political correctness)의 문제와 관련해서도 대중문화의 표현의 자유를 둘러싼 논란이 그치지 않고 있다.

2) 대중문화의 정치적 효과

대중문화는 정치적으로 대단히 중요한 의미가 있다. 사람들은 흔히 대중문화와 정치가 무관한 것이라고 생각하는 경향이 있다. 그러나 이는 잘못된 생각이다. 대중문화는 알게 모르게 사람들의 의식에 작용해 정치적으로 영향을 미친다. 흔히 대중문화가 대중에게 정신적 도피처를 제공함으로써 정치적 무관심을 조장한다는 점이 지적된다. 사실 대중문화는 많은 사람들에게 대단히 중요한 오락을 제공하며 그래서 기분전환과 정신적 이완의 통로로 기능한다. 대중문화 비판자들이 말하는 현실도피(escapism), 마취(narcotization)의 기능이 그런 것이다. 그러나 대중이 대중문화를 통해 정신적 도피를 행하는 것이 꼭 정치적으로 부정적인 성격을 가지는 것인지는 논란의 여지가 있다. 어떤 이는 대중문화의 현실도피 기능을 통해 대중이 기존 지배 이데올로기의 공세를 막아내고 그것에 저항할 수 있는 거점을 만들 수 있다고 주장하기도 한다.

대중문화는 또한 그 속에 자본주의적 가치관과 이데올로기를 은연중에 삽입함으로써 대중으로 하여금 무의식적으로 자본주의적 가치와 정서를 내면화하도록 유도한다. 예를 들어 많은 드라마와 광고는 자본주의의 가부장적 가치관을 드러내며 남성 우위의 가치관을 보여준다. 이런 문화상품을 반복적으로 접하면서 대중의 의식과 정서는 그런 기성의 가치관에 젖어든다는 것이다. 대중문화 비평가들이 벌이는 문화비평 작업의 상당 부분은 기성의 지배적 가치관을 은연중에 전파하는 대중문화의 내용을 분석·비판하는 데 할애되어 왔다.

4. 대중문화의 수용: 소비와 실천

대중문화의 생산 과정은 이렇듯 문화산업과 국가권력의 경제적·정치적 동기와 전략을 통해 이루어지며, 이는 생산된 문화상품의 내용과 형식에 어떤 식으로든 반영될 수밖에 없다. 그러나 대중문화를 수용하고 소비하는 주체는 대중이며, 대중의 소비 과정이 반드시 생산자의 의도대로 이루어진다고 할 수는 없다. 대중문화의 소비는 기본적으로 대

어 있었다. 1980년대에는 공식적인 재심의를 통한 금지조치는 없었으나 음성적인 압력을 통해 사실상 금지곡으로 만드는 예는 계속되었다. 한일 관계에 악영향을 미친다는 이유로 방송 금지된 〈독도는 우리 땅〉이 전형적인 예이다. 이른바 6·29 선언 이후의 유화 국면 속에서 정부는 〈동백아가씨〉와 〈아침 이슬〉을 포함한 상당수의 금지곡을 해제했다. 그러나 아직도 방송심의라는 제도적 장치를 통해, '판매할 수는 있으나 방송은 탈 수는 없는' 방송 금지곡들이 꾸준히 만들어지고 있다.

정치적 올바름

영화, 게임, 방송 등 대중문화 텍스트에서 특정 인물군의 재현 및 묘사에서 인종차별주의적 코드, 고정관념, 혐오의 요소들을 지양하고, 다양한 정체성의 재현을 지향하는 운동, 가치, 의제를 총칭하는 말이다. 정치적 올바름의 적용 범위는 때에 따라 인간에서 생물로 확대될 수 있다. '도둑고양이'에서 '길고양이'로 명칭이 대체되었듯이 말이다.

현실도피와 마취

매스미디어의 부정적 효과를 기술할 때 흔히 이런 개념들을 사용한다. 그 내용은 매스커뮤니케이션과 대중문화가 수용자 대중의 정치적 무관심을 조장하고 현실에 안주하게 하며 결국 지배 이데올로기에 순응하게 한다는 것이다. 물론 수용자의 선택성이 가미된 현실도피의 개념과 마약류의 효과로부터 차용한 마취의 개념은 다소 차이가 있다. 현실도피의 기능에 관해서는 그것이 오히려 지배 이데올로기에 대항하는 수단이 된다는 주장도 제기된다. 또 마취 개념의 경우는 그것이 지나치게 수용자 대중을 수동적이고 비주체적인 존재로 보는 관점이라는 점에서 비판의 대상이 된다.

중의 욕구와 필요성에 의해 이루어진다. 대중문화의 소비 과정에는 어떤 형태로든 대중의 욕구가 작용하며, 그 과정에서 나름의 의미가 창출되기도 한다. 그런 의미에서 최근에는 소비나 수용 같은 개념이 지닌 수동적 뉘앙스를 피하면서 대중의 주체적 성격을 강조하는 의미로 (문화)실천이라는 표현이 많이 쓰인다.

또 최근 들어 생산자와 소비자의 명확한 경계가 허물어지는 현상이 나타나는 점도 주의해야 할 대목이다. 대중문화의 여러 방면에서 대중이 단순한 소비자에 머물지 않고 직접 문화의 생산에 참여하며 스스로 새로운 문화를 창출하는 양상이 나타나고 있는 것이다. 흔히 말하는 포스트모던 문화의 핵심적 내용의 하나가 그것이다. 특히 과거 매스미디어가 지녔던 일방성을 벗어나 문화소통의 쌍방향성(혹은 상호작용성)을 가능하게 하는 디지털 기술의 발전과 함께 생산자와 소비자의 구분이 사라지고 대중이 생산자이자 소비자인 새로운 문화현상이 나타나고 있다. 가장 좋은 예는 물론 인터넷이다. 인터넷이라는 거대한 공간에 접속해 있는 대중은 일정 부분 문화의 생산에 참여하는 생산자이자 소비자인 것이다. 이와 같은 새로운 흐름은 대중문화 생산과 소비의 원리를 조금씩 바꿔놓고 있다. 그러나 대중문화물의 생산은 여전히 자본주의적 시스템 속에서 이루어지며, 그런 점에서 대중문화 생산 과정에 작동하는 정치와 경제의 원리는 여전히 크게 변하지 않고 있다. 다만 대중문화의 생산에 작용하는 힘과 원리가 대중문화 전반의 성격을 일방적으로 결정하는 것은 아니며, 대중의 수용과 소비 과정 속에서 대중문화의 의미와 성격이 얼마든지 변화할 수 있다는 것을 잊어서는 안될 것이다.

1) 해독자로서의 수용자

대중문화에 대한 비평이나 이론을 보면 대중문화의 생산 과정이나 생산된 텍스트 자체에 초점을 맞추어 대중문화의 성격을 논하는 경우가 많다. 대중문화가 그저 자본의 논리를 일방적으로 옹호하는 문화라는 관점이나 대중문화가 지배적인 가치관과 이데올로기를 유포하는 도구로서 기능한다는 식의 논의에 대해 그 자체로 잘못된 것이라고 말하기는 어렵다. 하지만 실제 현실에서 대중문화를 수용하는 대중이라는 주체에 대한 고려가 빠져 있다는 점에서 대중문화를 온전하게 이해한 것이라고 보기도 어렵다. 그런 논리를 그대로 받아들이면 결국 대중문화를 소비하는 대중은 아무런 주체적 판단력을 가지지 못한 채 대중문화가 유포하는 관점을 그대로 수용하는 존재로밖에 인식되지 않는다. 하지만 최근의 많은 연구들은 대중이 결코 주어진 문화 텍스트를 그대로 받아들이지는 않는다는 것을 보여준다. 대중도 나름의 판단력을 가지고 있고, 자기 나름의 욕망을 통해 주어진 문화를 선별적으로 받아들이거나 주체적인 의미를 부여하기도 하는 존재라는 것이다.

이와 관련해 먼저 생각해야 할 것이 해독자로서의 수용자라는 개념이다. 대중문화의 의미는 텍스트 자체가 아니라 수용자의 해독행위를 통해 실현된다는 것이다. 영국의 문화연구자 스튜어트 홀(Stuart Hall)과 데이비드 몰리(David Morley)는 수용자 대중이 주어진 텍스트를 해독하는 방식에 크게 세 가지가 있다고 보았다. 지배적-헤게모니적 해독(dominant-hegemonic reading), 교섭적 해독(negotiated reading), 대립적 해독(oppositional reading)이 그것이다. 지배적-헤게모니적 해독이란 텍스트에 내재된 지배 이데올로기에 부합하는 방식으로 해독하는 것이다. 예컨대 가정에서 청소하는 여성의 모습을 자연스럽게 보여주는 광고물이 있다고 할 때, 만일 그런 묘사를 정당하고 매력적인 것으로 받아들인다면('청소는 역시 여자가 할 일이야') 그것은 지배적-헤게모니적 해독이라고 할 수 있다. 이는 텍스트를 생산하는 지배구조가 원하는 해독이라는 점에서 선호된 해독(preferred reading)이라고도 부른다. 교섭적 해독은 그런 식의 선호된 해독을 부정하지는 않으면서도 절대적으로 받아들이지는 않는 경우이다. 이를테면 가정에서 청소하는 일은 여성이 할 일이라는 사회적 상식 자체는 받아들이지만, 직장 생활을 하는 내 경우에는 남편이 청소를 도와줄 수 있다는 식이다. 한편 대립적 해독은 그런 식의 광고가 여성을 모욕하는 것이며 가부장적인 사회적 가치관을 강화하는 것이라고 비판하는 방식으로 해독하는 것이다. 홀과 몰리의 이론은 수용자 집단이 처한 사회적·경제적 조건에 따라 다양한 방식의 해독이 존재할 수 있음을 보여준다. 즉, 대중이 주어진 문화 텍스트에 대해 모두 똑같이 반응하지는 않으며, 집단에 따라 다양한 해독이 이루어지고 그에 따라 그 문화의 의미도 달라진다는 것이다.

2) 일상생활의 실천과 즐거움의 저항성

대중문화는 대중의 일상적 삶 속에 존재한다. 대중문화를 비판적으로 보는 사람들은 흔히 대중의 일상적 삶이 사회의 정해진 규범과 가치, 관습을 수동적으로 따르며 재생산하는 과정이라고 생각한다. 하지만 프랑스의 인류학자 미셸 드 세르토(Michelle de Certeau)는 이런 관점을 거부한다. 그는 대중이 문화 산물의 생산을 통제할 힘을 가지고 있지는 못하지만, 그것을 소비하는 과정에서 지배집단의 이해관계나 지배 질서와는 무관하게 자신의 이해관계를 알게 모르게 관철하고 있다고 본다. 임대주택의 구조를 자신이 원하는 대로 변형한다든지 노동 현장에서 감독자의 눈을 피해 게으름을 피우는 행위처럼 가장 일상적인 공간에서 수시로 지배적인 질서에 저항하며 자기의 방식으로 지배 권력을 무력화하는 실천을 행하고 있다는 것이다. 미디어에 대해서도 마찬가지이다. 드 세르토는 대중이 TV와 같은 문화 산물을 (그저 단순히 소비하는 것이 아니라) 이용하면서 늘 새로운 의미를 만들어낸다고 보며, 그런 의미에서 그것을 일종의 생산행위로 본다. 드 세르토의 이와 같은 관점을 받아들인 존 피스크(John Fiske)는 대중이 문화 산물을 소비하는 과정에서 얻는 즐거움에서 저항의 의미를 이끌어낸다. 그는 대중문화가 문화산업에 의해 생산되는 것이 아니라 대중에 의해 만들어진다고 말한다. 즉, 대중의 문화 소비는 단순한 소비에 그치는 것이 아니라 의미의 생산이고 즐거움의 생산이며, 이는 곧 문화 산물에 부여된 지배적 의미에 대한 저항적 실천이라는 것이다. 대중문화를 비판하는 많은 사람들이 비판의 근거로 제시하곤 하는 대중문화의 현실도피 기능에 대해서도 그는 다른 시각을 제시한다. 대중문화가 주는 환상과 도피는 오히려 대중이 지배 이데올로기의 공세에서 벗어나 저항을 실천할 수 있는 공간을 제공한다는 것이다. 피스크는 대중이 일상적인 문화실천을 통해 지배적인 의미를 거부하면서 주체적인 의미를 추구하는 이런 과정을 기호학적 저항(semiotic resistance)이라고 말한다.

이런 주장은 대중의 능동적이고 창조적인 측면에 대한 강조가 다소 지나친 면이 있다. 대중이 어떤 텍스트건 능동적으로 자기의 이해에 맞춰 해독하고 실천할 수 있는 주체적 존재라면 사실상 지배 이데올로기 자체가 무의미해진다. 그러나 현실에서 지배 이데올로기는 존재하며 그것이 대중문화 텍스트를 통해 대중의 일상 속에서 재생산되고 있음을 부정하기는 어렵다. 다만 지금까지 많은 대중문화 담론이 대중을 무비판적이고 수동적인 존재로 보면서 거시적인 사회적 결정과 권력의 문제에 지나친 비중을 두어왔고 그 결과 미시적인 일상 속에서 대중이 행하는 전복적인 실천에 대해 무관심해 왔다는 점에서 드 세르토나 피스크의 이론은 분명 새로운 시사점을 제공한다고 할 수 있다. 요컨대 두 가지 관점에서 적절한 균형을 잡는 것이 필요하다고 할 수 있겠다. 대중문화를 일방적으로 지배 이데올로기의 수단이라고 보는 것이 잘못인 만큼 대중을 완벽하게 능동적인 존재로 보면서 대중문화를 대중의 주체적 문화실천이라는 관점으로만 보는 것도 잘못인 것이다.

1. 대중문화에 대한 검열과 관련하여 논란을 빚은 사례들을 조사해 보자.
2. 대중문화의 현실도피 기능을 꼭 부정적으로만 볼 수 있을까?
3. 대중문화에서는 왜 실험적인 시도가 어려운지 생각해 보자.
4. 대중은 능동적인가, 수동적인가?
5. 기술 발전과 함께 등장한 쌍방향적 문화현상의 사례들을 생각해 보자.

강준만. 2013. 『대중문화의 겉과 속(전면개정판)』. 인물과사상.

강준만 교수의 실사구시 정신이 잘 드러나는 이 책들은 대중문화에 관한 이론을 담은 책이 아니다. 우리가 현실에서 경험하는 다양한 대중문화 현상을 구체적이고 실증적인 방식으로 분석하고 비평한 평론집이다. 대중문화에 관련해 수많은 책들이 나와 있지만 대부분 알 듯 모를 듯한 서구 이론을 소개하는 데 머물거나 공연히 현학적인 글로 독자들만 더 헷갈리게 하는 경우가 많다. 그러나 강준만 교수의 책은 우리 대중문화의 구체적 현실의 돌아가는 모양에 대해 결코 현학적이지 않으면서 논리적으로 분석하고 있어 대단히 유용하다.

김창남. 1995. 『대중문화와 문화실천』. 한울엠플러스.

필자의 박사학위논문 내용을 축약하고 재정리하여 낸 책이다. 다양한 대중집단의 문화 수용이 보여주는 여러 가지 행태 속에서 대중의 문화실천이 지닌 능동성과 저항성의 폭넓은 스펙트럼을 찾아보고자 했다.

박명진 외 엮음. 1996. 『문화, 일상, 대중: 문화에 관한 8개의 탐구』. 한나래.

대중문화의 소비가 갖는 실천적·창조적 의미에 관해서 특히 이 책에 번역되어 있는 미셸 드 세르토(Michel de Certeau)와 존 피스크(John Fiske)의 글이 도움이 된다.

볼드윈, 일레인(Elaine Baldwin) 외. 2008. 『문화코드 어떻게 읽을 것인가: 문화연구의 이론과 실제』. 조애리 외 옮김. 한울엠플러스.

이 책의 원제가 "Introducing Cultural Studies"라는 데서 알 수 있듯이 문화연구의 다양한 이론들과 현실 문화에 대한 적용 사례들을 소개하고 있다. 문화연구에 입문하고자 하는 대학생이나 대학원생들이 읽기에 적합하다.

강상현·채백 엮음. 2009. 『디지털 시대 미디어의 이해와 활용』. 한나래.

한국언론정보학회 엮음. 2020. 『현대사회와 매스커뮤니케이션』. 한울엠플러스.

서구 근대 대중문화의 형성과 변화
인쇄술에서 디지털까지

주요 개념 및 용어 | 시민혁명, 부르주아계급, 선정주의, 황색저널리즘, 지상파, 멀티미디어, 디지털 컨버전스, 온 디맨드 서비스, OTT 서비스, 글로벌화(지구화, 세계화), 상호작용성

서구 사회에서 대중문화는 수 세기에 걸친 근대사회의 형성 과정에서 등장했다. 대략 15세기에서 19세기에 이르는 시기 동안 서구 사회는 르네상스, 종교개혁, 시민혁명, 산업혁명을 거치면서 '근대'사회로 나아갔다. 흔히 중세 사회와 구별되는 근대사회의 특성은, 정치적으로는 특정한 영토를 경계로 한 국민국가(혹은 민족국가), 경제적으로는 상품 생산과 소비 및 사유재산권에 기초한 화폐교환 중심의 시장경제, 사회적 분업과 성별 분업, 전통적 종교관의 쇠퇴와 개인주의·합리주의·물질주의 가치관, 그리고 과학기술의 발전에 따른 근대적 미디어의 등장과 활용 등으로 요약될 수 있다.

근대사회가 성립하기 전 중세 사회는 엄격한 신분질서에 의해 지배되었다. 권력을 가진 귀족(과 왕족, 성직자)들은 지배체제를 유지하면서 자신들의 문화를 형성했고, 예술을 즐겼다. 이들 엘리트의 문화가 당대의 지배문화였다. 귀족들은 먹고사는 일에서 자유롭고 시간 여유도 많았으며 교육수준도 높았기에 전문적인 예술가들을 후원하거나 고용해 자신들을 위한 예술작품을 창작하게 했고 이를 즐길 수 있었다. 피지배 서민 계층은 귀족들과는 전혀 다른 방식으로 그들의 문화를 형성했다. 서민들의 삶의 양식 속에서 자연스럽게 형성된 민속문화(folk culture)와 민속예술(folk arts)이 그것이다. 민속문화는 공동체의 구성원들이 삶 속에서 자연스럽게 창조해 낸 것으로 서민들의 삶에 유착되어 있고 원초적인 감정이 세련되진 않았지만 생명력 있게 표현된 문화였다. 귀족의 문화와 서민층의 문화는 분명히 구분되었고 두 계층 사이에서 완충지대가 되어줄 중간층은 존재하지 않았다.

시민혁명 과정에서 봉건체제의 강고한 신분 체계가 무너지고 경제구조가 변화한다. 산업화와 함께 인구의 도시 집중이 이루어지고 도시지역에 정착한 서민 계층 가운데 중산층 시민계급이 형성된다. 이들은 계몽주의 사상과 시민혁명의 주체로서 평등의식이 강하고 자신들의 정체성을 표현하고자 하는 욕구도 강했다. 교통·통신이 발달하면서 소통이 증가하고, 대량복제 기술 즉 인쇄술을 활용한 신문과 출판 미디어가 발전하면서 이 새로운 계급은 적극적으로 자신들의 세계관을 다양한 미디어를 통해 표현하고 확산하게 된다. 역사의 새로운 주체로 등장한 시민계급은 근대사의 격변기를 지나며 정치·사회·경제 영역에서 평등한 권리를 요구했고 이를 실현하면서 민주주의의 성장을 가져왔다. 시민계급의 평등주의적 요구는 문화영역에서도 표출되었고 이는 교육의 보편화, 미디어 기술의 진보, 여가 시간의 확대 등과 함께 실현되었다.

어느 정도의 여가와 경제 능력을 갖춘 시민계급의 문화적 욕구가 커지는 한편, 과거의 귀족들은 점차 몰락하면서 문화의 변화가 생기게 된다. 예컨대 오페라 극장의 좌석은 귀족들이 독점해 왔는데 이들이 몰락하면서 빈 좌석들이 생기게 되고 이는 점차 시민계급의 차지가 된다. 이 새로운 시민계급, 즉 부르주아는 귀족과 같은 삶을 꿈꾸었다. 오페라를 관람하고 가정마다 피아노를 들여놓고 고가의 미술품을 복제한 모조 예술품을 사서 집 안을 꾸미기도 했다. 예술 창작자들은 이제 몰락하는 귀족 집단 대신 부르주아 즉 도시의 중산층 시민들을 새로운 고객으로 삼아 문화를 생산하게 된다. 예술가들은 이 새로운 고객을 위해 고급문화의 전통에 민속문화의 자원을 섞은 혼종문화를 생산하게 되는데 이런 통속 문화가 근대적 대중문화의 뿌리를 이루게 된다. 그런 까닭에 봉건사회에서 근대사회로의 이전이 자생적으로 이루어진 서구 사회에서는, 식민지배를 통해 이식된 근대화를 경험한 사회와 달리 민속문화와 고급문화, 대중문화가 일정한 연속성을 갖게 된다.

부르주아계급은 시민혁명의 완수와 함께 형성된 근대사회의 주체 세력이 되었다. 자본주의의 성장과 함께 문화는 본격적으로 상품화되기 시작했다. 대량복제가 가능한 매스미디어의 출현은 근대의 대중문화를 더욱 상업화하고 동질화했다. 특히 전자매체가 본격 등장하면서 대중문화는 매스미디어에 의해 생산되고 확산된 문화상품으로 채워지게 된다. 권력을 쥔 부르주아계급은 귀족을 대신해 새로운 엘리트층을 형성했고, 귀족문화의 전통 속에 있는 이른바 고급문화를 자신들의 문화로 전유한다. 산업화와 함께 성장한 노동계급을 포함한 서민 계층은 상품화된 대중문화의 주된 수용 집단이 된다. 엘리트 집단은 대중문화를 수용하는 서민 계층을 무지하고 비이성적인 대중이라 부르며 대중사회에 대한 비판적이고 부정적인 견해를 내놓았다. 이들의 엘리트주의적인 대중관이 대중사회와 대중문화에 대한 초기의 관점을 형성하게 된다.

2. 매스미디어 기술의 발전과 대중문화

대중문화는 미디어 기술과 직접적으로 연관되어 있다. 문화의 생산과 소비, 공유는 다분히 미디어 기술에 의존하기 때문이다. 미디어 기술은 그것이 개발되고 이용되는 당대의 사회 현실과 역사적 상황, 정치적·경제적 구조와 깊이 결부되어 있고, 그 시대를 사는 사람들의 삶과 문화, 의식, 정서와 불가분의 관계를 맺고 있다. 부르주아 시민혁명의 과정에서 근대 신문이 탄생하고 제1, 2차 세계대전을 거치면서 라디오와 TV가 등장한 것은 당시의 정치경제적 이해관계나 군사적 필요성 등과 따로 떼어 설명할 수 없다. 사회의 발전과 변화 과정에서 기술이 개발되고 기술은 다시 사회를 변화시킨다. 물론 모든 것을 기술의 문제로 환원하는 기술결정론에 빠지는 것은 경계해 마땅하다.

20세기 초부터 매스미디어 발전과 함께 대중문화는 급속한 성장을 이루었다. 대중문화는 단지 사람들의 일상과 정신세계에 영향을 주는 문화일 뿐 아니라 엄청난 부를 창출하는 산업이 되었다. 그런가 하면 대중문화가 가진 대중적 영향력 때문에 첨예한 정치적 통제의 대상이 되기도 하고 그것이 가진 정치적 영향력에 대한 논란도 그치지 않는다. 대중문화는 미디어 기술 발전에 따라, 또 미디어산업의 동향에 따라 크게 영향을 받는다. 새로운 기술이 개발되고 새로운 매체가 등장하는 것은 문화산업의 입장에서는 새로운 시장의 창출을 의미한다. 그런 이유로 새로운 커뮤니케이션 기술의 개발이 지속적으로 이루어지고 있고, 그와 함께 대중문화의 성격과 구조가 변화하고 있다.

1) 인쇄술과 대중적 출판물

15세기 중엽에 등장한 구텐베르크의 인쇄술은 대량 복제 시대를 연 최초의 미디어 기술이었다. 인쇄술은 지식과 정보의 확산을 낳았고, 종교개혁과 시민혁명을 촉진했다. 물론 인쇄술 초창기에 책은 값비싼 사치품에 가까웠고, 교육받은 소수의 계층만이 접할 수 있었다. 하지만 곧 기술이 발전하면서 책과 신문, 잡지 등 인쇄물이 급격히 팽창했다. 처음에 책을 비롯한 인쇄물들은 주로 종교적 계몽이나 정치적 선전을 목적으로 만들어진 경우가 많았지만 부르주아계급의 패권이 안정화하면서 점차 오락적인 내용의 출판이 늘어갔다. 19세기가 되면 다양한 장르의 독서물들이 인기를 끌었다. 역사소설·모험소설·연애소설·추리소설 등 대중적인 소설 장르를 비롯해 대중적인 역사서·과학서·요리책·여행기·회고록·자기계발서, 거기에 어린이용 서적까지 오늘날 우리가 흔히 접하는 대중적인 책의 범주들이 이미 이 시기에 크게 유행했다. 17, 18세기에는 마차에 책을 싣고 유럽 구석구석을 돌아다니며 책을 파는 행상들도 성행했다.

아직 프라이버시 개념이 정립되기 전이어서, 책은 큰 소리로 읽는 게 보통이었다. 저녁 식사를 마치고 나면 온 가족이 난롯가에 둘러앉아 이제 막 학교에서 글을 배운 맏아들이 큰 소리로 읽어주는 책 속의 이야기에 귀를 기울이곤 했다. 장터에서 큰 소리로 책을 읽어주거나 이야기를 들려주는 전문 이야기꾼[이런 직업은 우리나라에도 있었다. 이들을 강담사(講談師), 강독사(講讀師), 전기수(傳奇叟) 등으로 불렀다]들도 있었다. 이들은 책을 읽다가 사람들이 궁금해할 만한 아슬아슬한 대목에서 낭독을 끊고, 청중이 돈을 내기를 기다렸다가 이어서 읽어주곤 했다.

19세기 중반에는 책을 빌려주는 도서 대여점이 성행하기도 했다. 출판사는 책을 도서 대여점에 팔고, 독자는 대여점에서 빌려 읽었다. 한때는 대여점의 권력이 막강해서 출판사에 큰 영향력을 행사하기도 했다. 소설 한 권을 세 권으로 나누어 찍는 이른바 3부작 소설이 유행한 것도 대여 수입을 늘리려 한 도서 대여점의 압력 때문이었다. 도서 대여점은 20세기 들어서 출판이 급속하게 늘고 책값이 대폭 싸지면서 사라진다.

19세기 중후반에는 미국과 유럽에서 값싸고 선정적인 신문과 잡지가 큰 인기를 끌었다. 이들은 자극적이고 선정적인 내용으로 독자들의 호기심에 영합하는 기사를 생산하고, 범죄나 유명인사의 스캔들 같은 것을 주로 다루며 판매부수 경쟁을 벌였다. 이 시기의 선정적인 언론을 흔히 황색저널리즘(yellow journalism)이라 한다. 황색지, 혹은 황색저널리즘이라는 말은 이 시기 대표적인 선정주의 언론인 미국의 두 거대 신문 재벌이, 노란 꼬마(yellow kid)가 주인공으로 등장하는 인기 만화를 서로 싣기 위해 경쟁을 벌였던 데서 유래한 용어이다. 황색저널리즘이 사진과 그림, 만화, 소설 등을 실어 독자들의 흥미를 끌고 온갖 선정적 기사로 인기를 모으면서 이후 선정주의(sensationalism)와 상업주의가 매스미디어의 기본적인 성향으로 자리 잡는 계기가 되었다.

2) 라디오와 축음기

19세기 말에서 20세기 초로 접어들면서 새로운 미디어 기술이 속속 등장한다. 라디오는 19세기 말 전파의 발견(헤르츠), 무선통신의 발명(마르코니), 삼극진공관(리 드 포리스트)의 발명을 통해 탄생했다. 초창기 라디오는 선박용이나 호사가들의 취미 생활 정도였지만 제1차 세계대전 과정에서 많은 효용을 발휘하며 대량생산되었고, 이후 전쟁이 끝난 1920년대부터 대중에게 오락과 정보를 제공하는 중요한 대중 미디어로 자리 잡게 된다. 라디오 수신기를 팔려면 사람들에게 뭔가 들을 거리를 제공해 주어야 했다. 즉 정규적인 라디오방송이 필요했다. 최초의 정규 라디오방송은 1920년 미국의 웨스팅하우스사가 피츠버그에 설립한 KDKA가 그 시초이다. 1927년이 되면 미국 가정의 25%가 라디오를 소유하게 된다. 볼셰비키혁명으로 공산주의 정권을 수립한 러시아도 교육과 선전 매체로서 중요성이 부각되면서 라디오의 보급이 급속도로 확산되었다. 시장이 잘게 쪼개져 있고 언어도 다양한 유럽에서는 국가가 방송을 설립해 운영하면서 청취자들에게 수신료를 받는 공영 시스템이, 시장이 크고 단일 언어권인 미국에선 민간 상업방송 시스템이 발전했다. 방송사들은 기업에서 광고료를 받고 청취자들에게 광고가 포함된 프로그램을 송출하는 방식으로 운영했다. 1930년대 미국에서 유행한 라디오 연속극들이 소프오페라(soap opera)라는 이름을 갖게 된 것은 그 프로그램이 주요 스폰서인 비누회사의 광고를 자주 방송했기 때문이다. 라디오는 뉴스를 제공하고 음악을 들려주고 재미있는 드라마를 연속으로 들려주면서 TV가 등장하기 전까지 가족 종합 매체로서 큰 사랑을 받았다. 1938년 미국 CBS가 허버트 조지 웰즈(H.G. Wells)의 소설 "The War of the Worlds"를 각색한 〈화성인의 침공〉을 방송했을 때 이를 실제 현실로 착각한 시민들이 공포에 질려 소동을 일으킨 사건이 있었는데, 이는 라디오가 대단히 영향력이 큰 대중적 문화 미디어로 등장했음을 상징적으로 보여준 사건이었다. 이 신화적인 드라마의 연출자 오손 웰즈(Orson Welles)는 이후 할리우드로 진출해 배우와 감독으로 명성을 쌓는다.

1877년에 에디슨이 축음기를 발명하면서 오디오의 역사가 시작된다. 처음에는 실린더에 소리를 기록하는 방식이다가 곧 납작한 디스크가 등장했다. SP(standard play)가 음반의 표준이 되면서 가정용 축음기가 급속도로 팔리기 시작했다. 음반에 기록된 소리 가운데 가장 인기있는 것은 음악이었다. 출판된 책, 즉 텍스트는 여러 번 읽을수록 즐거움이 줄어들지만, 음악의 즐거움은 반복할수록 커진다. 처음에는 오페라나 가곡 등 클래식 음악이 주종을 이루었지만, 곧 다양한 민속음악과 대중음악이 음반에 담겨 팔리기 시작했다. SP는 한 면에 3~5분 정도 담기는 게 고작이었고 재질도 무거운 데다 잘 깨지는 결함이 있었지만, 1948년 콜롬비아 레코드가 플라스틱 소재로 개발한 LP(long play)는 가벼운 데다 잘 깨지지 않고 게다가 재생 시간이 길고 여러 곡을 담을 수있었다. LP는 이후 콤팩트디스크가 보편화되는 20세기 말까지 대표적인 음반 형식이 된다. 1930년대에는 음반산업이 크게 성장하면서 대중음악의 스타시스템이 등장했고 대중음악 시장은 음반과 방송 중심으로 변화했다. 음악의 인기를 음반 판매량과 방송 횟수로 측정하기 시작한 것이 이 시기이다. 1950년대 로큰롤(rock and roll, rock 'n' roll)의 등장은 대중음악 시장에 청소년이라는 새로운 주체가 나타나는 계기가 되었다. 이 시기부터 10대 청소년은 가장 강력한 대중음악의 수용자 집단이 되었고, 이들의 등장은 음반산업과 대중음악 전반에 큰 변화를 몰고 왔다. 1950년대 후반 이후 영미권의 대중음악은 전 세계를 지배하는 대중문화 상품이 되었다.

3) 영화와 TV

영화는 1895년 프랑스의 뤼미에르 형제가 발명했다. 처음에는 단순히 호기심을 충족하는 볼거리로 여겨졌지만, 20세기 초 영화가 허구의 이야기를 담아내게 되면서 대중의 인기를 끄는 대중문화가 되었다. 처음에는 프랑스와 독일 등 유럽이 영화 생산의 중심지였지만, 1920년대를 전후한 시기에 미국 서부의 할리우드에 영화 산업이 집중되면서 할리우드가 영화 생산의 중심지로 등장하게 된다. 이후 현재에 이르기까지 할리우드 영화는 세계를 지배하는 미국 대중문화의 상징이 되고 있다. 영화도 끊임없는 기술개발이 이루어졌다. 초창기는 소리가 나지 않는 무성영화의 시대였다. 그렇지만 극장에서 상영할 때는 반주단의 라이브 실연이 함께 곁들여졌다. 19세기 말부터 20세기 초를 지나면서 영화의 기본적인 미학적 장치들, 이를테면 몽타주 기법이나 클로즈업, 다중시점, 다양한 카메라워크 등이 개발되었고, 1927년에는 최초의 본격 발성영화인 〈재즈싱어(The Jazz Singer)〉가 개봉되었다. 1930년대에는 컬러 영화가 본격적으로 제작되기 시작했다.

영화는 클로즈업을 통해 주연 배우에게 친근하면서도 화려한 이미지를 부여할 수 있었고, 관객들은 그런 배우들에게 감정이입을 하며 즐거움을 얻었다. 1920년대 할리우드의 영화산업은 스타라는 개념을 고

안해 냈고, 배우들을 스타로 만들어 관객을 끌어 모으는 스타시스템을 확립했다. 19세기까지 책과 연극, 오페라 산업을 주도했던 유럽은 20세기 들어 영화와 대중음악 산업이 급성장하면서 미국에 주도권을 빼앗겼다. 대중문화 산업에서 미국의 우월적 지위는 이후 현재까지 거의 변함없이 유지되고 있다.

19세기 말, 20세기 초부터 영상 이미지를 원거리로 전송하는 텔레비전(이하 TV) 기술이 개발되기 시작한다. 미국과 영국, 독일 등 여러 나라에서 동시에 TV 기술이 개발되어 제2차 세계대전을 전후한 시기에 비약적으로 발전하게 된다. TV는 뉴스에서 드라마, 코미디, 음악 등 다양한 장르의 대중문화를 종합적으로 생산·전달하는 미디어로서 제2차 세계대전 이후 유럽과 미국에서 가장 중요한 문화 미디어로 기능하며 사회적으로 막강한 영향력을 행사하게 되었다. 1950년대 말 미국의 TV 시장이 포화 상태에 이르자 제3세계로의 기술이전이 추진되었고, 이후 거의 모든 나라에 TV가 보급되면서 TV는 전 세계를 하나로 묶는 대중문화의 가장 중요한 통로가 된다.

TV는 사람들이 이미 다양한 방식으로 소비하던 것을 한꺼번에 제공했다. 거기에는 신문과 라디오, 잡지 등을 통해 얻던 뉴스도 있고, 소설과 영화를 통해 즐기던 픽션도 있고, 음악도 있다. 게임과 스포츠, 다큐멘터리와 토론도 있다. TV는 금방 시청자들을 휘어잡았고 20세기 말까지 가장 강력한 힘을 가진 매체로 군림했다. TV는 무엇보다도 누군가를 유명하게 만드는 힘을 가졌다. 성공적인 정치인이 되려면 TV 화면에 자주 나와 좋은 이미지를 보여주어야 했고, 배우나 가수로 인기를 얻기 위해서도 TV 출연은 필수가 되었다. TV와 함께 스포츠도 크게 달라졌다. TV가 스포츠 경기를 중계하면서 스포츠는 화려하고 재미있는 구경거리 오락이자 막대한 규모의 돈이 오가는 산업이 되었다. TV는 가장 강력한 광고매체이기도 했다. 자본주의 시장경제가 순환하며 성장하는 과정에서 TV 광고의 역할은 막중해졌다. 물론 모든 TV 프로그램이 광고주의 사랑을 받는 것은 아니다. 광고주들은 주로 황금시간대에 광고가 배치되기를 바라고, 대중의 관심이 높은 오락 프로그램을 선호한다. 또 가급적이면 구매력을 갖춘 중산층이 좋아하는 프로그램에 광고를 내고 싶어 한다. TV가 대체로 중산층의 자본주의적 가치관을 담고 있다는 지적이 나오는 까닭이다. 물론 방송사들이 촉각을 곤두세우는 시청률 집계는 많은 광고주들의 관심사이기도 하다.

TV는 늘 엘리트 지식인들의 비판과 우려의 대상이었다. 오랫동안 TV는 어린아이의 주의력 결핍을 유발한다든가, 청소년의 폭력 성향을 부추긴다든가, 대중을 무기력하고 수동적이며 고독한 군중으로 만든다는 비판을 받았다. 대중에 대한 TV의 영향력, 특히 청소년과 아동에 대한 TV의 영향이라는 문제는 미디어 연구의 오랜 주제이지만, 이에 대한 확고한 결론은 아직 없다. 또 책을 많이 읽거나 영화를 많이 보는 사람들이 대체로 경외의 대상이 되어온 반면, TV를 많이 보는 사람들은 바보상자에 현혹된 문화 중독자쯤으로 폄하되어 왔다. 하지만 이런 유의 비판은 대중을 소극적이고 무비판적인 수동적 존재로 보는 엘리트적 시각의 표현인 경우가 많다. 디지털 시대가 되고 다매체·다채널 시대가 열리면서 지상파 중심의 TV 문화는 사실상 해체되었다. 디지털 기술과 함께 채널 수는 비약적으로 늘었고 지상파는 수많은 채널들의 일부로 전락했다. 인터넷과 결합한 텔레비전은 거실에서 벗어나 각자의 방 안으로 들어갔다. 거실의 TV가 영화관의 스크린을 모방하며 점점 커지는 동안 방 안의 TV는 손바닥 안으로 들어갈 만큼 작아졌다. 이제 더 이상 TV는 가족 매체가 아니다. 거실에서 가족이 함께 TV를 시청하던 풍경은 점차 사라지고 있다. 사람들은 각자의 공간에서 스마트 미디어를 통해 각기 보고 싶은 콘텐츠를 보고 싶은 시간에 선택해서 본다.

3. 디지털 시대의 대중문화

20세기 후반 대중문화 영역에 나타난 가장 큰 변화는 디지털 기술의 등장이라 할 수 있다. 컴퓨터의 등장과 함께 디지털 기술의 급속한 확산이 이루어졌고, 특히 인터넷은 문화를 생산하고 소비하는 방식을 획기적으로 변화시키며 대중의 문화적 삶에서 가장 중요한 매개체로 떠올랐다. 디지털 기술은 근대 이후 유지되어 온 산업사회의 기본 구조를 흔들며 이른바 정보사회를 탄생하게 했다. 산업사회가 '눈에 보이는 자원을 토대로 눈에 보이는 상품을 만들어 파는 산업이 사회의 물질적 토대를 만드는 근간이 되는 사회'라면 정보사회는 '눈에 보이지 않는 인간의 지식, 정보, 창의력, 서비스 등이 가장 중요한 산업적 토대가 되는 사회'라 말할 수 있다. 산업사회가 매스미디어가 지배적인 위치를 차지한 사회라면 정보사회는 디지털 매체가 중심이 되는 사회이다. 정보사회의 도래와 함께 문화가 생산되고 소비되는 방식 전반에 획기적인 변화가 생겨났고, 이는 매스미디어 시대에 형성된 대중문화와 문화산업 전반의 구조적 변화를 낳고 있다.

1) 멀티미디어화: 장르의 해체와 탈분화

현재 대중문화 영역을 구성하고 있는 제반 매체와 장르들은 산업사회의 기술적 수준을 반영하고 있다. 테크놀로지의 발달과 정보사회의 도래는 이 각각의 장르 영역에서 근본적인 변화를 만들어내고 있으며, 이는 각 장르의 고유한 특성이 사라지면서 매체 간, 장르 간의 구분이 희미해지고 경계가 사라지는 경향으로 나타난다. 서적, 음반, TV, 영화 등 아날로그식의 정보 형태에 따라 각기 다른 매체 형식으로 존재하던 대중문화의 제 영역들은 모든 정보가 디지털화함에 따라 영상, 음성, 텍스트를 자유롭게 조합할 수 있는 형태로 바뀌어간다. TV와 컴퓨터가 하나로 융합하고, 영화와 TV, 영화와 전자 게임, 전자 게임과 애니메이션의 구분이 사라지거나 무의미해지는 상황이 도래하는 것이다. 멀티미디어는 정보의 디지털화를 바탕으로 한 이러한 문화적 변화로 이루어지는 미디어 커뮤니케이션의 전체적인 시스템을 지칭하는 개념이라 할 수 있다. 최근에는 좀 더 넓은 차원에서 과학기술과 문학예술, 사회과학, 인문학 사이의 경계 넘나듦과 통합을 통해 문화적 진보와 예술적 창조를 도모하는 통섭(consilience)이 시대적인 흐름으로 주목받고 있기도 하다. 이런 광범위한 지식과 정보의 통합과 진화의 흐름도 디지털 기술의 발전에 힘입고 있음은 물론이다.

　사용자의 측면에서 보면 멀티미디어는 개별 미디어의 형태로 실현된다. 이를테면 우리는 영화를 보고, TV를 시청하며, 음악을 듣는다. 그런데 이 개별 미디어들이 디지털화라는 공통의 기술에 의해 상호접속됨으로써 종합적인 네트워크로 실현되는 것이다. 또한 화상정보처리의 고도화, 디지털화에 의해 문화상품의 표현 형태는 보다 리얼하고 자유로운 형태로 확대, 진화하고 있으며 궁극적으로는 표현 형태의 제약 없이 현실 이상의 현실감을 재현할 수 있는 방향으로 나아가고 있다. 웹툰을 영화화하는 식으로 하나의 콘텐츠를 다양한 미디어 형식으로 개발해 상품화하는 원소스멀티유즈(one source multi use)나 한 영화를 극장과 케이블 TV, 또는 넷플릭스 같은 OTT 서비스로 순차적으로 유통시키는 것처럼, 똑같은 콘텐츠 형식을 다양한 창구로 유통시키는 창구효과(window effect) 같은 전략이 일반화하기도 한다. 또 언제 어디서나 자유롭게 디지털 네트워크에 접속하여 정보를 소통할 수 있는 유비쿼터스(ubiquitous) 환경이 도래하면서 우리의 삶과 문화는 좀 더 급진적으로 변화하고 있다. 스마트폰은 이렇게 변하고 있는 문화를 단적으로 보여주는 미디어이다. 전화기, 오디오, TV, 카메라, GPS, 인터넷을 합치고 늘 온라인 상태에 머물게 해주는 스마트폰은 우리가 문화를 창조하고 즐기는 방식, 사람들과 커뮤니케이션 하는 방식을 크게 바꾸고 있다. 사람들은 이제 전철 안에서 시간을 보낼 때 책 대신 스마

원소스멀티유즈
하나의 콘텐츠를 다양한 미디어에 이식하여 이윤을 극대화하는 방법을 말한다. 마블(Marvel)사의 콘텐츠를 떠올리면 이해하기 쉽다. '마블 시네마틱 유니버스'라는 콘텐츠는 코믹스, 영화, 드라마 시리즈, 애니메이션, 비디오게임, 소설, 캐릭터 상품, 굿즈 등으로 제작된다.

OTT 서비스
'over the top'의 약자로, 셋톱박스(set-top box: TV 위에 추가로 놓는 수신기라는 뜻으로, 케이블 채널과 VOD 스트리밍을 수신해서 TV로 연결하는 기기)를 넘어선 서비스를 말한다. 셋톱박스와 다르게 하나의 계정으로 TV, PC, 태블릿PC, 스마트폰, 콘솔 게임기 등 다양한 미디어를 통해 서비스를 이용할 수 있다.

트폰을 들여다본다. 그 안에 영화도 있고, TV도 있고, 음악도 있고, 신문도 있고, 책도 있다. 그리고 물론 친구들도 있다. 사람들은 손쉽게 사진을 찍어 친구들과 공유하고, SNS를 통해 소통한다. 문화를 즐기는 방식, 사람들 사이에 관계 맺는 방식이 크게 달라지고 있는 것이다.

중요한 점은 이렇게 고도화된 멀티미디어의 체계 속에서 정보를 조합하고 자신이 원하는 형태로 구성하는 주체는 문화의 소비자들 자신이라는 점이다. 결국 여기서 문화를 둘러싼 새로운 계급 갈등이 시작된다. 돈과 시간 여유가 많아서, 혹은 신기술에 친화적이어서 새로운 미디어 기술을 그때그때 구입하고 익혀 자유롭게 쓸 수 있는 사람들과 그렇지 못한 사람들 사이에 커다란 정보격차와 문화격차가 발생하는 것이다.

2) 상호작용성: 새로운 문화적 주체의 등장

고도 정보사회의 문화 환경에서 가장 두드러지게 나타나는 특성은 적극적이고 능동적인 생산자로서의 수용자의 등장이다. 쏟아지는 정보의 홍수 속에서 수용자들은 어쩔 수 없이 보다 의식적이고 적극적인 선택을 하게 된다. 멀티미디어 환경의 등장은 이러한 선택의 범위를 폭넓게 확장하고 있다. 이제 수용자들은 특정한 내용은 물론 수용 공간 및 시간의 선택까지도 가능하다. 자기가 보고 싶을 때 어디서나 멀티미디어를 이용해서 보고 싶은 정보와 텍스트를 선택해 볼 수 있다. 드라마를 보기 위해 꼭 방송 시간에 맞출 필요가 없이 아무 때나 접속하여 이미 데이터베이스로 저장된 드라마를 시청하면 되는 것이다.

무엇보다도 중요한 것은 멀티미디어의 발전과 함께 수용자가 직접 소프트웨어 구성에 참여하는 참여적 문화 실천이 가능하다는 점이다. 전자 게임은 이러한 변화를 가장 상징적으로 보여주는 분야이며, 영화에서의 대화형 영화의 등장, 쌍방향 TV, 샘플링 기술을 이용한 음악적 조작 등이 모두 그런 것들이다. 인터넷은 이미 가장 광범위하고 일상적인 참여적 문화 실천의 장이다. 인터넷에 접속해 누군가의 글을 읽고 댓글을 달고 동영상과 사진을 올릴 때 수용자는 문화의 수용자이자 생산자의 지위를 동시에 갖게 된다. 문화 수용자가 완성된 문화 산물을 일방적으로 구매하여 소비할 뿐 아니라, 문화 산물의 생산 과정에 부분적으로나마 생산자적 위치에서 참여하고, 나아가 자신의 생산물을 직접 유통할 수 있는 것이다. 이는 문화의 생산과 소비의 경계가 해체되고 있음을 의미한다.

기술적 변화는 수용자 개개인이 문화의 주체이자 송신자로서 자유롭게 문화 콘텐츠를 생산하여 발신하는 상황을 가능하게 했다. 1인 방송 진행자(broadcasting jockey)나 1인 저널리스트, 유튜버 같은 새로운 직업이 탄생하기도 했고 팟캐스트(podcast)라는 새로운 미디어가 출현하기도 했다. 여전히 현재진행 중인 이러한 변화가 궁극적으로 어떤 모습의 문화를 만들어낼지 아직은 예측하기 어렵다. 분명한 것은 디지털 기술의 발전 속에서 특정의 소수 송신자로부터 다수의 이용자에게로 흐르던 문화정보의 흐름이 다수의 이용자들이 곧 송신자가 되는 쌍방향의 흐름으로 변화하고 있다는 것이고, 그와 함께 과거와는 다른 새로운 문화적 주체가 형성되고 있다는 사실이다.

3) 대중문화 산업 및 유통 과정의 변화와 문화의 글로벌화

매스미디어 시대의 대중문화는 콘텐츠가 담긴 소프트웨어의 형태에 따라 고정된 유통 방식이 있었고, 그에 따라 대중문화 산업의 발전이 이루어졌다. 종래의 대중문화 소프트웨어는 크게 보아 눈에 보이는 상품의 패키지 형식의 유통(출판, 음반), 공중파를 이용한 네트워크 형식의 유통(TV, 라디오방송), 공간 형식의 유통(영화)으로 이루어졌으며, 이에 따라 산업의 구조가 형성되었다. 테크놀로지의 발달과 함께 다양한 매체가 새롭게 출현하면서 점차 유통경로가 다양화되고 하나의 콘텐츠가 다양한 플랫폼을 통해 유통되는 단계를 거쳐, 모든 콘텐츠가 디지털화되면서 광대역 디지털 네트워크를 통해 유통되는 방향으로 변화하고 있다. 이와 함께 수용자의 요구에 의한(on Demand) 서비스가 일반화하면서 패키지 형태의 문화상품은 사실상 상품으로서의 지위를 잃고 있다. 유통 방식의 전반적인 변화는 결국 산업구조의 변화를 초래한다. 정보사회로 전환하면서 패키지 형태의 문화상품을 생산하는 산업이나 공중파 방송산업이 아니라 디지털화된 다양한 데이터베이스를 구축하여 이용자에게 서비스하는 형태의 산업이 대중문화 산업의 주류를 형성하고 있으며, 결국 문화산업의 핵심은 하드웨어가 아니라 소프트웨어, 혹은 콘텐츠가 주도하는 방향으로 움직이고 있다. 음반시장이 몰락하고 대신 음원을 서비스하는 음원시장이 성장한 것이나 공중파가 사양길에 접어들고 IPTV가 부상한 것 등이 그런 변화를 보여주는 예들이다. 기술의 발전과 함께 다양한 미디어들이 융합하는 디지털 컨버전스(digital convergence)가 이루어지는 한편으로 방송산업과 통신산업, 컴퓨터 산업, 게임산업 등이 서로 제휴하거나 합쳐지는 등 산업 간의 컨버전스가 이루어지고 있는 것도 주목할 현상이다.

또한 디지털 기술에 기반을 둔 정보사회는 국가 간의 문화적 경계를 초월한 이른바 글로벌 문화를 실현해 가고 있다. 주로 패키지 형태의 문화상품이 국가 간에 수입·수출되던 상황은 이미 1980년대 이후 위성방송이나 온라인서비스를 통한 국제적 소프트웨어 유통 방식으로 변화했고, 이제는 광대역통신망을 통해 세계 곳곳의 사람들과 소통하고 정보와 문화를 공유할 수 있게 되었다. 다양한 미디어, 정보통신 기술, 콘텐츠 관련 기업들을 거느린 선진국, 특히 미국의 초국가적 거대 미디어 그룹들이 세계 시장을 놓고 각축을 벌이며 이합집산을 거듭하고 있기도 하다. 예컨대 타임워너(Time Warner) 그룹은, 인터넷 서비스 AOL, 케이블방송 HBO, 인쇄 미디어인 타임(Time Inc.), 영화사 워너브라더스 등 다양한 영역에서 제작·유통·배급을 담당하는 기업들을 한 지붕 아래 두고 있다. 월트디즈니 그룹은 공중파 방송인 ABC 채널, ESPN·

디즈니 채널 등 케이블방송, 픽사(Pixar) 애니메이션 스튜디오, 월트디즈니·터치스톤 등 영화사들, 거기에 디즈니랜드 등 전 세계의 테마파크와 리조트에 이르기까지 엄청난 규모의 기업들을 소유하고 있다. 뉴스코퍼레이션 그룹은 영국·미국·호주 등의 여러 신문사들과 폭스(Fox) 방송사, Sky 채널과 Star TV 같은 위성 채널들, 영화사 20세기 폭스 등 많은 미디어기업들을 소유하고 있다. 이렇게 전 세계의 문화와 정보 시장을 장악하고 있는 거대 미디어 그룹들은 대부분 미국을 비롯한 일부 선진국에 기반을 두고 있고, 자신들이 생산한 정보와 문화 콘텐츠를 전 세계에 유통시키고 있다. 자연히 이 선진국들의 이해관계가 글로벌 미디어와 문화시장에 작용하게 된다. 그렇다고 이와 같은 글로벌화된 미디어들이 선진국의 시각과 이념을 일방적으로 전 세계로 확산한다고 보기는 어렵다. 미디어에 따라 조금씩 다른 시각이 나타나기도 하고, 문화라는 것이 일방적으로 주입식으로 소비되는 것이 아니라 각 지역의 문화와 섞이기도 하며, 비판적으로 받아들여지기도 하기 때문이다. 경우에 따라서는 글로벌한 정보와 문화 유통을 통해 지구적 불평등, 환경 문제, 소수집단의 권리 등의 문제가 환기되기도 하고 민주주의의 가치가 확산되는 모습이 나타나기도 한다. 그럼에도 미디어와 문화의 글로벌화와 함께 각국의 문화적 주권 혹은 문화적 정체성의 문제가 새삼 떠오르게 되며, 특히 소프트웨어 생산능력이 상대적으로 떨어지는 후발 국가들의 경우 정보사회는 곧 문화적 정체성의 심각한 위기를 의미하는 것으로 받아들여지기도 한다. 이에 따라 문화산업에 대한 관심과 육성 요구가 증대하고 있다. 동시에 기존의 다양한 규제 관행과 틀의 한계가 드러나면서, 예컨대 검열제도나 저작권 제도 등 기존의 모든 규제 형식과 제도적 틀을 재검토하고 정보사회와 글로벌 문화 시대에 대응하는 정책적 전환이 요구되고 있다.

1. 대중이 일방적인 소비자의 위치에서 벗어나면서 문화 생산자와 소비자의 경계가 사라지는 현상의 사례에 대해 생각해 보자.
2. 새로운 미디어 기술이 계속 등장함에도 인쇄술에 기반을 둔 출판이나 극장용 영화 등 과거의 미디어가 사라지지는 않는다. 그 이유에 대해 생각해 보자.
3. 미디어 기술의 변화는 대중이 누리는 일상적 삶과 사람들이 관계 맺는 방식의 변화를 야기한다. 최근의 미디어 기술 변화 속에서 대중의 일상과 관계맺기 방식에는 어떤 변화가 생기고 있는가?
4. 인쇄술이 지배적인 시대, 매스미디어가 지배적인 시대 그리고 디지털 기술이 지배적인 시대 대중의 일상과 문화는 각각 어떻게 달라졌는가?

서순, 도널드(Donald Sassoon). 2012. 『유럽문화사』 1~5. 정영목 외 옮김. 뿌리와 이파리.

19세기 이후 20세기 말에 이르기까지 서구 사회에서 근대적 문화상품이 등장하고 변화해 온 방대한 역사가 다섯 권의 책에 담겨 있다. 출판매체에서 월드와이드웹에 이르기까지 새로운 문화상품이 등장해 인기를 얻다가 다시 새로운 문화상품에 자리를 내어주는 과정이 흡사 대하소설처럼 흥미롭게 서술되어 있다.

톰슨, 존 B.(John B. Thompson). 2010. 『미디어와 현대성: 미디어의 사회이론』. 강재호 외 옮김. 이음.

근대 이후 미디어 기술이 발달하고 커뮤니케이션 양식이 변화하면서 현대사회가 형성되어 온 과정을 치밀하게 살펴보고, 정보화사회의 이론적·실천적 과제를 제시한다.

05 한국 대중문화의 형성과 변화

주요 개념 및 용어 | 검열, 모던 걸, 모던 보이, 식민지 근대성, 미8군 무대, 반공이데올로기, 자유부인, 개발독재, 오발탄, 청년문화, 대마초 파동, 언론통폐합, 3S, 연행예술운동, 마당극, 민중가요, 문화운동, 민중문화, 민족문화, 신세대문화, 소비문화, IPTV, 스마트폰, 일상의 미디어화, 주목경제, K-Pop, 혼종성

서구 사회의 대중문화는 오랜 근대화 과정 속에서 형성되었다. 새로운 사상이 등장하면서 새로운 사회집단과 계급이 출현하고, 새로운 정치체제가 형성되고, 자본주의 시장경제가 성장하며, 과학기술의 발전 속에서 대량 복제 미디어가 등장하고, 문화의 상품화가 진행되는 과정은 적어도 수 세기에 걸친 지난한 시간 속에서 이루어졌다. 하지만 한국에서 근대화 과정은 서구 사회처럼 자생적인 역사를 통해 이루어지지 않았다. 그것은 이미 서구에서 완성된 근대가 배를 타고 들어오는 방식으로 이루어졌다. 이른바 박래품(舶來品)으로서의 근대다. 1876년 일본에 의해 강제 개항이 이루어졌고 일본과 청이 조선에 대한 지배권을 다투는 와중에 미국, 영국, 프랑스, 독일 등 구미 열강이 속속 조선과 불평등한 통상조약을 체결했다. 19세기 말부터 20세기 초에 이르는 이 혼돈의 시기에 서구의 다양한 근대 문물이 조선에 상륙했다.

근대 신문이 발간되고 근대적 출판문화가 시작되면서 독서 공중이 늘어났고, 기차와 전차가 놓이면서 사람들은 점차 근대적인 생활양식에 익숙해지기 시작했다. 활동사진과 축음기가 도입되고, 돈을 받고 즐길 거리를 제공하는 근대적 문화공간이 생겨나면서 구경거리를 찾아다니며 사적 쾌락을 추구하는 주체로서 대중이 형성되기 시작했다.

1. 일제강점기: 근대적 미디어의 도입과 대중문화의 형성

한국에서 근대적인 대중문화의 형식이 본격적으로 뿌리내린 것은 일제강점기를 통해서이다. 특히 1919년 3·1운동 이후 일제의 통치 방식이 무단통치에서 문화통치로 전환하면서 민간 신문이 창간되고, 음반과 영화산업이 형성되고, 근대적인 출판시장이 만들어지고, 라디오 방송이 시작된다. 도시 지역을 중심으로 근대적인 대중문화가 형성되기 시작한 것이다. 식민지 시대 대중문화의 형성에는 당연하게도 일본의 영향이 압도적이었다. 물론 그것은 온전한 일본 문화가 아니다. 서구에서 발원한 근대의 산물들이 일본에 의해 번안되고 그것이 다시 조선에 들어와 조선식으로 번안되는 것이 식민지 시대 근대적 대중문화의 형성 과정이었다고 할 수 있다.

일본을 통해 들어온 당대의 문화상품을 가장 적극적으로 받아들인 것은 도시 지역의 젊은 세대였다. 이들은 자유연애와 서구적인 패션 스타일을 추구했고 영화, 음반, 대중잡지 등 첨단의 문화상품 소비에 가장 적극적이었다. 이들은 흔히 모던 걸, 모던 보이라 불렸는데 비록 그 수가 많지는 않았지만 이 모던 세대는 근대 서구문화와 자본주의를 수용하고 소비문화 시스템에 적극 편입하면서 식민지 근대성을 가장 먼저, 가장 적극적으로 경험한 세대라 할 수 있다.

영화는 근대의 길목에 들어선 한국인들이 만난 가장 강력한 근대의 산물이었다. 1903년 무렵부터 대도시를 중심으로 조금씩 활동사진이 구경거리로 선보이기 시작했고, 1910년대에는 영화관들도 생겨났다. 1920년대부터는 장편영화가 본격적으로 수입되어 상영되기 시작했다. 한국인의 손으로 제작한 첫 영화는 1919년 단성사에서 개봉한 연쇄극 〈의리적 구토(義理的仇討)〉의 일부 장면에서 상영된 필름이다. 연쇄극은 연극의 일부 장면을 영화로 찍어 무대 위의 스크린에 상영하는 형태의 무대극이다. 1920년대 중반이면 장편 극영화 중심의 영화 시장이 본격적으로 형성된다. 물론 이 시기의 영화는 무성영화였다. 1926년에 제작된 나운규의 〈아리랑〉과 1932년의 이규환의 〈임자 없는 나룻배〉는 일제강점기의 민족의식을 담은 영화로 널리 알려졌다. 1930년대부터는 발성영화 제작이 활발해졌고, 1930년대 후반이면 영화가 도시 지역의 대표적인 오락으로 자리 잡는다. 일제강점기에도 대중이 가장 좋아한 영화는 할리우드 영화였다. 1937년 중일전쟁 발발과 함께 외화 수입이 금지되기도 했지만, 당시 영화의 주요 관객층이던 도시 중산층에게 할리우드 영화는 일상적인 화젯거리가 되고 있었다.

대중가요의 역사도 이 시기에 시작된다. 1900년대부터 미국과 일본의 음반회사가 상륙해 조선에서 영업을 시작했다. 처음에는 주로 판소리, 잡가 등 통속적인 전통음악이 음반화되었고, 축음기는 돈 있는 사람들이나 가질 수 있는 사치품으로 여겨졌다. 1910년대부터는 일본 신파극의 유입과 함께 일본 창가들이 번안되어 유행하기 시작했고, 1920년대 중반부터 음반 생산이 활발해졌다. 음반시장이 본격적으로 성장한 것은 1926년 윤심덕의 정사(情死) 사건이 화제가 되고, 그녀가 자살 직전 녹음한 「사의 찬미」가 대중의 호기심을 자극하면서부터이다. 이 사건과 함께 음반이 많이 팔리고 덩달아 축음기 판매도 급증했다. 「사의 찬미」는 외국곡이었지만, 1920년대 말부터는 한국인의 대중가요 창작이 본격화된다. 최초로 음반화된 한국인의 창작곡은 1929년에 나온 「낙화유수」이다.

1930년대가 되면 한국 대중가요 시장이 크게 성장한다. 당시 대중가

「사의 찬미」

1926년 윤심덕이 일본에서 이 노래를 녹음하고 돌아오다 극작가 김우진과 현해탄에서 동반 자살하자 이 노래에 대중의 관심이 집중되었고, 음반산업의 성장을 촉진해 이 노래는 한국 최초의 유행가로 기록되었다. 이 노래의 원곡은 이바노비치가 작곡한 「다뉴브강의 잔물결」이다. 이 노래의 가사를 보면 다분히 염세적이고 비관적이어서 죽음을 앞둔 윤심덕의 마음을 느낄 수 있다. "광막한 광야에 달리는 인생아/ 너의 가는 곳 그 어드메냐/ 쓸쓸한 세상 험악한 고해에서/ 너는 무엇을 찾으러 가느냐/ 눈물로 핀 이 세상에 나 죽으면 그만일까/ 행복 찾는 인생들아 너 찾는 것 설움."

트로트, 뽕짝

일본의 유행음악으로 형성된 엔카
는 주로 일본민족의 전통 박자인 2박
자 계통의 곡이었다. 그 때문에 서
양의 춤곡인 폭스 트로트(fox trot)의
리듬과 어울릴 수 있었다. 조금 느
린 4분의 2박자 혹은 4분의 4박자
춤곡인 트로트의 리듬을 단순화하
여 엔카의 기본 리듬으로 정착시킨
것이다. 엔카는 1920년대 신파극과
함께 한국에 들어와 퍼지기 시작했
고, 1930년부터는 음반산업의 진흥
과 함께 급속도로 퍼져 한국 유행가
의 주류로 형성됐다. 이 엔카의 트
로트 리듬이 낮은음이 뽕하고 기본
음을 받쳐주면 높은음에서 짝하고
뛰듯이 맞추는 형태로 가볍고 밝게
뽕짝이라는 명칭은 엔카나 일본
트로트나 뽕짝이라는 뜻에서 나온
이름이 아니라 나중에 붙은 이름
이며, 특히 뽕짝은 다소 이 장르를
비하하는 듯한 느낌이 담겨 있다.
주로 남녀 간 사랑과 이별, 하루와
비탄, 나그네 의식, 혹은 현실 예찬
등을 내용으로 하는 트로트 가요의
정서는 식민치하의 한국인들이 현
실에 체념하고 안주하게 하는 정서
적 기능을 수행했던 것으로 비판받
기도 한다. 트로트는 해방 후에도
사라지지 않고 대중가요의 주류로
남았다. 1970년대 이후 대중가요의
장르가 다양해지면서 비중이 과거
에 비해 다소 줄기는 했으나 아직도
여전히 대중가요 문화의 가장 큰 부
분의 하나이다. 특히 최근에는 오디
션 프로그램의 인기와 함께 일부 신
세대 트로트 가수들이 아이돌에 견
줄 만한 인기를 누리기도 한다. 음
악적으로 보면 1980년대 이후 트로
트는 일제강점기 유행이 이래의 전
형적인 모습을 탈피하여 현대적이
고 서구적인 감각을 가미하는 경향
을 보인다. 주로 비탄적이고 감상적
인 정서를 주조로 했던 과거의 트로
트와는 달리 최근의 트로트는 경쾌
하고 빠른 리듬감을 보인다.

요 중에는 전통민요의 선법을 기반으로 외래 음악의 영향이 가미된 혼종 양식인 신민요가 있었고 서양음악의 영향을 좀 더 직접적으로 보여주는 재즈송도 있었지만, 주류는 일본 문화의 영향 속에 형성된 트로트였다. 쿵작쿵작하는 리듬 패턴이라 흔히 뽕짝이라는 비칭으로 불리기도 하는 트로트는 서양의 춤곡 폭스트롯이 일본을 경유하며 변형된 리듬에 기반을 둔 음악이다.

1927년 2월 16일에는 라디오방송이 처음으로 시작되었다. 개국 당시 라디오 보급 대수는 1440대에 불과했고, 이 가운데 한국인 소유는 279대에 불과했다. 1933년 일본어 채널과 조선어 채널이 분리되면서 조선인 라디오 청취자 수도 빠르게 늘었지만 라디오를 일상적으로 들을 수 있는 사람은 상공업자, 은행원, 회사원, 공무원 등 경제적 여유가 있는 중산층 이상의 계층일 수밖에 없었다.

일제강점기 대중문화는 당연히 식민 당국의 통제와 감시, 검열과 억압 속에서 생산되고 소비되었다. 출판과 신문에 대한 검열과 통제는 이미 식민 초기부터 시행되고 있었고, 대중문화 산업이 성장하는 1920년대 후반과 1930년대 초반에 걸쳐 대중문화 검열의 다양한 법적 장치들이 만들어졌다. 대중문화를 통제하는 가장 중요한 기준은 '치안방해'와 '풍속괴란'에 있었다. 치안방해는 정치적 기준이고, 풍속괴란은 윤리적 기준이다. 정치적 비판을 통제하고 윤리적 타락을 막는다는 것은 이 시대 이후 대중문화를 검열하고 통제하는 가장 중요한 원리가 되었다.

중일전쟁 이후에는 영화와 연극, 대중가요 등 대중문화를 더욱 엄격히 검열하고, 국책 문화를 독려하는 정책이 추진되었다. 이 과정에서 적지 않은 친일 영화, 친일 가요들이 만들어졌다. 〈집 없는 천사〉(최인규 감독, 1941), 〈지원병〉(안석영 감독, 1941) 같은 영화들, 「혈서 지원」(조명암 작사, 박시춘 작곡, 백년설·남인수·박향림 노래, 1943), 「아들의 혈서」(조명암 작사, 박시춘 작곡, 백년설 노래, 1942) 같은 노래들이 대표적이다.

8·15해방은 분단으로 이어졌다. 남북한은 각기 미군과 소련에 의해 점령되었고, 남한은 미군정의 지배를 받았다. 해방 직후는 좌우 이데올로기 대립 속에 사회적 가치의 혼돈이 극에 달한 시기였다. 일제강점기 이래 일본 문화의 압도적 영향 아래 있던 대중문화는 미국 문화라는 새로운 외적 환경과 직접 대면하게 되고, 미국식 대중문화가 새로운 주류로 떠올랐다. 미군정은 직접 라디오방송을 운영했다. 보도 프로그램은 철저히 미군의 시각에서 통제되었고 상업적인 오락프로그램도 미국 방송의 형식을 그대로 따른 경우가 많았다. 당시 라디오방송의 대표적인 프로그램들인 '스무고개', '천문만답', '거리의 화제', '방송토론회' 등은 각각 미국 상업 방송의 인기 프로그램이던 〈Twenty Questions〉, 〈Information Please〉, 〈Man of the Street〉, 〈Round Table Discussion〉의 형식을 모방한 것이었다. 그런가 하면 한국 방송 사상 최초의 어린이용 연속 드라마로 1946년부터 약 3년간 방송된 〈똘똘이의 모험〉의 첫 집필자는 미국인 랜돌프라는 사람이었다. 〈똘똘이의 모험〉은 마크 트웨인의 『톰소여의 모험』을 반공 소년극으로 각색한 것이었는데, 성인 청취자들을 포함하여 폭넓은 인기를 얻어 3년간 300여 회를 넘겨 방송하는 성공을 거두었다.

한국전쟁은 매스미디어 체제가 채 갖추어지지 않은 상황에서 다수의 대중이 미국 문화를 직접적으로 대면하게 해주었고, 무엇보다도 친미 이데올로기를 내면화하면서 미국 문화에 대한 맹목적 동경을 가지게 하는 결정적 계기가 되었다. "기브 미 초콜릿"을 외치는 어린이와 초콜릿과 추잉 껌을 나누어주는 '친절하고 고마운 미군 아저씨'의 이미지는 이때부터 생겨났다. 미국이 '북괴의 마수에서 우리를 구해준' 고마운 나라라는 생각은 이후 한국 사회의 대중심리와 정서에 깊이 각인되었다. 전국 곳곳에 산재한 미군부대와 1957년부터 시작된 AFKN 방

전쟁이 끝난 1950년대 후반 한국
사회는 미국 문화의 급속한 유입과
함께 극심한 가치 혼돈 양상을 부였
다. 통이 좁은 바지가 멋보버지라는
이름으로 유행했고, 도시 곳곳에 비
밀 댄스홀이 성업했다. 이런 사회
풍속의 혼란상을 정비석이 소설 『자
유부인』으로 표현했고, 사회적 논
란이 들끓었다. 『자유부인』에 대해
당시 서울대학교 교수였던 황산덕
이 비판을 제기했고, 이는 작가와
황 교수 사이의 논쟁으로 번졌다. 『자
유부인』은 이후 영화화되어 큰 인
기를 끌기도 했다. 자유부인 논란
에 뒤이어 충격을 준 사건이 최초의
제비족 사건이라 할 수 있는 박인수
사건이다. 유부녀를 포함한 수십 명
의 부녀자를 농락한 박인수에 대해
당시 1심 재판부는 "법은 보호할
가치가 있는 정조만을 보호한다"라
는 논고와 함께 혼인빙자간음죄에
대해 무죄를 선고해 논란이 되기도
했다.

송은 미국 대중문화가 직접 유입되는 통로가 되었다. 또 주한미군을
위안하기 위해 조직된 미8군 무대를 통해 수많은 한국 연예인들이 길
러졌다. 이들은 미국 문화의 세례를 남보다 앞서 받으면서 미국식 대
중음악을 숙달하기 위한 트레이닝을 받았고, 1960년대 이후 방송에 진
출하면서 본격적인 미국식 대중음악의 시대를 열게 된다.

사회의 가치 기준이 일본에서 미국으로 바뀌면서 벌어진 정체성의
혼돈은 대중문화 전반에 깊은 흔적을 남겼다. 이는 1950년대 중후반
사회문제로 대두했던 춤바람과 댄스홀 열풍에서 잘 드러난다. 전후 미
군 클럽에서 시작된 댄스 열풍은 정부가 미군 위안이라는 명목으로 댄
스홀의 설립을 허가하고 무허가 댄스홀들이 난립하면서 급속도로 퍼
져나갔다. 소설 『자유부인』이 논쟁을 불러일으키고 박인수 사건이 세
간의 화제를 몰고 왔던 것이 이 시대의 일이다. 댄스홀의 열풍은 대중
가요에서 나타나는 서양식 춤곡의 유행과 연결된다. 1950년대를 거치
면서 좀 더 본격적으로 서양 대중음악의 양식을 모방한 노래들이 다양
하게 등장했는데, 이 중 대부분이 댄스음악의 리듬 양식이었다. 이는
노래 제목에서부터 드러나는데 「대전 부르스」(김부해 작사 작곡, 안정애
노래, 1956), 「닐니리 맘보」(탁소연 작사, 나화랑 작곡, 김정애 노래, 1952),
「비의 탱고」(임동천 작사, 나화랑 작곡, 도미 노래, 1956), 「노래가락 차차
차」(김영일 작사, 김성근 작곡, 황정자 노래, 1954), 「기타 부기」(김진경 작
사, 이재현 작곡, 윤일로 노래, 1957) 등이 대표적이다.

휴전 후 미국의 직접적인 경제원조가 이루어지면서 자유당 정권의
부패에도 불구하고 사회 전반의 경제적 상황은 조금씩 나아졌다. 전쟁
과 함께 워낙 바닥을 치고 있었으니 어쨌든 경제는 그나마 호전될 수밖
에 없었다. 영화계 사정도 마찬가지였다. 일부 기업인들은 정부와 긴
밀한 관계를 맺고, 은행 대출을 받아 적산 극장이나 시설을 싸게 불하
받아 영화산업에 뛰어들었다. 일본인 소유였던 적산 극장은 미군정 시
기에 극장의 공적 관리를 원했던 당시 영화인들의 바람과는 달리 주로

정부와 끈이 있는 극장의 임차인이나 관리인에게 우선적으로 불하되었다. 이 과정에서 탄생한 인물이 임화수이다. 소매치기와 절도 전과자로 극장의 점원이었던 임화수는 미군정 시기에 극장을 불하받으면서 일약 영화계의 실력자가 된다. 그는 이승만 정권의 충견 노릇을 하며 세력을 키워 1955년 한국연예주식회사를 설립하고 연예인 반공협회 회장, 전국 극장연합회 회장, 한국영화제작자연합회 회장까지 맡으며 영화판을 주물렀다.

전쟁이 끝난 후 이승만 정권이 북진통일론을 내세우는 가운데 반공이데올로기는 더욱 견고해지고 그 폭은 더욱 협소해졌다. 반공을 표방한 작품조차도 그 협소한 반공이데올로기의 그물에 걸려들곤 했다. 영화 〈피아골〉(이강천, 1955)이 대표적인 사례이다. 〈피아골〉은 빨치산을 주인공으로 한 반공영화다. 인간적인 면모를 지닌 빨치산 대원 철수(김진규)와 사악한 빨치산 대장 아가리(이예춘)의 갈등을 통해 공산주의의 잔혹함을 그린다. 빨치산 여대원 애란(노경희)은 인간적인 철수를 사랑하게 되고, 철수를 칼로 찌른 아가리를 쏴 죽이고 철수와 함께 산을 내려오지만 결국 철수는 죽고 애란만 살아남는다. 이 영화는 반공영화였음에도 더 철저하게 반공적이지 못했다는 이유로 상영 중지 조치를 받았다. 당시 국방부는 '스토리 전체를 통해 공산적구의 지긋지긋한 단말마적 생지옥을 혐오한 나머지 자유천지를 그리워 회개하는 장면이 전혀 없고, 그들은 다만 인간본능의 발작인 성욕에 에워싼 금수와 같은 살벌한 갈등으로 결국 자멸되었을 뿐이며 따라서 반국가적 반민족적 성분의 결함을 뚜렷이 지탄하지 못했다'는 등의 이유로 이 영화의 상영 불허를 요구했다. 결국 제작사는 일부 장면을 삭제하고 애란이 산을 내려와 걸어가는 마지막 장면에 펄럭이는 태극기를 오버랩함으로써 영화를 상영할 수 있었다. 공산주의자는 인간적 고뇌를 가진 자로 묘사되면 안 되고, 영화 속에서 공산주의 비판은 (암시적으로가 아니라) 노골적으로 표현해야 한다는 것이 당시 검열자들의 논리였다.

3. 1960년대: 개발독재 시대 매스미디어의 확산과 대중사회의 도래

　자유당 정권의 무능과 부패에 대한 시민들의 염증은 1960년 4·19혁명으로 폭발했다. 4·19혁명은 시민의 힘으로 정권을 바꾼 한국사 초유의 사건이었다. 개헌과 함께 내각제가 실시되고 민주당 정권이 시작되었지만, 4·19와 함께 열린 민주주의의 공간은 일부 정치군인 세력의 쿠데타로 1년 남짓 만에 닫혀버리고 만다. 1961년 5·16쿠데타로 집권한 박정희 군사정권은 '근대화'의 이데올로기를 내세우면서 국가 주도의 경제성장 정책을 밀고 나갔다. 그들은 '개발'의 논리를 앞세우며 '독재'를 정당화했다. 박 정권은 탈법적으로 정권을 탈취한 약점을 극복하고, 집권의 정당성과 '반공, 근대화' 이데올로기를 확산하기 위하여 매스미디어 체제의 정비에 착수한다. 경제성장과 함께 대중문화 산업과 시장도 급속히 성장했다. 민간 상업 라디오방송이 확충되고 TV 방송이 시작되면서 본격적인 매스미디어의 시대가 열렸다. 한국에서 매스미디어의 시대가 개막하게 되는 것은 군사정권이 정권 홍보와 근대화 이데올로기 확산을 위해 매스미디어의 도입에 적극적으로 나섰기 때문이었고, 이는 매스미디어의 성격과 한계를 결정짓는 굴레이기도 했다. 우선 상업 라디오방송으로서 1961년에 서울의 문화방송, 1963년에 동아방송, 1964년에 라디오 서울(후에 동양방송)이 각각 개국한다. 기존의 KBS 제1방송을 포함하면 서울 지역을 중심으로 중부 일원을 가청권으로 하는 일반 대중 대상의 공중파 라디오 채널이 4개가 된 것이다. 여기에 더해 1956년부터 해외방송, 대북방송 등 특수 방송을 시작한 KBS 제2방송, 1954년에 설립된 종교방송 CBS, 주한미군 방송인 AFKN이 있었고, 1965년에는 서울FM까지 개국하면서 라디오방송의 다채널 시대가 열리고 있었다.

　가장 획기적인 것은 TV 방송의 실시였다. 당시 한국의 경제적 수준에서 TV 방송은 시기상조라는 의견이 많았지만, 근대화 프로젝트를 대대적으로 홍보하고 국민들의 환심을 살 필요가 있었던 군사정권에 TV는 다수 대중에게 근대화의 스펙터클을 보여주기에 더할 나위 없는 수단이었다. 군사정권은 쿠데타로 권력을 장악하자마자 TV 방송 개국을 서둘렀고 군사작전처럼 밀어붙였다. 1961년 12월 24일에 KBS TV의 시험 방송이 이루어진 후 그해 말일인 12월 31일 정식으로 개국했다. 당시 TV 방송을 두고 "5·16 군부 정권의 크리스마스 선물"이라는 표현이 회자되기도 했다. 1964년에 민간 상업방송인 TBC TV가, 1969년에 또 하나의 민간방송인 MBC TV가 개국함으로써 영상시대가 본격적으로 열리게 된다. TV 수상기 보급도 빠르게 늘어났다. 하지만 1970년대 초까지도 TV의 가구당 보급률은 다섯 가구당 한 대 수준이었고, TV는 집단 시청의 대상이자 일종의 공공 매체였다. 중요한 스포츠 경기나 드라마 등을 보기 위해 동네 사람들이 TV를 가진 집에 함께 모여드는 풍경들이 펼쳐지곤 했다. TV는 행복하고 단란한 중산층에 편입되었다는 자부심을 갖게 해주었고, 군사정권이 추진하던 이른바 조국 근대화의 성취를 표상하는 기표로 받아들여졌다.

TV가 전국적으로 보편화되기 전인 1970년대 초반까지 가정의 중심 미디어는 라디오였다. 저녁 식사를 마치고 가족들이 라디오 주변에 둘러앉아 드라마를 듣는 풍경을 흔하게 볼 수 있었다. 청취자들의 인기를 끈 드라마는 영화화되었다. 드라마와 영화의 주제가가 인기를 얻는 경우도 많았다. DBS 연속극을 영화화한 〈동백아가씨〉(1964), KBS 연속극과 주제가의 인기에 편승해 영화로 제작된 〈섬마을 선생〉(1967), KBS 연속극이었던 〈하숙생〉(1966) 등 주제가로도 잘 알려진 영화들이 대부분 라디오 드라마의 인기를 등에 업고 영화로 제작되었다. 1960년대는 한국 영화의 첫 번째 전성기이기도 했다. 매해 100편 이상 최대 229편(1969)에 이를 만큼 제작 편수가 많았고, 극장을 찾는 영화 관객 수도 1961년 5800만 명에서 매년 증가하여 1969년

미8군 무대

1960년대 후반부터 한국에 주둔한 미군들을 위안하는 미8군 쇼 무대에 오디션을 거친 한국인들이 출연했는데, 라디오방송이 본격화되면서 이들이 한국 대중음악의 주요 흐름을 만들게 된다. 1960년대를 주도한 가수, 작곡가는 대부분 미8군 무대 출신이라 해도 과언이 아니다. 길옥윤·이봉조·신중현 등의 작곡가와 인주기, 한명숙·현미·최희준·위키리·김상국·패티김 등의 가수가 대표적인 미8군 쇼 출신 인예인이다.

에 1억 7300만 명으로 정점을 찍었다. 당시 전국 인구 3000만 명 시대이니 1인당 연평균 5.7회 영화관을 찾았다는 얘기다. TV는 아직 충분히 보급되기 전이었고 대중오락으로서 영화의 지위는 막강했다. 물론 당시에도 여전히 한국 영화보다는 외국 영화, 특히 할리우드 영화의 인기가 더 높았다.

대중가요 시장도 크게 성장했다. 축음기를 대신해 전축이 보급되면서 LP가 대중가요 음반의 기본 포맷이 되었고, 라디오가 주도적인 미디어로 부상하면서 대중음악에 대한 수요가 크게 늘었다. 방송에서 대중음악의 비중이 커지면서 미8군 무대에서 활동하던 음악인들도 방송 무대에 진출하게 된다. 이들은 대부분 팝 계열의 가요를 불렀고, 이들에 의해 기존의 트로트에 더해 팝 스타일의 가요가 또 하나의 주류 장르로 떠올랐다. 1960년대 중반부터 라디오 음악 프로그램을 통해 팝송을 듣는 청소년들은 점점 늘어났다. '빽판'이라 불리는 불법 복제판도 나돌았다. 1969년에는 영국의 인기 가수 클리프 리처드가 내한해 현재의 세종문화회관 자리에 있던 서울 시민회관과 이화여대 강당에서 두 차례 공연을 하기도 했다. 클리프 리처드 내한 당시 500여 명의 팬들이 공항에 모여들었고, 두 차례 공연에는 수많은 젊은 여성 팬들이 열광적인 반응을 보이며 기성을 질렀다. 이 공연은 당시 많은 논란을 낳았는데, 특히 여대생이 팬티를 벗어서 던졌다는 루머가 돌면서 기성세대의 도덕군자들을 아연하게 했다. 이 공연은 과거와는 다른 감성과 감각을 가진 새로운 세대가 등장하고 있음을 알리는 신호탄 같은 것이었다.

박정희 정권은 TV를 비롯한 방송매체를 확장하고 매스미디어의 시대를 본격화했지만, 미디어의 사회적 역할에 대한 인식은 극히 협소했다. 그들에게 미디어는 정부의 정책을 홍보하고 국민을 통합하는 수단 이상도 이하도 아니었다. 권력에 대한 비판과 견제, 사회 환경에 대한 감시 등 현대 미디어의 기본 역할에 대한 인식은 존재하지 않았다. 그들에게 미디어는 권력이 추진하는 경제성장 정책을 홍보하고 근대화의 이데올로기를 확산하는 도구였고, 언제든 자기들 마음대로 동원할 수 있는 수단이었을 뿐이다.

대중문화는 당연히 엄격한 통제의 대상이었고, 모든 대중문화 검열의 가장 중요한 원칙은 반공주의였다. 군사정권에서 가장 먼저 문제가 된 영화는 유현목 감독의 〈오발탄〉(1961)이다. 5·16 직전에 개봉되어 상영했던 〈오발탄〉은 현실을 지나치게 어둡게 묘사했고, 극 중에서 어머니가 반복해 외치는 "가자!"라는 대사가 북한으로 가자는 의미가 아닌가 하는 이유로 상영이 중지되었다. 하지만 이 영화가 해외에서 극찬을 받고 샌프란시스코 영화제에 출품되고 수출까지 되자 상영 금지를 해제하고 재상영을 허가한다. 반공주의 못지않게 '국위선양'과 '수출'이라는 근대화의 가치 또한 중요했던 셈이다.

4. 1970년대: 청년문화의 등장과 좌절

1970년대는 군사정권의 국가주의가 더욱 억압적인 전체주의적 방향으로 강화되어 간 시기였다. 1972년 유신체제를 선포하면서 박정희 종신 독재체제를 굳힌 정권은 한국 사회 전체를 병영 사회로 만들고 싶어 했다. 바로 이 시기에 해방 이후 태어난 세대가 청년기에 진입하기 시작했다. 이들은 일본식 아닌 미국식 교육을 받았고, 일어가 아닌 영어를 배웠으며, 일본 문화가 아니라 미국 문화의 영향 속에서 성장한 세대였다. 통기타와 장발 등 1960년대 서구의 젊은 세대를 열광시킨 다양한 문화적 자원과 스타일들이 조금씩 한국의 젊은 세대에게 수용되고 있었다. 1970년대 초반의 청년문화는 이 새로운 문화가 상업적 대중문화 시장 속에서 자기 존재감을 드러내면서 나타난 것이었다.

청년문화를 대표하는 가장 중요한 문화는 통기타에 기반을 둔 포크 음악이다. 한국의 포크 음악이 탄생한 것은 1960년대 말에서 1970년대 초에 이르는 시기이다. 이미 1950년대 후반부터 대도시를 중심으로 생겨난 음악감상실이나 음악다방을 통해 팝 음악이 젊은 세대에게 빠르게 확산되고, 1960년대 후반에는 세시봉 같은 음악감상실에서 젊은 가수들이 통기타를 들고 팝송을 부르는 무대가 시작되었다. YMCA도 중요한 역할을 했다. 1965년 4월에 시작된 '싱얼롱 Y'는 젊은 세대가 모여 통기타 반주에 맞추어 함께 노래 부르는 문화를 보급했다. 1970년에는 YWCA에 청개구리집이라는 문화공간이 문을 열면서 젊은 통기타 가수들의 무대가 되어주었다. 이들이 음반을 내고 방송 무대에 진출하면서 한국의 포크 문화가 본격적으로 시작된다. 송창식, 윤형주, 한대수, 이장희, 김민기, 양희은, 서유석, 양병집, 이정선, 4월과 5월 등이 대표적이다. 통기타 문화의 주역들은 대부분 대학생이었거나 그와 비슷한 연령대의 청년세대였고, 그들의 음악 활동은 대부분 아마추어적인 방식으로 시작되었다. 무엇보다도 그들의 스타일이나 무대 연출은 기성 연예인들과는 사뭇 달랐다. 그들은 보통 대학생들과 다름없는 수수한 청바지 차림으로 노래를 불렀고, 동세대의 대학생들은 그들의 아마추어리즘이 주는 친근함에 쉽게 동화할 수 있었다. 창작자, 연주자, 수용자가 같은 집단에 속한 사람들이었다는 점은 통기타 음악이 빠른 시간 안에 특유의 물적 기반을 갖출 수 있었던 중요한 요인이다. 물론 초창기 통기타 문화의 아마추어리즘은 이들이 상업적 성공과 더불어 빠르게 음반산업의 프로페셔널한 시스템 속으로 편입되면서 점차 엷어졌지만, 대학가의 아마추어적인 통기타 문화의 저변은 여전히 두텁게 존재했고 이것이 통기타 문화의 인적 기반이자 배출구로 자리 잡고 있었다. "기타 못 치면 간첩"이라는 말이 유행할 만큼 대학생들의 일상 문화로 자리 잡은 통기타 문화는 대중문화의 소비자가 단순한 소비자에서 벗어나 적극적인 문화 실천자이자 생산자의 모습으로 진화해 간 최초의 사례인 셈이다.

한국 사회 전체를 일사불란한 병영국가로 만들고 싶어 했던 박정희 군사독재 정권에 대학생 집단은 가장 큰 반대세력이었고, 이들의 문화는 체제를 위협하는 반사회적 방종으로 인식되었다. 군사정권은 이미 1970년대 초부터 대중음악에 대한 검열을 강화하고 금지곡을 양산하며 청년세대의 '방종'과 '퇴폐'를 단속하고 있었다. 거리에서는 장발과 미니스커트 단속이 수시로 이루어졌고, 1970년대 중반부터는 연예인들의 외국식 예명까지 규제 대상으로 삼았다. 예컨대 '패티김'은 본명인 '김혜자'로 돌아가야 했고 '바니걸스'는 '토끼소녀'로, '어니언스'는 '양파'로, '블루벨스'는 '청종'이라는 어색한 이름으로 불려야 했다. 심지어 가수 '김세레나'의 경우는 본명이었음에도 외래어를 사용하지 못한다는 이유로 '김세나'로 이름을 바꿔야 하는 웃지 못할 일도 벌어졌다.

젊은 세대의 문화에 대한 단속은 긴급조치 9호가 발령된 1975년에 이르러 절정에 달했다. 1975년 6월 6일 문화공보부는 이른바 '공연활동 정화대책'을 발표한다. 이후 예륜(예술윤리위원회)은 이미 심의를 통과해 유통되고 있던 대중가요 3만여 곡을 재심의하기 시작해 3차에 걸쳐 모두 222곡을 금지시켰다. 금지의 사슬은 외국곡들도 피하지 못했다. 11월 17일과 12월 22일 두 차례에 걸쳐 외국곡 261곡이 금지되었다. 예륜이 밝힌 외국 가요의 금지 기준은, ① 혁명 고취 등 불온물, ② 반전파의 반전성 작품, ③ 퇴폐, 저속, 외설 작품 등이었다. 1975년 연말에는 청년문화의 스타들을 비롯한 다수의 연예인들이 대마초를 피웠다는 이유로 구속되거나 활동 금지되었다. 대마초로 걸린 연예인들은 이후 박정희가 죽을 때까지 방송은 물론이고 밤무대를 포함한 공연 행위까지 금지당해야 했다. 놀라운 것은 대마초 단속의 법적 근거가 되는 '대마관리법'은 이렇게 초법적인 조치가 이루어진 후인 1976년에야 제정되었고, 1977년 1월부터 시행되었다는 사실이다. 금지곡과 대마초 파동을 거치며 청년문화의 주역 대부분이 활동을 정지당하고 방송 무대에서 완전히 사라졌다. 이로써 1970년대 초반을 장식했던 통기타 음악과 청년문화의 시대는 막을 내리게 된다.

1970년대 초중반 이후 TV가 보편화하면서 TV 시청은 대중의 가장 일반적인 여가 활동이 되었다. TV가 보편화하면서 사람들은 TV에서 본 것에 관해 말하기 시작했다. TV에는 모든 것이 있었다. 신문이 전달하는 세상 소식도 있었고, 라디오가 들려주던 음악이 있었고, 영화나 소설이 보여주는 재미있는 이야기도 있었다. TV 안에 특별히 새로운 것은 없었지만, 다양한 소스를 통해 접하던 것들이 한꺼번에 있었다. TV를 통해 본 뉴스, 드라마, 외화, 스포츠는 대중의 일상적 대화의 소재가 되었다. TV 화면은 그것이 곧 '진실'임을 보증하는 것으로 여겨졌다. "TV에 나왔다"라는 말은 반박할 수 없는 '사실' 혹은 '진실'로 받아들여졌다. TV를 통해 구성되는 일상적 담론은 사회에 대한 대중의 시각, 미적인 감성, 즐거움의 형식을 형성하는 데 절대적인 영향을 미쳤다. 대중의 감성과 의식을 통제하고 일사불란한 사회체제를 만들고 싶어 했던 군사독재 권력의 입장에서 TV는 가장 강력한 수단이자 통제 대상이 될 수밖에 없었다.

TV의 확산과 함께 영화는 사양길로 접어들었다. 제작 편수도 관객 수도 빠르게 줄어들었다. 정치적 억압이 강화되면서 검열도 더욱 극심해졌고 영화의 소재도, 표현도 극도로 제약받아야 했다. '한국 영화는 재미없다'는 고정관념이 일반화되기 시작했고, 관객들은 한국 영화에 등을 돌리고 할리우드 영화에 절대적인 지지를 보냈다. 그나마 한국 영화 시장을 지켜준 1970년대의 주류 장르는 호스티스를 주인공으로 내세운 멜로물과 청소년들의 이성교제를 소재로 한 하이틴 로맨스물이었다. 한국 영화의 불황은 이후 1980년대 내내 이어졌고 1990년대 초반까지 지속된다.

5. 1980년대: 지배문화와 저항문화

박정희 유신체제는 1979년 10월 26일의 총성 한 방으로 끝이 났다. 수십 년 억압되었던 민주주의의 열망이 터져 나왔지만, '서울의 봄'은 길지 않았다. 신군부 세력이 또 한 번의 쿠데타로 지배체제의 유지를 도모하는 과정에서 1980년 '5월 광주'의 비극이 탄생했다. 엄청난 희생 위에 성립한 5공화국 정권은 정당성의 위기를 더욱 폭력적인 억압으로 극복하고자 했다. 1980년대 내내 전두환 정권의 폭압적 통치에 맞선 민중적 저항이 이어졌고, 마침내 1987년의 '6월항쟁'으로 터져 나왔다. 1980년대 내내 사회 전반이 갈등과 대립으로 점철되는 동안, 문화 역시 지배와 저항이라는 대립 구도를 벗어날 수 없었다.

5공화국 문화정책의 폭력성을 단적으로 보여주는 것이 정권 초기에 있었던 이른바 '신문 방송 통신사의 구조 개편', 즉 언론통폐합이다. 이 조치로 인해 신아일보가 경향신문에 강제로 흡수됨으로써 중앙일간지가 7개에서 6개로, 서울경제신문이 한국일보로 흡수되는 등 경제지가 4개에서 2개로, 이른바 '1도1지'의 원칙에 따라 부산의 국제신문이 부산일보로 흡수되는 등 지방지가 14개에서 10개로 줄었다. 합동통신과 동양통신 등 2개의 통신사가 연합통신에 흡수되어 단일화되었고 중앙 언론사의 지방 주재기자와 지방언론의 중앙 주재기자가 폐지됨으로써 모든 언론사가 다른 지역 뉴스는 연합통신사만을 통해 공급받게 되었다. 한편 삼성의 소유이던 TBC TV가 KBS로 강제 통합되면서 KBS 2TV가 되었고, MBC의 경우 통폐합은 면했지만 주식의 65%를 KBS가 소유하는 구조로 바뀌었다. MBC의 지방 가맹사들은 MBC 서울본사가 지분의 절반 이상을 강제 취득하면서 계열사 체제로 재편성되었고, 라디오에서도 TBC의 두 채널과 동아일보가 소유했던 DBS가 KBS에 흡수되었다. 기독교방송 CBS의 경우 보도 방송을 금지하고 종교 방송 역할만 할 것을 강요받았다. 전두환 정권 시절 내내 방송은 철저하게 정

언론통폐합

제5공화국은 언론에 대한 통제 구조를 간편화하기 위해 대대적인 언론통폐합을 단행했다. 1988년에 바로 이 사건을 다루기 위한 국회청문회가 열렸는데, 당시 이철 의원이 폭로한 「건전언론육성종합방안」을 보면 언론통폐합의 목적이 언론의 체질을 '저항 체질'에서 '순응 체질'로 바꾸려는 데 있었음을 알 수 있다. 당시 언론통폐합은 겉으로는 신문협회와 방송협회의 자율 결의의 모양을 띠고 있었지만 실제로는 5공화국 군사정권에 의한 강제적 조치였다. 이 조치에 따라 《경향신문》이 MBC와 분리되면서 《신아일보》를 흡수했고, 《한국일보》가 《서울경제신문》을 흡수했으며, 《내외경제》가 《코리아헤럴드》에 흡수되었다. 지방지의 경우 1도 1지의 원칙에 따라 《국제신문》이 《부산일보》에 통합되었고, 《영남일보》가 《매일신문》에 통합되어 《대구매일신문》으로 이름을 바꾸었으며, 《경남일보》가 《경남매일》에 통합되어 《경남신문》으로 출범했다. 또 《전남일보》는 《전남매일》과 통합하여 《광주일보》로 이름을 바꾸었다.

방송의 경우, KBS가 TBC TV와 라디오를 흡수하고 DBS 라디오, 전일방송, 서해방송, 대구FM을 흡수했다. 또 MBC 주식의 65%를 KBS가 소유하게 되었고 CBS의 경우 보도 기능을 없애고 선교 방송만 허용했다. 또 통신사를 연합통신으로 일원화함으로써 지방 뉴스의 취재와 공급을 단일화하도록 했다. 이 과정에서 전국적으로 1,900명에 달하는 언론인이 강제 해직되었다.

권의 꼭두각시라는 비판을 면하지 못했다. 아무리 엄청난 사건이 일어난 날도 저녁 뉴스의 첫머리는 반드시 전두환의 동정으로부터 시작했다. "뚜뚜뚜땡" 하는 시보와 함께 "전두환 대통령은……"으로 시작하는 뉴스는 '땡전뉴스'라는 비아냥거림을 들었다.

5공화국 시절 내내 대규모의 관변 이벤트들이 벌어졌고, 국제 행사들이 유치되었다. 88올림픽과 86아시안게임 유치가 대표적이다. 이 두 거대 스포츠 이벤트는 1980년대 내내 대중의 일상과 의식을 옭아맨 대규모 의식 조작의 수단으로 기능했다. 집권 세력은 '올림픽 개최는 곧 선진국'이라는 기묘한 공식을 내세우며 대회 유치를 자신들의 치적으로 내세웠고, '질서'와 '화합'이라는 명목 아래 강력한 통합과 억제의 수단으로 이용했다.

전두환 정권은 정치적 비판이나 이념적 저항에 대해서는 폭력적인 탄압을 서슴지 않았지만, 한편으로 대중의 욕망의 출구를 일정하게 열어주는 유화정책도 구사했다. 야간 통행금지 해제(1982년 1월), 중고생 두발자유화, 교복 자율화(1983년 3월) 등이 시행되었고, 1981년 8월에는 50세 이상에 한해 관광이 허용되는 부분적 해외여행 자유화 조치가 이루어졌다(해외여행 전면 자유화는 1989년에 와서야 실현되었다).

신군부 정권이 들어선 지 얼마 되지 않은 1980년 12월 1일에는 컬러 TV 방송이 전격적으로 시작되었다. 컬러 TV는 대중의 일상적 감각을 바꾸어놓았다. 우중충한 흑백 화면으로 보는 세계와 다채로운 컬러로 보는 세계는 달랐다. 두발자유화, 교복 자율화 등과 맞물리면서 세상은 좀 더 감각적이고 화려해졌다. 방송 스튜디오의 세트, 의상, 도구 등이 컬러 시대에 맞게 변화했다. 화장품, 의류 등 소비재 상품의 광고는 화려한 색감을 앞세우며 대중의 소비심리를 자극했다. 때맞추어 VCR이 등장하고 리모컨이 등장했다. VCR을 활용한 녹화 시청이 이루어지고 리모컨으로 재미없는 장면을 건너뛰는 시청 행태가 일반화되자 방송사와 광고주들은 어떤 식으로든 시청자들의 눈길을 사로잡고자 애써야 했다. 화면은 점점 더 화려해지고, 프로그램은 점점 더 오락화했으며, 광고는 더욱 감각적으로 변해갔다. 컬러 TV는 침체된 경기를 살리고 경제의 활력을 불러일으킬 것으로 기대되었다. 소비문화의 시대, 소비 자본주의의 시대가 열리고 있었다.

1982년 3월 27일 동대문구장에서 MBC 청룡과 삼성 라이온즈의 프로야구 개막전이 열렸다. 이 자리에서 전두환이 시구하는 장면이 전국에 생중계되었다. 프로야구 리그의 출범은 미국과 일본에 이어 세계에서 세 번째였다. 1983년에는 프로축구 리그와 프로 씨름, 농구대잔치가 시작되었고, 1984년에는 배구 슈퍼리그가 출범했다. 5공화국 초기에 한국 프로스포츠의 근간이 만들어진 것이다. '스포츠 대통령'이니 '스포츠 공화국'이니 하는 말들이 돌아다녔다. 1980년대 기승을 부린 에로영화와 불법 비디오, 각종 향락산업의 성장 등과 맞물리며 스포츠는 우민화 정책을 상징하는 이른바 3S(sports, sex, screen)정책의 하나로 간주되기도 했다.

대중문화에 대한 검열 역시 시종 강력히 시행되었고 '국가보안법', '집시법' 등 문화예술과 관련이 없는 법적 장치들도 수시로 문화 활동을 통제하는 수단으로 활용되었다. 적나라한 폭력적 통제가 일상이었던 당시 합법적인 미디어 공간에서는 어떤 의미의 권력 비판도, 현실에 대한 저항도 불가능했다. 5공 치하에서 적지 않은 문화예술인, 출판인, 언론인들이 고초를 겪어야 했고, 수많은 서적이 판매금지 당했다. 이런 상황에서 저항과 비판의 메시지는 합법적 미디어 공간 밖에서 철저히 비합법적인 경로를 통해서만 표현하고 유통할 수 있었다.

1980년 5월의 광주항쟁이라는 역사적 사건은 당대의 문화예술인들에게도 엄청난 충격이었다. 사회의 근본적 변화를 위한 문화 활동의 방향을 고민하는 예술인들이 늘어났고 민중문화, 민족문화의 담론이 활발하게 등장했다. 탈춤과 마당극 등 1970년대부터 시작된 '연행예술운동'은 물론이고 미술, 음악, 영화 등 문화예술 전 부문에 걸쳐 진보적

3S정책
자본주의국가의 지배집단은 자신들의 권력을 유지하고 대중을 체제에 순응하도록 하기 위해 마치 마약을 이용해 길들이듯이 세 가지의 문화적 기제, 즉 '스포츠(sports), 섹스(sex), 영화(screen)'를 이용한다. 이렇게 세 가지 S를 이용해 대중을 우민화(愚民化)하는 전략을 3S정책이라 한다. 이는 대중사회의 지배 메커니즘을 설명하는 데 매우 자주 인용되는 개념이다.

탈춤, 마당극
우리나라의 전통 탈춤은 사회비판적 성격을 띤 일종의 민중연극이었다. 1960년대부터 대학가를 중심으로 전통 탈춤에 대한 관심이 고조되었고 1970년대에는 전통 탈춤의 형식을 빌려 당대의 현실을 비판하는 탈춤운동이 활발히 전개되었다. 또 서구적 연극의 관습을 벗어나 전통 탈춤의 미학을 받아들이면서 등장한 마당극을 통해 현실 문제를 고발하고 비판하는 마당극운동이 함께 활발히 이루어진다. 이런 탈춤과 마당운동은 1970년대를 대표하는 민중문화운동이었다. 1980년대에는 민족극이라는 개념이 정립되면서 민중적이고 진보적인 연극을 지향하는 움직임이 좀 더 조직적으로 벌어졌다

이고 저항적인 활동이 싹트기 시작했고, 1980년대 중반을 거치면서 조직적인 틀을 갖춘 저항적 문화운동으로 발전했다. 1970년대부터 활동해 온 '한두레', '연우무대' 등을 비롯해 미술의 '현실과 발언', '두렁' 등 다양한 동인 집단, '연희광대패', '아리랑' 등 연극 집단, 노래 모임 새벽, 민요연구회, 서울영화집단 등이 1983년 무렵부터 활발하게 활동하며 문화운동의 활동 공간과 영역을 만들어나갔다. 1980년대의 문화운동을 통해 많은 마당극 공연이 이루어졌고, 수많은 민중미술 작품이 탄생했으며 소형영화들이 제작되고 다양한 민중문학의 성과들이 나왔다. 특히 1970년대 말에서1980년대 초 무렵부터 대학을 중심으로 형성된 노래패들은 근대 이후 축적되어 온 저항적 혹은 민중적 노래 문화를 발굴하고 창작하며 보급하는 활동을 조직적으로 벌였다. 이를 통해 다양한 민중가요들이 세상에 알려졌고 적지 않은 사람들에 의해 수용되었다. 1980년대에는 대학가뿐 아니라 전국의 다양한 종교 조직, 노동단체 등에 노래패가 만들어져 활발한 활동을 벌였다. 이런 민중가요 운동에서 가장 중요한 역할을 한 매체는 단연 카세트테이프였다. 카세트테이프는 당시 대중가요의 주류 매체이던 LP와 달리 개인 생산이 가능한 매체였고 복제가 쉬웠다. 공식적인 검열 과정을 거치지 않고도 제작이 가능했다. 또 대학생과 노동자들이 비교적 싼값에 소유해 음악을 소비할 수 있는 매체이기도 했다. 1980년대 내내 가열하게 진행된 시민적 저항은 마침내 1987년 6월항쟁으로 터져 나왔고, 이는 민주화의 물꼬를 트는 계기가 되었다.

6. 1990년대: 신세대문화와 소비문화

6월항쟁 이후 개헌과 함께 집권한 노태우 정권은 전두환 정권에 비해 비교적 연성의 군사정권이었다. 군부가 전면에 나서는 억압적이고 폭력적인 통치는 종식되었고 직선제와 함께 최소한의 형식 민주주의적 진전이 이루어졌다. 특히 비교적 비정치적이고 권력의 향배와 직접적 관련성이 적은 문화 분야에서 정치적 고삐가 눈에 띄게 풀어졌다. 6·29 선언 직후인 1987년 8월 「아침이슬」 등 186곡의 금지곡이 해제된다. 1987년 9월부터는 영화 시나리오에 대한 사전심의도 폐지되고(물론 완성된 영화에 대한 사전심의, 즉 가위질은 여전히 남아 있었다), 1988년 1월에는 연극 등 공연물에 대한 대본 사전심의가 폐지되었다. 대중문화 전반에서 검열 기준이 완화되면서 제도권과 운동권, 대중문화와 민중문화 사이에 가로놓여 있던 장벽이 조금씩 허물어지기 시작했다. 1980년대 내내 억압적인 권력의 문화지배에 맞서 힘겨운 투쟁을 벌여왔던 민중문화가 운동권의 울타리를 벗어나 대중의 호응을 얻기 시작한 것이다. 1989년 말 널리 알려진 민중가요의 대표곡들을 모은 노찾사 2집이 검열을 거쳐 발매된다. 6월항쟁 이전이라면 검열 통과가 불가능했을 노래들이 합법적으로 시장에 나온 것이다. 노찾사의 노래 가운데 「솔아 푸르른 솔아」, 「사계」 등은 방송가요 인기 순위를 오르내리며 2집 음반은 엄청난 판매고를 올렸다. 1990년 정태춘은 공개적으로 심의를 거부하고 검열을 거치지 않은 음반 〈아, 대한민국〉을 발표한다. 당대의 한국 사회에 대한 통렬한 비판과 풍자의 메시지를 담은 노래들로 채워진 이 음반은 큰 화제를 불러왔다. 이어 1993년에는 다시 정태춘·박은옥 8집 〈1992년 장마 종로에서〉를 검열을 거치지 않고 내 놓았다. 당국은 불법 음반을 냈다는 혐의로 정태춘을 입건했고, 정태춘은 음반 사전심의에 대한 위헌 심판 청구를 내기에 이른다. 결국 1995년 헌법재판소에 의해 음반 사전심의제가 위헌이라는 판결이 나왔고, 1996년에는 독립영화집단 장산곶매가 제기한 영화 사전심의 위헌판결도 함께 이루어지면서 대중문화에 대한 사전검열제가 철폐되었다. 한국 사회에서 표현의 자유가 비로소 꽃피기 시작한 역사적 순간이다.

민주화와 함께 대중문화에 대한 정치의 영향력은 축소된 반면, 자본의 영향력은 확대되었다. 다양한 매체를 통해 매개되는 총광고비는

민중가요와 노래운동

노래는 다른 어떤 매체보다도 정서적 친화력이 강하고 대중 확산력이 뛰어나다. 그렇기 때문에 오래전부터 어느 사회에서든지 노래는 정치와 밀접한 관계를 맺어왔다. 지배세력은 여러 가지 통제를 통해 노래 속에 저항적 이념이 스며드는 것을 막으려 했고, 저항세력은 자신들의 생각을 담은 노래를 불러 저항 이념을 확산하려 했다. 노래운동은 노래라는 매체를 통해 사회변혁에 기여하고 진보적 문화를 이루고자 하는 진보적이고 조직적인 운동이라고 정의할 수 있다. 이런 운동은 남미나 아시아 등 제3세계 국가들에서 많은 사례를 발견할 수 있는데, 우리나라에서 본격적으로 노래운동이 일어난 것은 1980년대 초부터라고 볼 수 있다. 당시 대학을 중심으로 노래패들이 조직되어 근대 이후 축적되어 온 민중적 노래문화를 발굴하고 새로운 저항가요를 창작·보급하는 활동을 조직적으로 벌이기 시작했다. 노래운동은 1980년대 내내 꾸준히 성장해 전국의 대학과 종교단체, 노동단체 등에 노래패가 조직되어 활발한 활동을 벌였다. 이런 노래운동을 통해 보급된 진보적 성향의 노래를 민중가요라고 불렀다. 1980년대 후반에 이르면 민중가요가 운동권을 벗어나 대중적으로 알려지기 시작하는데 '노래를 찾는 사람들'의 음반이 기성가요를 앞지르면서 높은 판매고를 올린 것이 그 예이다.

노래를 찾는 사람들(노찾사)

'노래를 찾는 사람들'은 1980년대 말 대중문화권에 등장해 민중가요를 전파하는데 큰 기여를 한 노래패이다. 이들의 활동은 1980년대 초부터 시작되었는데, 당시 대학을 졸업한 대학 노래패 출신들이 모여 노래운동을 시작하면서 처음으로 공

1990년에 2조 원을 넘어섰고, 1996년에는 5조 6000억 원대를 기록했다. 국민총생산(GNP) 대비 광고비도 1989년 1% 수준에서 1996년에는 1.35%로 증가했다. 가장 비중이 큰 광고매체는 여전히 신문과 TV로서 두 매체를 합한 광고비 점유율이 70%에 달했다. 케이블TV, 인터넷과 PC통신이 이 시기에 새로운 광고매체로 등장했지만, 아직 그 영향력은 기존 매체에 비할 바 아니었다. 1990년대는 지상파 TV와 아날로그 신문의 마지막 전성기였다.

1990년대는 여러모로 커다란 전환기였다. 동구권이 해체되면서 냉전체제가 끝나고, 정보기술이 빠르게 발전하면서 다매체·다채널 시대가 열렸다. 그런 변화의 흐름 속에서 새로운 세대의 소비문화가 사회적 관심을 불러일으켰다. 새로운 감성과 감각을 지닌 신세대문화는 문화시장의 흐름을 바꾸어놓았다. 1990년대 신세대는 한국 사회에서 최초로 등장한 본격적인 '영상세대'이다. 이들은 어린 시절부터 컬러 TV를 보며 성장했고, 지금 시각으로 보면 초보적이긴 했지만 어쨌든 비디오게임에 익숙해진 첫 세대다. 1990년대 이후 정보통신혁명이 가속화하면서 다매체·다채널 시대가 열렸고, 사회 전반의 문화적 중심이 영상 미디어로 옮아가게 된다. 새로운 영상세대의 감각은 기존의 문자 중심의 문화 질서에 비해 다분히 일탈적인 것으로 비춰지기도 했다. 기성세대의 기능 중심주의를 거부하는 신세대의 자유분방한 스타일이나 락카페, 사방을 투명한 유리로 장식한 커피전문점 등 1990년대에 사회적 관심을 모았던 문화적 행태들은 이 신세대들의 영상세대적 감성을 잘 반영하고 있다.

이 새로운 세대의 문화적 아이콘이 서태지였다. 1992년 그야말로 혜성같이 등장한 '서태지와 아이들'은 삽시간에 대중음악 시장을 석권하며 엄청난 화제를 몰고 왔다. 서태지 현상은 한국 대중음악의 패권이 10대 청소년으로 넘어갔음을 가장 확실하게 보여주었다. 이미 1980년대 중반부터 대중가요 시장의 주요 세력으로 부상하기 시작한 청소년

식적인 음반을 제작했다. 이것이 〈노래를 찾는 사람들 1〉이라는 제목의 음반이었다. 이 음반은 시장에 나오지도 못한 채 사장되었지만 이 음반을 제작했던 사람들은 꾸준히 활동을 벌여 1980년대 노래운동을 활성화하는 데 크게 기여했다. 1987년 6월항쟁 이후 이들은 처음으로 공개적이고 합법적인 공간에서 공연을 하면서 '노래를 찾는 사람들'이라는 이름의 집단으로 모습을 드러냈고, 이후 1990년대 말까지 대중문화 공간에 진보적 대중음악의 영역을 확보하는 데 일정했다. 특히 이들이 1989년에 발표한 2집 앨범은 수십만 장이라는 판매고를 올려 세상을 놀라게 하기도 했다. 김광석과 안치환, 권진원 등이 '노래를 찾는 사람들'에 몸담았던 뮤지션들이다.

신세대문화

1990년대 신세대문화에 대한 관심은 압구정동을 중심으로 형성된 이른바 오렌지족의 과시적이고 일탈적인 소비문화에 대한 관심으로부터 촉발되었다. 오렌지족들은 일반적인 가치 기준으로 이해하기 어려운 소비성향과 쾌락주의적 행태로 지탄의 대상이 되었고 신세대문화는 덩달아 비판의 대상이 되었다. 그러나 신세대문화는 오렌지족이라는 일부 특수 계층의 문화가 아니라 문명의 전환기에 등장한 새로운 문화의 신호탄이었다 할 수 있다. 1990년대의 신세대문화는 일부 집단의 과시성 소비문화나 광고에서 강조되는 소비적 인간형이란 차원뿐 아니라 컴퓨터와 영상 시대를 살아가는 젊은 세대의 가치관과 삶의 양식이 보여주는 새로움이란 점에서 크게 주목의 대상이 되었다.

층이 서태지의 음악에 거의 전적인 지지를 표하면서 청소년 시장은 한국 대중가요의 가장 크고 중요한 부분을 차지하게 된다. 또한 서태지 현상은 1970년대 이래 한국 사회의 변화를 이끌어왔던 진보적 사회운동의 에너지를 흡수하면서 전혀 새로운 사회적 갈등의 국면을 열었다. 이념과 정치적 태도를 중심으로 형성되었던 사회적 갈등이 신세대의 글로벌한 감성과 소비문화적 실천이라는 새로운 요인의 부상과 함께 재편되면서 복잡하고 다면적인 구조로 변화하기 시작했다. 특히 대중 문화 담론의 영역에서 서태지 현상은 신세대문화를 둘러싼 격렬한 논쟁을 불러일으켰고, 1980년대적인 이념 정치에 대비되는 문화정치 혹은 정체성 정치의 새로운 국면을 형성했다.

정체성 정치
인종·민족·성별·젠더·종교·문화 등의 집단 정체성을 기반으로 정치적 연대 및 동맹을 추구하는 계급 횡단적, 이데올로기 횡단적인 운동이자 사상이다. 대표적인 예로 프란츠 파농 등이 참여한, '흑인다움'을 동맹의 가치이자 근간으로 삼은 네그리튀드 운동, 북중미 거주 흑인들이 자신들의 뿌리를 에티오피아에서 찾는 범아프리카주의 종교·사상이자 운동인 라스타파리가 있다.

신세대의 영상세대적 감수성은 기성세대의 문화적 감성과 자주 갈등양상을 보이며 이 때문에 신세대문화는 때로 저항적 특성을 지닌 것으로 해석되기도 했다. 흔히 1990년대 신세대문화의 특징은 개성, 자유, 개인주의, 감각, 쾌락주의 등의 개념으로 표현되었다. 그리고 이러한 특징은 결국 기성세대와 기성사회가 가지고 있는 획일성, 위계적 질서, 업적주의, 논리성, 집단주의에 대한 반발과 저항의 의미를 가진 것으로 해석되었다. 때맞추어 불어닥친 포스트모더니즘 담론은 이런 신세대문화를 적극적으로 해석하는 논리적 배경을 제공했다. 신세대문화가 보여준 육체성의 미학, 탈중심적이고 감각적인 특성 같은 것이 포스트모던 문화의 성격을 지닌 것으로 받아들여졌다.

7. 21세기: 온라인과 모바일 시대의 일상과 문화

한국의 디지털 환경은 세계 최고수준이다. 인터넷 이용률은 거의 100%에 가깝고 이동전화 가입자 수는 인구수를 훨씬 넘는다. 인터넷과 모바일 환경은 대중문화의 생산과 소비 패턴을 빠르게 변화시켰다. 산업사회의 기술 수준을 반영하며 형성된 기존의 미디어와 장르 경계는 조금씩 해체되고 매체와 매체, 장르와 장르, 나아가 산업과 산업이 경계를 넘어 통합되기 시작했다. 가장 대표적인 것이 바로 방송과 통신의 융합이다. 전통적으로 방송은 주로 무선 네트워크를 통해 불특정 다수에게 메시지를 전달하는 서비스였던 반면, 통신은 주로 유선 네트워크를 통해 개인 간 쌍방향 커뮤니케이션을 제공하는 서비스로 발달해 왔다. 디지털혁명은 이 두 가지의 경계를 허물었다. 기술의 융합을 통해 방송 네트워크와 통신 네트워크가 통합하는 네트워크 융합이 이루어졌다. 방송국들은 좀 더 다양한 채널로 더 많은 정보를 쌍방향으로 송수신할 수 있게 되었고, 통신의 경우 음성 정보만이 양방향으로 소통되던 데서 벗어나 고속·광대역 전송로를 통해 시청각 정보를 자유롭게 전송할 수 있게 된 것이다. 방송과 통신의 융합은 기술적인 네트워크 융합이면서 서비스의 융합이자 기업의 융합이다. 거대 통신사들이 IPTV 서비스를 제공하고 케이블 TV 사업자는 인터넷전화 사업과 인터넷망 사업을 함께 한다.

방송과 통신의 융합이 진행되고 다양한 방송 서비스가 확대되면서 오랫동안 유지되었던 지상파방송의 위상은 약화되었다. 그나마 지상파의 고유한 특성으로 여겨지던 뉴스와 오락을 아우르는 편성이라는 강점도 이명박 정부 시절이던 2009년 신문과 방송의 겸업을 허용하는 '미디어법'이 통과되고, 2011년 12월 조선·중앙·동아·매경 등 신문사들이 겸업하는 종합편성채널 네 개(TV조선, JTBC, 채널A, MBN)가 무더기로 개국하면서 빛이 바랬다. 지상파방송의 위상 약화는 방송문화 전반에서 공익성의 가치가 약화되는 것과 궤를 같이한다. 한정된 전파 자원을 사용하는 공공서비스라는 점에서 공적 통제를 많이 받는 지상파와 달리 IPTV나 케이블 방송 같은 유료방송은 그 통제가 훨씬 덜하다. 수많은 채널들 간의 시청률 경쟁도 치열할 수밖에 없다.

미디어와 대중문화의 정경을 바꾼 또 하나의 계기는 2009년 11월 애플의 아이폰이 국내에 소개된 것이다. 스마트폰과 함께 사람들은 언제

어디서든 쉽게 인터넷에 접속할 수 있게 되었다. 스마트폰은 단순한 휴대전화가 아니라 손바닥 위에서 모든 컴퓨터 기능을 수행할 수 있는 종합 정보처리 단말기다. PC와 TV를 한 손에 들고 다니는 셈이다. 사람들은 스마트폰을 통해 TV를 시청하고 영화를 보고 유튜브를 통해 온갖 동영상을 본다. 사진을 찍고 음악을 듣고 웹툰을 보고 게임을 한다. 물론 다른 사람과 통화하고 채팅을 하고 쇼핑도 한다. 전철이나 버스를 타면 거의 모든 승객들이 각자가 들고 있는 스마트폰을 들여다보고 있다. 스마트폰은 사람들의 일상을 크게 바꾸어놓았다.

민주화 과정이 빠르게 진행된 1990년대 이후 영화산업은 다시 성장 곡선을 그리기 시작한다. 1990년대 후반 이후 한국 영화 시장은 빠르게 성장했다. 1998년 1000만 명을 약간 넘는 수준이던 한국 영화의 연간 극장 관객 수는 2006년에 1억 명 가까이로 급격히 늘었다. 이후 증감을 거듭하다 2012년에 1억을 돌파해 1억 1461만 명을 기록했고 이후 꾸준히 1억 명 이상을 기록하고 있다. 천만 흥행을 기록하는 영화도 꾸준히 나오고 있고, 국제시장에서 높은 평가를 받는 영화도 지속적으로 나오고 있다. 2020년 봉준호 감독의 〈기생충〉은 아카데미 영화제에서 작품상과 감독상을 포함 주요 부문 4개의 상을 수상하는 놀라운 역사를 썼다.

대중음악 시장의 경우 2000년대 들어서며 디지털 기술의 발전과 함께 음원 산업 위주로 재편되었고, 10대 취향의 아이돌 팝 중심의 시장 구조를 형성했다. 한국 대중문화산업의 성장은 전 세계적인 한류 열풍을 낳았다. 한류의 시작은 흔히 1997년 드라마 〈사랑이 뭐길래〉가 중국 CCTV를 통해 방송되어 높은 시청률(중국에서 4%면 엄청 높은 것이다)을 기록하며 화제가 된 일을 꼽는다. 이른바 K-Pop 한류의 시작을 알린 것은 2000년 2월 H.O.T.의 베이징 공연이다. 만 명이 넘는 중국 팬들이 열광적인 호응을 보였고, 이후 한류라는 명칭이 중국과 아시아 지역을 중심으로 퍼져나가기 시작했다. H.O.T. 이후 SES, GOD, 슈퍼주니어 등 K-Pop 그룹들이 연이어 대만 등 아시아 지역에서 큰 인기를 얻었다. 주로 아시아 권역의 현상으로 여겨지던 한류는 2010년대로 접어들면서 글로벌한 관심의 대상으로 부각했다. 전 세계적인 인기를 모으며 빌보드차트까지 점령한 방탄소년단(BTS)은 K-Pop 한류 열풍의 한 정점을 보여주고 있다.

8. 한국 대중문화사, 세 번의 굴곡

한국의 근대적인 대중문화는 20세기 초 외세에 의해 문호가 열리고 식민지 시대를 겪으면서 사실상 강제적으로 이식되었다. 그로부터 한 세기가 지나면서 한국은 세계적인 대중문화 강국이 되었다. 한국은 자국 영화의 시장 점유율이 50%를 넘고, 대중음악 시장의 대부분을 국산 대중가요가 차지하는 많지 않은 나라 가운데 하나이다. 한 세기 남짓한 기간에 한국의 대중문화는 엄청난 성장과 변화 과정을 겪었다.

한국의 대중문화 역사는 크게 세 번의 굴곡을 겪으며 변화해 왔다고 할 수 있다. 일제강점기와 해방 후를 거치며 일본과 미국 문화의 영향을 받았던 시기, 군사독재 시절 정치적 억압과 경제성장을 거친 시기, 민주화 이후 정보화와 지구화의 영향 속에서 변화해 온 시기가 그것이다. 제일 먼저 한국 대중문화의 형성에 가장 큰 영향을 미친 것은 일본과 미국으로 대표되는 외국 문화의 영향이다. 일제강점기에는 일본의 문화가(좀 더 정확하게는 일본식으로 번안된 서구문화가) 절대적인 영향을 미쳤고, 해방 후에는 미국으로 대표되는 서구의 문화가 직접적인 영향을 미쳤다. 대중문화의 역사는 끊임없는 수입과 모방, 번안의 역사이기도 했다.

한국 대중문화의 역사에서 또 하나의 중요한 변수로 작용했던 것은 군사독재 권력의 강력한 통제와 억압이었다. 1960년대에서 1970년대를 거쳐 1980년대를 지나는 동안 급속한 경제성장과 함께 대중문화 시장은 빠르게 성장했지만, 군사정권의 억압적 검열과 통제는 대중문화 전반을 규정했다. 검열과 통제는 대중의 일상과 무의식까지도 재단하려 했고, 새로운 세대의 문화적 에너지는 제도적으로 거세되고 억압되었다. 그런 가운데서도 체제에 저항하고 새로운 문화적 정체성을 꿈꾸는 움직임은 끊임없이 등장하며 파열음을 만들었다.

1987년 6월항쟁과 함께 민주화의 국면이 열리면서 한국 대중문화의 역사는 또 한 번의 굴곡을 경험하게 된다. 표현의 자유가 확대되면서 억압되었던 대중의 욕망이 표출되었고 제도권 밖에 존재했던 저항적 문화가 제도권 안으로 들어왔다. 때맞추어 전 세계적인 정보화·지구화의 물결이 몰아치면서 한국 대중문화는 빠르게 세계화되었다.

21세기 현재 세계적으로 인정받는 한류 콘텐츠의 특성은 그것이 한국의 것이면서 다양한 요소가 뒤섞인 혼종성을 가지고 있다는 점이다. 한국 대중문화의 역사 자체가 끊임없이 새로운 요소들이 수입되고 결합하고 뒤섞이며 진행된 혼종화의 역사였다. 식민 시대에는 일본을 통해, 해방 이후에는 미국을 통해 이질적인 문화가 들어오고 토착문화와 뒤섞였다. 획일적인 문화적 가치가 강요되던 군사독재 시절에도 언더그라운드에서는 지배문화에 저항하는 다양한 문화들이 생산·수용되었다. 민주화 이후에는 지배와 저항의 문화가 뒤섞이기 시작했고 혼종화 경향은 더 다양하게 더 자유롭게 이루어졌다. 한국 대중문화의 창조 역량은 그 과정에서 빠르게 성장했다. 하지만 자본의 패권과 시장 논리가 문화적 다양성을 억압하면서 다시 시장을 획일화하는 위험이 가시화되고 있다.

대중문화는 '지금 여기'의 사회를 살고 있는 사람들 개개인의 삶과 의식, 감정과 정서를 반영한다. 대중문화는 현대사회를 사는 대중의 삶의 환경이다. 사람들은 각자의 삶의 조건 속에서 일정한 욕구를 갖게 되고 대중문화는 그런 욕구를 충족하고 해소하는 수단이 된다. 가장 바람직한 대중문화 환경은 사람들이 가진 다양한 욕망을 충족시킬 수 있을 만큼 다양한 문화적 자원이 존재하는 것이다. 한류 열풍이 아무리 거세도 다양한 문화적 욕구를 충족시킬 만큼 다양한 문화적 환경을 갖지 못한다면 이 사회의 문화적 역량은 그만큼 취약한 것이다.

생각해 볼 문제

1. 한국 대중문화의 형성 과정에 미친 일본 문화와 서구문화의 영향에 대해 생각해 보자.
2. 한국의 대중문화사에서 반공이데올로기로 인해 문제가 생겼던 사례들에 대해 알아보자.
3. 1970년대 청년문화의 등장과 퇴출의 과정에 대해 알아보자.
4. 1980년대 민중문화와 민족문화를 지향했던 문화운동의 역사에 대해 알아보자.
5. 1990년대 이후 민주화의 흐름 속에서 대중문화 검열제도가 변화해 온 과정을 알아보자.
6. 21세기 디지털문화의 발전 속에서 대중문화에는 어떤 변화가 생기고 있는가?
7. 21세기 한류의 흐름에 대해 알아보자.

참고 자료

김창남. 2021. 『한국대중문화사』. 한울엠플러스.

한국 대중문화의 역사를 시대별 주요 주제를 중심으로 정리했다. 영화사, 대중음악사 등 특정 대중문화 분야가 아닌 대중문화 전반의 역사를 다룬 책이다. 19세기 말 개화기 이후 정치적·사회적 변화에 따라 대중문화가 변화해 온 양상에 관하여 매체와 산업, 작품과 창작자, 정치적 통제와 억압, 시장과 대중의 변화, 대중문화를 둘러싼 사회적 논란 등 여러 가지 요소들을 종합적으로 다루고 있다.

이영미. 2016. 『한국대중예술사, 신파성으로 읽다: 〈장한몽〉에서 〈모래시계〉까지』. 푸른역사.

'신파'는 일제강점기 신문화의 수입 과정에서 들어와 이후 오랫동안 한국 대중문화에 중요한 흔적을 남겼다. 이 책은 '신파성'이라는 키워드를 중심으로 한국 대중예술의 역사를 깊이 있게 들여다본 역저이다. 신파극 〈장한몽〉에서 1990년대 드라마 〈모래시계〉까지 면면이 이어져 온 신파성의 흐름에는 한국의 대중이 겪은 자본주의 근대성의 역사가 새겨져 있다.

주창윤. 2015.『한국 현대문화의 형성』. 나남.

각 시대별로 중요한 의미를 갖는 주제를 중심으로 연구한 논문들을 담고 있다. 일제강점기의 모던 세대, 해방 후의 유행어, 1950년대의 댄스 열풍, 1960년대의 라디오 문화, 1970년대의 청년문화, 1980년대의 민중문화, 1990년대의 신세대문화, 21세기의 인터넷문화 등 시대별 특성을 보여주는 문화현상들을 통해 한국문화의 현대성이 어떻게 형성되었는지를 보여준다.

제2부 대중문화의 이론

06 대중의 취향과 대중문화의 미학:
대중문화에 관한 엘리트주의적 관점

07 마르크스주의와 프랑크푸르트학파의
문화이론

08 구조주의와 기호학, 주체구성의 이론

09 문화주의와 문화연구, 헤게모니 이론

10 상징권력과 문화자본:
피에르 부르디외의 문화사회학

06 대중의 취향과 대중문화의 미학
대중문화에 관한 엘리트주의적 관점

주요 개념 및 용어 | 취향, 취향공중, 취향문화, 엘리트주의, 대중문화의 부정론/긍정론, 대중예술의 미학

대중문화와 대중예술은 흔히 동의어로 간주되어 혼용된다. 그렇지만 예술이 문학, 음악, 미술 등 전통적인 미적 형식을 취한 것인 반면, 문화는 예술을 포함해 좀 더 광범위한 삶의 양식을 의미한다고 볼 때, 대중예술은 대중문화의 일부로 보는 것이 타당하다. 지금까지 대중문화를 다루어온 많은 논의들은 다분히 대중예술론의 성격을 띤 것이었다고 할 수 있다. 그것은 대중문화라는 개념이 등장하기 이전부터 오랫동안 예술에 관한 이론이 존재해 왔고, 그 맥락에서 새롭게 등장한 대중적 예술 형식에 관한 논의가 이루어지면서 대중문화 담론이 본격적으로 시작되었기 때문이다. 사실 삶의 양식이자 상징체계로서 문화가 지닌 광범위한 영역을 하나의 기준으로 논하기란 쉬운 일이 아니다. 지금까지 대중문화론이 주로 대중적인 예술, 즉 대중예술에 관한 논의에 집중된 것은 기존의 오랜 전통을 지닌 예술과의 비교를 통해 대중문

화의 가치와 의미를 평가하기가 비교적 손쉬웠기 때문일 터이다. 그런 까닭에 지금도 대중문화라는 개념은 주로 예술 혹은 유사 예술의 형태를 띤 문화물에 관련되는 경우가 많다. 대중문화를 예술적 차원에서 논할 때 그것은 이른바 고급문화 혹은 고급예술(high art)이라 부르는 전통적 예술과 비교되어 그 미학적 가치가 평가된다. 흔히 대중문화 이론을 소개하는 책에서 긍정론/부정론(혹은 낙관론/비관론)으로 소개되는 내용은 대부분 이런 맥락에서 대중문화의 미적 가치 평가를 둘러싼 논쟁을 담고 있다. 특히 엄청난 대중사회적 팽창을 보였던 1950년대 미국 사회를 배경으로 대중문화 긍정론자들과 부정론자들은 대중문화의 가치와 사회적 의의에 대해 치열한 논전을 벌이기도 했다. 논전은 대개 대중문화에 대해 부정론자들이 공격하고 이를 긍정론자들이 반박하며 대중문화를 방어하는 형태로 이루어졌다.

이네스트 반 덴 하그
네덜란드 태생의 교육자이자 정신분석학자, 작가이다(1914~2002). 1952년 미국 뉴욕 대학교에서 박사학위를 받았고, 컬럼비아 대학교, 미네소타 대학교, 예일 대학교, 하버드 대학교 등에서 강의했으며, 뉴욕 주립대학교 교수를 지냈다.

1. 엘리트주의적 비판론에서 말하는 대중적 취향과 대중문화의 미학

1) 대중의 취향은 저급하다?

대중문화에 대해 비판적인 엘리트주의적 부정론에서 대중의 취향은 그 자체로 저급한 것으로 취급된다. 다수를 위한 대량생산의 메커니즘은 필연적으로 질을 떨어뜨린다는 것이 이들의 전제였다. 사실 엘리트주의자들의 대중문화론에서 대중문화는 이른바 고급문화라고 정의되는 문화의 수준을 통과하지 못한 나머지 문화적 텍스트와 실천 행위를 말한다고 해도 틀리지 않는다. 대중의 문화적 취향에 대한 부정론자들의 사고는 이네스트 반 덴 하그(Ernest Van den Haag)의 다음과 같은 주장에서 잘 드러난다.

대중들은 과거부터 항시 학문과 예술을 좋아하지 않았으며 지금도 마

드와이트 맥도널드

드와이트 맥도널드(1906~1982)는
예일 대학교를 졸업했고, *Future*지 기
자, *Partisan*지 부편집장을 지냈으
며, *Politics*지를 창간했다. 노스웨
스트 대학교, 텍사스 대학교, 예일
대학교, 뉴욕 대학교 등에서 초빙
교수로 활동했다.

찬가지이다. 대중은 인간의 삶을 밝히보려고 하기보다는 오히려 일상의
이러운 삶을 잊게 하는 것을 찾는다. 다시 말하면 대중은 새로운 것에 당
혹해하기보다는 익숙한 전통적인 놀이의 표현에 의해 편안히 즐기고자
하는 것이다. 대중은 사실 아슬아슬한 스릴을 원하기는 한다. 그러나 대
중은 스릴을 비이성적인 폭력이나 천박한 것을 통해서 얻는다. 이러한
폭력은 그들의 감정을 해소시켜줄 수도 있는 것이다. 마찬가지로 또한
그들이 좋아하는 달콤하고 감상적인 것들은 스스로를 헌신도피의 상태
로 끌어간다. 오늘날 새롭게 나타나는 문화현상의 문제는 타당성이 없는
스릴과 감상적 내용이 인위적으로 먹혀들어 가게끔 꾸며진다는 사실과
함께 이제는 엘리트들이 자신의 자리를 지킬 수 없게 되고 소비자 대중
의 요구에 밀리게 되었다는 것이다(하그, 1980: 127).

엘리트주의자들의 부정론적 관점은 결국 대중적 취향에 대한 이 같
은 불신에서 비롯된다. 대중 내부의 개인적 혹은 집단적 차이는 여기
서 그리 중요하지 않다. 기본적으로 그들에게 대중은 자신의 취향을
내세우고 주장하는 주체적 존재가 아니기 때문이다. 무엇보다도 대량
생산을 지향하는 매스미디어는 대중의 평균적인 취향을 겨냥한다. 결
국 이들에게 대중문화는 대중의 저급한 취향에 맞추어 대량생산된 문
화상품일 뿐이다.

2) 엘리트주의자들이 말하는 대중문화의 특성

1950년대 미국에서 대중문화를 둘러싼 찬반양론이 활발히 벌어졌을
때 대표적인 대중문화 비판론자 가운데 한 사람이 드와이트 맥도널드
(Dwight MacDonald)이다. 그는 과거의 민속문화가 하위계층 자신의
필요에 의해 자발적으로 만들어진 문화인 데 반해, 대중문화는 기업인
이 고용한 기술자에 의해 가공되어 위로부터 강요되는 문화이며, 대중
은 수동적이기만 한 소비자들이라서 그들이 할 수 있는 선택은 대중문

화 상품을 살 것인지 말 것인지 정도일 뿐이라고 말한다. 맥도널드가 지적하는 대중문화의 심미적 특성은 다음과 같다.

우선 대중문화는 동질화의 문화이다. 세상에 존재하는 이질적이고 다양한 가치와 수준의 문제들을 획일화하고 동질화해 버린다. 대중잡지, 예컨대 ≪라이프≫ 같은 잡지에는 한국전쟁이나 베트남전쟁의 비참한 상황을 전하는 사진과 캘리포니아 해변의 비키니 패션쇼가 같은 지면에 동일한 비중으로 실리기도 했다. 대중문화는 이렇게 이질적인 내용을 혼합하고 융합하면서 표준화한다. 대중문화는 마치 공장처럼 분업화된 공정을 거쳐 만들어진다. 대중문화는 또 인류의 역사를 발전시켜 온 인간의 이성과 과학의 개념을 변질시키고 타락시킨다. 과학이란 인간이 지닌 최고의 합리성의 산물이지만, 대중문화에서 과학은 흔히 '이변', '공포'의 개념과 연결된다. 예를 들어 '프랑켄슈타인 박사'나 '킹콩' 같은 대중문화 산물에서 드러나는 과학이나 과학자의 역할이 바로 그런 것이다. 이렇게 획일적이고 표준되고 타락한 대중문화의 미래는 암담하며, 결국 그 대중문화에 의해 잠식되고 있는 고급문화의 미래도 암담할 수밖에 없다는 것이 맥도널드를 비롯한 비관론자들의 주장이다.

2. 다원주의자의 문화수준론과 취향문화론

1) 쉴즈의 문화수준론

대중문화의 의의를 옹호한 긍정론자들은 대중의 취향에 대해 좀 더 세밀한 부분까지 논의를 확장했다. 이들의 입장은 기본적으로 문화적 다양성을 주장하는 다원주의적 문화론에 서 있다.

다원주의자로서 문화 취향의 위계구조를 이론적으로 제시한 사람으로 에드워드 쉴즈(Edward Shils)를 들 수 있다. 쉴즈는 대중사회의 주요한 국면으로 카리스마적 권위의 해체와 개인적 권리의 신장을 든다.

에드워드 쉴즈
미국의 사회학자(1910~1995)이다. 펜실베이니아 대학교, 케임브리지 대학교 등에서 수학했고 시카고 대학교 교수를 지냈다.

개인적 경험과 감수성에 대한 존중이 확산되면서 더 많은 부류와 계층의 사람들이 자신의 취향을 평가하고 선택할 수 있게 되었다는 것이 그가 논하는 문화수준론의 전제이다. 그는 심미적·도덕적·지적 기준에 따라 문화를 세 가지 수준으로 나눌 수 있다고 본다. 우수한(superior) 혹은 세련된(refined) 문화, 범속한(mediocre) 문화, 저속한(brutal) 문화의 세 가지 수준이 그것이다.

우수한 문화는 주제를 아주 진지하게 다룬다는 것을 가장 큰 특색으로 한다. 집요하게 문제를 다루는 집중성, 문제를 지각하는 날카로운 통찰과 종합적인 안목, 정교하고 풍부한 표현 등이 우수한 문화의 조건이 된다. 시나 소설, 조각, 회화, 음악, 건축 등의 위대한 유산들이 우수한 문화의 산물이다.

범속한 문화는 우수한 문화와 동일한 장르에서 작업이 이루어지지만, 우수한 문화에 비해 독창성이 결여되고 모방성이 강한 산물이다. 뮤지컬 코미디 같은 것이 범속한 문화의 예이다.

저속한 문화는 그것이 내포하고 있는 상징성 수준이 초보적 단계에 있는 문화산물이다. 우수한 문화의 장르 개념에 속하더라도 상징성이 지극히 낮은 경우, 혹은 게임이나 스포츠 관람 같은 행위가 이 범주에 해당한다. 즉, 깊은 통찰력은 중요시되지 않고 정교한 맛도 없으며 감수성이나 지각 정도도 조잡한 것이 저속한 문화의 범주를 구성한다.

쉴즈는 이 세 가지 수준의 문화가 각기 다른 식식인 집단에서 생산된다고 말한다. 우수한 문화를 생산하는 계층은 창조적인 고급지식인 계층이며, 범속한 문화를 생산하는 집단은 범속지식인 계층, 저속한 문화의 생산자는 저속지식인 계층이다. 고급지식인 계층은 고급문화의 오랜 전통 속에서 형성된 엘리트 지식인이고, 범속지식인 계층은 고급문화의 전통과 관련을 맺되 산업화와 함께 문화의 상품화 논리를 받아들이면서 범속문화 나름의 전통을 만들어가는 지식인 계층이며, 저급지식인 계층은 이렇다 할 문화적 전통과 관계없이 분화된 전문인들로 구성된다.

쉴즈는 또한 세 가지 문화의 소비집단을 구분한다. 우수한 문화의 주된 소비자는 지식인들인데, 이들은 오랜 기간의 지적 훈련을 요하는 직업을 가지고 있고 고도의 지적 기술을 다루는 사람들이다. 대학교수, 과학자, 작가, 예술가, 전문직 종사자, 저널리스트, 고급관리, 일부 기업가, 엔지니어, 군 장교 등이 여기에 해당한다. 그러나 그는 유럽과 달리 미국에서 일부 지식인을 제외한 엘리트 집단은 우수한 문화의 소비자가 아니라고 개탄한다. 한편 범속한 문화의 소비자는 이른바 중산층에 속하는 사람들이다. 이들은 대중적인 정기간행물, 베스트셀러 소설, 전기물의 주요 소비자이며, 최근에 와서는 TV를 비롯한 매스미디어의 가장 중요한 소비자이다.

쉴즈에 의하면 산업노동계층과 농촌 인구는 우수한 문화나 범속한 문화에서 소외된, 미디어의 조악한 통속물만을 접하는 저속한 문화의 소비자이다. 범죄영화, TV의 호화쇼, 문고판 책, 도색 문학, 스포츠 등이 이 계층의 주된 문화를 이룬다.

쉴즈는 범속문화나 저속문화의 생산이 반드시 고급문화의 타락과 파괴를 의미하는 것은 아니라고 본다. 대중문화의 시장에서 고급문화가 상대적으로 열세인 것은 틀림없지만, 그것은 기업이나 정부의 후원과 보조를 통해 보상받을 수 있다는 이야기이다. 쉴즈의 생각은 기본적으로 사회 내 다양한 문화수준과 취향을 인정해야 한다는 다원론에서 있다. 그러나 우수문화, 범속문화, 저속문화라는 개념 자체가 이미 일정한 가치 판단을 전제로 한다. 즉, 쉴즈 역시 고급문화는 수준 높은 것, 대중문화는 수준 낮은 것이라는 전제를 벗어나지 않으며, 다수 대중의 취향을 범속하거나 저속한 것으로 이해한다는 점에서 부정론자와 다르지 않다.

허버트 갠스

미국의 대중문화 연구자이다. 컬럼비아 대학교 사회학 교수를 지냈다. 주요 저서 가운데 *Popular Culture and High Culture*가 『대중문화와 고급문화』(나남, 1998)라는 제목으로 번역되어 있다.

2) 갠스의 취향문화론

허버트 갠스(Herbert Gans)는 쉴즈의 이와 같은 문화수준 개념이 가치중립의 문제를 해결하지 못하고 있다고 보고, 사회계층에 따른 문화적 분화를 취향공중, 취향문화의 개념으로 설명한다. 갠스는 미국과 같은 현대사회에는 다양한 취향과 미감이 공존하며 수용된다고 말한다.

더욱 중요한 것은 이러 종류의 심미적 기준들이 있어서 사람들은 이 중에 어떤 것을 고를 기회가 공평하게 제공되어 있다는 점이다. 그에 따라 사람들은 스스로에게 적절한 심미적 기준의 것을 선택할 수 있게 되어 있다(갠스, 1998).

그에 의하면 소비자 집단의 여가와 문화 행태에서 보이는 선택들 간에는 일정한 상호관계가 있다. 예컨대 특정한 잡지의 선택과 드라마의 선택, 음악적 선호, 스포츠의 선호에는 일정한 상관관계가 있는데, 이는 이런 문화적 영역들이 유사한 가치나 심미적 기준을 반영하고 있기 때문이다. 이처럼 특정한 문화를 선택하게 하는 가치와 기준이 갠스가 말하는 취향문화론의 기저를 이룬다. 공통의 기준과 미학을 가지고 유사한 문화 내용을 선택하는 사람들이 이른바 취향공중을 형성한다는 것이다.

갠스는 이와 같은 이론을 기초로 사회계층 구분에 근거한 다섯 개의 취향문화를 구분했다. 사회계층과 교육수준 등에 따라 서로 다른 문화를 가진 다섯 그룹의 취향집단이 존재하며, 이들의 문화는 심미적 가치에 따른 위계를 이루고 있다는 것이 그의 주장이다. 갠스는 취향공중과 취향문화의 관계, 즉 취향구조가 전체 사회의 위계질서, 특히 신분의 위계와 깊은 관련이 있다고 본다. 상급문화의 권위는 정상에 있고, 하급문화의 권위는 바닥에 있다. 고급문화의 권위는 역사적으로 엘리트와의 동맹관계에서 생겨난 것이다. 고급문화 수용자들이 지닌 높은

신분과 그들이 내세울 수 있는 문화적 전문성에 의해 권위가 만들어진
다. 그것은 상급문화의 취향공중에 속하는 학자나 비평가, 창작자들에
의해 정당화된다. 그래서 고급문화는 비교적 명시적인 기준이 존재하
는 반면, 여타의 취향문화는 그 기준이 드러나지 않는다. 결국 그 차이
는 미적 감정을 심미적으로 표현할 수 있는 심미적 훈련의 정도에 기인
한다는 것이다.

　갠스는 고급문화의 미적 기준만을 유일하고 절대적인 것으로 보는
관점은 잘못된 것이며 각 취향문화의 고유한 미적 가치와 기준을 인정
해야 한다고 주장한다. 그러나 그 역시 더 고급한 문화가 '좋은 것'이라
는 가치 평가를 벗어나지는 않는다. 다만 취향공중과의 관계를 고려할
때 각 공중집단의 수준에 맞는 취향을 인정해야 한다는 주장이다. 취
향문화와 공중에 대한 그의 가치 평가는 다음과 같은 대목에서 요약적
으로 드러난다.

　사회는 모든 사람들이 보다 고급한 취향문화를 선택·수용할 수 있는
능력을 갖추는 데 필요한 교육적 기회 및 기타의 기회를 최대한으로 마
련할 수 있는 정책을 추구해야 한다. 그러나 이러한 교육적 기회가 이루
어질 때까지는 현재의 고등학교교육수준의 사람에게 대학 수준의 교육
을 필요로 하는 고급문화를 선택하고 수용하기를 기대하는 것은 잘못이
다. 그렇기 때문에 하위의 문화층을 희생해 가면서 고급한 문화만을 지
키고 발전시키려는 문화정책은 잘못된 것이다. 더 나아가서 하위의 문화
공중들이 자신의 교육수준에 맞는 심미적 기준을 적용하여 문화를 선택
하는 것에 대해 비판한다든지, 또는 이와 같은 교육 정도나 심미적 수준
이 반영되는 취향문화를 수용·향유하는 것에 대해 비판하는 것은 그릇된
것이다(갠스, 1998: 216).

　갠스의 취향문화론은 고급문화를 유일한 미적 기준으로 간주하면서

대중문화의 심미적 가치를 무시하는 엘리트주의적 대중문화 비판론에 대한 반론으로 제출되었다. 그래서 그는 사회 내에 존재하는 다양한 수준의 문화적 취향을 가능한 한 중립적으로 범주화하려고 하며, 대중문화의 다양한 취향이 나름대로 가치를 지니고 있음을 강변한다. 그러나 그의 이론은 대중의 취향과 대중문화의 미학에 대한 가치 평가와는 거리가 멀다. 갠스 역시 부정론자들과 다름없이 고급문화의 미적 가치를 기준으로 대중문화의 다양한 취향을 위계화한다. 다만 그는 대중이 고급한 문화를 수용하지 못한 것은 그들의 잘못이 아니라 그들에게 고급문화를 즐길 만한 교육의 기회가 제공되지 않았기 때문이라고 말하고 있을 뿐이다.

갠스의 취향문화론은 문화의 수용자 집단과 그들의 문화 취향에 대해 나름대로 체계화하려고 한 시도로서 의미가 있다. 그러나 취향문화와 취향공중에 대한 그의 분류는 지나칠 정도로 자의적이며 과학성이 결여되어 있다. 그는 다만 사회학적인 신분 위계의 분류에 따라 문화 취향의 위계를 엉성하게 연결하고 있을 뿐이다. 무엇보다도 그의 취향문화론은 대중문화의 미적 가치와 대중의 취향에 대한 재평가와는 거리가 멀다. 그는 다만 대중의 취향도 그것대로 인정해 줘야 한다는 일종의 시혜적 태도를 보여줄 뿐이다. 여기서 문화적 다양성과 대중문화의 민주주의적 가치를 주장한 이른바 긍정론자 역시 대중의 취향과 대중문화의 미학에 관해서는 비판론사와 다를 바 없는 엘리트주의자임을 확인할 수 있다.

3. 엘리트주의자의 고급문화론도 역사의 산물일 뿐

앞에서 대중문화의 긍정론과 부정론에서 다루어진 대중문화의 미학과 취향에 대한 시각을 간략히 살펴보았다. 여기서 중요한 것은 특정 이론가의 주장이나 개념이 아니라, 결국 긍정론이든 부정론이든 대중문화의 독자적인 미적 가치는 인정되지 않으며, 고급문화의 심미적 기준에 따라 일방적으로 폄하되고 있다는 사실이다. 이런 관점은 오늘날까지도 일반화되고 상식화되어 있다. 꽤 오래전 이야기이지만 성악가 박인수 교수가 대중가수와 함께 음반을 취입하고 대중가수와 같은 무대에서 가요를 부르는 등 클래식과 대중음악의 벽을 깨는 작업으로 화제가 된 적이 있다. 요즘은 〈열린음악회〉에서 쉽게 들을 수 있듯이 그런 것이 유행처럼 되어버렸지만, 당시만 해도 박인수 교수의 시도는 꽤나 신선하고 새로운 것이었다. 그러나 그는 그 대가로 국립오페라단에서 밀려나는 수모를 당했다. 그를 쫓아낸 사람들의 사고방식이야말로 대중문화의 미적 가치를 평가절하하는 엘리트주의자들의 사고방식을 전형적으로 보여준다. 우리가 학교교육을 통해 배우고 익히는 미학적 기준과 가치관이라는 것도 사실 여기에서 크게 벗어나 있지 않다. 초등학교에서 대학에 이르기까지 예술 교육은 거의 전적으로 고급문화의 가치관에 따르고 있고, 문화에 관한 사회적 담론, 예컨대 문화예술에 관한 언론보도, 비평 같은 것 역시 대부분 엘리트주의적 시각을 바탕에 깔고 있다.

그런데 이런 고급문화 중심의 미적 관점은 결코 절대적이거나 본래부터 자연스러운 것이 아니다. 프랑스의 사회학자 피에르 부르디외 (Pierre Bourdieu)는 프랑스 사회에서 사회문화적 위치와 예술적 취향 사이에 밀접한 상관관계가 있음을 밝히면서, 문화적·미적 판단의 기준에 절대적인 타당성이 있는 것은 결코 아니라고 말한다. 그것은 단지 기존의 사회적 차별성을 고정시키고 합리화하는 방식일 뿐이라는 말이다. 문화예술의 가치나 미적 기준에 대해 어떤 본질적이고 절대적인 지표가 있는 것은 아니며, 기존의 미적 기준은 결국 사회적으로 형성된 관습적 체계에 지나지 않는다는 것이다. 따지고 보면 지금까지 심미성의 문제에 대해 이야기해 온 사람들이란 결국 사회적 위계의 상층부에 위치한 사람들이고, 문화적으로는 대부분 고급문화의 수혜자들이었기

피에르 부르디외

프랑스의 대표적인 사회학자(1930~2002)이다. 최근 우리나라에서 그의 이론에 대한 관심이 커지고 있다. 그는 1930년에 태어나 파리 고등사범학교를 졸업했고, 콜레주 드 프랑스(Collège de France)의 교수를 지냈다. 그는 2002년에 사망했다. 그의 다양하고 깊이 있는 탐구와 분석을 담은 저서들은 사회학, 교육학, 정치학, 미학 등 광범위한 분야에 큰 영향력을 행사하고 있다. 대표작 La Distinction이 『구별짓기』(새물결, 1996)라는 제목으로 번역되어 있으며, 그의 취향론과 문화사회학에 대해서는 박명진 외, 『문화, 일상, 대중』(한나래, 1996)등 참조할 수 있다.

때문에 고급문화의 미적 기준이 마치 보편타당한 것처럼 인식되어 왔다고 할 수 있다.

어떤 것을 고급스러운 예술로 규정하고 어떤 것을 수준 낮은 것으로 규정하는 기준이야말로 사실상 매우 자의적인 것이다. 단지 오랫동안 예술을 정의할 수 있는 권력을 독점해 온 사람들이 만든 기준이며, 그것은 그 집단의 입장과 이해관계 속에서 형성된 것일 뿐이다. 요컨대 대중문화를 그저 거친 것, 상징성이 낮은 것, 그래서 무가치한 것으로 보고 고급문화의 세련됨, 상징성만을 유일한 미적 가치로 주장하는 관점은 역사적으로 문화담론의 권위를 행사해 온 사람들이 만들어놓은 하나의 관습적 태도에 지나지 않는다.

이른바 고급문화로 분류되는 문화와 대중문화, 예를 들어 클래식음악과 대중음악은 여러 가지 면에서 크게 다르다. 클래식 무대에 선 성악가는 턱시도와 드레스를 입고, 대중 가수는 자유분방한 스타일로 무대에 선다. 클래식 연주회의 청중은 처음부터 끝까지 정숙할 것을 요구받지만, 대중 가수 콘서트의 청중은 소리 지르고 환호하며 적극적으로 반응한다. 두 문화는 통용되는 관습과 관행이 다르고, 미적 판단과 가치관이 다르며, 수용 방식이 다르고, 대중이 그로부터 얻는 즐거움이 다르다. 그러나 그 차이는 어느 한쪽이 다른 한쪽보다 우위에 있다는 의미의 위계적 관계가 아니라 단지 차이의 문제로 보는 것이 좀 더 민주적이며 다원적인 사고방식이라 할 수 있다. 그런 의미에서 기존 고급문화의 관점에서 벗어나 대중문화 특유의 미적 가치를 수립하고 평가하는 대중예술의 미학에 대한 관심이 필요하다.

1. 엘리트주의자들은 왜 대중문화를 저급하다고 생각할까?
2. 대중문화를 부정하는 비관론자들의 견해와 대중문화를 긍정하는 낙관론자들의 견해가 다 같이 엘리트주의인 까닭은 무엇인가?
3. '예술의 전당'이나 '세종문화회관'은 고급예술을 위한 공간이므로 대중문화 공연을 허용해서는 안 된다는 주장에는 어떤 문제가 있을까?
4. 고급문화와 대중문화의 미학적인 차이는 어떤 것인지 각자 생각해 보자.
5. 대중문화 특유의 미학적 특징은 어떤 것일지 생각해 보자.

갠스, 허버트(Herbert Gans). 1998. 『대중문화와 고급문화』. 강현두 옮김. 나남.

『현대사회와 대중문화』는 대중문화와 관련된 여러 논점을 다룬 국내외 학자들의 글을 모은 책이고, 『대중문화와 고급문화』는 허버트 갠스의 이론을 잘 알 수 있는 책이다. 두 책을 통해 엘리트주의 이론으로 분류할 수 있는 다양한 관점을 읽을 수 있다.

박성봉. 2006. 『대중예술과 미학』. 일빛.

미학 하면 왠지 대중문화보다는 전통적인 고급 예술에만 해당할 것 같은 느낌이 들지만, 저자는 단호하게 대중예술도 예술이며 미학의 대상이라고 주장한다. 대중예술의 미학적 성격을 밝히는 논문과 대중예술의 몇몇 사례를 진지한 미학적 대상으로 삼아 분석한 비평문이 실려 있다. 대중문화에 대한 사회과학적인 접근과는 사뭇 다른 분위기의 담론을 접할 수 있다.

강현두 엮음. 1998. 『현대사회와 대중문화』. 나남.

원용진. 2010. 『새로 쓴 대중문화의 패러다임』. 한나래.

하그, 어네스트 반 덴(Ernest Van den Haag). 1980. 「쉴즈의 문화론에 대한 이견」. 노만 제이콥스 엮음. 『대중시대의 문화와 예술』. 강현두 옮김. 홍성사.

07 마르크스주의와 프랑크푸르트학파의 문화이론

주요 개념 및 용어 | 프랑크푸르트학파, 경제결정론, 프롤렛쿨트, 토대-상부구조, 반영이론, 문화산업, 비판이론, 자율예술, 아우라, 실천, 위대한 거부, 동일시, 도구적 합리성, 예술의 정치화와 정치의 예술화, 서사극과 소외효과이론

    대중문화 현상이 가지고 있는 복합적이고 다층적인 특성에 대한 어느 정도 종합적인 이해를 얻기 위해서는 다양한 이론적 논의의 맥락을 살피는 것이 유용하다. 물론 어떤 이론이든 그 세밀한 부분까지 파고드는 것이 대중문화의 이해에 꼭 필요한 것은 아니다. 다만 대중문화 혹은 문화라는 광범한 현상에 대해 자기 나름의 방법으로 재단하고 이해의 틀을 모색해 온 이론들의 대체적인 흐름과 차이를 대강 이해할 수 있으면 된다고 본다. 따라서 혹시 이해가 되지 않거나 어렵게 느껴지는 부분이 있다고 해도 너무 거기에 얽매일 필요는 없다.

    이 장에서는 대중문화에 관한 중요한 이론적 논의의 한 부분이라고 할 수 있는 프랑크푸르트학파의 이론과 그 배경이 되는 마르크스주의 이론에 대해 살펴보고자 한다. 프랑크푸르트학파는 다양한 학자들을 포괄하고 있고, 그 한 사람 한 사람이 매우 복잡하고 폭넓은 사상과 이

론을 가지고 있어서 단 한 번의 강의나 몇 페이지의 글로 완전히 설명하기란 불가능하다. 여기서 설명하는 내용은 그저 이론의 대체적인 경향과 특성에 대해 필자 나름의 방식으로 정리해 본 것에 지나지 않는다. 필자 역시 그 이론의 세세한 부분까지 알지는 못하며, 또 꼭 알아야 한다고도 생각하지 않는다. 우리가 대중문화를 공부하는 목표는 대중문화를 이해하는 것이지, 대중문화에 관한 이론을 이해하는 것이 아니다. 따라서 우리는 여러 갈래의 대중문화 이론들에 대해서도 늘 비판적인 자세를 가질 필요가 있다. 따지고 보면 다양한 이론조차도 우리가 이해하고자 하는 문화현상의 일부이며, 역시 역사의 산물이다. 어떤 이론이든 어느 누구의 이론이든 그것이 속한 역사의 특수성을 반영하는 것일 뿐 어느 시대, 어느 사회에나 보편적으로 적용되는 것은 아니다.

1. 마르크스주의 문화론

마르크스주의 문화론이라는 것이 하나의 독립된 이론체계로 존재하는 것은 아니다. 사실 마르크스는 체계적인 문화이론을 내세운 적이 없다. 그러니 정확히 말하면 마르크스주의 문화론이라는 것은 없다고 해도 틀리지 않는다. 그런가 하면 마르크스주의의 영향을 받지 않은 문화이론은 없다고도 말할 수 있다. 문화에 관한 좀 더 집중적이고 본격적인 이론화는 다소간 마르크스주의의 영향을 받은 이론가들에 의해 이루어졌기 때문이다. 그렇게 보면 마르크스주의 문화론은 마르크스주의의 영향을 받은 수많은 이론가들의 수만큼 다양하다고 할 수도 있다.

그렇다면 수많은 이론가들의 다양한 이론을 마르크스주의적이라고 묶을 수 있는 공통의 문제의식은 무엇인가? 필자는 그것을 '기성의 지배적 가치 및 질서에 대한 부정과 새로운 가치 및 질서에 대한 지향',

토대-상부구조

마르크스는 사회의 형식에 관해 토대와 상부구조라는 건축물의 비유로 설명했다. 여기서 토대란 사회의 물질적 부의 생산과 관련된 요소 및 관계, 이를테면 생산력과 생산수단, 생산관계 같은 것을 의미하며, 상부구조란 사회의 정치적이고 이데올로기적 형식들, 이를테면 법, 예술, 도덕, 정치제도 같은 것을 의미한다. 마르크스는 토대와 상부구조의 관계에 대해 대단히 모호한 진술을 하고 있는데, 이후 마르크스주의자 사이에서는 이 둘 사이의 관계에 대한 상이한 해석을 둘러싸고 다양한 유파가 형성되었다.

다시 말하면 변혁적이고 진보적인, 나아가 혁명적인 관심이라고 생각한다. 문화에 관한 이론에서 그것은 결국 '기존의 문화에 대한 비판과 부정, 그리고 새로운 문화에 대한 지향'으로 나타난다. 그런 의미에서 마르크스주의 문화론은 기본적으로 정치적 성격을 띤다. 물론 이 말이 다른 이론들은 정치적이지 않다는 뜻은 아니다. 모든 이론은 어떤 의미에서든 정치적이다.

마르크스주의 문화론이 매우 다양한 갈래를 가진 것은 마르크스 자신이 문화에 대해 그리 많은 진술을 하지 않았기 때문이다. 그 대신 마르크스는 다양한 해석의 여지가 있는 모호한 진술을 남기고 있는데, 토대-상부구조(base and superstructure)의 문제가 대표적이다. 마르크스 이후의 마르크스주의 문화론은 어떤 점에서는 이 문제에 대한 다양한 해석에서 비롯된다고 말할 수 있다. 마르크스가 1859년의 『정치경제학비판』 서문에서 밝힌 토대-상부구조의 관계에 관한 유명한 언급을 살펴보자.

인간이 수행하는 사회적 생산에 있어서 그들은 필수적이고 그들의 의지와 관계없는 일정한 관계에 들어간다. 이들 생산관계는 생산에 있어서 그들의 물질적 힘의 발전에 따른 일정한 단계에 상응한다. 이들 생산관계의 전체적 종합이 사회의 경제적 구조를 구성하며, 그 진정한 기초 위에 법적·정치적 상부구조가 형성되고 사회적 의식의 일정한 형태들이 상응하는 것이다. 물질적 삶에 있어서 생산양식이 삶의 사회적·정치적·정신적 과정의 일반적 성격을 결정한다. 인간의 의식이 인간의 존재를 결정하는 것이 아니고 그와 반대로 인간의 사회적 존재가 그들의 의식을 결정하는 것이다(Karl Marx, *A Contribution to the Critique of Political Economy*, 1964. C. W. 밀즈, 『마르크스주의자들』, 김홍명 옮김, 한길사, 1982, 46쪽에서 재인용. 일부 표현을 수정했다).

그는 계속해서 사회가 역사적으로 어떻게 변화해 가는지에 대해 이야기한다.

> 생산양식의 발전이 일정한 단계에 이르면 사회의 물질적 생산력은 기존의 생산관계 혹은 소유관계와 대립하게 된다. …… 그리고 나서는 사회혁명의 시기가 온다. 경제적 기초의 변화와 더불어 막대한 상부구조 전체가 다소간 급속히 변형된다. 그러한 변화를 고려함에 있어 경제적 생산조건의 물질적 변화와 법적·정치적·종교적·미학적 혹은 철학적 형식, 즉 인간이 이러한 갈등을 의식하고 싸워가게 되는 이데올로기적 형식을 항상 구분해야 한다(같은 책, 47~48쪽에서 재인용. 일부 표현을 수정했다).

이 글은 자주 언급되는 내용이며, 특히 마르크스주의 문화론과 관련해서 일종의 출발점이라고 할 수 있다. 마르크스의 관점에서 문화(혹은 대중문화)는 상부구조의 일부를 이룬다. 사회를 이루는 두 요소, 즉 경제적 기초(토대)와 사회적 의식의 제 형태들인 상부구조의 관계를 어떻게 보는가에 따라 문화에 대한 해석은 달라진다. 문제의 핵심은 토대가 상부구조를 '결정'한다는 것의 의미가 무엇인가 하는 것에 있다. 먼저 토대가 상부구조를 '결정'한다는 것을 양자의 기계적인 인과관계로 이해하는 방식이 있다. 흔히 경제결정론, 기계적 결정론, 속류 마르크스주의 등으로 불리는 정통적인 해석 방식이 이런 것이다. 그런 해석에 따르면 상부구조의 영역에 속하는 문화는 아무런 자율성을 지니지 못하며 단지 토대가 되는 경제구조의 단순한 반영에 지나지 않는 것으로 이해된다. 이른바 반영이론(reflection theory)이라는 문화이론이 그것이다.

반영이론의 시각에서 보면 모든 문화는 그것을 생산한 사회의 경제구조의 단순한 반영일 뿐이다. 따라서 대중문화의 의미를 이해하기 위

결정, 결정론

어떤 사회적 현상이든 그것은 다른 행위나 대상과의 관계 속에서 존재한다. 다른 행위나 대상이 어떤 사회적 현상을 가능하게 하고 일정하게 한계를 지어주는 과정을 결정이라고 한다. 예를 들어 TV에서 방송되는 프로그램은 광고주의 재정적 지원과 간섭, 정부와 방송사의 정책, 프로듀서의 성향, 시청자의 요구 등과의 관계에 의해 결정된다고 말할 수 있다. 그렇게 원인을 제공하는 요소들이 모두 똑같은 영향력을 행사하지는 않는다. 그중에는 좀 더 큰 결정력을 지닌 요소가 있고 약한 결정력을 지닌 것도 있다.

어떤 하나의 현상이 그 기초가 되는 다른 요소에 의해 전적으로 결정된다고 보는 시각이 결정론이다. 예컨대 경제결정론(economic determinism)은 경제라는 요소가 다른 현상의 형식과 내용을 전적으로 결정한다고 보는 입장이다. 여기서 모든 사회적·문화적 현상들은 경제적·물질적 관계에 직접적으로 환원될 수 있는 것으로 여겨진다.

기술결정론(technological determinism)은 모든 사회적 변화가 기술적 발전과 혁신의 결과라고 간주하는 입장이라 할 수 있고, 생물학적 결정론(biological determinism)은 특정한 생물학적 원인을 사회 과정에서 가장 중요한 결정 요소로 보는 입장이다.

반영이론

어떤 문화적 표상이나 담론이 다른 사회적 실체를 마치 거울에 비추듯 반영한다는 이론이다. 흔히 문화론에서 반영이론은 경제결정론적인 마르크스주의의 입장과 관련된다. 즉, 문화와 커뮤니케이션의 제반 활동과 형식들이 그 사회의 경제적 토대의 반영일 뿐이라는 주장이다. 흔히 반영이론은 명백하게 표명되지 않는다. 무슨 말인가 하면 '나는 반

이론가라고 주장하는 사람은 별
로 없지만, 마치 문화가 경제적 토
대를 반영하는 것은 '당연한' 일인
것처럼 이야기되는 것이 보통이라
는 것이다. 실제로 문화가 사회를
반영하는 것은 당연한 일이지만 그
것은 매우 복잡하고 다차원적인 현
상이며, 결코 단순하고 기계적인 것
은 아니다.

프롤렛쿨트

러시아에서의 볼셰비키 혁명 직후
에서 형성된 문화운동. 보그다노프
가 주도한 프롤렛쿨트 운동은 소비
에트 이념에 충실한 순수 프롤레타
리아 예술을 주장하며 일체의 문학
적·예술적 전통을 부정하고 프롤레
타리아의 힘으로 완전히 새로운 문
화의 창조를 부르짖었다. "그리하여
미래의 이름으로 우리는 라파엘을
불사르고 박물관을 파괴하며 예술
의 꽃을 짓밟는다"는 것이 이들의
선언이었다.

사회주의 리얼리즘

러시아혁명 이후 소련의 예술은 칸
딘스키, 말레비치, 엘 리시츠키, 에
이젠슈테인 등이 아방가르드가 지
배했다. 하지만 스탈린이 집권한 이
후 아방가르드는 '부르주아의 형식
문화'로 낙인찍히고 숙청됐다. 그대
신 민중이 이해하기 쉽게 '현실을
있는 그대로' 보여주는 리얼리즘 예
술이 공산당의 공식 예술로 채택됐
다. 사회주의 리얼리즘의 목적은 사
회주의 체제에 부응하는 의식의 계
발이었다. 현재의 어려운 삶을 사회
주의 혁명으로 개선할 수 있다는 믿
음을 '현실적으로' 묘사하는 것이 핵
심이다. 스탈린 체제 말기에는 스탈
린 치하의 삶이 완벽하므로 예술작
품에 갈등이 없어서는 안 된다는 '무
갈등 이론'이 제기되기도 했다.

해 텍스트를 분석하는 것은 쓸데없는 짓이며, 대중문화의 의미는 단지
그것을 생산한 경제구조에 의해 이미 결정되어 있다고 보는 것이다.
또한 이런 시각에서는 문화예술의 창조적 가치나 심미성 같은 것은 그
리 중요한 의미를 갖지 않는다. 단지 경제구조의 반영일 뿐인 문화예
술이 취할 수 있는 방향이란 이념적 지향성을 명시적이고 구체적인 방
식으로 표현하는 것뿐이다. 예술성보다 구호성을 강조했던 프롤렛쿨
트(Proletkult)나 스탈린주의의 사회주의 리얼리즘 같은 교조적인 예술
론도 결국 이런 기계적 결정론의 맥락에 있다고 할 수 있다.

반면 마르크스가 이야기한 토대-상부구조의 '결정' 관계에 대해 기계
적 인과관계가 아니라 좀 더 넓은 의미의 '조건지움'이라는 개념으로
이해하고자 한 일련의 이론들이 등장한다. 즉 토대는 상부구조를 기계
적으로 결정하는 것이 아니라 단지 상부구조에서 발생할 수 있는 가능
성의 테두리를 그어주며 준거틀을 만들어줄 뿐이라는 해석이다. 문화
를 비롯한 상부구조의 자율성을 일정하게 인정해야 한다는 것이다. 마
르크스주의적인 문화이론은 상부구조의 자율성을 주장하는 마르크스
주의자들에 의해 다양하게 발전된다. 대중문화에 대해 좀 더 깊고 진
지한 연구를 벌였던 프랑크푸르트학파의 이론도 여기에 속한다.

2. 프랑크푸르트학파의 문화이론

프랑크푸르트학파는 1923년 독일 프랑크푸르트에 설립된 사회과학
연구소와 관련을 맺고 연구했던 일군의 학자들을 지칭한다. 이들의 연
구 활동의 배경이 된 1920~1940년대 유럽 사회는 파시즘의 급격한 대
두와 서구 사회주의의 몰락을 경험하고 있었다. 당시 동구와 서구 양
쪽에서 모두 비이성적인 전체주의 세력이 권력을 장악해 가고 있었는
데, 바로 소련의 스탈린 정권과 독일의 히틀러, 이탈리아의 무솔리니,
스페인의 프랑코 정권이 그들이다. 좌우 양쪽 모두에서 노동자계급은

전체주의 세력에게 장악되었고, 부르주아적 자유민주주의나 노동운동 모두 이런 비이성적 세력에게 저항할 수 없었다. 이 같은 상황을 보면서 프랑크푸르트학파의 지식인들은 노동자계급에 대해 깊은 절망감을 느꼈고, 원자화된 대중사회가 필연적으로 전체주의에 이르게 된다는 인식을 가지게 되었다. 이는 이들의 대중문화론에서 가장 중요한 전제가 되었다.

프랑크푸르트 학파의 대표적 인물인 호르크하이머(Max Horkheimer)와 아도르노(Theodor Adorno)는 대중문화라는 용어를 쓰면 마치 그것이 대중이 자발적으로 만들어낸 문화라는 의미로 받아들여질 위험이 있기 때문에 부적절하다고 보고 대신 문화산업이라는 용어를 사용했다. 이들의 문화연구는 1930년대 후반에서 1940년대 초반에 걸쳐 주로 이루어졌는데, 오락산업의 융성, 매스미디어의 급속한 발전, 전체주의 정권에 의한 문화조작, 미국에서의 영화산업과 음반산업의 급속한 발전 등이 당시의 문화적 배경을 이루고 있었다.

프랑크푸르트학파의 이론가들은 당시 유럽의 상황에 대해 마르크스주의의 전통적인 이론으로는 설명할 수 없다고 보고 막스 베버, 프로이트 등의 이론을 도입함으로써 마르크스주의의 한계를 극복하고자 했다. 이들은 현대 자본주의 체제를 좀 더 잘 이해하기 위해서는 정치·경제 분석만으로는 부족하며 더 광범위하고 종합적인 분석이 필요하다고 생각하여 경제 분석 외에 사회학적·문화적·심리학적 분석을 도입했고, 관료주의·가족구조·의식구조·문화패턴 등에 관해 분석함으로써 방대한 이론체계를 세웠다.

1) 비판의식의 마비와 현실 긍정의 이데올로기

프랑크푸르트학파가 특히 주목했던 것은 시장 기능 침투에 의한 사물화(reification) 현상이었다. 사물화란 인간들 사이의 질적인 관계가 상품 사이의 양적인 관계로 바뀌는 현상을 지칭한다. 즉, 하나의 상품

테오도어 아도르노
프랑크푸르트학파의 대표적 학자 중 하나인 아도르노(1903~1969)는 1903년 프랑크푸르트에서 태어나 1931년에 프랑크푸르트 대학교에서 철학 강의를 했고, 미국으로 망명했다가 1953년에 돌아와서는 프랑크푸르트연구소 소장을 맡기도 했다. 일찍이 음악에 관심을 가져 작곡과 피아노를 배웠다. 그는 철학, 사회학, 음악학 등 다양한 분야의 저서를 남겼다. 현대음악의 철학(Philosophy of Modern Music), 프리즘(Prisms), 부정적 변증법(Negative Dialectics), 호르크하이머(Max Horkheimer)와의 공저인 계몽의 변증법(Dialectic of Enlightenment) 등의 저서가 많이 알려져 있다.

이 생산되어 가격이 매겨지고 시장에서 소비될 때 그 상품의 가치는 그것의 생산에 투여된 인간의 노동과 피와 땀의 가치가 아니라 일정한 화폐의 양으로 측정되는 교환가치로 표현된다. 고급 호텔의 레스토랑에서 마시는 커피의 값과 쌀 한 말의 값이 같다면 그것은 두 상품의 교환가치가 같다는 의미이다. 그러나 두 상품의 생산에 투여된 인간의 노동과 땀의 가치가 같을 수는 없다. 사물화는 이렇게 같을 수 없는 것을 같은 것으로 만든다. 이것을 어려운 말로 비등가적인 것을 등가화한다고 하는데, 독점자본주의사회에서 이런 사물화 현상은 단순히 상품에서만이 아니라 사회의 거의 모든 영역에서 일반적으로 나타난다. 이렇게 사물화된 인간관계가 일반화되면서 인간은 단지 기능을 가진 대치될 수 있는 소모품으로 전락하고 인간의 자율성, 자발성, 비판의식 같은 것은 무시된다는 것이다.

프랑크푸르트학파의 이론가들은 자본주의사회의 산업화된 대중문화가 질적인 차이를 양적인 차이로, 인간적인 것을 사물적인 것으로, 같지 않은 것을 같은 것으로 환원하는 사물화된 의식을 조장하고, 숙명론과 무력감을 심어준다고 비판한다. 그렇게 함으로써 현대의 독점자본주의 체제가 유지되고 재생산될 수 있도록 한다는 것이다. 사물화된 세계에서 사람들은 깊은 무력감과 소외를 경험하지만, 대중문화가 제공해 주는 환상적 현실 속으로 도피함으로써 그런 모순을 깨닫지 못하고 현실에 안주하게 된다는 것이다.

프랑크푸르트학파는 자신들의 이론을 비판이론(critical theory)이라 불렀다. 원래 마르크스에게 비판의 개념은 특정한 역사의 형태에서 겉으로 드러나 있는 주장과 안에 가려져 있는 현실과의 괴리를 폭로하는 것(이것을 이데올로기 비판이라고 한다)을 의미한다. 이데올로기 비판은 은폐되어 있는 권력관계를 드러내고, 비판적으로 통찰함으로써 해방에 이르는 경험을 내포한다. 프랑크푸르트학파는 이런 비판의 개념을 철학, 문학, 예술, 대중문화 등에 적용하여 그것들 속에 감춰진 현상유지의 이데올로기를 비판하고 그것의 극복을 통해 사회변혁의 가능성을 제시하고자 했다.

프랑크푸르트학파의 비판이론은 사회변혁의 가능성을 인간의 행위에서 찾으려 했다. 그것은 스스로의 의식에 의해 새로운 것을 창조하는 주체적 행위이며, 이를 흔히 실천이라고 부른다. 즉, 사회변혁은 인간의 실천에 의해 가능한 것이며, 그런 실천을 가능하게 하는 것이 바로 비판의식인 것이다. 비판은 현실에 존재하는 모든 비합리적인 것에 대한 단호한 부정에서 비롯된다. 프랑크푸르트학파의 중요한 학자 중 하나인 허버트 마르쿠제(Herbert Marcuse)는 이것을 '위대한 거부(great refusal)'라고 불렀다.

비판이론가들은 대중문화가 바로 그런 비판의 정신, 즉 위대한 거부의 가능성을 차단하는 역할을 한다고 주장한다. 원래 마르크스주의는 노동자 대중을 사회변혁의 주체로 보았다. 그러나 1920~1930년대 서구 사회에서 벌어진 상황으로 노동자계급의 혁명적 역량은 의심받기 시작했다. 노동자들은 사회주의 정당이 아닌 파시스트 정당을 지지했고, 결과적으로 유럽에서 파시즘이 대두하는 기반을 만들어주었다. 비판이론가들이 대중의 의식에 관심을 가지게 된 까닭도 그런 상황을 해명하고자 하는 욕구에서 비롯된 것이다. 결국 비판이론가들은 노동자들의 의식이 그들 스스로 자율적으로 갖게 된 것이 아니라 지배계급에 의해 주어진 허위의식이며, 그런 까닭에 현실을 변화시키려 하지 않고 안주해 버린다는 결론을 내리게 된 것이다.

2) 대중문화와 자율예술

프랑크푸르트학파의 비판이론가들은 사회변혁을 위해 요구되는 비판적·부정적 인식이 사라진 서구 사회에서 유일하게 남은 비판과 부정의 수단으로 자율예술(autonomous art)의 개념을 내세운다. 자율예술은 현실의 비판적 분석을 통해 더욱 합리적인 사회의 가능성을 제시하는

허버트 마르쿠제

하이데거와 후설의 제자였던 마르쿠제(1898~1979)는 1933년 사회과학연구소에 들어가 프랑크푸르트학파의 중심인물로 활동했고, 제2차 세계대전 후에는 미국에 정착했다. 현대문화와 관료주의, 권위주의에 대한 프랑크푸르트학파의 비판이 북미권에서 잘 알려지게 된 것은 마르쿠제의 논문을 통해서였다. 그는 특히 1960~1970년대 신좌파운동의 사상적 배경을 제공한 이론가였다. 『이성과 혁명(Reason and Revolution)』, 『에로스와 문명(Eros and Civilization)』, 『일차원적 인간(One Dimensional Man)』 등의 저작을 남겼다. 마르크스주의와 프로이트의 종합을 통해 개인과 사회의 관계를 해명하려고 한 것으로 유명하다.

예술이며, 현실의 모순을 그대로 드러내 보임으로써 그 모순을 극복하려는 의지를 불러일으키는 예술이다. 반면에 대중문화는 대중의 진실한 요구와는 관계없이 이윤을 위해 조작된 허위적 욕구의 산물이라는 것이 그들의 관점이다. 그들은 '문화산업'이라는 용어를 사용함으로써 대중문화가 이윤을 위해 조작된 산물이라는 점을 부각하고 그 산업화된 속성에서 비롯되는 사물화적 성격을 비판하려 했다. 이들이 말하는 '문화산업'에서 '산업'은 글자 그대로의 산업, 즉 영화산업이나 음반산업 등을 의미하는 것이 아니라 배포 기술의 합리화, 상품의 규격화, 상품 효과의 과학적 계산 등과 같은 도구적 합리성을 가리키는 것이라고 볼 수 있다.

　　아도르노는 1930~1940년대에 걸친 미국 망명 기간에 미국의 대중문화를 경험하면서 라디오와 대중음악, 재즈에 관한 몇 편의 논문을 쓴 바 있다. 그가 대중음악의 첫 번째 특징으로 꼽는 것은 '표준화'이다. 대중음악은 시장지향적이기 때문에 하나의 음악적 패턴이 시장에서 성공하면 상업성이 고갈될 때까지 반복적으로 사용된다. 그런 음악적 패턴은 이 곡과 저 곡의 세부적 표현을 교환해도 음악적 구조에 아무런 영향을 주지 않을 만큼 표준화된다. 이런 표준화를 감추기 위해 음악산업은 '유사 개별화(pseudo-individualization)'에 몰두한다. 약간의 표피적 차이를 만들어내는 유사 개별화를 통해 지금 듣고 있는 음악이 이미 들었던 것과 사실상 똑같은 것임을 잊게 한다는 것이다. 아도르노가 말하는 대중음악의 또 다른 특징은 대중의 수동적 청취를 조장한다는 것이다. 대중음악의 소비는 수동적이며 반복적이다. 무관심하고 산만한 대중음악의 소비는 대중을 더욱 무관심하고 산만하게 만든다. 아도르노는 바로 이런 대중음악의 특징들이 대중음악의 소비자들로 하여금 기존 질서에 심리적으로 적응하게 만든다고 본다. 그런 의미에서 대중음악은 마치 흩어져 있는 모래알들이 시멘트에 응고되어 고정된 형태를 유지하게 되듯이, 고립되고 분산되어 있는 사람들을 제자리에 붙잡아 둠으로써 사회 전체를 유지하는 일종의 사회적 시멘트(social cement)와 같은 역할을 하게 된다고 주장한다.

이들의 이론에 따르면 문화산업의 도구적 합리성의 산물인 대중문화는 그 내용이 어떤 것이든, 설사 그 내용이 진보적이고 변혁적인 것이라 해도 그 비판적 내용은 거세되어버리며, 결국에는 기존의 질서를 정당화하는 역할을 할 수밖에 없다. 따라서 진정 변혁적인 자율예술은 기존의 예술적·문화적 형식을 벗어남으로써, 즉 문화산업의 도구적 합리성을 벗어남으로써 가능해진다. 그래서 아도르노는 당대의 전위적인 아방가르드 예술에 높은 가치를 부여했다. 아도르노는 특히 음악에 조예가 깊었는데 표준화된 대중음악을 부정하는 한편 기존의 음악문법에서 벗어나 새로운 음악의 형식을 추구했던 아놀드 쇤베르크(Arnold Schönberg)의 현대음악을 높이 평가했다.

3) 프랑크푸르트학파의 문화이론에 대한 비판

대중문화에 대한 프랑크푸르트학파의 비판적 입장은 파시즘의 등장에 따른 서구 사회 일반의 위기의식을 배경으로 한 것이었다. 프랑크푸르트학파의 사상가들은 현대의 대중문화가 지닌 도구적 합리성을 비판하면서 그것이 결국 노동자 대중의 진정한 의식을 말살하고 허위의식을 주입하며 결과적으로 자본주의 체제의 지배를 정당화하고 유지·강화하는 데 기여한다고 본다. 노동자 대중에 대한 이들의 절망은 다분히 엘리트주의적인 문화관으로 연결된다. 그들이 대안으로 제시하는 비판이론과 자율예술의 개념은 지극히 반대중적이며 엘리트주의적이다. 기존의 문화적 형식에 물들지 않은 창조적인 자율예술은 필연적으로 대중의 보편적인 정서와 거리가 먼 것일 수밖에 없고(쇤베르크의 현대음악이 그렇듯이) 그런 자율예술로는 어떤 대중의 힘도 결집할 수 없다. 사회의 변혁이 궁극적으로 대중의 실천을 통해 이루어질 수밖에 없다고 볼 때, 비판이론가들의 대안은 결국 비관적인 전망으로 연결되

아놀드 쇤베르크
오스트리아에서 태어난 쇤베르크(1874~1951)는 현대음악의 새로운 경지를 개척한 작곡가로 후세에 많은 영향을 주었다. 그는 12음 기법이라는 특이한 작곡 기법을 사용했다. 12음 기법은 한 옥타브에 12개의 음을 사용함으로써 기존의 조성 체계와는 전혀 다른 음악적 구조를 만들어내는 기법으로, 무조 음악으로도 불린다. 그의 음악은 20세기 현대음악에 결정적인 영향을 미쳤다. 유대인이었던 그는 1933년 나치의 박해를 피해 미국으로 망명해 보스턴의 모르킨 음악원과 캘리포니아 대학교 등에서 재직하다가 로스엔젤레스에서 생을 마감했다.

지 않을 수 없다. 프랑크푸르트학파의 문화론은 대중문화의 산업적 특성에 주목하면서 부르주아의 이데올로기 지배와 연관시킨 시각을 열어주었다는 점에서 의의가 있지만, 기본적으로 파시즘의 대두와 노동계급의 혁명성 상실을 배경으로 함으로써 지나치게 비관적이고 엘리트주의적이라는 한계가 있다.

3. 발터 벤야민의 '기술복제 시대의 예술'

프랑크푸르트학파에 속해 있으면서도 프랑크푸르트학파의 주류에서 벗어나 조금 다른 이론적 입장을 드러냈던 발터 벤야민(Walter Benjamin)은 매우 이채로운 존재이다. 프랑크푸르트학파에는 여러 명의 뛰어난 학자가 있는데, 그중 학파 내에서는 주변적인 위치에 머물렀지만 나중에는 다른 대표적 학자들 못지않게 그 중요성을 인정받고 있는 이가 바로 벤야민이다. 그는 특히 대중문화와 관련해서 아도르노나 마르쿠제와는 조금 다른 입장에서 매우 주목할 만한 견해를 보여주었다.

1) 벤야민의 비극적 죽음에 대하여

벤야민의 이론에 관해 이야기하기 전에 먼저 그의 비극적인 죽음에 대해 말하고 싶다. 벤야민의 이론과 직접 관련이 있는 것은 아니지만 필자는 그에 관해 이야기할 때마다 그의 죽음에 대해 한 번쯤 경건한 마음을 가지게 된다. 그의 비극적인 죽음은 당대의 어지러운 현실에서 치열하게 사고하고 고민하는 지식인의 삶에 대해 많은 것을 생각하게 해주기 때문이다. 벤야민을 포함한 프랑크푸르트학파의 연구자들은 대부분 유대인이었다. 히틀러가 정권을 잡고 나치즘이 독일 사회를 지배하게 되자 마르크스주의자이자 유대인이었던 이들은 대부분 미국으로 망명했다. 그런데 벤야민은 미국으로의 망명을 거부하고 프랑스로 망명했고, 한때 독일인 수용소에 갇히는 몸이 되기도 했다. 석방된 후

스페인을 통해 미국으로 탈출하려고 시도했으나 피렌체 산맥의 국경에서 스페인 관헌에 의해 입국이 저지되자 극약을 먹고 자살함으로써 비극적으로 생을 마감했다. 그가 죽고 난 뒤 스페인 측이 국경을 열어줌으로써 함께 떠났던 다른 이들은 모두 국경을 넘을 수 있었다. 필자는 그의 이름을 듣거나 볼 때마다 처절한 절망의 끝에서 극약을 먹고 치료를 거부한 채 쓸쓸히 죽어가는 지친 지식인의 모습을 떠올리며 공연히 숙연해지곤 한다.

2) 예술의 정치화와 정치의 예술화

〈모나리자〉

벤야민이 남긴 많은 글 가운데 특히 「기술복제 시대의 예술작품」은 대중문화라는 주제와 관련하여 많은 것을 시사한다. 이 글에서 핵심적인 의미를 가지는 것은 아우라(aura)의 개념이다. 우리말로 하면 '분위기' 정도의 의미인 아우라는 전통적 예술작품의 본질적 성격이라 할 수 있다. 전통적 예술은 본래 신비적 체험이나 신과의 일체감을 맛보는 데 그 목적이 있었다. 즉, 예술은 원래 주술적이고 신비적인 성격을 띠고 있었다는 말이다. 그런 주술적·신비적 성격(즉, 아우라)을 가질 수 있었던 것은, 과거의 예술작품이 복제가 불가능한 것이었기 때문이다. 즉, 유일무이한 오리지널의 현재성과 일회성 때문에 예술작품을 내하는 수용자의 태도는 기본적으로 작품에 대한 신비감을 내포한다는 것이다.

예컨대 레오나르도 다빈치의 〈모나리자〉는 전 세계에 단 하나밖에 없고 따라서 사람들은 그 앞에서 작품의 내용을 감상하기 이전에 유일무이한 진품이라는 데서 오는 신비한 경외감에 사로잡힌다. 그러나 예술작품의 현재성과 일회성은 기술의 발달과 함께 대량복제가 가능해지면서 무너지기 시작한다. 사진이나 영화 같은 현대 예술에는 진품이니 오리지널이니 하는 개념 자체가 아에 존재하지 않는다. 복제 기술이 발전하면서 유일무이한 단 하나의 예술작품이라는 개념은 사라지고, 그와 함께 예술에 대한 신비감도 사라진다. 즉, 아우라가 사라진 것이다. 아우라의 상실과 함께 예술작품의 기능과 대중의 수용 태도에도 커다란 변화가 생겨난다. 과거의 예술이 주술적·신비적 기능을 지닌 것이었던 데 반해 복제 시대의 예술은 상품적 가치와 전시적 가치를 지니게 된다.

새로운 예술 수용 방식의 또 하나의 특징은 수용의 집단적 성격에 있다. 과거의 예술 수용이 개인적 차원에서 이루어졌다면, 현대적 수용은 집단적 차원에서 이루어진다. 영화가 대표적인 예이다. 또 과거의 예술에 대한 대중의 수용 방식이 작품 속에 자신을 동화하고 작중 인물에 동일시함으로써 신비적 일체감을 체험하는 태도였다면, 현대의 예술에 대해 대중은 작품과 일정한 거리를 두는 비판적 수용 태도를 가질 수 있게 되었다는 것이다. 벤야민은 전통적인 부르주아적 예술이 추구하는 독자성과 자율성을 지양하고 현대적인 기술적 수단과 실용적 형식을 적극 활용하면서 진보적인 예술적 실천을 추구하는 예술가들을 높이 평가했다. 기술적 복제에 의해 야기된 이와 같은 예술 기능의 변화를 '예술의 정치화'라 말할 수 있다.

예술의 정치화는 예술의 정신화 혹은 예술의 미학화에 대립하는 개념이다. 벤야민은 예술을 정치나 사회와 무관한 것이라고 주장하는 일체의 예술지상주의에 대해 그것이 결국 파시즘의 이데올로기라고 주장한다. 그에 따르면 파시즘의 특징은 '소유관계는 일체 건드리지 않으면서' 사회적 모순을 정신의 강조를 통해 제거하려는 특유의 정신주의에 있다. 파시즘은 예술을 미화하는 동시에 현대적 기술을 미화하고 신비화하여 정치적 목적에 이용한다. 다양한 예술적 수단과 기술을 동원해 히틀러를 신비화하고 전체주의의 이데올로기를 미화했던 나치즘의 예술 정책이 바로 그런 것이다. 파시즘의 이런 예술관은 결국 예술지상주의의 궁극적 결과이다. 벤야민은 예술지상주의를 내세우면서 궁극적으로 예술과 현대적 미디어 기술을 정치적 목적에 이용했던 파시즘의 이 같은 경향을 "정치의 예술화"(심미화 혹은 미학화라고도 한다)라고 표현했다.

3) 대중문화의 진보적 가능성

결국 벤야민에 따르면 복제 기술의 발달, 다시 말해 현대적 미디어 기술의 발달은 '예술의 정치화'와 '정치의 예술화'라는 두 가지 모순된 가능성을 낳은 셈이다. 벤야민의 이론이 다른 프랑크푸르트학파와 두드러지게 다른 점은 매스미디어와 대중문화의 부정적 가능성을 인식하면서도 대중문화가 지닌 진보적 가능성에 대해 이야기하고 있다는 점이다. 대량복제의 기술은 예술이 애초에 가지고 있었던 신비적인 분위기를 소멸시키면서 대중의 비판적 수용의 가능성을 열었다. 결국 현대의 문화적 기술을 진보적으로 활용할 수 있는 적극적이고 실천적인 예술가들의 노력이 필요하다는 것이다. 비판적 수용에 대한 벤야민의 논지는 동시대의 극작가 브레히트(Bertolt Brecht)의 서사극과 소외효과에 관한 이론과 유사성을 보여준다. 실제로 두 사람은 오랫동안 교분을 나누면서 서로 깊은 영향을 주고받은 것으로 알려져 있다.

1. 대중문화의 사회적 시멘트 기능에 대해 생각해 보자.
2. 프랑크푸르트학파 지식인들의 문화관을 오늘의 현실에도 적용할 수 있을지 생각해 보자.
3. 프랑크푸르트학파의 이론 작업의 배경이 되었던 1920~1930년대 서구의 역사에 대해 조사해 보자.
4. 기계적 유물론에서 나온 반영이론과 프랑크푸르트학파의 이론을 비교해 보자.
5. 발터 벤야민의 이론이 다른 프랑크푸르트학파의 견해와 다른 점이 무엇인지 생각해 보자.

김정은. 2003. 『대중문화 읽기와 비평적 글쓰기』. 민미디어.

대중문화 비평을 위한 워크숍 과정이 알맞게 정리되어 있다. 대중문화 이해를 위해 알아야 할 다양한 이론가에 대한 간략한 소개와 함께 읽을거리, 생각거리가 제시된다. 대중문화를 좀 더 깊이 있게 즐기고 싶다면 이 책의 가이드를 따라가 보는 것도 좋을 것이다.

반성완 편역. 1992. 『발터 벤야민의 문예이론』. 민음사.

'기술복제 시대의 예술작품'을 비롯해 벤야민이 남긴 주요 에세이들이 수록되어 있고 역자의 해설과 벤야민의 주요 저술 목록, 연보 등이 실려 있다.

버거, 아서 아사(Arthur Asa Berger). 2015. 『대중문화비평, 한 권으로 끝내기』. 박웅진 옮김. 커뮤니케이션 북스.

대중문화연구와 비평에 유용하게 적용되는 기호학, 마르크스주의, 정신분석학, 사회학의 기본 개념과 이론을 설명하고, 이를 영화, 스포츠, 광고, 뉴스 등 다양한 문화 분석에 적용한 문화비평 사례를 소개한다.

제이, 마틴(Martin Jay). 2021. 『변증법적 상상력: 프랑크푸르트학파와 사회연구소의 역사, 1923~1950』. 노명우 옮김. 동녘.

1979년 황재우 등이 번역해 돌베개 출판사에서 나왔다가 절판된 마틴 제이(Martin Jay)의 *The Dialectical Imagination*을 새롭게 번역한 책이다. 1923년 프랑크푸르트에서 창립되어 나치 집권기에 미국으로 옮겼다가 1950년대 초 프랑크푸르트에 다시 설립되기까지 사회연구소의 역사를 통해 프랑크푸르트학파의 다양한 이론적 작업을 상세히 다루고 있다.

강현두 엮음. 1998. 『현대사회와 대중문화』. 나남.

스토리, 존(John Storey). 1999. 『문화연구와 문화이론』. 박이소 옮김. 현실문화.

원용진. 1996. 『대중문화의 패러다임』. 한나래.

구조주의와 기호학, 주체구성의 이론

앞에서 대중문화와 관련한 서구의 주요 이론들, 엘리트주의 이론, 프랑크푸르트학파 등에 대해 간략하게나마 살펴보았다. 거듭 말하거니와 우리가 이론을 공부하는 것은 이론가들의 저술이나 개념에 대한 지식을 쌓으려 함이 아니라 문화에 접근하는 우리의 시각을 좀 더 풍부하고 체계적으로 만들기 위함이다. 우리가 주목하고 천착해야 할 것은 하늘에 떠 있는 달이지, 그 달을 가리키는 손가락이 아니다. 대중문화가 달이라면 이론은 그것을 가리키는 손가락이다. 손가락의 미세한 생김새를 파악하기 위해 시간을 쏟기보다는 그 손가락이 가리키는 달의 모양에 대해 좀 더 깊은 주의를 기울여야 한다. 그런 뜻에서 이런저런 이론들이 부분적으로 잘 이해되지 않는다 해도 '슬퍼하거나 노여워할' 필요는 없다. 어쨌거나 우선은 달을 가리키는 손가락(들)의 방향에 대해 좀 더 알아보자. 아직도 중요한 손가락이 몇 개 더 남아 있으니까.

1. 구조주의와 기호학

구조주의와 후기구조주의는 다양한 사상가들의 이론을 포괄하고 있고 그 하나하나가 매우 복잡하고 난해한 것이어서, 간단하게 정리하기란 불가능할 뿐 아니라 매우 위험한 일이기도 하다. 그렇다고 하나하나를 구체적으로 세밀히 살펴볼 겨를도 없다. 또 실제로 구조주의와 후기구조주의의 이론적 맥락을 세밀히 따지는 것은 대부분의 사람들에게 불필요하다는 것이 내 생각이다. 그럼에도 구조주의와 후기구조주의는 문화 분석에 도움을 주는 개념적 도구들을 보유하고 있고 문화 분석의 다양한 성과들도 담고 있어 대중문화를 공부하는 데 매우 유용한 분야로 인식된다. 여기서는 구조주의와 후기구조주의의 대체적인 경향과 특성, 특히 대중문화와 관련한 시각의 특성에 대해서만 간략하게 언급하고자 한다.

1) 구조주의의 기본 개념과 관점

구조주의의 이론적 특성은 바로 '구조(structure)'라는 말 자체에 들어 있다고 할 수 있다. 구조란 간단히 말하면 겉으로 드러나는 표피적 현상의 밑바닥에 존재하면서 그 표피적 현상을 가능하게 하는 체계이다. 어떤 것이든 현상적으로 드러나는 사건이나 행위에는 그것을 가능하게 하는 심층적인 원리나 체계가 존재하는데 그것이 바로 구조라는 것이다. 따라서 구조주의자들의 문화 분석은 겉으로 표현된 문화적 표상속에 숨어 있는 구조를 드러내는 일로 모아진다.

구조주의자들은 어떤 문화적 텍스트나 행위가 그 자체로 하나의 본질적 의미를 지니고 있다고 생각하지 않는다. 그 대신 그런 텍스트나 행위의 내부적 혹은 외부적 요소들이 맺고 있는 관계, 즉 구조에 의해 그 의미가 생성된다고 본다. 이를 가장 전형적으로 보여주는 문화현상이 바로 언어이다.

우리는 '개'라는 단어를 알고 있다. 사람들은 '개'라는 단어를 들을 때마다 저마다의 경험 속에서 개라는 동물의 이미지를 그려낸다. 그러나 사람들의 머리에 그려진 개의 모습은 각자 다를 수밖에 없다. 그것은 '개'라는 말 자체에 어떤 본질적인 의미가 들어 있는 것이 아니기 때문이다. 사실 우리가 머릿속에 떠올린 그 동물을 '개'라고 부르는 데는 아무런 필연적 이유도 없다. 다만 오랜 세월 동안 그렇게 생긴 동물을 개라고 부르기로 한 사회적 약속이 있을 뿐이다. 그렇기 때문에 어떤 사람들은 똑같은 동물을 'dog'라 부르고 어떤 사람들은 '구(狗)'라고 부른다. 그러니까 개라는 말의 의미는 그 말 자체에 있는 것이 아니라는 것이다. 그 말의 의미는 그와 대치될 수 있는 자격을 지닌 다른 말들, 이를테면 고양이, 소, 닭 등 다른 많은 단어들과의 '차이'라는 관계에서 생겨난다. 그러니까 개의 의미는 '고양이도 아니고 소도 아니고 닭도 아닌 어떤 것'이라는 것이다. 마찬가지로 우리가 '남자'라는 단어를 볼 때 다른 단어들, 이를테면 여자, 소년, 소녀, 아기 등등의 단어들과의 차이 속에서 그 의미를 떠올리게 된다. 구조주의에서 문화의 의미가 그 자체에 내재한 것이 아니라 '관계'에 의해 생겨난다고 한 것은 바로 그런 의미이다.

똑같은 사건이나 행위를 두고도 그것이 어떤 언어 질서, 즉 관계 속에 놓이느냐에 따라 전혀 다른 의미가 발생한다. 예를 들어 9·11사태를 놓고도 그것이 어떤 맥락에서 어떤 어휘들로 표현되느냐에 따라 그 의미는 완전히 달라진다. 어떤 사람에게 9·11사태의 주동자들은 '악의로 가득한 무장 테러리스트'이지만, 또 다른 많은 사람에게 그들은 '정의의 수호자이며 해방 전사'가 되는 것이다. 바로 이런 맥락에서 구조주의자들은 '언어가 (객관적으로 존재하는 현실을 표현하는 것이 아니라) 현실을 구성한다'고 주장한다. 우리가 어떤 사건을 알고 이해하게 되는 것은 결국 그것이 어떤 언어로 표현되느냐에 달려 있다. 서로 다른 언어의 선택, 서로 다른 방식의 언어 배열은 서로 다른 현실을 만들어낸다는 말이다.

구조주의의 기원 가운데 하나가 스위스의 언어학자 소쉬르(Saussure)의 『일반언어학 강의』이다. 소쉬르는 언어의 의미작용에 대한 과학적 이론을 정립하고자 했고 이를 기호학이라 불렀다. 소쉬르가 사용한 개념들, 특히 기표[signifier 혹은 시니피앙(signifiant)]와 기의[signified 혹은 시니피에(signifie)], 랑그(langue)와 파롤(parole), 공시적[synchronic 혹은 공시태(synchrony)]과 통시적[diachronic 혹은 통시태(diachrony)], 계열체(paradigm)와 통합체(syntagm) 등의 개념이 기호학에서 중요하게 쓰인다. 이 개념들에 대해 간략하게 살펴보자.

소쉬르에 의하면 기호(sign)는 기표와 기의라는 두 요소의 결합으로 이루어진다. 기표란 글자나 소리, 영상 등 기호를 구성하는 물리적 실체를 의미하고, 기의란 그것이 의미하는 바를 말한다. '개'라는 글자는 기표이고, 그 글자를 볼 때 우리 머릿속에 떠오르는 동물이 기의라고 할 수 있다. 언어에서 기표와 기의의 관계는 완전히 자의적이다. 그 동물을 꼭 '개'라고 부를 아무런 필연적 이유도 없다는 말이다. 앞서 말한 바처럼 우리가 개를 '개'라 부르고 고양이를 '고양이'라 부르는 것은 순전히 관습의 산물이자 사회적 합의의 결과이다.

랑그와 파롤의 구분도 중요하다. 랑그는 언어의 문법적 체계를 뜻하고 파롤은 개별적인 언어 표현을 의미한다. 우리가 일상 속에서 말하는 수많은 언어적 표현들이 파롤이다. 그런 개개의 파롤들이 의미를 가지고 서로 소통할 수 있기 위해서는 우리에게 하나의 공통된 문법과 언어 체계가 존재해야 한다. 그런 문법과 언어의 체계를 랑그라고 한다. 대중문화에서도 랑그라는 전체적인 체계(즉, 구조) 속에서 파롤이라는 개별적인 변형들이 있게 된다. 이를테면 〈겨울연가〉, 〈부부의 세계〉 같은 TV 드라마 각각이 하나의 파롤이라면 그런 드라마들이 갖고 있는 공통의 속성을 의미하는 '멜로드라마'의 관습적 체계가 랑그에 해당한다. 기호학이란 문화현상의 다양한 파롤들을 통해 랑그의 체계를

페르디낭 드 소쉬르

스위스 제네바 출신의 언어학자이며 구조주의 언어학의 창시자이다. 소쉬르(1857~1913)가 제네바 대학에서 행한 강의를 학생들의 노트와 그의 초고를 대조하면서 그의 제자인 샤를 바이와 알베르 세시에가 편찬한 것이 『일반언어학 강의』(1916)이다. 그는 여기에서 언어 활동을 머릿속에 개념으로 저장되어 있는 추상적인 말(랑그, langue)과 이것을 개인이 사용하여 발화하는 구체적인 말(파롤, parole)로 나누고, '랑그'를 언어학의 대상으로 삼음으로써 문자보다 말을 중시하는 언어관을 세웠다.

밝히는 작업이라 할 수 있다.

　공시적/통시적이라는 구분은 기호학적 연구의 방법과 관련된다. 공시적 연구란 특정한 시기의 언어 혹은 문화현상을 통해 당대의 언어적 구조와 체계(즉, 공시태)를 밝히는 것이고, 통시적 연구란 오랜 시간 동안 언어가 변화해 온 과정(즉, 통시태)을 연구하는 것을 의미한다. 소쉬르는 특정한 시점에 행해지는 언어적 표현(즉, 파롤)이 의미를 가질 수 있도록 하는 체계로서 랑그를 재구축하는 공시적 연구를 언어학의 주요 임무라 생각했다. 그런 까닭에 그의 이론은 언어적 체계의 역사적인 측면을 무시했다는 비판을 받기도 한다.

　통합체와 계열체는 기호들의 배열 방식과 관련된 용어이다. 통합체란 각각의 기호들이 순서에 따라 배열된 체계를 말하고, 계열체란 개별 기호의 자리에 들어갈 수 있는 여러 기호들의 집합을 의미한다. 가령 '나는 개를 좋아한다'는 문장은 '나는', '개를', '좋아한다'는 각각의 단어들이 순서에 따라 배열되어 이루어진 통합체이다. 여기서 '나는'의 '나'는 그 자리에 들어갈 수 있는 또 다른 단어들, 예컨대 '너', '우리', '그들' 등 다양한 단어들의 집합에서 선택된 것이다. 마찬가지로 '개를'의 '개'는 '고양이', '닭', '소' 등 다양한 단어들의 집합에서 선택된 것이고, '좋아한다'는 '사랑한다', '싫어한다', '증오한다' 등 그 자리에 들어갈 수 있는 수많은 단어들 가운데 선택된 것이다. 여기서 '나', '너', '우리', '그들' 등의 단어들이 하나의 계열체를 이루고, '개', '고양이', '닭', '소' 등의 단어들이 또 하나의 계열체를 이루며, '좋아한다', '사랑한다', '싫어한다', '증오한다' 등의 단어들이 또 다른 계열체를 이룬다.

나는	개를	좋아한다
너	고양이	사랑한다
우리	닭	싫어한다

그들	소	증오한다
⋮	⋮	⋮
⋮	⋮	⋮

여기서 '개'는 '고양이도 아니고 닭도 아니고 소도 아니고 …… 도 아닌 어떤 것'이다. 이때 만일 '개'라는 단어가 '고양이, 토끼, 햄스터……' 같은 반려동물들의 집합으로 구성된 계열체에 속해 있다면 이때의 '개'는 반려동물로서의 개를 의미할 것이고, '소, 호랑이, 원숭이……' 같은 동물들로 구성된 계열체 속에 있다면 이때의 개는 '네 발 달린 포유동물'로서의 개를 의미할 것이다. 또 만일 '개'라는 단어가 '소, 돼지, 닭, 양, 오리……' 등과 함께 있다면 이때의 개는 집에서 기르는 가축 혹은 육식의 대상이 되는 음식으로서의 개를 의미하게 된다. 우리의 언어는 이렇게 사용 가능한 단어들의 집합(즉, 계열체) 속에서 하나하나의 단어들이 선택되고 배열됨으로써(즉, 통합체를 이룸으로써) 이루어지며, 그 의미는 다른 계열체들과의 차이, 다른 단어들과의 차이에 의해 형성된다.

이런 어휘 선택과 배열의 과정은 비단 언어만이 아니라 모든 문화 행위에서 나타난다. 이를테면 아침에 집을 나설 때 우리는 옷장에 진열된 여러 선택 가능한 의상들(여러 색의 양말 가운데 하나, 여러 무늬의 셔츠 가운데 하나, 여러 장의 넥타이 가운데 하나, 여러 벌의 바지 가운데 하나 등등)을 선택하고 배열함으로써 그날 입고 나갈 의상이라는 문화적 표현(즉, 파롤)을 이루게 된다. 물론 그날그날의 의상 선택은 일정한 사회적 규범과 문화에 따른 차이(예컨대 선을 보러 가는가, 면접시험을 보러 가는가, 친구들과 놀러 가는가 등등에 따라 그날의 선택과 배열이 달라진다)에 의해 일정한 의미를 가지게 된다. 구조주의자들은 이처럼 다양한 문화 행위를 하나의 언어, 다시 말해 기호 행위로 보고 이에 대해 언어학의 규칙과 개념을 적용함으로써 그 의미를 분석할 수 있다고 보았다.

구조주의는 이러한 언어학적 개념들과 언어구조의 특성을 동원하여 언어뿐 아니라 다양한 문화현상들(예컨대 영화, TV, 문학, 건축, 패션, 음식, 친족관계, 무의식 등)을 분석함으로써 서로 다른 현상들이 어떻게 실질적으로는 똑같은 구조의 산물인지를 보여주었다. 구조주의에 대해 흔히 소쉬르 언어학의 이론적 틀을 빌려 다양한 문화현상을 분석하려는 시도에서 비롯된 이론적 방법이라고 말하는 이유도 여기에 있다.

2) 후기구조주의

후기구조주의를 구조주의와 명백하게 분리하는 것은 쉽지 않다. 후기구조주의는 초기 구조주의에 비해 한층 복잡하고 난해한 점을 많이 가지고 있다. 비교적 합리적인 초기 구조주의에 비해 후기구조주의는 정신분석이론과 쾌락 등 비합리적인 무의식의 영역에 관심을 둔다. 또한 주로 텍스트상의 내적인 구조(내적인 요소들의 관계)에 관심을 가졌던 초기 구조주의에 비해 의미 창출을 가능하게 하는 외적인 구조, 이를테면 사회적 과정, 계급, 성별, 인종, 문화 등에 관심을 기울인다. 계급, 성별, 인종 같은 사회적 요소들이 어떻게 무의식에 작용해 수용자를 특정한 주체로 만들어가는가 하는 것이 이들의 중요한 관심사였다고 할 수 있다. 즉, 구조주의의 초점이 텍스트로부터 수용자의 주체성(subjectivity)의 문제로 옮아간 것이다.

후기구조주의자들은 기표/기의, 랑그/파롤 등의 이분법적 개념 쌍을 통해 문화를 이해하고자 하는 (초기)구조주의의 입장을 비판하며, 어떤 텍스트의 의미를 안정적으로 형성하는 숨은 구조가 존재한다는 생각을 거부한다. 하나의 기표는 하나의 기의에 대응하지 않으며 끝없이 이어지는 기표의 연쇄만이 있을 뿐이라는 것이다. 예컨대 '효도'라는 기표가 있을 때 이 단어의 의미를 찾기 위해 사전을 찾는다면 거기에는 '부모를 공경하는 마음'식의 설명이 있는데, 이 설명을 이해하기 위해서는 '부모', '공경' 같은 단어들을 다시 찾아야 한다. 결국 기표는 다른 기표로 표현되고 그것은 또 다시 다른 기표로 표현되는 끝없는 연쇄 과정이 이어진다. 이런 현상을 자크 데리다(Jacques Derrida)는 차연(différance)이라고 표현한다. 차이에 의해 의미가 발생하기는 해도 그 의미는 고정되지 않으며, 끝없이 연기된다는 뜻이다. 그렇기 때문에 후기구조주의에서 의미는 항상 불안정하고 변화하는 것이며, 그것을 수용하는 수용자의 해석에 의해 일시적으로 구성되는 것일 뿐이다. 안정적이고 일관적인 구조의 개념이나 고정된 의미의 존재를 부정하는 후기구조주의의 시각은 문화에서의 일관된 주체성이라는 개념도 거부한다. 이는 곧 근대적 주체의 부정이며, 그런 의미에서 포스트모더니즘의 사유구조와 겹친다.

3) 대중문화의 기호학적 분석

구조주의와 기호학은 거의 동의어로 취급된다. 굳이 말한다면 기호학이란 구조주의의 방법론으로 다양한 문화현상에 접근하고자 하는 이론적 혹은 지적 기획이라고 할 수 있다. 기호학은 소쉬르의 언어학 이론에서 비롯되었고, 대표적인 구조주의 이론가라 할 수 있는 프랑스의 롤랑 바르트(Roland Barthes)가 다양한 문화 분석에 적용함으로써 널리 알려졌다. 특히 기호학은 문학, 영화, 사진, TV 등 대중문화의 텍스트를 분석하는 데 매우 유용한 방법론적 틀을 제공했으며, 이를 통해 학문적 영역에서 소외되어 왔던 대중문화를 진지한 이론적 분석 대상으로 격상하는 데 크게 기여했다.

구조주의의 이론이 대중문화 연구에 적용될 때 그것은 주로 텍스트 내에서 의미 생성을 가능하게 하는 규칙(즉, 구조)을 밝혀내는 작업으로 집중되었는데, 그것은 결과적으로 텍스트 내에 숨어 있는 지배 이데올로기를 밝혀내는 작업이었다고 할 수 있다. 문화적 텍스트의 의미가 그 자체에 내재해 있거나 작자(송신자)에 의해 만들어지는 것이 아니라 '구조'에 의해 생성되는 것이라 할 때, 그 구조란 결국 그 텍스트를 배태

롤랑 바르트

구조주의를 대표하는 프랑스의 문학평론가(1915~1980)이다. 바르트는 문학평론가, 문화비평가, 마르크스주의자, 구조주의자, 후기구조주의자, 에세이스트 등 다양한 명함을 가졌다. 프랑스 최고 권위의 콜레주 드 프랑스 교수까지 지냈지만 어떤 학파에 얽매이지도, 자신의 학파를 만들지도 않았다. 이는 그의 학문 세계가 끊임없이 스스로 변화를 꾀하며 새로운 학문적 성과를 받아들였기 때문이기도 하다.

그는 1950년대에 마르크시즘과 사르트르, 브레히트의 영향으로 문학의 역사성과 사회성에 주목했고, 1960년대 들어서는 기호학적 방법론에 빠져들었다. 리투아니아 출신의 언어학자 그레마스와의 인연으로 구조주의에 눈뜬 그는 1960년대 본격적으로 소쉬르의 기호학을 자신의 분석 틀로 응용해 현대 대중문화와 소비사회의 다양한 단면을 분석했다.

현재 『기호의 제국』, 『카메라 루시다』를 비롯해, 『사랑의 단상』, 『이미지와 글쓰기』, 『롤랑 바르트가 쓴 롤랑 바르트』 등 다양한 저작이 우리말로 번역되어 있다.

한 사회적 조건에서 나오는 것이다. 그리고 그 사회적 조건이란 기왕에 존재하는 사회의 질서와 규칙, 이념, 도덕 같은 것, 즉 그 사회의 지배적인 이데올로기를 담고 있는 것이다. 대중문화의 텍스트에 숨어 있는 지배 이데올로기를 밝혀내는 데 구조주의는 매우 유용한 분석틀을 제공한다.

구조주의의 이론틀을 빌려 대중문화 텍스트를 분석하는 방법은 다양하다. 텍스트 내 의미 대립의 요소들을 찾아 대립 쌍을 만드는 방법, 이야기의 전개를 세분하고 배열 방식을 찾아보는 민담분석적 방법, 문화적 표상의 표면에 드러난 의미와 안에 함축된 의미를 구분하고 의미화의 과정을 추적하는 신화분석적 방법 등 다양한 방법이 이용된다.

이탈리아의 기호학자 움베르토 에코(Umberto Eco)가 쓴 『이언 플레밍의 007의 서사구조』는 기호학적 방법으로 대중문화 텍스트를 분석한 고전적인 예라 할 수 있다. 여기서 에코는 이언 플레밍의 소설 '007 시리즈' 12편을 분석하면서 공통적으로 드러나는 서사구조의 특성과 그것의 이데올로기적 함의에 대해 밝히고 있다. 우선 그는 이 작품들 속의 인물과 사건, 행동에서 드러나는 대립적 요소를 찾아 배열함으로써 그 속에 숨은 의미를 찾고자 한다. 이를테면 본드/M, 본드/악당, 악당/본드걸, 본드걸/본드, 자유세계/소련, 대영제국/다른 나라, 의무/희생, 욕망/이상, 충성/불충, 도착증/순수함 등의 대립 쌍이 존재하며, 이런 대립의 구조 속에는 은연중에 반공주의와 백인우월의 인종주의, 남성주의 등의 이데올로기가 숨어 있다는 것이다.

또 에코는 007 시리즈에서 불변적으로 나타나는 이야기의 배열 방식을 분석한다. 시리즈 속에 반복적으로 나타나는 행위 요소들을 통해 공통된 서사의 형태를 찾아보는 것이다. 그는 007 시리즈에서 다음과 같은 서사의 배열이 반복적으로 나타난다고 분석한다.

a. M이 본드에게 과제를 부과하고 본드는 악당의 음모를 저지하기 위해
   특정한 장소로 간다.

b. 악당이 (대개 흉측한 모습으로) 본드에게 나타난다.

c. 본드가 악당에게 최초로 일격을 가한다.

d. 여자가 나타나 본드에게 모습을 드러낸다.

e. 본드가 여자를 취한다(소유하거나 유혹하기 시작한다).

f. 악당이 본드를 붙잡는다(여자를 이용하는 경우와 그렇지 않은 경우가
   있다. 그리고 그 순간 또한 다양하다).

g. 악당이 본드를 고문한다(이 경우에도 역시 여자를 이용하는 경우와
   그렇지 않은 경우가 있다).

h. 본드가 악당을 물리친다(악당이나 그의 하수인을 죽이거나 죽도록 만
   든다).

i. 건강을 회복한 본드는 여자와 즐기지만, 곧 여자를 잃는다.

이런 모든 요소들은 때로 순서가 바뀌고 변주되어 나타나지만 모든
소설에서 항상 반복된다. 이런 요소들이 연속되는 사이에 수많은 부차
적인 사건들이 끼어들면서 이야기를 풍부하게 해준다. '007 시리즈'에
서 반복되어 나타나는 이런 이야기 구조는 악당과 미녀, 용이 등장하는
서양 설화의 구조를 원형으로 삼는다. 즉, M은 왕이며 악당은 용이고,
본드는 왕에게 임무를 부여받고, 미녀를 구해주는 기사인 것이다. 이런
원초적 서사 속에서 자유세계와 소련, 영국과 비(非)앵글로색슨 국가
간에는 특권적인 인종과 하급 인종, 백인종과 흑인종, 그리고 선과 악
같은 대립적 가치가 설정된다는 것이다(에코, 1994a: 157~211).

프랑스의 비평가 롤랑 바르트(Roland Barthes)는 기호학적 시각으로
다양한 대중문화 현상을 분석한 것으로 유명하다. 바르트는 기표와 기
의가 합쳐져 하나의 기호가 되는 것을 1차적 의미 작용이라고 말한다.
'개'라는 기표는 '네 발 달리고 멍멍 짖는 포유류 동물'이라는 기의를 수

반하면서 하나의 기호가 된다. 이 '개'라는 기호는 언어 속에서 또 다른 의미를 불러낸다. 예컨대 '그 친구는 술만 먹으면 개가 돼'라고 말할 때 '개'는 단지 네 발 달린 동물을 의미하지 않는다. 그때의 개는 '술 먹고 난폭하게 굴며 옆 사람을 괴롭히는 못된 행동을 하는 자'라는 의미를 덧붙여 갖게 된다. 이렇게 1차적 의미작용을 통해 형성된 기호가 또 하나의 기표가 되면서 다시 새로운 기의를 갖게 되는 것을 2차적 의미작용이라고 한다. 1차적 의미작용, 즉 기호의 가장 기본적인 의미작용을 외연(denotation)이라고 하고 거기에 새로운 의미가 덧붙여지는 2차적 의미작용을 내포(connotation)라고 한다. 바르트에 따르면 대중문화에서 이런 식으로 기호의 의미가 확장되면서 현대의 신화(myth)가 만들어진다. 그의 『신화론(Mythologies)』(1957)은 현대사회의 다양한 대중문화에서 그렇게 신화가 만들어지는 과정을 분석한 글들을 모은 책이다.

그 가운데 유명한 예가 ≪파리마치(Paris-Match)≫라는 잡지에 실린, '프랑스 군복을 입고 프랑스 국기에 대해 거수경례를 하는 흑인 소년'의 사진에 대한 분석이다. 이 사진에서 1차적인 의미, 즉 외연은 '프랑스 군복을 입은 한 흑인 소년이 펄럭이는 삼색기를 바라보며 거수경례를 하고 있다'는 것이다. 하지만 바르트는 이 사진이 그 이상의 의미를 전하고 있다고 말한다. 그것은 이 사진 속의 주인공이 '흑인' 소년이라는 데서 비롯된다. 즉 이 사진 속의 흑인 소년은 그 자리에 들어갈 수 있는 다른 모델들, 이를테면 '백인 소년', '백인 청년', '아시아인 소년' 등등 다양한 선택지의 계열체에서 뽑힌 대상이다. 흑인 소년의 거수경례를 담은 이 사진은 프랑스는 위대한 제국이며 모든 프랑스의 아들들은 피부색의 구분 없이 그 국기 아래 충성을 다한다는 의미를 내포하게 된다. 이 사진이 실리던 1950년대 후반은 식민지 알제리의 독립운동이 격화하면서 프랑스 사회가 골머리를 앓고 있던 시기이다. 당대의 상황에서 이 사진은, 식민주의를 비난하는 사람들에게, 프랑스는 흑인조차도 충성을 다하는 위대한 국가라는 '신화'를 보여주고 있는 것이다.

바르트가 말하는 신화는 결국 사회를 지배하는 부르주아의 이데올로기에 다름 아니다. 자본주의의 대중문화는 다양한 방식으로 신화를 생산하면서 부르주아의 이데올로기를 강화하고 전파하며 기호학은 바로 그렇게 대중문화에 숨어 있는 부르주아 이데올로기의 신화를 드러내고 비판하는 것이라고 할 수 있다. 기호학의 관심은 분석 대상이 되는 대중문화 텍스트의 미학적 수준이나 예술적 가치에 있지 않다. 기호학적 분석의 목표는 대중문화 텍스트 속에 숨어 있는 지배 이데올로기를 드러내면서 그 텍스트를 배태한 구조를 밝히는 데 있다.

대략 살펴본 바와 같이 기호학은 다양한 대중문화 텍스트와 현상을 분석해 숨어 있는 의미를 읽어내는 데 매우 유용한 개념과 방법을 제공한다. 만일 대중문화에 대해 좀 더 심화된 공부를 해보고 싶거나 대중문화 비평에 관심 있는 사람이라면 이 장 끝에 소개된 참고문헌들을 포함하여 관련된 책들을 꼭 읽고 공부할 필요가 있다.

2. 알튀세르의 주체구성론

1) 이데올로기적 국가기구

루이 알튀세르(Louis Althusser)는 마르크스주의와 구조주의를 접합한 사상가이다. 그의 이론은 특히 1970년대 문화연구에 많은 영향을 미쳤다. 대중문화론과 관련하여 알튀세르 이론의 중요한 기여는 이데올로기 개념을 이론화한 시도에서 찾을 수 있다. 그는 토대가 상부구조를 결정한다는 마르크스의 명제에 대한 기계적 해석을 거부하고 상부구조의 상대적 자율성을 강조한다. 알튀세르는 사회가 세 가지 층위로 구성되어 있다고 말한다. 경제적 층위, 정치적 층위, 이데올로기적 층위가 그것이다. 그는 경제적 층위가 정치나 이데올로기적 층위를 결정하는 것이 아니라 각 층위가 상대적인 자율성을 누린다고 본다.

알튀세르는 이런 입장에서 이데올로기에 관해 정교한 이론을 수립했다. 그 내용을 일일이 쉽게 설명하기는 어렵다. 다만 여기서는 특히 대중문화 연구와 관련해서 중요한 의미가 있는 부분만 간략히 살피기로 한다. 먼저 알튀세르는 이데올로기가 단지 어떤 사상들의 집합체가 아니라 구체적이고 물리적인 실체를 가지고 생산·재생산되는 사회적 실천이라고 본다.

자본주의사회 내에서 이데올로기를 생산하는 사회적 제도들을 그는 이데올로기적 국가기구(ISA: ideological state apparatuse)라고 불렀다. 가족, 종교, 교육, 법률, 미디어, 문화산업 같은 제도들이 이데올로기적 국가기구이다. 이데올로기적 국가기구는 또 다른 사회제도, 즉 강압적 국가기구(RSA: repressive state apparatuses)와 함께 자본주의국가의 재생산에 기여하는 중요한 사회적 장치이다. 감옥, 군대, 경찰 같은 강압적 국가기구는 강제적이고 폭력적인 방식으로 사람들을 통제함으로써 국가체제를 유지하는 데 기여하는 반면, 이데올로기적 국가기구는 사람들에게 세상에 대해 사고하고 표현하는 준거틀을 제공함으로써 자본주의 지배 질서를 재생산한다. 사람들은 가족, 교회, 학교, 미디어와 대중문화에 적극 참여하면서 세상을 보는 시각과 사고의 틀을 형성한다. 즉 이데올로기적 국가기구에 적극 참여함으로써 스스로 이데올로기적 실천을 행한다. 이 과정에서 이데올로기는 구체적인 개인을 주체로 구성해내는 기능을 한다. 이데올로기는 주체라는 범주를 통해 기능한다. 이 메커니즘을 설명해 주는 개념이 호명(호출, interpellation)이다.

2) 호명(호출)

이데올로기가 개인을 주체로 구성한다는 알튀세르의 개념은 특히 대중문화 연구에 많은 영향을 미쳤다. 알튀세르는 이 과정을 설명하기 위해 호명(호출)이라는 개념을 도입한다. A라는 사람이 길을 가는데 경찰관이 '이봐요, 당신'이라고 부르면 그 사람은 그 소리가 자신을 대상으로 하고 있음을 인지하고 돌아보게 된다. 그 순간 그는 경찰관에 의해 호명된 주체(그를 호명한 주체는 경찰관이고 그는 경찰관의 호명 행위의 객체가 된 것이지만, 그 행위를 통해 그는 경찰관이 호명한 '당신'이라는 주체가 된 것이다)가 된다. 말하자면 A는 경찰관의 호명의 객체가 됨으로써 주체가 된 것인데, 그는 무의식적으로 자신이 스스로 자유롭게 참여함으로써 주체가 되었다고 생각하게 된다. 이데올로기에 의한 주체의 구성이라는 것은 바로 이와 같은 과정으로 이루어진다는 것이다. 예를 들어 개인이 영화나 광고를 접할 때 그는 영화나 광고가 소구하는 대상이 자신이라고 느끼고 소구된 내용이 마련해 주는 주체의 위치에 자신을 이입하게 된다. 이런 과정을 통해 개인이 스스로를 주체로 경험하게 된다는 것이다.

이 주체 구성의 개념은 특히 페미니스트 이론가들의 영화 분석에서 많이 활용되었다. 할리우드 영화를 볼 때 관객들은 카메라의 시선과 자기의 시선을 동일시하고 이어서 카메라가 제공하는 영화 속의 특정한 시점과 동일시함으로써 영화가 제공하는 특정한 주체로 구성된다. 그런데 할리우드 영화는 대부분 남성적 시선으로 만들어지며, 관객은 영화를 보는 과정에서 남성적 시선과 동일시하면서 남성적 주체로 구성된다는 것이다. 많은 여성들이 할리우드 영화를 보면서 남성우월주의에 분노하기는커녕 오히려 그 속에 묘사된 여성처럼 되고 싶어 하는 것은 바로 그들이 자신도 모르는 사이에 영화의 남성적 시선, 즉 남성적 주체를 가지게 되었기 때문이라는 것이다. 마찬가지로 백인의 시각에서 만들어진 영화를 보면서 많은 흑인 관객들이 박수를 보내는 것도 그들이 영화를 보는 과정에서 흑인으로서의 주체를 상실하고 영화가 만들어준 백인의 주체성을 가지게 되었기 때문이라는 것이다. 이 같은 과정은 광고에서도 나타나는데, 광고에서 '이 상품은 바로 당신의 것입니다'라고 말할 때 수용자가 그 광고의 '당신'이 자신을 향한 것이라고 인식하는 순간, 그는 광고가 제공하는 주체로 구성된 것이라고 말할 수 있다.

지금까지 살펴본 구조주의와 기호학의 이론과 개념들은 다양한 대중문화 현상의 의미를 분석하는 데 큰 기여를 했다. 구조주의와 기호학을 적용한 많은 연구와 비평들은 대중문화 텍스트를 구성하는 안팎의 요소들을 분석함으로써 그 속에 숨어 있는 지배 이데올로기를 드러내는 데 탁월한 유용성을 발휘했고 결과적으로 대중문화가 진지한 학문적·비평적 영역으로 인식되는 데 큰 역할을 했다. 알튀세르의 이데올로기적 주체 구성의 이론을 적용한 많은 대중문화 연구는 대중문화 텍스트가 수용자 대중의 주체를 구성해 냄으로써 결과적으로 자본주의의 지배 이데올로기를 재생산하는 기능을 하고 있음을 비판적으로 밝혀낸 바 있다.

구조주의와 기호학의 개념틀에 기초한 대중문화 분석은 매우 그럴 듯하며 잘 맞아떨어지는 것처럼 보인다. 이런 분석에 따르면 대중문화 텍스트는 늘 자본주의 지배 이데올로기를 담고 있고, 사람들은 항상 자본주의의 생산양식이 요구하는 모든 이데올로기적 관습에 맞게 재생산된다. 거기에는 어떤 갈등이나 실패, 투쟁이나 저항의 몸짓도 존재하지 않는다. 구조주의에서 중요한 것은 구조이지 인간이 아니다. 구조는 늘 인간에 앞서 존재하며 인간은 구조의 그물망 속에 갇혀 있으면서 구조에 의해 만들어지는 수동적 존재일 뿐이다. 알튀세르를 포함한 구조주의적 문화 분석에서 가장 문제가 되는 부분이 이것이다. 문화의 의미는 늘 인간 바깥의 어떤 요소(그것이 텍스트 내의 요소들 간의 관계이든, 언어든, 이데올로기든)에 의해 생성된다. 인간은 그 다른 요소들에 대해 수동적인 객체의 모습으로만 존재한다. 그렇게 보면 인간의 주체적 실천에 의해 끊임없이 변화해 온 역사는 부정될 수밖에 없다. 앞서 말한 바처럼 구조주의는 늘 현재의 구조에 집중해 왔지, 인간과 인간에 의해 추동되어 온 역사적 변화에 관해서는 관심을 갖지 않았다. 흔히

구조주의가 반인간주의적이고 반역사적이라고 비판받는 이유가 여기
에 있다.

1. 구조주의와 후기구조주의에 대한 참고 도서를 좀 더 읽고 공부해 보자.
2. 구조주의와 후기구조주의의 이론이 반인간주의라고 비판받는 이유에 대해 생각해 보자.
3. 구조주의의 개념들을 현실의 다양한 문화 텍스트(이를테면 광고나 드라마)에 적용하고 분석해 보자.
4. 다음 장에 나오는 문화주의 이론과 구조주의 이론의 차이에 대해 생각해 보자.

김경용. 2002. 『기호학의 즐거움』. 민음사.

기호학은 대중문화 분석에 대단히 유용한 방법론적 틀을 제공한다. 비평적 관심이 있는 사람이라면 이
책들을 통해 기호학의 이론과 방법을 공부할 필요가 있다. 앞선 두 책이 주로 이론적 차원에서 기호학
을 다루는 반면, 『기호학의 즐거움』은 문학, 드라마, 영화 등 실제 문화 텍스트를 기호학적으로 분석한
글들로 엮여 있다.

볼드윈, 일레인(Elaine Baldwin) 외. 2008. 『문화코드 어떻게 읽을 것인가: 문화연구의 이론과 실제』. 조애
리 외 옮김.

이 책의 원제 *Introducing Cultural Studies*에서 알 수 있듯이 문화연구의 다양한 이론을 소개하고, 현
실 문화에 대한 적용 사례를 소개하고 있다. 문화연구에 입문하고자 하는 대학생이나 대학원생이 읽기
에 적합하다.

에코, 움베르토(Umberto Eco). 1994. 『스누피에게도 철학은 있다』. 조형준 옮김. 새물결.

스누피, 007, 슈퍼맨 등 다양한 대중문화 텍스트를 종횡무진으로 읽어내는 움베르토 에코의 대중문화 에세이 모음이다. 오래전에 쓰인 글들이지만, 에코 특유의 놀라운 박학다식과 기발한 발상, 경쾌한 사유를 경험하기에 부족함이 없다.

김경용. 1994. 『기호학이란 무엇인가』. 민음사.

박정순. 1996. 『대중매체의 기호학』. 나남.

스토리, 존(John Storey). 1999. 『문화연구와 문화이론』. 박이소 옮김. 현실문화.

에코, 움베르토(Umberto Eco). 1994. 『대중의 영웅』. 조형준 옮김. 새물결.

원용진. 1996. 『대중문화의 패러다임』. 한나래.

09

문화주의와 문화연구, 헤게모니 이론

주요 개념 및 용어 | 문화주의, 이데올로기, 감정구조, 지배적 문화, 부상하는 문화, 잔존하는 문화, 헤게모니, 문화연구, 유기적 지식인, 라스타파리안과 레게 음악, 펑크, 하위문화

구조주의와 후기구조주의, 기호학의 이론이 주로 프랑스의 이론가들에 의해 발전한 반면, 영국에서는 문화주의라 불리는 이론적 흐름이 형성되고 그 후계자들에 의해 문화연구가 본격화했다. 19세기까지 전 세계에 수많은 식민지를 거느리며 최강의 제국으로 군림하던 영국은 20세기로 접어들면서 급속히 국가적 위상이 변화했다. 제1, 2차 세계대전을 겪은 후 영국은 자본주의 복지국가를 지향하면서 소련에 대항하는 냉전 질서의 한편에 설 수밖에 없었다. 과거의 엄격한 계급 질서가 약화하는 가운데 노동계급문화에 대한 관심이 증폭되었고, 특히 미국의 상업적인 대중문화가 급속히 유입되면서 문화적 혼돈을 겪어야했다. 문화에 대한 관심은 이런 상황에서 영국 사회의 경제적·정치적 영향력을 재평가하고 영국 사회의 문화적 변화를 해명하고자 하는 지적 시도로서 나타났다.

리처드 호가트

호가트(1918-2014)는 노동계급 출신이다. 그는 1946년부터 1950년 까지 런던대학교에서 성인교육 일을 강사로 일하기 가르쳤다. 이때의 경험이 없어 그의 문화론에 중요한 영향을 미쳤다고 한다. 그의 문자의 이름 (The Uses of Literacy)은 자신의 경험을 바탕으로 노동계급의 전형적인 삶의 모습을 풍부하게 서술하고 있다. 특히 대중적 오락이나 이웃 간의 사회적 유대, 가족관계 등을 언급하면서 노동계급의 문화적 특성을 논하는 것이 이 책의 독창적인 점이다. 노동계급 문화의 가치를 밝힌 이 책은 엘리트주의적 문화 개념을 넘어 지배하던 당시의 풍토에서 매우 중요한 전환점을 마련했다. 그는 버밍엄 대학교 영문학과 교수를 거쳐 1964-1968년에 걸쳐 학교내 현대문화연구소 초대 소장을 지냈다.

레이먼드 윌리엄스

윌리엄스(1921-1988) 역시 노동자계급 출신이다. 그는 1946년부터 1960년까지 옥스퍼드 대학교의 성인 교육 담당 강사로 일했고, 이후 케임브리지 대학교에 재직했다. 그는 문학, 언어, TV, 미디어 등 대단히 광범위한 분야에 관한 저서를 남겼는데, 특히 문화와 사회(Culture and Society), 기나긴 혁명(The Long Revolution), 커뮤니케이션(Communication), 마르크스주의와 문학(Marxism and Literature) 등이 유명하며, 영국 문화연구의 전통에 많은 영향을 미쳤다. 그의 저서 중 '문화와 사회', '문화사회학', '마르크스주의와 문학' 등 여러 권이 우리나라에도 번역되어 있다.

문화주의는 주로 영국의 이론가들인 리처드 호가트(R. Hoggart), 레이먼드 윌리엄스(R. Williams), 톰슨(E.P. Thompson) 등의 연구에서 비롯한 이론적 입장을 지칭한다. 이 세 사람은 각기 다른 분야의 학문 영역에 속했던 사람들이고 함께 문화주의자를 자처한 적도 없다. 다만 세 사람의 연구와 저작에서 공통적으로 보이는 문화에 관한 관점에 대해 문화주의라는 이름을 붙인 것뿐이다. 그 공통점이란 문화 영역의 중요성에 대한 강조, 그리고 노동계급을 비롯한 대중의 주체적 성격과 실천에 대한 강조라 할 수 있다. 이 문화주의의 영향을 받은 연구자들이 이후 구조주의를 비롯한 다양한 이론적 시각을 아우르면서 문화연구(Cultural Studies)라는 학문 영역을 형성하게 된다.

1. 문화주의

1) 문화주의와 구조주의

문화주의의 핵심적 특징은 문화의 수동적 소비보다 능동적 생산, 즉 인간의 실천을 강조한다는 점에 있다. 문화주의는 문화를 교양의 개념으로 보았던 리비스(Frank Raymond Leavis)나 매슈 아놀드식의 다분히 엘리트주의적인 관점을 비판하면서 노동자계급을 중심으로 한 피지배계급의 '살아 있는 문화'에 깊은 애정과 관심을 보였다. 또한 이들은 물질적 토대가 문화적 상부구조를 결정한다는 정통 마르크스주의에 대해서도 반대하고, 문화라는 영역이 물질적 토대에서 상대적인 자율성을 누리며 적극적으로 물질적 토대에 개입한다는 관점을 나타냈다.

문화주의의 이론적 입장은 특히 구조주의와 대립되는 특징을 가지고 있다. 구조주의가 인간의 문화적 실천을 그다지 중요하게 생각하지 않고, 주로 구조에 의해 모든 문화의 의미가 결정된다는 입장을 취하는데 대해 문화주의는 반대 입장을 분명히 보여준다. 문화주의는 구조보다는 인간과 인간의 경험에 관심을 갖는다. 구조주의의 초점이 다양한 문화적 텍스트 속에 숨겨진 구조와 지배 이데올로기를 찾는 것에 집중된 반면, 문화주의는 대중이 문화적 실천을 통해 자신들의 계급적 영역을 구축해 가는 능동적인 모습을 찾으려 시도한다. 문화주의 입장에서 대중문화란 단지 미학적 차원에서 질이 낮은 문화가 아니라 대중의 사상과 행위를 알 수 있는 의미 있는 자료이다.

2) 호가트와 톰슨

호가트는 그의 책 『교양의 효용(The Uses of Literacy)』('읽고 쓰는 능력의 이용' 혹은 '문자의 이용' 등으로 번역되기도 한다)에서 1930년대 영국 노동계급의 문화를 분석하면서 그것이 살아 있는 '삶의 문화(lived culture)'였음을 밝힌다. 그는 대중문화의 다양한 영역들, 이를테면 노동자들이 즐겨 찾는 술집, 그들이 즐기는 잡지, 스포츠 등과 일상 속의 가족관계, 남녀관계, 언어생활, 그들 집단의 보편적 가치 등이 상호 연결되면서 노동계급의 문화를 구성하고 있음을 보여준다. 그에 따르면 노동계급의 미학은 일상생활에 대한 관심, 이미 알려진 것들에 대한 관심, 탐색하기보다는 보여주는 것에 대한 선호 등으로 파악된다. 이는 문화생활을 통해 일상생활에서 도피하는 것이 아니라 오히려 일상생활을 강화하고 적극적으로 만든다. 1930년대 노동계급문화는 풍부하고 풍요로운 생활의 모습을 담고 있으며, 이는 민중 스스로 공동체적으로 만들어 낸 문화라는 것이다. 반면 이 책이 쓰인 1950년대 당시의 대량생산된 매스미디어 문화에 대해서는 비판적인 시각을 견지한다. 이 새로운 형식의 대중오락은 무책임하고 도덕적 신중성을 결여한 것으로 노동계급의 전통적 미학을 잠식하고 건강하던 노동계급문화를 위협한다는 것이다. 그는 이런 매스미디어 문화에 의해 1950년대 노동계급의 문화가 1930년대와 같은 풍요로움을 잃고 황폐화되어 간다고 본다. 1950년대 문화에 대한 그의 분석은 논란의 여지가 있지만, 노동계급의 살아 있는 문화에 대한 그의 관심과 애정은 대중의 문화에 대해 새로운 시각

E. P. 톰슨
톰슨(1924~1993)은 문화연구에 큰 영향을 미친 사학자이다. 그의 가장 유명한 저서 『영국 노동계급의 형성(The Making of English Working Class)』은 정통적인 역사가 노동계급을 소외시킨 것을 비판하고 가난한 피지배 노동자들의 삶을 역사에서 복원하려는 시도였다. 1963년 발간된 이 책은 이후 영국 사회 역사 저술에 지대한 영향을 미쳤으며, 사회학·인류학·민속학 분야에서 대중문화와 계급, 하위문화연구에 크게 기여했다.

을 열어주었다고 할 수 있다.

『영국 노동계급의 형성(The Making of the English Working Class)』으로 잘 알려진 톰슨은 계급 형성에 문화가 미치는 영향력에 대해 이야기한다. 계급은 대립되는 이해관계에 대한 감정과 인식이 나타날 때 비로소 형성되는 역사적 현상이다. 이해관계의 감정과 인식은 사람들의 공동 경험, 곧 문화로서 이루어진다. 톰슨은 계급이란 것이 생산양식에 의해 정태적으로 도출되는 것이 아니라고 본다. 노동계급은 생산관계 속에서 저절로 만들어지는 것이 아니라 노동자들 스스로 만들어낸 것이기도 하다는 것이다. 톰슨은 계급의식과 문화의 관계를 규명하기 위해 '경험'이라는 개념을 도입한다. 그는 경험이야말로 인간의 창조적 가능성의 원천이며, 현실에 대한 이해를 획득하고 깨닫게 하는 근거가 된다고 본다. 이는 알튀세르로 대표되는 구조주의적 마르크스주의자들의 입장과 뚜렷하게 대립된다. 알튀세르에게 경험이란 '이데올로기를 통해 구성되는 환상의 세계'에 지나지 않는 것이기 때문이다.

톰슨의 생각으로는 문화란 고상한 것도 아니고 위대한 선각자들에 의해 만들어지는 것도 아니다. 문화란 평범한 사람들의 경험, 가치, 사상, 행동, 욕망 등이 포괄적으로 조립된 것이다. 사람들은 사회와 경제에서 경험을 얻고, 그 경험은 문화 속에서 나타난다. 톰슨은 피지배계급의 문화가 기존 체제에 대항하는 능동적인 활력을 지니고 있다는 점을 부각한다.

3) 윌리엄스

윌리엄스는 『문화와 사회(Culture and Society: 1780~1950)』, 『기나긴 혁명(The Long Revolution)』 등의 책을 통해 문화주의적 문화론에 기여했다. 그는 『문화와 사회』에서 "대중(mass)은 없다. 다만 사람들을 대중으로 보는 시각만이 존재할 뿐"이라고 말하며 대중을 익명적이고 원자화된 동질적 집단으로 보는 시각을 부정한다. 『기나긴 혁명』에서는 문화에 관한 기존의 정의를 세 가지의 일반적 범주로 정리한다. 그 첫 번째가 "문화는 어떤 절대적 또는 보편적 가치라는 관점에서 '이상적인 것'으로, 인간이 완벽함에 이르는 과정이나 상태"라는 정의이다. 이런 문화 개념은 결국 문화를 '완성을 지향하는' 어떤 것으로 보는 개념, 교양으로서의 문화론이라는 엘리트주의적 관점과 통한다. 두 번째 정의는 "문서화된 기록들, 즉 기록된 텍스트와 실천행위로 이루어진 문화, 즉 인간의 생각과 경험이 다양하게 기록된 지적·상상적 작업의 유기체"라고 하는 것이다. 여기서 문화는 비판적 평가와 해석의 대상이 된다. 세 번째의 정의가 "문화에 대한 사회적 정의이며 여기서 문화는 삶의 방식에 대한 묘사"를 말한다. 이 세 번째 정의가 문화주의에서 핵심적인 정의가 된다. 문화에 대한 이런 정의는 문화에 대한 새로운 접근의 방향을 열어주었는데, 그것은 문화가 특정한 삶의 방식의 표현이라는 인류학적 관점이고, 문화가 '어떤 의미와 가치의 표현'이라는 관점이다. 이런 관점에서 문화 분석이란 "특정한 삶의 방식이나 문화에 내재되거나 표출된 의미와 가치들을 명확히 하는 것"이라 할 수 있다.

윌리엄스의 문화론에서 아주 중요한 개념 중 하나가 '감정구조(structure of feeling)'라는 것이다. 감정구조란 '특정한 집단이나 계급, 사회가 공유하는 가치', 혹은 '특정 집단에 의해서 공유되는 특정 시기의 생활철학'이다. '감정'이 개인적이고 심리적인 차원의 문제라면 '구조'는 사회적이고 객관적인 차원의 개념이다. 이 두 가지 관계의 산물이 감정구조다. 감정구조는 특정한 시대의 사회적 관계 속에서 형성된 문화에 대해 당대의 대중이 경험하는 상호 주관적인 감정의 형태라 할 수 있다. 대중이 일상 속에서 느끼는 다양한 감정과 경험들은 계급이나 제도 등 구조적 요인으로 섣불리 환원할 수도 없지만, 그렇다고 전적으로 개인적이며 주관적인 것으로만 간주할 수도 없다. 말하자면 감정구조란 한 시대를 살아가는 대중이 몸으로 느끼는 주관적 경험이면서 그들이 공통의 사회적 맥락 속에서 공유하는 공동의 경험이기도 하

버밍엄 대학교
현대문화연구소

현대문화연구소는 1964년에 설립
되었다. 호가트가 초대 연구소장을
지냈고, 이후 스튜어트 홀이 오랫동
안 연구소를 이끌면서 영국 문화연
구의 중요한 흐름을 만들어냈다. 특
히 스튜어트 홀의 지도하에 미디어
와 이데올로기, 일상생활과 문화,
하위문화연구가 집중적으로 이루어
졌고, 연구 결과가 지속적으로 출판
되면서 뛰어난 연구자들이 배출되
었다.

다. 예술이나 문학작품에서 표현되는 내용은 당대적이고 감정적인 성격을 띤다. 당대 대중의 감정구조는 예술과 문학을 통해 읽어낼 수 있다. 예술과 문학에서 감정구조를 찾아낸다는 것은 그것이 제공하는 직접적인 경험 속에서 사회적 내용을 포착한다는 의미를 갖는다. 문화분석이란 결국 다양한 문화현상과 자료를 통해 그 시대의 감정구조를 읽어내는 것이다.

윌리엄스는 그의 주저 가운데 하나인 『마르크스주의와 문학(Marxism and Literature)』에서 한 시대의 문화가 지배적 문화(dominant culture), 부상하는 문화(emergent culture), 잔존하는 문화(residual culture)로 구성된다고 말한다. 지배문화는 동시대의 사회적 규범을 이루며 다수의 호응을 얻는 문화를 말하고, 부상하는 문화는 새로운 아이디어와 실천으로 기존의 지배문화에 도전하는 문화를 말한다. 잔존하는 문화는 과거의 문화이지만 여전히 현 시대에 남아 있는 문화를 의미한다. 지배문화는 과거에 부상하는 문화였고, 잔존하는 문화는 과거의 지배문화이다. 레이먼드 윌리엄스의 이 세 가지 문화 분류는 문화가 고정된 것이 아니라 역동적으로 변화하는 복잡한 과정의 산물임을 보여준다. 다양한 사회집단의 다양한 문화가 사회 내에서 끊임없이 경쟁하고 투쟁하고 있다는 것이다.

2. 문화연구와 그람시

1) 영국 문화연구의 전통

문화연구라는 말을 쓸 때에는 다소 주의가 필요하다. 그저 일반적인 의미에서 문화를 연구한다는 뜻의 문화연구일 수도 있지만, 문화주의적 전통에서부터 출발해 스튜어트 홀(Stuart Hall)이 이끌었던 버밍엄 대학교의 현대문화연구소(Center for Contemporary Cultural Studies)를 중심으로 발전해 온 영국의 문화연구(British cultural studies)라는 특정한 학제의 전통을 지칭하는 것일 수도 있기 때문이다.

영국 문화연구의 전통은 호가트, 윌리엄스, 톰슨 등의 저작에 의해 촉발된 문화주의에서 시작되었다. 문화주의는 문화의 개념을 엘리트 주의적 성곽에서 구출하여 새롭게 정의했고, 정통 마르크스주의자들과 달리 문화의 사회적 중요성을 깊이 인식했다는 점에서 문화연구에 기여한 공이 매우 크다. 특히 문화주의는 인간의 능동적 실천이라는 것을 강조하며 문화가 결국 인간 실천의 산물임을 주장함으로써, 문화를 구조의 산물로 보는 구조주의적 시각에 대립적인 관점을 구축했다. 이후 현대문화연구소를 중심으로 다양한 이론적 자원을 흡수하면서 문화연구는 통합 학문적인 성격으로 발전했다.

대중문화와 관련해서 중요한 것은 문화연구가 구조주의의 시각과 문화주의의 시각을 통합한다는 점이다. 앞서 대강 살펴보았듯이 구조주의와 문화주의는 매우 대립적인 입장을 가지고 있다. 도식적으로 말하자면, 구조주의는 모든 문화적 의미의 근원을 '구조'에 두는 반면 문화주의는 '인간의 실천'에 둔다. 구조주의의 시각에서 대중문화는 구조의 산물이며, 그것은 결국 대중문화가 지배 이데올로기의 도구라는 관점을 벗어나지 못한다. 구조주의는 다양한 개념적 도구와 방법론을 동원해 대중문화 텍스트가 숨기고 있는 지배 이데올로기를 드러내는 데 집중한다. 반면 문화주의에서 문화는 인간의 실천 영역이다. 문화주의자들은 지배 이데올로기의 때가 묻지 않은 순수한 노동계급문화의 존재를 가정한다. 문화연구가 나중에 구조주의와 문화주의를 통합했다는 것은 두 시각을 모두 부정하는 동시에 모두 받아들인다는 뜻이 된다. 즉, 문화는 일방적으로 지배적인 구조의 산물도 아니며 그렇다고 노동계급의 순수한 표현도 아니라는 것이다. 문화는 그 두 가지의 힘, 즉 지배적인 구조의 힘과 인간의 실천의 힘이 만나 경쟁하고 투쟁하며 타협하고 갈등하는 영역이라는 것이다. 여기서 근간이 되는 이론적 자원이 이탈리아의 사상가 안토니오 그람시(Antonio Gramsci)의 헤게모니 개념이다.

2) 안토니오 그람시

그람시는 20세기 사상사에서 가장 우뚝 선 거인이며 혁명가였다. 그 람시는 1891년 이탈리아의 사르데냐에서 태어났다. 그는 어려서부터 곱사등이의 장애를 안고 살아야 했다. 그는 토리노 대학교를 졸업한 후 토리노의 공장평의회에서 적극적으로 활동했고, 마르크스주의 신문인 ≪신질서≫를 창간해 편집장으로 활동하기도 했다. 1921년 이탈리아 공산당이 창당된 후에는 중앙위원으로 활동했고 국회의원이 되기도 했다. 무솔리니의 파시스트 정권에 대항해 싸우다가 1926년 체포되어 20년형을 선고받았는데, 당시 검사는 "이 자의 두뇌를 20년간 활동정지시켜야 한다"라는 유명한 논고를 했다. 그러나 그는 체포된 지 11년만인 1937년 46세를 일기로 세상을 떠났다.

그람시의 두뇌를 활동 정지시키려 했던 파시스트들의 기도는 성공하지 못했다. 감옥에 있는 동안 그람시는 어려운 환경 속에서도 두뇌활동을 멈추지 않았고, 그 결과 엄청난 분량의 『옥중수고(Prison Notebook)』를 남겼다. 그의 이론과 사상은 바로 이 『옥중수고』에 집대성되어 있는데, 이는 이후 서구 마르크스주의에 지대한 영향을 미쳤다.

3) 헤게모니

그람시 사상의 독창적이고 뛰어난 면모를 핵심적으로 담고 있는 개념이 바로 헤게모니 개념이다. 원래 헤게모니 개념은 레닌에게서 등장한다. 레닌은 사회주의혁명 과정에서 프롤레타리아계급이 헤게모니를 행사해야 한다고 했다. 여기서 헤게모니는 지도력, 리더십을 의미한다. 그람시는 이를 자본주의사회에서 지배의 메커니즘을 설명하는 데 적용했다. 기본적으로 헤게모니는 서구 자본주의사회에서 자본주의적 발전에 따른 억압과 착취에도 불구하고 왜 사회주의혁명이 일어나지 않는지를 해명해 주는 개념이다. 즉, 자본주의 체제의 탄력성과 견고함을 이론적으로 설명해 주는 개념이라 할 수 있다. 당시의 많은 마르크스주의자들과 달리 그람시는 자본주의의 강점을 정확히 이해하고 있었고 그것을 극복할 수 있는 방법에 대해 고민했다.

헤게모니는 지배계급이 사회를 단순히 강압적인 힘만으로 통치하는 것이 아니라 도덕적·지적 리더십을 통해 이끌어가는 상황을 지칭한다. 이런 지적·도덕적 리더십이 가능한 것은 그런 믿음을 생산하는 사회적 형식들, 즉 시민사회의 다양한 형식들이 발전해 있기 때문이다. 자본주의가 발전하고 선진화할수록 정당, 사회단체, 노동조합, 언론 등 다양한 시민사회적 형식이 발전하게 되는데, 이들이 대중으로 하여금 현재의 질서와 체제에 동의하게 한다는 것이다. 그람시는 여기서 유기적 지식인이라는 개념을 제시한다. 유기적 지식인은 '문화인의 엘리트로서 문화적 그리고 일반적인 이데올로기 분야에서 리더십을 제공하는 기능을 지닌 지식인'을 말한다. 말하자면 유기적 지식인이란 언론이나 교육, 문화산업(바로 알튀세르가 말하는 이데올로기적 국가기구에 해당하는) 등을 통해 이데올로기를 생산하는 지식인들이다.

4) 대중문화와 헤게모니

대중문화와 관련해서 헤게모니 개념은 매우 중요한 의미가 있다. 헤게모니의 핵심은 그것이 일방적인 지배가 아니라 동의에 기반을 둔 지배, 즉 타협을 통한 지배라는 데 있다. 헤게모니의 관점에서 볼 때 대중문화는 사회의 지배적인 힘과 피지배자의 힘 사이에 투쟁과 타협, 갈등과 교류가 일어나는 영역이 된다. 이것은 성이나 세대, 인종, 계급, 지역 등 다양한 요소에 의해 나타날 수 있다. 대중문화는 지배와 저항 사이의 알력, 즉 지배층이 자신의 이해관계를 보편화하려는 시도와 피지배층이 그에 저항하는 시도 사이에서 투쟁이 일어나는 장이다. 이런 시각에 따르면 대중문화는 서로 상충하는 이해와 갈등이 모순적으로 혼합되어 있는 영역이 된다. 즉, 그것은 일방적으로 지배자의 것도 아니고 일방적으로 피지배자의 것도 아니다. 그것은 중산층도 노동층도 아닌, 인종주의도 반인종주의도 아닌, 남성 지배도 여성 지배도 아닌 항상 두 극단 사이를 오가는 저울의 추와도 같은 것이다.

헤게모니 이론에 따르면 대중문화의 의미는 구조주의에서 말하는 것처럼 구조에 의해 결정되는 것도 아니고, 문화주의에서 말하는 것처럼 대중의 실천에 의해서 생겨나는 것도 아니다. 문화의 의미는 구조와 실천의 접합에 의해 형성된다. 다시 말하면 구조의 반영이라 할 수 있는 텍스트와 그것을 수용하는 대중의 문화적 실천 사이의 상호작용에 의해 발생한다. 여기서 수용자 대중이 특정한 텍스트를 어떻게 해독하고 실천하는가 하는 문제가 중요한 주제로 떠오르게 된다.

그런데 수용자 대중은 매우 다양하다. 그중에는 노동자도 있고, 중산층도 있고, 남성도 있고, 여성도 있다. 또 나이 많은 세대도 있고 젊은 신세대도 있다. 각 대중 집단은 각기 다른 삶의 조건에서 살아가며, 그들은 각기 다른 욕망과 필요에 따라 문화를 수용한다. 따라서 각각의 집단은 각기 다른 방식으로 주어진 문화를 수용하며 해독한다. 또 경우에 따라서는 이를 통해 특정한 집단이 여타 사회집단과 다른 문화적 관습을 형성하고, 공유하는 현상이 일어나기도 한다. 여기서 나오는 것이 하위문화(subculture)의 개념이다.

5) 대중문화와 하위문화

하위문화는 계급이나 성, 세대 등으로 구분되는 커다란 범주에 속하면서 각기 다른 속성에 따라 구별되는 다양한 소집단들의 독특한 정체성을 반영하는 문화를 의미한다. 이를테면 노동자계급이라고 하는 범주 아래에는 연령층에 따라 청소년 노동자집단, 성인 노동자집단 등의 하위범주가 있을 수 있으며, 이들은 노동자계급이라고 하는 성격을 공유하지만 세대라고 하는 변수에 따라 구별되는 특성을 나타낸다. 그렇게 각기 다른 집단이 각기 다른 방식으로 주어진 문화를 해독하고 수용할 때 거기에는 각기 독특한 특성을 지닌 문화실천의 형태가 만들어진다. 그것이 하위문화이다. 하위문화는 지배적인 문화에 대한 다양한 하위집단의 의식적·무의식적 대응이며, 거기에는 어떤 형태든 하위집단의 욕구가 반영될 수밖에 없다. 말하자면 하위문화는 지배문화의 지배력과 하위집단의 저항력이 일정한 수준에서 만나 타협한 결과인 셈이다.

하위문화의 개념은 주로 청소년, 특히 노동계급 청소년들의 반사회적이거나 일탈적인 행위와 문화를 설명하는 데 많이 쓰였다. 청년 하위문화 집단이 문화적 정체성을 형성하고 표현하는 가장 일반적인 방식이 언어, 스타일, 음악이다. 특히 스타일과 음악은 하위문화의 정체성을 드러내는 가장 중요한 수단이다. 그 대표적인 예의 하나로 라스타파리안(rastafarian) 하위문화를 들 수 있다. 라스타파리안은 1960~1970년대 미국과 영국의 서인도제도 출신 청소년들 사이에 널리 확산되었던 흑인주의 운동의 추종자들이다. 이들은 흑인의 자존심과 주체성을 내세우면서 백인 사회에 흡수되기를 거부하고 아프리카로 복귀할 것을 주장했다. 이들은 당시 에티오피아의 황제였던 하일 셀라시에를 추종하면서 에티오피아 국기를 상징하는 적색·녹색·황금색을 넣은 옷과 배지, 모자 등을 착용하고 레게(reggae) 음악을 부르며 자신들의 집단 정체성을 표현했다. 특히 레게 음악은 서인도제도 출신 흑인 노동자들이 스스로 흑인임을 폭발적으로 드러내고 표현하는 가장 중요한 공간이자 수단이었다. 그들은 클럽에 모여 1000와트 이상의 엄청난 볼륨으로 음악을 연주하고, 사제 스피커를 동원해 방송하기도 했다. 레게 음악은 밥 말리(Bob Marley)에 의해 세계적으로 알려졌고, 음반산업에 흡수되어 대중적인 음악 장르가 될 만큼 국제적인 성공을 거두었다. 저항세력의 저항적 에너지를 담은 문화가 문화산업에 흡수되어 상업적 성공을 거두는 현상은 앞의 헤게모니 개념과 관련해서도 의미심장하다. 레게 음악은 그 음악을 통해 흑인의 저항적 메시지를 많은 사람에게 알리고 확산시키는 역할을 했지만, 동시에 그들이 대항하고자 한

라스타파리안 운동과 레게 음악, 그리고 밥 말리

라스타파리안 운동은 1970년대 자메이카 출신 청소년들이 중심이 되었던 흑인주의 운동이다. 라스타파리는 이들의 우상이었던 에티오피아의 황제 셀라시에의 본명이다. 이들은 에티오피아 국기의 색과 모양을 본뜬 옷을 입고 레게 음악을 부르며 자신들의 독특한 정체성을 표현하는 하위문화를 만들었다. 자메이카 출신으로 세계적인 성공을 거둔 밥 말리는 레게 음악을 세계에 알리고 라스타파리안의 흑인주의를 대변했던 가장 유명한 록 스타이다. 1945년에 태어난 그는 1962년 음반을 내기 시작해 1970년대 초반부터 이름을 널리 알렸다. 그는 Bob Marley and the Wailers라는 그룹을 결성해 자메이카의 토속 리듬과 록을 결합한 레게 음악을 통해서 흑인에 대한 차별을 고발하고 백인우월주의에 저항하는 메시지를 전파하여 전 세계 흑인의 우상이 되었으나 1981년 뇌종양으로 사망했다. 대표곡으로는 에릭 클랩튼이 작곡한 「I shot the sheriff」(1972)와 「No woman, no cry」(1973) 등이 있고, 《Natty Dread》(1975), 《Rastaman Vibration》(1976), 《Exodus》(1977), 《Survival》(1979), 《Uprising》(1980), 《Birth of a Legend》(1976) 등의 앨범이 있다.
레게 음악은 백인의 억압에 대한 흑인의 저항과 유토피아에 대한 강력한 지향의 의미를 빼면 남는 것이 없다고 해도 과언이 아닐 만큼 급진적인 음악이다.

자본주의의 지배자들(이를테면 음반산업과 흥행주, 방송사 등)에게 엄청난 경제적 이득을 남겨주었다. 결국 레게 음악은 기존의 체제에 대한 도전과 저항의 의미를 지니는 동시에 기존 체제를 안정시키는 역할도 한 것이다. 그랬을 때 그것의 문화적 의미는 결국 시점에 따라, 집단에 따라 저항과 지배의 양 극단 사이의 어느 지점에서 헤게모니적으로 형성될 것이다.

1970년대에는 영국의 노동계급 백인 청년들의 하위문화였던 펑크족 (punks)이 사회적 관심을 끌었다. 펑크족의 청소년들은 요란한 머리 모양과 색깔, 속박과 구속을 상징하는 의상, 문신과 피어싱 등 충격적인 스타일을 통해 기존의 사회체제와 문화에 대한 저항을 표현했고, 자신의 정체성을 표현하는 음악으로 섹스 피스톨스(Sex Pistols)나 클래시 (The Clash) 같은 밴드들의 펑크록 음악을 적극 받아들였다. 펑크족이라는 이름도 펑크록에서 딴 것이다. 펑크록은 단순하고 강렬한 사운드로 세상에 대한 분노와 좌절, 무정부주의와 정치적 저항의 메시지를 담은 것들이 많았고 펑크록 공연에서는 늘 충격적이고 반도덕적인 해프닝이 벌어지곤 했다. 노동계급 백인 청년들인 펑크족들은 펑크스타일과 펑크록을 통해 지배적인 부르주아적 가치에 대한 저항을 드러냈다.

이 외에도 다양한 하위문화가 문화연구자들의 관심을 모으며 분석의 대상이 되었다. 청년층의 하위문화들이 기존의 문화적 산물들을 차용하거나 스스로 새로운 문화적 표현을 만들어내면서 저항적 정체성을 드러내는 것, 그리고 기성 자본주의 시스템이 전유한 지배 이데올로기와 이 청년 하위집단들의 저항적 문화가 부딪치는 헤게모니적 갈등과 타협의 양상을 분석하는 것이 문화연구자들의 주요한 주제 가운데 하나였다.

3. 대중문화와 지배 이데올로기

지금까지 몇 장에 걸쳐 대중문화와 관련된 중요한 이론적 관점들에 대해 간략히 살펴보았다. 다소 딱딱하고 관념적인 이야기가 계속되어 조금 지루한 감이 없지 않으리라 생각한다. 대중문화론을 강의할 때마다 느끼는 일인데, 이론 부분을 어떻게 지루하지 않으면서 이해하기 쉽게 설명할 수 있는가 하는 문제는 매우 어렵다. '대중문화'는 재미있지만, '대중문화 이론'은 어차피 이론이기 때문에 재미와는 거리가 멀 수밖에 없다. 이론 부분을 먼저 이야기한 것은 대중문화에 대해 생각할 수 있는 다양한 방식에 대해 미리 어느 정도 알고 있는 것이 구체적인 대중문화 현상을 분석하는 데 도움이 되기 때문이다. 여러 가지 개념과 이론이 머릿속에 복잡하게 얽혀 혼란스럽겠지만, 되풀이 말하거니와 우리의 목표는 이론에 있는 것이 아니다.

대중문화의 미학적 수준에 대한 평가에 집중한 엘리트주의 이론을 빼고 대중문화의 사회적 성격에 주목한 이론들의 기본 관점을 도식적으로 정리해 본다면 결국 대중문화와 지배 이데올로기의 문제로 집약된다. 대중문화가 상품성과 표준화된 성격 때문에 대중의 미적 인식 및 자발적인 성숙을 차단한다는 프랑크푸르트학파의 논의, 자율적인 주체란 없으며 대중의 주체성은 대중문화에 담긴 이데올로기에 의해 구성된다는 알튀세르의 주체구성론, 문화의 의미가 텍스트 내적·외적 요소들 간의 관계(즉, 구조)에 의해 생성된다는 구조주의의 시각 등은 모두 결국 대중문화가 지배 이데올로기의 반영이며 도구라는 시각으로 귀결된다. 이런 지배 이데올로기론은 대중문화를 단지 그것의 생산 과정과 텍스트 차원에서만 보는 것이라 할 수 있다. 반면 문화주의는 문화를 대중의 실천이라는 관점에서 보며, 대중문화 역시 대중(주로 노동자 대중)의 자발적인 표현이라는 관점에서 파악한다. 그람시의 헤게모니 개념에 근거한 문화연구에서는 대중문화에 대한 상반된 두 시각,

즉 구조주의적 시각과 문화주의적 시각을 통합하여 대중문화의 의미가 구조와 실천의 접합에 의해 생성된다는 관점을 견지한다. 여기서 대중문화는 일방적인 지배 이데올로기의 영역이 아니라 지배의 힘과 저항의 힘이 만나 갈등하고 타협하는 헤게모니 투쟁의 장이 된다.

생각해 볼 문제

1. 구조주의와 문화주의의 차이에 대해 생각해 보자.
2. 대중문화는 동질적인 하나의 문화인가, 아니면 다양한 문화들의 집합인가?
3. 그람시와 헤게모니 개념에 대해 좀 더 알아보자.
4. 우리나라에서 두드러지게 나타나는 하위문화적 현상의 예에는 어떤 것들이 있는가?
5. 서구 사회에 나타났던 하위문화의 사례들에는 어떤 것들이 있는지 조사해 보자.
6. "대중문화는 헤게모니 투쟁의 장이다"라는 말의 의미는 무엇인가?

참고 자료

임영호 엮음. 2015. 『문화, 이데올로기, 정체성』. 컬처룩.

스튜어트 홀은 영국의 현대문화연구소를 이끈 가장 중요한 연구자 중 하나이다. 그의 대표적인 글을 뽑아 모은 이 책은 문화연구의 좀 더 깊은 세계에 입문하고자 하는 사람들에게 필수적인 읽을거리이다.

터너, 그래엄(Graeme Turner). 1995. 『문화연구입문』. 김연종 옮김. 한나래.

윌리엄스, 호가트, 톰슨 등 문화연구의 선구자들로부터 시작된 문화연구의 역사를 개괄하면서 텍스트, 수용자, 이데올로기 등 문화연구의 주요 주제들을 중심으로 다양한 연구 성과들을 조명한다.

볼드윈, 일레인(Elaine Baldwin) 외. 2008. 『문화코드 어떻게 읽을 것인가: 문화연구의 이론과 실제』. 조애리 외 옮김. 한울엠플러스.

스토리, 존(John Storey). 1999. 『문화연구와 문화이론』. 박이소 옮김. 현실문화.

원용진. 1996. 『대중문화의 패러다임』. 한나래.

상징권력과 문화자본
피에르 부르디외의 문화사회학

주요 개념 및 용어 | 과시 소비, 경제자본, 문화자본, 사회자본, 상징자본, 능력주의, 구별짓기, 장, 아비투스, 상징권력

현대사회에서 대중문화는 다분히 소비문화의 성격을 갖는다. 영화나 음악 등 다양한 대중문화 텍스트는 소비를 통해 향유하는 상품이고, 패션과 스타일, 레저와 스포츠, 인테리어, 주거 환경 등 다양한 소비재들은 대중문화의 중요한 일부이다. 현대 자본주의사회는 대량생산과 대량소비를 통해 소비를 균등화하기도 하지만 소비의 차별화를 통해 사회적 불평등과 차별을 심화시키기도 한다. 부유한 상류층은 값비싼 상품을 통해 자신의 부를 과시하고 다른 사람들과 차별화하고 싶어 한다. 소스타인 베블런(Thorstein Bunde Veblen)은 이런 식의 소비를 과시 소비(conspicuous consumption)라고 불렀다. 한국 사회에서도 자주 문제가 되곤 하는 이른바 명품 소비는 자신의 부와 계급을 전시하고 싶어 하는 상류계층과 이를 모방하고 싶어 하는 중간계층의 과시 소비 행태를 잘 보여준다.

이렇게 소비를 통한 계층화, 차별화는 대중문화에서도 중요한 주제가 된다. 사람들의 문화적 취향과 소비는 다분히 계급적인 차이를 반영하며, 이는 다시 사회의 계급구조를 강화하는 작용을 한다. 프랑스의 사회학자 피에르 부르디외(Pierre Bourdieu)는 문화적 취향과 소비가 어떤 방식으로 형성되며 이것이 사회의 계급구조와 어떻게 연관되는지를 다양한 연구를 통해 분석했다. 부르디외가 발전시킨 이론과 개념들은 대중문화 현상의 여러 측면을 이해하는 데 큰 도움이 된다.

1. 문화자본

부르디외는 사회적 행위자들이 권력을 얻기 위한 다양한 투쟁에서 동원하는 여러 형태의 수단들을 자본(capital)이라는 개념으로 표현했다. 그는 자본 형태를 세 가지로 구분한다. 경제자본, 문화자본, 사회자본이다. 경제자본은 우리가 흔히 자본이라고 할 때 떠올리는 돈과 재산을 의미하고, 문화자본은 문화적 능력을, 사회자본은 사회적 지위와 인간관계, 연줄 같은 것을 의미한다. 이 세 가지 자본을 통해 사회적 인정을 얻게 되면 생기는 상징적 권위를 '상징자본(symbolic capital)'이라고 표현하기도 한다. 대중문화와 관련해 중요한 개념은 문화자본(cultural capital)이다. 문화자본은 문화에 접근하고 문화적 자원을 활용할 수 있는 능력을 의미한다. 예술 작품을 감상할 수 있는 심미안에서부터 책과 음반 혹은 미술품 같은 문화적 재화를 소유하고 활용할 수 있는 능력, 신체적 특성과 몸가짐 혹은 언어적 습관이나 행동양식처럼 신체적으로 체화, 구현되는 능력, 학력이나 학벌 등 사회적으로 제도화된 자격 요건에 이르기까지 문화자본은 여러 영역에 걸쳐 다양하게 존재한다.

문화자본은 다양한 방식으로 활용해서 경제자본으로 전환할 수 있다. 높은 수준의 문화자본을 가진 사람이 더 많은 경제자본을 획득할

소스타인 베블런

미국의 경제학자이자 사회학자이다. 1857~1929년. 마르크스 이후 자본주의사회의 모순을 가장 통렬하게 비판한 사상가로 평가된다. 경제학자로 분류되지만 철학, 인류학 등 여러 사회과학을 넘나들었다. 대표적인 저작으로 『유한계급론』이 있다. 생산능력에 충실하지 않고 사치에 치중하면서 부를 과시하는 것으로 인정과 명예를 얻으려고 하는 참나의 관점에서 비싼 물품 가격이 오히려 수요를 더 높이는 현상이 '베블런 효과'의 기원이 되었다.

과시소비

베블런이 『유한계급론』에서 비판한 유한계급의 소비 행태이다. 19세기 후반 급속한 공업화와 도시화 과정에서 성장한 신흥 부호들은 귀족이 아니었지만, 일반 민중과 자신들을 차별화하고 그들에게 존경과 인정을 받고자 호화 저택을 짓고 엄청난 고가의 사치품을 사들이고 치장했다. 어떤 쓸모가 아니라 남에게 보이는 것, 즉 과시함으로써 부러움의 시선을 받는 것이 제일 목적인 소비를 과시소비라고 한다.

10 상징권력과 문화자본   179

능력주의

Meritocracy에서 merit는 훌륭함, 능력, 기여를 의미한다. 즉 직위와 만 능력과 기여에 의한 지배를 뜻한다. 능력주의란 개인의 능력과 기여 여하에 따라 사회적 지위와 부의 보상이 이루어지는 시스템을 지향하는 가치체계를 말한다. 신분이나 재산이 아니라 노력과 능력을 중시한다는 점에서, 계급 사회 이동성을 높이고 공정한 가치체계로 보인다. 하지만 능력과 기여 여하를 판별할 수 있는 객관적인 기준을 마련하는 것이 불가능하다. 결국 시험 점수와 권위로 출세하는 시험 만능주의 및 학벌주의로 귀결되기 쉽다. 그러나 자본주의사회에서 기여란 돈을 얼마나 버는 것에 한정되기 마련이다. 이러한 맥락을 보완하기 위해 능력과 기여의 기준을 다양하게 높여야 한다는데 능력주의가 재분배나 나이나 생활수준 따위의 능력주의를 더해야 한다고 해도 최의로운 사회가 될 수 없다고 주장한다. 예컨대 농구선수 르브론 제임스가 초세기 대에 데이났다면 결코 성공할 수 없었을 것처럼, 능력이나 기여로 인정받을 수 있는 것은 그 사회의 지배적 맥락에 의존하기 때문에 능력과 기여는 결코 공평하고, 모든 모두에게 고르게 따르지 않는다는 것이 그의 논거이다.

가능성이 높아진다. 하지만 문화자본은 경제자본과 달리 직접적인 소유나 증여의 대상으로 여겨지지 않는다. 즉 부모에게 경제자본을 물려받는 것은 쉽게 드러나지만, 문화자본의 증여는 잘 드러나지 않는다. 문화적 취향이나 능력 같은 문화자본은 어린 시절부터 경험한 가정적 환경과 교육 과정을 통해 형성되지만, 마치 개인의 타고난 성향과 능력인 것처럼 여겨진다는 말이다. 그렇게 됨으로써 더 많은 문화자본을 가진 계층의 사람들이 결과적으로 더 많은 경제자본을 누리는 것이 당연하고 자연스러워 보이게 된다. 더 많은 문화자본을 가진 사람들이 더 많은 경제자본을 갖게 되고, 더 많은 경제자본을 가진 계층이 더 많은 문화자본을 갖게 됨으로써 계급구조가 자연스럽게 재생산된다는 것이다.

이 과정에서 중요한 역할을 하는 것이 학교, 즉 교육이다. 학교는 문화자본의 형성을 통해 계급 재생산이 이루어지는 데 핵심적 역할을 한다. 학교는 사회의 지배적인 문화와 가치에 기반을 둔 교육 내용과 평가 기준을 통해 학생들을 교육함으로써 상류계급과 중간계급의 자녀들이 더 잘 적응하고 학습할 수 있는 반면, 하층계급의 자녀들은 잘 적응하기 어려운 환경을 제공한다. 특히 고등교육 체제는 특권을 부여하고 지위를 할당하며 기존의 사회제도를 당연하게 받아들이게 만든다. 고등교육의 능력주의 시스템(meritocratic system)은 계급적 이해관계를 교육적 위계질서로 환원시킴으로써 사회의 계급질서를 재생산하게 만든다. 부르디외의 이론은 프랑스 사회의 계급구조와 교육제도를 대상으로 연구한 결과이지만, 대학 서열구조가 엄연하게 자리 잡고 있는 한국 사회에도 유사한 적용이 가능하다. 상류층 자식들은 어릴 때부터 사교육이나 해외 연수 등을 통해 더 높은 문화자본을 획득함으로써 더 좋은 대학에 진학할 수 있는 조건을 갖게 되고, 이를 통해 더 많은 돈을 벌 수 있는 사회 상층부 진입이 상대적으로 용이하게 된다.

부르디외의 문화자본 개념에서는 이른바 고급문화를 정점으로 한 문화적 위계질서를 전제한다. 그러니까 대중문화 취향보다는 이른바 순수예술 취향을 더 높은 문화자본을 가진 것으로 간주하는 것이다. 이는 전통적으로 계급구조가 견고하고 그에 상응하는 문화적 위계질서가 자리 잡고 있는 프랑스 사회를 배경으로 한 개념이다. 하지만 문화자본의 개념을 비판적으로 확장하면 대중문화나 하위문화(subculture)에 대해서도 적용할 수 있다. 대중문화 내에서도 가치의 위계가 있고 그에 따른 권위, 즉 상징권력이 존재한다. 예컨대 영화나 록 음악에 대한 지식과 정보는 일종의 문화자본이 된다. 더 많은 문화자본을 가진 사람이 그만큼 더 큰 권위를 갖게 된다. 또 특정 스타의 팬클럽 내에서 그 스타에 관한 정보와 지식, 연관 상품이나 굿즈 같은 것이 문화자본이 된다. 대중문화에서의 문화자본은 학교교육 시스템이 아니라 미디어를 통해 전수된다. 그러니까 미디어를 더 잘 알고 활용하는 정도에 따라 문화자본의 수준이 달라진다. 이런 대중문화의 문화자본 역시 경제자본으로 전환하는 것이 가능하지만(즉, 돈을 벌 수 있지만), 그 가능성은 훨씬 떨어진다. 대중문화자본(혹은 하위문화자본)은 계급이나 경제보다는 의미와 쾌락, 정체성과 더 깊은 연관을 갖고 있고 세대, 젠더, 인종 같은 요소들이 중요성을 갖는다.

2. 구별짓기

현대사회에서 소비와 문화의 다양성은 단지 차이로 존재하는 것이 아니라 다른 집단과 자신을 구별하고자 하는 차별화와 과시 욕구를 보여준다. 부르디외는 가장 중요한 저작 가운데 하나인 『구별짓기(La distinction)』(1979)에서 프랑스 사회에서 계급·계층 사이에 나타나는 취향과 소비 양태의 차이를 분석한 바 있다. 그는 다양한 사회집단을 대상으로 영화, 음악, 미술, 독서, 음식, 의복, 실내장식, 스포츠, 여가 등에 대한 선호도를 조사했다. 이를 통해 다양한 영역의 취향들이 상호 연관되어 있으며 계급적 차별성을 드러냄을 보여주었다. 그에 따르면 문화와 취향의 차이는 경제적 계급의 차이와 상당히 중첩된다. 유사한 취향을 공유하는 집단이 동일한 계급을 형성하는 것이다.

또한 소비와 문화의 다양한 양태 속에는 스스로를 다른 집단과 구별하고자 하는 욕구가 담겨 있다. 상층계급은 흔히 명품이라 불리는 사치재 소비를 통해 자신들을 차별화하고자 한다. 문화예술에서도 상층계급은 이른바 '순수'한 것으로 여겨지는 고급문화를 즐김으로써 스스로를 일반 대중과 구별짓는다. 그러면서 그들은 이런 차이가 계급적 조건에서 오는 것이 아니라 자연스러운 취향에서 오는 것처럼 가장하고 그 차이를 정당화한다. 중간계급은 비록 일정한 한계 내에서지만 상층계급의 사치스러운 취향을 따라가려고 애쓰거나 자신들만의 지적이고 예술적인 교양을 드러내면서 노동자계급과 차별화하고자 한다. 반면 노동자계급은 자신들의 필요에 따라 서민적인 음식을 먹고 값싼 소비재를 구매하며 상류층이 즐기는 세련되고 진지한 문화보다는 노동의 고단함을 잊을 수 있는 가벼운 문화를 선호한다. 하층으로 갈수록 소비는 필요에 따라 이루어지고 소비의 대상 자체가 중요한 반면, 상층으로 갈수록 필요보다는 구별짓기의 욕망이 강하고 소비의 방식과 태도가 중요해진다. 이를테면 서민층은 필요에 따라 자판기 커피를 사 마시지만, 상류층은 똑같은 커피도 분위기 있는 곳에서 우아하게 마시고 싶어 한다. 부르디외는 기본적인 생활의 필요를 위해 저렴한 상품을 소비하는 하층계급의 취향을 상층계급의 '사치취향'에 대비해 '필요취향'이라 부른다.

구별짓기는 일상의 다양한 문화에서 나타난다. 예컨대 한국 사회의 중산층 스포츠 문화의 변화를 살펴봐도 구별짓기의 욕망이 중요하게 작용하고 있음을 알 수 있다. 1970, 1980년대 대중이 TV를 통해 야구 경기를 보고 여가 시간에도 축구처럼 특별한 장비나 비용이 필요 없는 종목을 즐길 때, 테니스는 중산층 이상이 선호하는 스포츠였다. 당시 테니스 가방과 라켓은 자신이 상류층임을 상징하는 기호였다. 하지만 1990년대 들어 테니스가 대중화하면서 테니스 라켓의 구별짓기 기능이 약화되자 상류층은 새로운 종목을 찾게 되고, 1990년대 중반 이후에는 골프가 상류층을 상징하는 스포츠가 된다.

문화소비의 구별짓기가 중요한 까닭은 단지 계급에 따른 문화적 차이가 존재하기 때문이 아니다. 문화적 차이가 단지 취향의 차이로 보임으로써 그 아래 깔린 계급적 불평등의 문제가 가려지고 은연중에 정당화되는 것이 문제다. 문학, 음악, 미술, 스포츠 등에 대한 선호의 차이는 흔히 자연적으로 타고난 차이로 여겨지지 사회적인 차별이나 계급적 차이, 경제적 불평등으로 인한 차이로 간주되지 않는다. 하지만 문화적 취향은 많은 경우 경제적 차이와 계급적 지위에 따른 학습과 경험의 차이에서 비롯된다. 클래식 음악이나 현대미술 같은 고급문화를 이해하고 수용할 수 있는 기회와 능력은 가정 환경에 따라 달라진다. 고학력 중산층 이상의 부모를 가진 아이들이 상대적으로 이런 문화에 접할 기회가 많고 이런 경험이 그런 고급문화를 이해할 수 있는 능력을 키워준다. 반면 노동계급 가정에서 성장한 아이들은 그런 문화를 접할 기회를 상대적으로 덜 가지게 되고 주로 TV 같은 미디어를 통해 접하는 대중문화에 대한 취향을 형성하게 된다. 이렇게 문화적 취향은 계급적·사회적 차이를 바탕으로 형성되지만, 마치 나면서부터 고급스러운 취향을 가진 사람과 그렇지 못한 사람이 나뉘어 있는 것처럼 간주되고, 그 결과 계급적 차이와 사회적 불평등이라는 문제가 은폐되는 것이다.

3. 장(field)과 아비투스(habitus)

앞서 말한 바처럼 가정 환경과 교육, 사회적 경험은 사람들에게 각기 다른 취향과 문화실천의 방식을 형성해 준다. 사람들은 이렇게 형성된 일정한 성향을 가지고 사회적 공간 속에서 특정한 종류의 실천을 행하게 된다. 가령 약속 시간을 앞두고 두 시간의 여유가 있다고 할 때 그 여유 시간에 무엇을 하는가는 바로 그런 성향에 의해 결정된다. 어떤 사람은 근처 극장에 가서 예술영화를 보고, 어떤 사람은 미술관에 가서 전시회를 관람하고, 누군가는 카페에서 책을 읽고, 또 누군가는 유튜브를 들여다본다. 이런 문화적 실천은 일정하게 몸에 밴 습관에 따라 이루어진다. 부르디외는 바로 그런 습관의 체계를 아비투스(habitus)라 부른다. 아비투스는 개인적인 것이지만 동시에 사회적이고 집단적이고 계급적이다. 그것은 일정한 사회적 조건에 반복적으로 노출됨으로써 하나의 성향의 형태로 개인의 내부에 자기도 모르게 새겨진 것이다. 아비투스는 지속적이면서도 변경 가능한 성향의 체계로서 사람들이 예기치 못하게 변화하는 상황에 대처하는 무의식적 전략으로 기능한다.

같은 계급에 속한 사람들은 사회적으로 유사한 위치에서 유사한 조건에 처하고, 유사한 성향과 이해 관심을 가지며 유사한 실천을 행하게 된다. 하지만 이 말이 계급 구성원들의 아비투스가 똑같다는 의미는 아니다. 아비투스는 계급적이지만 동시에 개인적인 처지와 성향에 따라 언제든 달라질 수 있다. 다만 같은 계급의 구성원들이 비슷한 성향 체계를 공유하며 계급 아비투스를 매개로 일련의 유사한 계급적 실천을 행하게 된다는 뜻이다. 상류층이 요트나 골프 같은 여가 생활을 선호하고 노동계급이 축구를 좋아하는 것은 그 계층이 가진 경제적이고 물질적인 조건에 의해 형성된 계급적 아비투스의 표현이라 할 수 있다.

부르디외에 따르면 사회 구성원들은 어떤 것이 문화적으로 정당하고 옳은 것이라는 믿음을 공유한다. 이를테면 대중예술보다는 이른바 순수예술이, SF나 탐정소설보다는 시나 클래식 음악이 더 큰 '문화적 정당성'을 갖는 것으로 간주되며 문화적 정당성이 더 큰 작품을 소비하는 이들이 고상한 취향을 가진 교양인으로 대접받는다. 하지만 부르디외는 이런 문화적 정당성의 기준은 결코 절대적이거나 고정불변하는 것이 아니라고 말한다. 문화 영역에서 어떤 것이 더 높은 정당성을 부여받는가 하는 것은 문화 생산과 소비의 장(場, field)에서 활동하는 다양한 행위자들의 상징 투쟁을 통해 결정된다. 장이란 특정한 영역에 관련된 다양한 행위자들이 관계를 맺고 세력을 형성하고 갈등하는 사회적 공간을 의미한다. 한 사회에는 정치 장도 있고, 경제 장도 있고, 학문 장도 있고, 예술 장도 있다. 예술 장은 또 다양한 장르의 장으로 나뉜다. 말하자면 장은 우리가 흔히 계(문학계, 연극계, 영화계 등)라고 말하는 것과 유사한 개념이다. 어떤 장에서 무엇이 더 높은 문화적 정당성을 갖고 더 높은 미적 평가를 받는가 하는 것은 그 장 내에 속한 다양한 행위 주체들, 이를테면 작가, 평론가, 협회, 예술대학, 잡지 등이 장 내에서 더 많은 상징권력을 얻기 위해 벌이는 상징 투쟁에 의해 결정된다.

부르디외의 연구는 주로 1960, 1970년대 프랑스 사회를 대상으로 한 것이다. 디지털 기술 덕분에 미디어가 빠르게 발전하고 사회적 가치와 규범이 크게 달라지고 있는 요즘의 상황에서 보면 문화적 정당성의 구조가 크게 변화하고 있음을 알 수 있다. 지난 수십 년간 대중문화의 위상은 엄청나게 달라졌다. 국가는 대중문화를 중요한 정책 대상으로 삼게 되었고, 학계에서도 대중문화는 중요한 연구 주제로 인정받는다. 한류 현상의 다양한 예에서도 볼 수 있듯이 국제적으로 성공하고 더 많은 경제적 성과를 달성한 작품이 더 높은 문화적 정당성을 누리기도 한다. 문학, 음악, 미술 등 여러 예술 분야에서 예술성을 인정받는 기준과 범위가 변화했고 제3세계, 여성, 소수자들의 문화가 정당성을 얻기도 한다. 어릴 때부터 디지털 미디어가 제공하는 다양한 문화를 섭취한 새로운 세대가 문화시장의 중요한 소비자로 등장하면서 과거의 문화적 기준에 강력한 의문을 제기하기도 한다. 그런가 하면 독립영화나 인디음악처럼 대규모 시장 논리에서 벗어나 있는 문화산물들에 더 높은 가치를 부여하는 경향도 나타난다. 이 모든 변화 속에서 기존의 문화적 정당성의 논리와 구조는 크게 흔들리고 있다. 중요한 것은 이 모든 변화가 다양한 장 속에서 다양한 주체들이 벌이는 상징 투쟁의 과정 속에서 이루어진다는 것이다.

문화 생산의 여러 장들은 각기 자율성을 가지지만, 동시에 사회의 권력투쟁과 계급 갈등에서 결코 자유롭지 않다. 각기 다른 계급 아비투스를 가진 문화 생산자들은 장 내에서 각기 다른 미학적 입장을 갖고 다른 생산자들과 경쟁한다. 장 내에는 서로 적대하면서 경쟁하는 다원적인 관점들이 존재한다. 문화 생산자들은 각기 특정한 미적 관점과 세계관, 사회적 관점으로 작품을 생산하며 이를 그들과 유사한 아비투스를 가진 수용자들에게 제공한다. 대중문화라는 공간에서 벌어지는 지배와 저항, 정당성의 수립과 도전 같은 것들은 모두 이런 방식으로 이루어진다. 따라서 이른바 순수한 예술, 고정불변하는 미적 가치 같은 것은 존재하지 않는다는 것이 부르디외의 관점이다.

생각해 볼 문제

1. 부르디외의 주요 개념과 이론에 대해 좀 더 알아보자.
2. 한국 사회에서 벌어지는 상징투쟁의 사례들에 대해 생각해 보자.
3. 대중문화 속에서 문화자본이 형성되고 구별짓기가 이루어지는 사례에 대해 알아보자.
4. 한국 사회에서 교육체제와 문화자본과 계급 재생산의 메커니즘에 대해 생각해 보자.

참고 자료

부르디외, 피에르(Pierre Bourdieu). 2005. 『구별짓기: 문화와 취향의 사회학(상, 하)』. 최종철 옮김. 새물결.

부르디외의 대표작 중 하나인 이 책은 문화예술과 일상생활의 다양한 소비 양상을 통해 취향이 계급 구조와 어떻게 연관되어 있는지를 실증적으로 분석한다. 프랑스 사회를 대상으로 한 분석이지만, 한국 사회에도 많은 통찰을 제공한다.

이상길. 2020. 『상징권력과 문화: 부르디외의 이론과 비평』. 컬처룩.

부르디외의 연구 업적과 이론, 주요 개념에 대한 비판적 해설을 담고 있다. 문화예술에 대한 논의, 저널리즘과 TV에 대한 입장, 문화생산의 장이론에 대한 상세한 설명과 함께 부르디외 이론이 갖는 현실 적절성과 한계에 관해 논하고 있다.

박명진 외 엮음. 1996. 『문화, 일상, 대중: 문화에 관한 8개의 탐구』. 한나래.

제3부 대중문화와
21세기 한국 사회

01 대중문화와 세대
02 디지털혁명과 대중문화
03 대중지성과 시민사회
04 지구화시대의 한류
05 대중문화와 표현의 자유 그리고
정치적 올바름의 문제

대중문화와 세대

주요 개념 및 용어 | 청년문화(운동), 민중문화(운동), 대학문화, 586세대, 주체, 저항 담론, 대항문화 (Counter Culture), 정체성, 비주류 문화, 감성 정치, 신세대 문화, 인디밴드, 독립영화, 언더그라운드, 서태지 현상, 자유주의, 진보주의, 민중주의, 촛불집회, 이대남·이대녀, MZ세대

대항문화

대항문화는 1960년대부터 미국과 유럽을 휩쓴 청년문화의 주요한 특징이다. 당시 많은 젊은이들은 기성사회의 세세와 가치에 반발하며 급진적인 저항의식을 표출했는데, 이 과정에서 다양한 대항문화운동이 활발히 이루어졌다. 이런 대항문화운동은 학생운동, 흑인민권운동, 반전평화운동 등과 맥을 같이했다. 이런 대항문화의 사상적 기반은 흔히 신좌파, 즉 뉴레프트(new left)라 지칭되었다.

세대는 대중문화에서 가장 중요한 요소 중 하나이다. 어느 시대, 어느 사회에서나 대중문화는 세대 간의 차이와 갈등이 가장 첨예하게 드러나는 영역이다. 1950년대 중반 미국 사회에 로큰롤 음악이 등장하고 엘비스 프레슬리가 10대의 우상으로 떠올랐을 때 기성세대는 다양한 방식으로 로큰롤 문화를 억누르고자 했다. 예컨대 당시 엘비스 프레슬리가 TV 음악 프로그램 〈애드 설리번 쇼〉에 출연했을 때 그의 춤이 외설적이라는 이유로 화면에 상반신만 노출시켜 10대들의 거센 반발을 초래한 사건은 유명하다. 1960년대 미국과 유럽 사회에 크게 확산되었던 히피문화는 기성사회의 가치와 문화에 저항하는 청년세대의 대항문화(counter-culture)로서 이후 서구 사회와 문화에 엄청난 영향을 미쳤다. 굳이 멀리 갈 필요도 없다. 우리나라 1970년대 초의 청년문화나 1990년대의 신세대문화는 기성세대와 다른 문화를 추구했던 젊은 세

대의 문화가 상업적인 성공을 거두며 주류의 반열에 올라섰던 사례라 할 수 있다. 이 역시 당대의 기성사회와 적지 않은 마찰을 빚으며 논란의 대상이 된 바 있다.

어느 시대에나 대중문화의 가장 새롭고 활기 있는 부분은 젊은 세대의 문화라 할 수 있다. 젊은 세대는 시대의 변화와 세태의 흐름에 가장 민감하게 반응하며 늘 새로운 문화, 기성세대와는 다른 문화를 추구한다. 이런 젊은 세대의 새로운 문화가 기성문화와 갈등하는 과정에서 사회 전반의 문화적 지형이 변화하는 것이다. 이 장에서는 청년문화 혹은 청소년문화의 의의를 생각해 보고 한국 사회에서 청년(혹은 청소년)세대의 문화가 시대에 따라 변화해 온 과정을 살펴보고자 한다.

1. 세대, 세대 담론, 세대문화

세대는 기본적으로 비슷한 연령대의 인구학적 코호트(cohort)를 의미한다. 코호트란 일정한 특징을 공유하는 인구집단이다. 그러니까 세대란 특정한 역사적 경험과 생애주기를 갖고, 공통적 의식과 문화를 공유하는 코호트 집단이라 할 수 있다.

각기 다른 세대는 각기 다른 시대에 태어나 각기 다른 사회 환경에서 성장하며, 각기 다른 사회적 경험을 하게 된다. 한국전쟁을 경험하고 급속한 경제성장기를 살아온 산업화 세대와 광주민주화운동을 겪고 치열한 민주화운동의 경험을 가진 민주화 세대, 정보화시대를 살면서 신자유주의의 사회 분위기에서 성장한 정보화 세대는 사회적 가치관이나 삶의 방식이 다를 수밖에 없다.

이때 각 세대의 세대적 정체성은 동일한 트라우마적 사건들을 경험하면서 형성된다. 카를 만하임(Karl Manheim)에 따르면, 연령대로 나뉘는 것이 생물학적 리듬에 기반을 둔 세대 위치(generation location)이고, 역사적·경제적·사회적·문화적 변수에 따른 집단적 경험의 차이가

카를 만하임

헝가리에서 태어나고 독일에서 활동하다가 나치를 피해 영국으로 망명한 사회학자이다(1893-1947). 지식, 가치관 및 지식과 사회 간의 관계를 탐구하는 지식사회학의 창시자로 평가된다. 또한 '세대' 개념은 사회과학 연구 대상으로 설정한 인물이다. 대표적인 저서로 『이데올로기와 유토피아』 등이 있다. … 세대 문제 가 있다.

'실제 세대(actual generation)'를 구성한다. 특히 중요한 것은 17세에서 25세까지의 연령대에 겪는 기층 경험이다. 산업화 세대는 그 시기에 한국전쟁, 5·16쿠데타, 새마을운동 같은 것들을 경험했다. 민주화 세대는 전태일 분신, 광주민주화운동, 6·10민주항쟁을 경험했고, 정보화 세대는 IMF, 월드컵, 촛불집회 같은 트라우마적 사건들을 경험했다. 이와 같은 경험은 이를 공유한 세대 집단의 사고방식과 가치관, 행동 방식에 유사한 흔적을 남긴다. 물론 같은 세대라 해서 가치관과 세계관이 다 같은 것은 아니다. 같은 세대라 해도 성별에 따라, 계급에 따라 사회를 보는 눈은 얼마든지 다를 수 있다. 세대 역시 젠더나 인종, 계급, 지역 등 정체성을 구성하는 여러 요소 가운데 하나일 뿐이다.

지금까지 한국 사회의 세대를 구분짓는 다양한 세대 담론이 있어왔다. 〈표 11-1〉은 2000년대 말까지 한국 사회에서 논의되어 온 다양한 세대 명칭들을 표로 정리한 것이다. 역사적 경험에 따라, 연령대에 따라, 소비 행태나 문화적 특징에 따라 세대를 규정하는 다양한 담론이 등장한 바 있다. 어떤 세대 집단에게 특정한 명칭을 부여하는 것은 주로 미디어와 지식인, 정치권 그리고 구체적인 소비자 집단을 호출하고자 하는 기업 같은 주체들이다. 2020년대 들어 사회적 논란의 대상이 된 이대남, 이대녀 같은 명칭도 마찬가지다. 세대 내의 다양한 차이를 구별하지 않고 하나의 집단으로 묶는 담론은 어떤 식으로든 정치적 의미를 갖게 마련이다. 특정 집단에 세대 명칭을 부여하는 세대 담론 자체가 하나의 프레임을 구성하는 것이다. 각기 다른 세대가 가진 특성들에 주목하면서도, 모든 문제를 세대로 환원하는 세대주의의 함정에 빠지는 것은 경계할 필요가 있다.

세대가 특히 중요한 문제가 되는 것은 문화와 관련해서이다. 문화적 취향은 다분히 미디어에 의해 형성된다. 주로 어떤 미디어를 접하며 성장했는지, 어떤 문화 환경 속에서 어떤 콘텐츠를 즐겨왔는지에 따라 세대 간의 대중문화 취향은 달라진다. 아날로그 미디어 속에서 성장한

〈표 11-1〉

구성 기준		세대 명칭
역사적 경험	역사적 사건	6·25전쟁 세대, 4·19세대, 유신세대, IMF세대, W세대, R세대, 광장세대
	시대 특성	산업화세대, 민주화세대, 탈냉전세대. 베이비붐세대, 386세대, 88만원세대
나이· 생애 단계	10년 단위	2080세대, 5060세대, 1020세대
	학교 급별 연령 범위	1318세대(중고생), 1315세대(중학생), 1618세대(고등학생), 1924세대(대학생)
	생애 단계	청년세대, 대학생세대, 노년세대, 실버세대
문화적· 행태적 특성	문화적·행태적 특성	신세대, X세대, N세대, 디지털세대, IP세대, 실용파 세대(P세대), (웹)2.0세대, 실크세대
	소비 행태	P세대, WINE세대, MOSAIC세대, 2.0소비자

자료: 박재홍(2009: 15).

세대와 어려서부터 디지털 미디어를 접한 세대의 문화적 감수성은 다를 수밖에 없다. 같은 세대라 해도 정치적 견해나 사회적 가치관은 다른 경우가 많다. 하지만 대중문화 취향은 대체로 비슷한 경우가 많다.

대중문화와 관련해 특히 중요한 세대 갈등은 주로 청년층, 혹은 청소년층으로 불리는 젊은 세대와 사회의 주류를 이루는 중장년 이상의 기성세대 사이의 문화적 차이에서 비롯된다. 서구 사회를 보면, 청(소)년 집단의 새로운 하위문화가 등장하고 이에 대해 기성세대가 거부감을 드러내면서 갈등이 생겨나다가 청(소)년 하위문화가 상업적 시스템에 의해 전유되며 새로운 주류로 등장하곤 한다. 젊은 세대의 문화는 기존의 문화에 새로운 자극을 주고 점차 문화의 지형을 변화시키는 동력이 된다.

한국 사회에서도 이와 같은 양상이 크게 다르지 않게 나타났다. 1970년대 청년문화의 부상과 퇴출, 1980년대 학생운동 문화의 저항적 투쟁과 정치적 억압, 1990년대 신세대 문화를 둘러싼 논란, 그리고 21세기 디지털 문명에 기반을 둔 새로운 세대의 다양한 문화적 양상에 대한 사회적 관심은 기본적으로 젊은 세대와 기성세대의 문화적 갈등과 관련된다. 이런 세대 간 문화갈등의 양상이 시대별로 어떤 의미를 갖는 것인지 살펴 볼 필요가 있다.

2. 1970년대 자유주의 청년문화

1970년대 초 대중문화 시장에 새로운 바람을 일으키며 청년문화가 등장할 수 있었던 가장 중요한 요인은 전후세대의 등장이다. 일제강점기를 겪지 않고 대신 미국 문화의 강력한 영향 속에서 성장한 세대가 이 시기에 이르러 청(소)년기에 진입한 것이다. 특히 이들은 1960년 4·19혁명과 6·3사태 등으로 이어지는 학생운동의 세례를 받았고 서구 문화의 유입이 활발한 가운데 1960년대 서구 사회에서 타올랐던 청년문화의 영향을 직간접으로 섭취하며 성장한 세대다. 이들은 기성세대의 권위주의적 문화에 대해 강한 거부감을 가지고 있었고 특히 미국식 자유주의와 대중문화를 수용하면서 과거 세대와는 여러모로 다른 가치체계와 미적 취향을 형성하고 있었다. 이 새로운 세대가 시장의 주역으로 떠오르면서 한국 사회의 대중문화는 처음으로 본격적인 세대 간 차이와 대립의 현상을 보여주며 이는 문화정체성 갈등의 양상으로 나타나게 된다. 한 가지 중요한 것은 1970년대 청년문화가 청년세대 일반의 문화였다기보다는 주로 대학생층의 문화였다는 점이다. 당시 대학 입학률은 지금과 비교할 수 없을 만큼 적었고, 대학생은 그만큼 사회적으로 혜택받은 계층에 속했다. 그렇긴 하지만 대학생을 기반으로 한 청년문화는 노동계급 청년세대에도 깊은 영향을 미쳤고, 이를 기반으로 주류 문화의 지위에까지 올랐다.

1970년대 초반 청년문화 담론의 중심이 되었던 것은 당시 대학생층에게 폭발적인 인기를 누리며 확산되었던 통기타 가요였다. 통기타 가요는 그때까지 트로트 가요와 스탠다드 팝 계열의 음악이 주류를 이루었던 성인 중심의 대중음악 시장에 균열을 일으키며 주류의 대열에 올랐다. 이는 한국 대중문화사에서 새로운 세대의 감성과 취향이 주류에까지 진입한 첫 번째 사례이며, 이후 대중문화 시장이 성인 위주에서 청(소)년 위주로 재편되는 데 하나의 계기가 되었다. 통기타 가요는 기성의 대중음악에 대한 청년세대의 반감과 거부감을 반영한다. 청년문화적 현상은 통기타 가요뿐 아니라 대중소설, 영화, 코미디, 패션, 소비문화 등 다양한 영역에서 나타났는데, 이는 한국 사회의 문화적 전범이 일본 문화에서 미국 문화로 바뀌는 과정을 보여주는 것이기도 했다.

청년문화의 정체성은 통기타 가요에서 전형적으로 드러난다. 가장 두드러지는 것은 자유주의적이고 순수주의적인 정서와 태도이다. 이전의 대중가요와 마찬가지로 통기타 가요 역시 사랑을 주제로 한 노래가 가장 많지만, 사랑을 표현하는 방식은 사뭇 다르다. 감정을 쥐어짜는 방식이 아니라 솔직하고 담백하며 자유로운 표현이 두드러진다. 이는 통기타 가요가 기본적으로 당대 청년 대학생들의 정서와 의식을 반영하고 있음을 말해주는 것이기도 하다.

통기타 가요가 보여주는 세계는 이전의 트로트나 성인 취향의 대중가요에서 볼 수 없었던 젊은이다운 자유분방함과 순수지향적 가치관을 보여준다. 이는 통기타 가요에서 상투적이라 할 만큼 흔히 나타나는 단어들이 '맑다, 하얗다, 작다, 가난하다, 이슬, 눈물, 아침, 작은 새, 조각배, 소년, 소녀' 등 소박하면서 순수한 이미지를 가진 것들이 많다는 데서도 쉽게 알 수 있다.

대학생·청년세대의 자유주의적이고 순수 지향인 정체성은 기성 사회의 오염되고 권위주의적인 정체성에 대한 거부감을 드러내며 좀 더 저항적인 통기타 가요의 흐름을 만들기도 했다. 김민기, 한대수, 양병집 같은 자작곡 가수들의 노래들은 통기타 가요가 단지 자유주의와 순수주의의 세계에만 머물지 않고, 좀 더 현실적인 저항의 태도까지 아우르는 청년문화의 정신을 담보했음을 말해준다.

통기타 가요에서 드러나듯 1970년대 초의 청년문화가 순수주의에서 자유주의, 나아가 좀 더 현실적인 저항적 태도에 이르기까지 폭넓은 스펙트럼을 보여주기는 하지만, 기본적으로 당대의 청년문화를 구성한 것은 저항의 이념이라기보다는 기성세대 문화와의 '차이'의 정치학이다. 하지만 극도의 억압적인 체제로 치닫던 박정희 유신정권은 그런 최소한의 차이조차 용납할 수 없는 불온한 것으로 받아들였다. 1974년 1월 긴급조치 1호와 함께 시작된 유신체제의 가혹한 파시스트적 억압은 단지 정치적인 반대 세력만이 아니라 대중의 일상과 의식, 정서까지도 통제의 대상으로 삼고자 했다. 청년문화는 단지 세대 간 문화적 차이의 문제가 아니라 정치 문제가 되었다. 1975년 6월 정부는 수백 곡의 국내 가요와 외국 가요를 금지곡으로 묶었다. 금지곡들은 공식 매체의 지배 담론을 통해 퇴폐, 불온, 국적 불명, 불건전, 외래 풍조의 무분별한 모방 등으로 낙인찍혔다. 1975년 12월에는 주로 청년세대의 인기를 얻었던 적지 않은 수의 젊은 가수와 음악인, 연예인들이 대마초를 피웠다는 혐의로 구속되고 활동이 정지된다. 금지곡 지정과 '대마초 파동'은 1970년대 초반 한국의 대중문화 시장에 젊은이들의 새로운 정체성을 선보였던 청년문화의 바람이 결정적으로 꺾이는 계기가 되었다.

3. 1980년대 민중주의 청년문화

1970년대 지배권력은 국가의 발전 정책에 적극적으로 호응하는 주체이면서 동시에 소비와 향락의 현실도피를 즐기는 대중의 모습을 요구했다. 좀 더 자유롭고 순수한 세계를 갈망하는 청년문화는 정치적 억압의 대상이 될 수밖에 없었다. 권력의 억압에 의해 청년문화가 시장에서 강제 퇴출되면서 대학생을 비롯한 청년세대는 권력에 대한 가장 강력한 저항세력이 되었고, 그들의 저항적 정체성은 대중문화 바깥의 비제도적 공간에서 표출된다. 1980년대 대항문화 담론의 문화적 주체는 '민중'이라는 개념으로 이상화되었다. 당대의 대항 담론에서 민중은 역사의 주체이며 사회적 실체이고, 정치적·경제적·문화적 피지배층이며, 당대의 사회적 모순에 저항하는 주체이다. 이런 민중문화 담론은 1980년대 5공화국 시대로 접어들면서 좀 더 조직적이고 이념적인 성격을 띠며 발전했다.

1980년대는 유신체제의 파시스트적 군부 통치의 연장이라고 할 수 있다. 유신체제가 국가의 폭력성이 대중의 일상과 무의식까지 규정하던 시기였다면, 5공화국은 민주화에의 국민적 열망이 폭발했던 과도기를 노골적이고 적나라한 폭력을 통해 억압하면서 그 국가적 폭력성이 좀 더 구체적인 형태로 등장했던 시기라 할 수 있다. 개발독재의 근대화와 경제주의는 여전히 지배 담론으로 유지되고 있었다. 그러나 근대화의 성공적 수행으로 경제수준이 높아진 것과 함께 계급·계층 간 갈등이 심화되고, 체제에 대한 대중적 불만이 점점 커졌다. 특히 청년·대학생 세력은 지배권력에 끊임없이 저항했고, 대립과 갈등은 1980년대 내내 계속되었다. 문화는 이런 갈등이 구체적으로 드러나는 장이었다.

1980년대 5공화국 시절 내내 국가의 폭력성은 대중문화 영역에도 그대로 관철되었다. 국가에 의한 검열은 물론이고 '국가보안법', '집회 및시위에관한법률' 등 다양한 제도 장치들이 수시로 문화예술 활동을 통제하는 수단으로 활용되곤 했다. 이런 폭력적 문화통제에 의해 수많은 문화예술인들이 고초를 겪어야 했고 수많은 서적이 압수·판금당해야 했다. 이런 가운데 지배문화 담론에 저항하는 대항문화 담론은 제도권 밖에서 상업적 대중문화와는 전혀 다른 방식으로 존재할 수밖에 없었다. 제도적 대중문화의 지배 담론에 저항하는 대항문화 담론이 좀 더 조직적이고 광범위하게 생산되었던 것은 1980년대의 문화구도에서 매우 중요한 특징 가운데 하나이다. 특히 1980년대의 대항문화 담론은 민중, 나아가 노동자계급이라고 하는 좀 더 명확한 주체를 중심으로 구성되었다는 데서 그 특징을 찾아볼 수 있다. 1980년대의 민중문화 운동은 다양한 형태의 조직과 기구를 통해 이루어졌으며 그 범주도 다양한 예술 장르와 일상 문화에 이르기까지 광범위했다. 특히 노동 현장을 중심으로 한 활동이 활발해지면서 노동자 주체의 민중문화 운동이 다양하게 펼쳐졌다.

중요한 것은 제도적인 대중문화 바깥에서 독자적 성격으로 형성되었던 민중문화 운동의 가장 중요한 인적·물적 기반이 대학생을 비롯한 청년층이었다는 점이다. 대학은 민중문화 담론의 가장 중요한 생산 주체이자 소비 주체였다. 1980년대의 청년·대학생들에게 민중문화는 그들의 정체성을 함께 공유하고 표현하는 통로이자 기호였다. 일례로 1980년대의 대학생들은 MT를 가거나 집회를 할 때, 더러는 일상적인 자리에서도 민중가요를 불렀다. 민중가요는 1980년대 말까지는 제도권의 미디어를 통해서는 유통되지 못했고 대학 내, 혹은 언더그라운드의 공연이나 진보 진영의 집회, 소집단 활동, 불법 음반 등을 통해서만 전파할 수 있었지만 그 영향권은 학생운동권이나 노동운동권의 범주를 넘어 대중문화 공간에까지 미쳤다. 기성세대의 지배문화와 구별되는 집단적 정체성의 표현이라는 점에서 1980년대 세대에게 민중문화의 의미는 선배 세대인 1970년대 세대에게 청년문화가 가졌던 의미와 유사하다. 물론 1970년대의 청년문화가 다소 느슨한 자유주의를 표상했다면 1980년대의 민중문화는 좀 더 이념적이고 투쟁적인 진보주의를 드러냈다는 차이가 있다.

4. 1990년대 신세대 청소년문화의 헤게모니

1990년대와 함께 이념적 지평이 변화하고 민주화 과정이 진행되면서 이념 대립에 근거했던 1980년대 진보주의 문화 담론의 위상은 급격히 약화되었다. 이념의 해체는 전망의 부재를 가져왔고, 이는 청년문화의 주력이었던 대학문화의 정체성 상실로 이어졌다. 진보주의 문화 담론의 가장 중요한 생산 주체이자 시장이었던 대학문화가 힘을 잃으면서 문화시장의 헤게모니는 급속도로 신세대 청소년층에게 넘어갔다. 1980년대와 1990년대 이후를 비교할 때 대학의 변화는 크게 두 가지 요소의 차이에 근거한다. 첫째는 시대 상황의 변화이다. 냉전체제가 기승을 부리고 억압적 군사정권에 의해 통치되었던 1980년대의 대학문화는 자연스럽게 이념적이고 집단적인 성격을 띠었다. 반면 신보수주의와 신자유주의의 득세, 탈냉전, 정보화의 변화 속에서 1990년대 이후 대학문화는 명확한 자기 정체성을 수립하지 못했다. 이 와중에 대학에 상업주의와 시장 논리의 물결이 몰아쳤고, 대학은 마치 취업 준비장이나 소비문화의 전시장처럼 변해갔다. 둘째는 세대의 차이이다. 1990년대 이후의 대학생들은 거품경제의 풍요 속에서 성장한 세대이고 영상 미디어의 압도적인 영향 속에서 성장한 영상세대이다. 일반적으로 이들은 소비적이며 감각적인 성향을 보인다. 이런 것이 대학문화에 영향을 주었고 결국 10대를 주력으로 하는 신세대문화가 대중문화의 주류로 부상하면서 1990년대 대학문화는 주류 대중문화의 영향권으로 편입되었다.

이념의 해체와 민주화는 문화를 둘러싼 힘의 관계에도 변화를 가져왔다. 정치와 권력의 힘은 약화되고 그 자리를 차지한 것은 시장과 자본의 논리이다. 특히 신세대 청소년층이 문화시장의 주력으로 등장하면서 신세대의 소비문화가 대중문화를 주도했고, 대학생층을 비롯한 청년층은 신세대문화의 주변부 시장으로 전락했다.

이와 같은 변화 속에서 1990년대의 신세대 문화 정체성의 특성을 가장 잘 보여주는 것이 '서태지와 아이들'이라고 할 수 있다. 1992년 「난 알아요」로 데뷔하면서 삽시간에 대중음악 시장을 석권해 버린 '서태지와 아이들'의 인기, 즉 서태지 현상은 대중문화사에서 대단히 중요한 몇 가지 의의가 있다. 서태지 현상은 한국 대중음악의 패권이 10대 청소년으로 넘어갔음을 가장 확실하게 확인해 주었다. 이미 1980년대 중반부터 대중가요 시장의 주요 세력으로 부상하기 시작한 청소년 시장

포퓰리즘

포퓰리즘은 흔히 대중추수주의 혹
은 대중영합주의로 정의된다. 권력
유지를 위해 대중에 영합하거나 대
중을 동원하는 정책을 포퓰리즘이
리 지칭하는 경우가 많지만, 이 단
어의 정확한 개념은 모호한 채로 남
아 있다. 이 용어는 흔히 정치적 목
적에 따라 상대방을 비판하기 위해
사용되곤 한다. 예컨대 남미의 이러
나라들에서 좌파적으로 보이는 정
책이 나오면 (그것이 실제 좌파 정책
이든 아니든) 미국의 언론은 이를 포
퓰리즘이라고 비난하는 기사를 쏟
아내곤 했다. 또 김대중·노무현 정
부 시절 당시 보수언론이 정부을 비
판할 때도 이 용어가 사용하는 경우
가 많았다. 이 글에서 문화 담론의
포퓰리즘 경향이라는 말은 대중문
화가 지닌 저항적 측면을 지나치게
과잉하면서 대중문화를 대중의 주
체적 문화실천이라는 관점으로만
해석하려 하는 경향을 말한다. 신세
대문화가 지닌 새로움을 지배문화
에 대한 저항이라는 측면에서 과도
하게 상찬하거나 대중의 문화적 선
택은 대부분 지배 담론에 대한 대중
의 저항적 실천이라는 식의 이론적
주장이 적지 않았다는 의미이다.

은 한국 대중가요의 가장 크고 중요한 부분을 차지하게 되었다. 서태
지 현상으로 대표되는 신세대 문화는 사회적으로 격렬한 논쟁을 불러
일으켰고, 한국 사회의 사회적 갈등이 이념 대립에서 세대를 비롯한 다
양한 집단 정체성 대립의 문제로 변화하고 있음을 보여주었다.

서태지 현상으로 대표되는 1990년대 이후 신세대문화에서 핵심적으
로 드러나는 것은 기성의 사회문화적 전범에 대한 거부와 해체, 소비와
쾌락에 대한 거리낌 없는 태도, '나는 나다'라는 식의 표현에서 드러나
는 개인주의적 태도, 그리고 영어나 팝 음악적 요소의 거침없는 사용
등으로 나타나는 지구화한 감성 등이다.

신세대 청소년문화가 보여주는 육체·영상·감성의 문화는 정신·문
자·이성 중심의 문화로부터 일정한 해방의 의미를 지닌다. 1990년대
의 변화된 상황 속에서 신세대문화의 이런 특징이 다소 과도하게 조명
되면서 문화 담론의 포퓰리즘 경향도 등장했다. 그러나 1990년대 이후
의 신세대 청소년문화는 일정하게 저항적 하위문화의 속성을 지니면
서도 시장의 주류 문화라는 특성 또한 지니고 있다. 이 두 속성의 모순
적 결합은 한국 사회 청소년문화를 이해하는 데 매우 중요하다.

5. 2000년대, 광장과 촛불 그리고 인터넷 하위문화

1990년대 이후 10대 청소년층이 신세대문화의 중심을 차지하면서
대학생층을 비롯한 청년세대의 문화는 뚜렷한 자기정체성을 지니지
못한 채 10대 청소년문화의 주변부로 자리 잡았다. 이후 신세대의 다
양한 하위문화적 행태가 관심을 끌고 사라져 가기를 반복했지만, 그 중
심은 10대 청소년 집단이 차지하고 있었다. 과거 대학생들이 주도했던
청년문화나 민중문화와 달리 청소년 집단이 주도하는 신세대문화의
행태는 대단히 감성적이면서 탈정치적이라는 평가를 받아왔다. 하지
만 이들의 문화가 정치적·사회적 맥락에서 대단히 중요한 위력을 발휘

할 수 있다는 것은 여러 가지 국면에서 확인되었다. 2002년은 새로운 세대의 감성적 문화가 대단히 강력한 정치적 동력을 가질 수 있음을 보여준 한 해였다. 그것은 무엇보다도 과거 세대와 전혀 다른 그들의 광장문화에서 잘 드러났다.

이른바 586세대를 포함한 이전 세대의 문화적 경험은 광장보다 밀실에 더 친밀했다. 1970~1980년대 엄혹했던 시절, 광장은 시민의 것이 아니었다. 광장을 점유한 것은 군대와 경찰이었고 청년들은 밀실에 모여들어 공부하고, 토론하고, 노래 불렀다. 당대의 청년세대가 가진 광장의 기억이란 대부분 국가주의의 강제적 동원, 아니면 정치적 패배와 학살의 공포에 연관되어 있었을 뿐이다. 1987년 6월은 광장에 대한 기억을 반전시킨 최초의 경험이다. 시청 앞을 메웠던 저 빛나는 함성과 함께 광장에 대한 시민의 기억은 패배와 공포로부터 조금씩 벗어나기 시작했다.

하지만 1987년 6월을 경험하지 못한 세대에게 광장의 기억은 2002년 6월 월드컵에서 출발한다. 정치적 패배의 기억을 가지지 않은 그들에게 광장에 대한 공포심은 존재하지 않는다. 그래서 그들은 언제든 계기만 있으면 "한번 모이자!"라는 구호와 함께 아주 쉽게 광장에 집결한다. 그들에게 광장은 정치적 공간이기보다 문화적 공간이다. 2002년 월드컵 당시 광장에 모인 사람들은 자동차가 점유했던 공간을 사람의 공간으로 바꾸면서 광장의 해방감과 승리감, 일체감을 맛보았다. 월드컵의 광장 경험이 신명의 체험일 수 있던 것은 그것이 기본적으로 젊은 네티즌과 시민들의 자발성에 의해 이루어졌고, 정치적이기보다 문화적인 에너지에 기반을 두었기 때문이다. 자발적이지 않다면, 문화적이지 않다면, 광장은 결코 신명의 공간이 되기 어렵다.

광장을 메운 촛불의 문화적·정치적 동력이 절정을 보여준 것은 2008년 봄 미국산 소고기 수입 문제로 촉발되어 두 달 이상 지속되었던 촛불시위, 그리고 2016년 박근혜 정권의 비선 실세 농단에 대한 규탄에서 시작해 마침내 대통령 탄핵까지 이른 촛불집회였다. 시민들이 자발적으로 창출해 낸 다양한 이벤트와 에너지가 결집되면서 놀라운 문화적 활력을 보여주었다. 촛불집회는 특히 오랫동안 선전선동의 대상이거나 소비 주체로만 인식되어 왔던 10대 여학생들, 가정주부 같은 집단이 정당한 정치적·문화적 주체로서 그 모습을 드러냈다는 점에서 큰 주목을 받았다.

하지만 2000년대 이후 촛불 문화의 감성 정치가 보여준 놀라운 활력 속에서도 청년세대, 대학생세대의 모습과 목소리는 그리 분명하게 자기 존재를 드러내지 못했다. 대학 진학률이 70%가 넘는 상황에서 청년세대는 대체로 대학생 집단과 겹치는데, 21세기 대학과 청년의 풍경을 지배하는 것은 청년 백수라는 말로 표현되는 취업난과 이를 극복하기 위해 개개인들이 벌이는 치열한 자기계발 경쟁이다. 과거처럼 청년세대를 하나의 집단으로 묶어줄 수 있는 이념이나 문화가 존재하지 않는 가운데 청년세대 내부의 계급적 차이는 더욱 커졌고 청년세대는 고립된 주체로 각자도생의 세계를 사는 것으로 보인다.

그런 가운데 인터넷을 중심으로 한 청년세대의 다양한 하위문화들이 사회적 논란의 대상이 되어왔다. 루저, 잉여, 일베, 병맛, 오타쿠, N포 같은 부정적 기호들이 청년세대의 문화를 호명하는 기호로 등장했다 사라지곤 한다. 하지만 이들 하위문화적 현상들은 청년세대의 문화적 정체성을 표현한다기보다는 오히려 청년세대의 정체성 위기를 드러내는 징후로 받아들여지곤 한다.

2010년대 이후에는 청년세대 내부에서 젠더갈등이 심각하게 나타나면서 청년세대는 더욱 그 정체성을 규정하기 어려운 대상이 되고 있다. 오랫동안 한국 사회의 가장 중요한 저항세력이자 진보적인 이념과 문화의 산실로 여겨졌던 대학은 기성 사회와 구별되는 자기만의 문화적 정체성을 가지지 못하고 있으며, 청년세대는 더 이상 새로운 문화적 활력을 창조하는 진보적 주체로 간주되지 않는 것으로 보인다.

그렇다고 청년세대가 그저 지배 이데올로기의 헤게모니에 순화된 무력한 존재가 되었으며, 더 이상 청년세대에게서 새로운 공동체의 희망을 상상하는 것을 불가능한 일이라고 단정해서는 안 될 것이다. 먼저 한국 사회의 계급격차가 극단화되고 청년세대 내부의 분화와 갈등이 심각한 터에 청년 집단을 하나의 세대로 묶어보는 관점 자체가 가진 문제를 직시할 필요가 있다. 청년 집단 내부에 존재하는 다양한 차이와 차별, 갈등을 무시하고 모든 문제를 청년 문제로 묶어서 보는 세대론이야말로 오히려 진짜 청년들의 문제를 배제하는 효과를 낳는다. 21세기 한국 사회에서 청년은 더 이상 단순한 연령 집단이 아니다. 청년은 비정규직 노동자, 사회적 약자, 빈곤층 등의 범주와 상당히 겹치는, 억압되고 배제된 존재들의 이름이 되었다. 청년 문제는 단순히 한 세대 집단의 문제가 아니라 한국 사회 전반의 구조와 모순이 응축된 보편적 문제라 할 수 있다.

6. 청년세대와 비주류 문화

대중문화 산업과 시장이라는 측면에서 보면 여전히 청(소)년 세대는 가장 적극적인 문화 소비자들이며, 이들의 문화적 취향과 실천 양상은 기성세대와 차이를 보여준다. 기성세대가 여전히 아날로그 시대의 문화적 관습에서 그리 벗어나지 못하고 있는 동안, 이들은 새로운 기술과 매체를 가장 빨리 채택하고 새로운 플랫폼들을 가장 먼저 활용하면서 글로벌한 문화적 자원들을 수용한다. 그렇지만 21세기 젊은 세대의 문화는 1970년대의 자유주의적 청년문화나 1980년대의 민중주의적 청년문화처럼 정치적 탄압의 대상이 되거나 사회적 금기의 영역으로 여겨지지 않는다. 오히려 이들의 문화적 감각과 취향은 문화산업에 의해 적극적으로 전유되며 상품화된다. 청(소)년 세대를 기반으로 한 K-Pop이 글로벌한 인기를 모으고 있는 데서 볼 수 있듯이 지금 젊은 세대의 문화는 시장의 주류가 되어 있다.

　그런가 하면 시장의 주류에서 벗어나 있는 다양한 비주류 하위문화의 가장 적극적인 소비층 역시 젊은 세대다. 청년 하위문화의 범주를 구성하면서 시장의 주류에는 속하지 않는 독립영화, 인디음악, 다양한 언더그라운드 장르들은 자본 논리에서 상대적으로 자유롭고 지배 이데올로기에 대해 반항적이며 기존의 유통 메커니즘에서 다소간 벗어나 있다는 점에서 일정하게 대안적이고 진보적인 속성을 갖는다. 이런 비주류 문화의 주요 소비층이 대부분 젊은 세대라는 점은 여전히 청(소)년 문화가 가지는 대안적 가능성이 존재함을 말해준다. 청(소)년 세대 내부에는 계급에 따라, 젠더에 따라, 취향에 따라 대단히 다양한 문화가 혼재되어 있다. 요컨대 지금 청(소)년 세대의 문화는 대단히 모순적이며, 특정한 정체성으로 호명하거나 환원할 수 없는 복합성을 갖는다.

　무엇보다도 세대 담론 자체의 함정을 지적하지 않을 수 없다. 앞서 말했듯이 특정한 세대를 특정한 명칭으로 호명하는 것은 대부분 기성 언론과 지식인, 정치권, 기업들이다. 이들은 각자의 관심과 이해관계에 따라 젊은 세대를 규정하고, 정치적으로든 경제적으로든 이용하고자 한다. 2020년대 들어 자주 호명되고 있는 이른바 '이대남', '이대녀', 'MZ세대' 같은 명칭이 대표적이다. 사회 전체의 구조 속에서 세대와 계급, 젠더 같은 범주들이 교차하면서 길항하는 양상을 제대로 보지 않고 외부적으로 규정되는 세대 담론에 의존해서는 안 될 것이다.

생각해 볼 문제

1. 1970년대의 자유주의 청년문화, 1980년대 민중주의 청년문화에 대해 좀 더 알아보자.
2. 1990년대 신세대 문화를 둘러싼 사회적 논란에 대해 알아보자.
3. 현재 젊은 세대에서 유행하고 있는 하위문화 현상에는 어떤 것들이 있는가?
4. 독립영화, 인디음악 등 비주류 문화의 다양한 양상에 대해 알아보자.
5. 청년세대가 보수화하고 있다는 평가에 대해 생각해 보자.
6. 다양하게 호명되고 있는 세대 명칭의 의미에 대해 조사해 보자.

참고 자료

김내훈. 2022. 『급진의 20대』. 서해문집.

한국 사회에서 청년세대 문제는 다양한 측면에서 관심의 대상이 되고 있다. 이 책은 흔히 정치적으로 보수화하고 있다고 평가되는 청년세대의 문제를 포퓰리즘이라는 현상과 관련해 분석하면서 '보수화'가 아닌 '급진화'라는 해석을 내놓는다.

백욱인 엮음. 2013. 『속물과 잉여』. 지식공작소.

21세기 한국 사회에서 다양하게 나타나고 있는 청년세대의 하위문화적 양상들을 분석한 논문과 에세이들을 모았다. 인터넷에서 나타나는 잉여, 루저, 병맛 같은 하위문화적 코드들, 자기계발 혹은 자기혐오에 빠져 있는 청년 주체들에 대한 분석이 담겨 있다.

신진욱. 2022. 『그런 세대는 없다』. 개마고원.

세대 담론은 흔히 세대 간의 갈등을 부추기는 효과를 낳는다. 20·30 청년세대가 겪는 어려움이 586세대라 불리는 기성세대의 기득권 때문이라는 식의 프레임도 그 하나이다. 이 책은 세대 간 불평등을 과장하는 세대 담론의 허구성을 실증적으로 비판하며 우리 현실의 진짜 문제를 어떻게 보아야 할 것인지 보여준다.

유라이트, 울리케(Ullrike Jureit)·미하엘 빌트(Michael Wildt) 엮음. 2014. 『'세대'란 무엇인가?: 카를 만하임 이후 세대 담론의 주제들』. 한독젠더문화연구회 옮김. 한울엠플러스.

세대 문제에 대한 선구적 업적을 통해 세대 연구의 초석을 놓은 카를 만하임 이후 독일의 다양한 세대 문제를 분석한 연구 논문들을 모은 책이다. 세대에 관한 사회학적 연구의 중요한 주제들을 살펴볼 수 있다.

이동연. 2005. 『문화부족의 사회--히피에서 폐인까지』. 책세상.

문화부족(Cultural Tribe)은 다양한 청(소)년 하위문화 양태들을 만들고 수용하는 주체 집단들을 가리킨다. 서구에서 청년 집단의 다양한 하위문화는 문화연구의 가장 중요한 주제가 되어왔다. 한국 사회에도 다양한 형태의 하위문화들이 출몰하고 있는데 이동연 교수의 이 책은 서구와 한국 사회를 가로지르며 다양한 청(소)년 하위문화의 행태를 고찰하고 있다.

박재흥. 2009. 「세대명칭과 세대갈등 담론에 대한 비판적 검토」, ≪경제와 사회≫, 통권 제 81호.

12

디지털혁명과 대중문화

주요 개념 및 용어 | 정보사회, 뉴미디어, 멀티미디어, 메타버스, (일상의) 미디어화, 소셜미디어 (SNS), 친교적 커뮤니케이션, OTT, 주목경제, 쌍방향성, 팟캐스트, 유비쿼터스

기술의 발전은 대중의 일상생활을 크게 변화시킨다. 구텐베르크의 금속활자가 구술문화에 의존하던 서구문명을 변화시켜 근대사회를 만들어낸 것처럼 새로운 커뮤니케이션 기술의 등장은 사람들의 일상적 삶과 의식을 변화시키고, 결과적으로 사회 전체를 변화시킨다. 그래서 커뮤니케이션 기술의 발전은 흔히 혁명으로 묘사된다. 인쇄술 혁명과 전파 매체 혁명에 뒤이어 우리는 지금 디지털 기술의 혁명기를 살고 있다. 디지털 기술 발전과 함께 다양한 테크놀로지가 등장해 우리의 일상을 변화시켰지만 그 가운데서도 가장 획기적인 변화를 낳은 것은 인터넷과 모바일, 그리고 그 두 가지가 합쳐진 스마트폰이다. 한국은 인터넷과 스마트폰의 보급률과 속도에서 세계 최고의 수준을 자랑한다. 스마트폰은 단지 전화가 아니다. 그것은 전화이자 시계이고 카메라이며 라디오, 오디오, 수첩, 게임기, 텔레비전이다. 우리가 일상적으로 사

메타버스

상위의, '초월'을 뜻하는 메타(meta)
와 우주(universe)의 합성어이다. 닐
스티븐슨의 SF소설 『스노우 크래시』
(1992)에 처음 등장했다. 코로나19
창궐로 인해 원격 업무, 가상세계를
경유한 행위가 보편화되면서 메타
버스라는 말이 급하게 유행하게 되
었지만, 메타버스를 거론하는 대부
분의 경우는 가상현실이나 플랫폼
이라는 말로 대체해도 무방하다. 그
렇지만 메타버스는 엄밀히 다른 개
념이다. 소수의 친해진 사람들끼리
연결되었다가 연결이 끊기면 바로
꺼지는 가상현실과 달리 메타버스
는 보편적으로 열려 있고 지속된다.
즉 메타버스는 아직 실현되지 않은
상태이나, 적어도 실현되지 않은
상태이나, 차단됐다거나 여러 기업이 메
타버스라고 말한 것은 열에 있었고
흔하게 보였던 있었던 기술에 새
로운 이름을 붙인 것뿐이다.

용하는 문명의 중요 도구들이 이 조그만 기기 속으로 들어왔다. 지하철에 타고 있는 사람들은 누구나 스마트폰을 들여다본다. 그들은 스마트폰을 통해 뉴스와 정보를 찾아보기도 하고, 전자책을 읽기도 하고, 게임을 하기도 한다. 음악을 듣거나 본방을 놓친 드라마를 찾아보기도 하고 유튜브 동영상을 보기도 한다. 물론 전화와 문자로 지인과 소통하기도 한다. 스마트폰은 늘 온라인 상태에 있다. 온라인 상태에 있을 때 사람들은 자신이 고립되어 있지 않고, 세상에 연결되어 있다는 안도감을 느낀다.

1. 디지털 시대의 문화산업

1) 기술 발전과 문화의 변화

기술의 발전은 사회의 변동을 낳고, 사회변동은 다시 새로운 기술의 개발을 촉진한다. 1990년대 이후 정보통신 기술 발달의 속도는 과거 어떤 기술의 발달 속도보다 빨랐고 그것이 이루어낸 사회변동의 폭도 그만큼 컸다고 할 수 있다. 디지털혁명은 지금까지의 전통적인 미디어의 구분과 문화 장르 개념을 완전히 바꿔놓았고 문화상품의 생산과 유통 구조를 급격히 변화시켰다. 디지털 기술은 문화 텍스트를 구성하는 모든 형식, 즉 소리·문자·영상 등을 공통의 원소로 분해하여 여러 미디어 형식을 통해 다양한 조합으로 전송하는 멀티미디어 형식으로 통합했다. 이를 통해 전통적인 문자 텍스트, 영상 텍스트, 소리 텍스트의 구분이 사라졌을 뿐 아니라 다양한 문화 텍스트의 무한한 자기복제와 변형이 가능하게 되었다. 또한 지속적인 기술 발전에 의해 문화 콘텐츠의 표현 형태는 보다 리얼하고 자유로운 형태로 확대·진화하고 있으며 궁극적으로는 표현 형태의 제약 없이 현실 이상의 현실감을 재현할 수 있게 되리라는 전망이다. 최근에는 현실세계가 가상공간과 결합하면서 현실과 가상이 상호작용하는 이른바 메타버스(metaverse)가 문화·소통·경제를 구현하는 새로운 공간으로 떠오르고 있다. 그런가 하면 스마트폰과 함께 언제 어디서나 자유롭게 디지털 네트워크에 접속하여 정보를 소통할 수 있게 되면서 우리의 삶과 문화는 더욱 빠르게 변화하고 있다.

기술의 발전에 따른 문화적 변화는 우선 수용자 대중이 선택할 수 있는 미디어와 채널의 수가 획기적으로 늘어났다는 점에서 찾을 수 있다. 1990년대 초까지 대중이 선택할 수 있는 미디어와 채널의 수가 지극히 제한되었던 데 비해 가정에서 시청할 수 있는 채널의 수가 케이블방송, 지역 유선방송, 위성방송 등을 막론하고 최소 세 자리 숫자 이상으로 늘어났다. 거기에 더해 인터넷을 기반으로 하는 다양한 문화 창구가 수없이 열렸고 DMB, VOD, IPTV 등 새로운 미디어 기술이 속속 등장하면서 대중의 문화 접촉 창구는 엄청나게 늘었다. 채널 수의 증가는 소수의 지상파방송이 대중의 문화적 경험을 독점적으로 지배하던 데서 벗어나 시청자들의 선택권을 늘리고 대중이 다양한 문화를 접촉하면서 좀 더 풍부한 문화적 삶을 누릴 수 있는 가능성이 생겨났음을 의미한다. 그러나 그런 가능성이 단지 이론 차원에 그치지 않고 실제로 현실화되었는가는 별개의 문제이다. 미디어와 채널 수의 증가는 문화 사업자 간의 치열한 시장경쟁을 낳았고 그 결과는 극도의 상업주의가 시장을 지배하는 것으로 나타났다. 특히 문화산업을 새로운 경제성장 동력으로 간주하며 경쟁력 강화를 외친 정부의 정책 역시 상업주의와 시장 논리가 문화산업 전반을 장악하게 한 요인 가운데 하나이다. 상업주의와 시장 논리가 득세할 때 문화적 다양성과 창조성은 설 자리를 잃을 수밖에 없다.

2) 문화콘텐츠산업

문화를 경제적인 논리로 재단하는 관점을 잘 보여주는 것이 1990년대에 등장한 문화 콘텐츠라는 용어이다. 문화 콘텐츠, 혹은 콘텐츠라는 용어는 디지털 시대 대중문화의 존재 방식을 잘 드러낸다. 디지털 시대의 문화 텍스트는 과거 아날로그 시대처럼 미디어에 종속되어 고정되는 것이 아니라 미디어로부터 벗어나 자유롭게 다양한 형식으로 존재할 수 있게 되었다. 디지털 기술을 기반으로 하나의 문화적 내용물이 여러 가지 미디어를 통해 다양한 상품 형식으로 유통되는 이른바 원소스멀티유즈(one source multi use)와 창구효과가 보편화하면서 문화적 내용물은 예술적 창작물이라기보다 하나의 변환 가능한 상품으로 인식된다. 콘텐츠라는 용어는 결국 다양한 미디어 형식으로 자유롭게 변환될 수 있는 문화 '상품'을 의미하는 것이며, 이는 1990년대 이후 대중문화의 사회적 존재방식을 요약적으로 보여주는 용어인 셈이다. 이제 문화는 그 정신적 가치와 감성적 의미에 의해서가 아니라 다양한 형식으로 재구성·재가공되어 시장을 극대화할 수 있는 상품적 가능성에 의해 평가받게 된 것이다.

물론 콘텐츠산업의 발전이 결국 창의성에 기댈 수밖에 없다는 주장도 적지 않게 제기되었다. 그러나 기본적으로 문화를 경제의 수단으로 삼는 인식이 팽배할 때 창의성이 성장할 수 있는 여지는 사라지며 장기적으로 문화의 산업적 가능성도 축소될 수밖에 없다.

디지털혁명은 대중문화가 유통되는 방식을 바꾸었고, 그와 함께 산업적 구조도 획기적으로 바뀌었다. 예컨대 전통적인 패키지 형태의 CD 음반을 파는 상점이나 비디오를 대여하는 대여점이 사라진 대신 인터넷을 통한 음원 거래, 네트워크를 통한 다운로드와 스트리밍 서비스가 일반화되었다. 대중음악의 경우 음반 대신 음원을 유통하는 시장이 더 커지면서 전통적인 음반산업이 몰락하고 통신산업이 경제적 이득을 얻는 구조로 변화했다. 요즘 세대에게 음악은 CD를 구매하고 오디오를 통해 듣는 것이 아니라 MP3로 다운받아 듣다 언제든 지워버릴 수 있는 것이거나 모바일을 통해 듣는 것이 되었다. 디지털혁명과 함께 다양한 매체와 기술이 융합하는 경향도 중요한 현상이다. 최근에는 스마트폰이 다양한 미디어를 융합하면서 가장 중요한 문화 매체로 기능하고 있다. 스마트폰은 휴대전화와 카메라, TV, MP3 플레이어 등 다양한 미디어를 융합하고 인터넷 네트워크에 상시 연결되는 멀티미디어 플레이어다.

요즘 네티즌들은 신문이나 TV보다 스마트폰으로 연결된 인터넷 공간을 통해 뉴스를 접한다. 또 드라마나 영화도 인터넷을 통해 컴퓨터나 스마트폰으로 감상하는 경우가 많다. 사용자들이 직접 콘텐츠를 제작해 유통하는 이른바 UCC(user created contents)가 인기를 끌기도 했다. 주목할 것은 이런 UCC를 포함한 인터넷 문화가 젊은 세대의 중요한 문화 창구가 되고 있다는 점이다. 인터넷의 사이버공간은 기존의 미디어에 비해 상대적으로 억압이 덜하고 통제가 어렵기 때문에 현실적으로 금기시하는 표현이 비교적 자유롭게 유통된다. 게다가 사이버공간의 특성상 하나의 콘텐츠가 무한히 복제 혹은 변형되며 순식간에 다수의 사람들에게 전달된다. 이런 디지털 미디어와 사이버공간의 특성에 대해서는 다소 엇갈린 평가가 존재한다. 어떤 이들은 네티즌의 자발적 의사표현과 상호작용이 가능한 사이버공간의 특성이 대안적이고, 좀 더 민주적인 문화 공동체의 출현을 가능하게 한다는 점을 강조한다. 그러나 다른 한편에서는 사이버공간에 대한 거대 문화자본의 영향력이 확대되면서 결국 현실세계의 복제판과 다름없이 되고 있다는 것, 또 개인의 프라이버시가 쉽게 노출되고 인권이 침해될 가능성도 높아진다는 점을 우려하기도 한다. 인터넷 기반의 사이버공간이 궁극적으로 어떤 문화적 의미를 가지게 될지를 속단하기는 이르다. 그것이 대안적이고 민주적인 문화공간으로 발전할지 또 다른 권력과 자본의 헤게모니 영역으로 될지는 기술이나 하드웨어가 아니라 그것을 사용하는 사람들과 사람들의 문화에 달려있기 때문이다.

2. 온라인과 모바일 시대의 일상과 문화

1) 소통 강박과 친교적 커뮤니케이션

모바일 기술은 시간과 공간의 제약을 뛰어넘는 소통을 가능하게 했다. 시공간의 제약을 넘는 소통은 삶의 혁명적 변화를 상징한다. 모바일이 가지고 온 가장 큰 변화로 시간 감각이 더욱 빨라지고 급해졌다는 점을 들 수 있다. 한국인들의 문화적 특성 가운데 하나로 흔히 언급되는 '빨리 빨리' 문화는 모바일의 등장과 함께 완벽하게 생활화되었다. 편지를 통해 소통할 때는 적어도 며칠씩 기다리는 것이 당연했고, 집 전화를 사용할 때도 상대방이 집에 없으면 며칠씩 통화할 수 없는 것이 자연스러운 일이었다. 하지만 모바일이 일반화된 요즘은 몇 번 통화 시도가 반복되면 불과 몇 시간밖에 지나지 않은 상황에서도 "왜 이렇게 전화를 안 받느냐"고 불평하기 일쑤이다. 언제 어디서든 소통할 수 있다는 전제야말로 휴대전화가 우리의 삶과 의식에 가져온 가장 큰 변화다.

언제 어디서든 소통할 수 있는 모바일 환경은 우리의 일상에서 미시적이고 친교적인 커뮤니케이션의 확대를 가져왔다. 사실 모바일 사용량의 증가는 업무 처리 등 기능적인 이용보다 가족이나 친구들 사이의 친교적인 이용이 증가하는 때문이다. 방금 몇 시간 동안 만나고 돌아온 친구와 끝없이 문자메시지를 주고받는 모습은 휴대전화가 소소한 친교적 커뮤니케이션(phatic communication)을 얼마나 확장시켰는지 상징적으로 보여준다. 친교적 커뮤니케이션이란 정보를 전달하거나 창의적인 텍스트를 창출하는 데 목적이 있기보다는 그저 사회적 관계를 유지하고 강화하는 데 목적이 있는 커뮤니케이션을 의미한다. '잘 지내?', '밥 먹었니?'처럼 특별한 의미가 없이 서로의 관계를 확인하기 위해 나누는 커뮤니케이션이다. 모바일을 이용한 친교적 커뮤니케이션이 증가하면서 친밀성의 개념 자체에도 변화가 생겼다. 전통적인 친밀성이 관계의 '깊이'에서 비롯되는 것이었다면 디지털 시대의 친밀성은 관계의 '빈번함'에서 나온다. 끊임없이 문자메시지를 교환하고 수시로 휴대전화를 통해 존재를 증명하며 거기에 더해 카톡방에서 수다를 떨고 SNS를 들여다보는 행위는 결국 달라진 매체 환경에서 친밀성을 구축하고자 하는 몸부림이다.

문자메시지는 휴대전화가 가져온 소통 방식의 변화를 대변하는 흥미로운 수단이다. 문자메시지는 직접 얼굴을 맞대거나 목소리를 들을 때와는 다른 느낌을 준다. 문자를 통해 상대방의 감정과 의도를 상상해야 하고, 특히 짧은 분량으로 메시지를 전달해야 하는 까닭에 의외로 감성적인 소통이 가능해진다. 또 문자메시지는 짧게 써야 하는 까닭에 격식이 자유롭고 문법 파괴와 즉흥적인 표현이 쉽게 생겨난다. 이모티콘이나 외계어 같은 것은 그런 문자메시지의 특성에서 자연스럽게 생겨난 것이다. 또 문자메시지는 말과 달리 원하기만 하면 디지털 형태로 저장해 언제든 꺼내볼 수 있는 물성을 가지고 있기 때문에 친밀성의 경험을 강화하고 연장하는 데 유용하기도 하다. 스마트폰은 카톡과 같은 SNS를 통해 이런 친밀성의 경험을 좀 더 쉽게 여러 사람과 공유할 수 있도록 만들었다.

2) 일상의 미디어화

사람들이 자기를 표현하고 서로 관계를 맺는 방식은 기술 발전과 함께 새로운 플랫폼이 등장할 때마다 바뀌었다. 한때는 사이버공간상에 카페를 만들어 비슷한 속성의 사람들이 교류하는 게 유행이었고, 한때는 블로그와 미니홈피를 통해 자신을 드러내고 타인과 소통하는 게 유행하기도 했다. 스마트폰이 보편화하면서부터는 카톡이나 트위터, 페이스북, 인스타그램 같은 소셜 미디어(social media, 한국에서는 Social Network Service, 즉 SNS라는 용어가 주로 쓰인다)가 대세를 이루고 있다. 사이버공간 속에 언제 또 어떤 문화가 등장해 사람들의 시선을 사로잡게 될지 아무도 모른다.

온라인과 모바일 기술이 제공하는 사이버공간은 일터이자 놀이터다. 산업화 이전의 전통시대에는 일터와 쉼터가 공간적으로 구분되지 않았다. 사람들은 일하는 곳에서 살았고, 일과 놀이는 명확히 구분되지 않은 채로 섞여 있었다. 산업화와 근대화는 사는 곳과 일하는 곳의 공간적 분리, 그리고 일과 놀이의 시공간적 분리했다. 사람들은 집과 공간적으로 떨어진 일터에서 일을 하게 되었고 노동시간과 쉬는 시간(노는 시간)이 엄격히 구분된 삶을 살게 되었다. 그런데 컴퓨터와 인터넷이 집과 일터의 구분을 사라지게 하고 있다. 재택근무가 늘어나는 것은 그 하나의 사례에 불과하다. 스마트폰과 함께 아무데서나 이메일 수신이 가능해졌고, 결국 어디서든 업무를 처리할 수 있게 되었다. 카페에 앉아 작업을 하거나 사무를 처리하는 사람들을 흔히 볼 수 있다. 사적 공간과 공적 공간의 경계가 사라지고 있다.

컴퓨터가 우리의 개인적 공간과 외부 세계를 연결하는 미디어가 되기 시작하면서 일과 놀이의 경계도 허물어지고 있다. 많은 사람들이 컴퓨터를 통해 업무를 보면서 동시에 놀이를 한다. 컴퓨터 앞에서 일을 하지만 어느 순간 메신저를 통해 대화를 나누기도 하고 이런저런 사이트를 방문해 재미있는 콘텐츠를 즐기기도 하며 누군가의 글에 댓글을 다는 '놀이(댓글의 중요한 특성 중 하나가 그것이 일종의 놀이와 같은 성격을 가지고 있다는 것이다)'를 하기도 한다. 일과 놀이의 시공간적 구분이 사라지면서 일이 놀이가 되고, 놀이가 일이 되는 경우가 심심치 않게 생겨난다. 컴퓨터를 통해 자기가 재미있어 하는 일을 열심히 하다가 그것이 직업으로 연결되는 사람도 적지 않다. 지식과 정보가 중심이 되는 정보사회에서 창의력과 상상력이 중요한 경제적 토대가 된다고 하는데, 상상력과 창의력은 노는 행위를 통해 길러지고 발휘된다. 세계적인 IT 기업 가운데 출퇴근 시간이 자유롭다거나 사무실을 마치 놀이터처럼 꾸민 곳들이 많다는 이야기가 설득력 있는 것도 그 때문이다.

스마트폰은 그 어떤 미디어보다 우리 일상에 깊숙이 들어왔다. 대부분의 사람들이 단 한시도 스마트폰과 떨어지지 않는다. 음식을 먹기 전에 사진을 찍어 인스타그램이나 페이스북에 올린다. 여행지에 가도 사진부터 찍어 올린다. 대화 중에 궁금한 게 생기면 바로 그 자리에서 정보를 검색한다. GPS는 사람들이 있는 곳을 추적해 주변에 있는 화장실이나 주유소의 위치를 알려준다. 스마트폰에 내재한 컴퓨터의 알고리즘은 나보다 먼저 나의 욕망과 취향을 감지하고 적절한 상품과 콘텐츠를 제공한다. 현실의 일상과 미디어가 매개한 일상의 구분이 사라진다. 미디어는 일상이 되고 일상은 미디어화(mediatization)된다.

미디어화는 디지털 미디어, 특히 스마트 미디어가 보편화하면서 사람들의 일상적 삶과 소통 방식에 큰 변화가 초래되었음을 표현하는 용어로 사용된다. 인터넷과 스마트폰은 과거와는 전혀 다른 방식으로 사람들의 일상을 재구조화하고 있다. 사람들은 스마트폰을 이용해 가상 세계와 현실 세계를 자유롭게 넘나들며 생활한다. 스마트폰의 확산과 함께 일상의 공간은 가상 세계와 현실 세계를 통합한 새로운 차원으로 확대되었다. 사람들은 스마트폰으로 버스 도착 시간을 확인하고 시간에 맞춰 집을 나선다. 극장이나 공연장을 가기 위해 스마트폰으로 예매를 하고 필요한 물건이 있으면 언제든 주문하고 구매한다. 페이스북, 카톡, 트위터, 인스타그램 등 다양한 소셜 미디어를 통해 하루 종일 타인과 소통하고 관계를 유지한다. 미디어는 더 이상 현실을 가상공간에 단순히 재현하거나, 현실과 가상을 매개하는 도구로 그치지 않는다. 스마트폰은 교통, 금융, 소비, 여가, 식사, 학습 등 일상의 미세한 부분에까지 파고들어 사실상 일상과 미디어의 구분을 무의미하게 만들고 있다.

3) 팟캐스트와 유튜브

2000년 중후반 한때 UCC(user created contents)라는 용어가 유행했다. 인터넷 이용자들이 직접 만들거나 가공한 콘텐츠를 말하는 한국식 영어이다. 넓게 보면 이용자들이 직접 올리는 동영상이나 사진 등의 창작물은 물론이고 블로그나 미니홈피 같은 미디어의 글들, 게시판의 댓글 등이 모두 여기에 해당한다. 방송 등 미디어산업에 속해 있지 않은 일반인들이 자발적으로 만들어 웹 공간에 공개한 콘텐츠이다. 수용자들이 단지 수동적인 소비에 머무르지 않고 적극적이고 능동적인 미디어 생산자의 지위를 갖게 되었음을 의미하는 프로슈머(prosumer) 개념을 구체적으로 보여주는 것이 UCC다. 디지털 기술 발전과 함께 오랫동안 마이크를 독점해 온 거대 미디어의 권력이 약화되는 틈새를 뚫고 수많은 평범한 개인들이 발화의 주체로 등장했다.

팟캐스트(podcast) 같은 새로운 미디어도 함께 나타났다. 팟캐스트는 콘텐츠 제공자가 미디어 파일을 인터넷에 올리고 수용자들이 이를 다운로드해 청취하는 형태의 인터넷방송이다. 한국에서 팟캐스트라는 용어를 대중화한 것은 2011년 4월부터 2012년 12월까지 방송된 〈나는 꼼수다(나꼼수)〉라 할 수 있다. 인터넷 패러디 신문 ≪딴지일보≫ 발행인으로 잘 알려진 김어준이 주진우, 정봉주, 김용민과 함께 제작한 나꼼수는 BBK나 다스 실소유자 문제 등 당시 대통령 이명박의 비리 관련 이슈들을 제기하며 대중적 호응을 얻었고, 한때는 청취자가 수백만 명에 달하며 기성 언론을 대신한 대안 미디어로 여겨지기도 했다. 〈나꼼수〉 이후 다양한 팟캐스트가 등장해 팟빵 사이트 등을 통해 방송되고 있고 일부 지상파와 케이블 채널의 방송 프로그램이 팟캐스트로 방송되기도 한다.

2010년대 이후 이용자들이 스스로 만들어 올리는 콘텐츠의 주류는 동영상이고, 이를 업로드해 유통하는 가장 중요한 공간은 유튜브이다. 유튜브는 사람들이 욕망하는 정보와 콘텐츠를 가장 빨리 제공해 주는 소스다. 젊은 세대는 필요한 정보를 얻기 위해 주로 유튜브를 가장 먼저 검색한다. 음악도 유튜브로 듣고 영상물도 유튜브로 찾아본다. 자기만의 콘텐츠를 주기적으로 올리고 이를 통해 수익을 얻는 유튜버라는 직업도 생겨났다. 유튜브에 올리는 콘텐츠에 대한 최고의 보상은 구독자 수와 클릭 수, 즉 주목이다. 주목을 받아야 콘텐츠의 가치가 상승하고 돈을 벌 수 있다. 주목을 얻기 위해서는 좀 더 흥미롭고 자극적인 내용을 담아야 한다. 2010년대 중반 이후 한국의 가장 중요한 정치담론의 장은 유튜브이다. 보수 혹은 진보 성향의 다양한 정치 유튜버들이 자극적이고 전투적인 정치 논평을 쏟아내고 여기에 동조하는 지지자들의 주목을 받는다. 마이클 H. 골드하버(Michael H. Goldhaber)가 말한 주목경제(attention economy)의 개념에 딱 맞는 현상이다.

이른바 정보화시대니 디지털 시대니 인터넷 시대니 하는 말들이 나오면서 가장 중요한 키워드의 하나로 거론되어 온 것이 쌍방향성이다. 일방적으로 주어진 정보를 수용하기만 하던 대중이 디지털 테크놀로지를 이용해 스스로 자신의 목소리를 내고 메시지를 생산하게 됨으로써 커뮤니케이션의 상호작용이 가능해졌다는 이야기이고, 이것이야말로 미디어 권력의 일방적인 구조를 엎고 담론 세계의 진정한 민주주의를 가능하게 할 정보화시대의 특성이라는 주장이다. 이런 주장이 그런대로 맞아 들어간 면이 없지 않다. 적어도 일부 신문이나 지상파방송 등 전통적인 미디어 권력이 누리던 절대적 권위는 인터넷을 중심으로 한 자발적 커뮤니케이션 네트워크의 발전 속에서 어느 정도 상대화되었음이 틀림없다. 하지만 인터넷에서 활발히 벌어지는 대중의 자발적 소통이 반드시 민주적이거나 진보적인 것만은 아니다. 인터넷에서는 촛불시위로 상징되는 젊은 세대의 비판의식도 분명 존재하지만 네티즌 문화의 뿌리 없음과 경박함, 무책임함을 드러내는 부분도 적지 않다. 쌍방향성이 곧 활발한 토론과 상호작용을 의미하는 것도 아니다. 많은 메시지들은 동조자들을 중심으로 한 폐쇄회로를 맴돈다. 아주 쉽게 진영이 나뉘고 진영에 따라 갈라진 의견은 그저 부딪칠 뿐 섞이거나 타협되지 않는다. 누구나 쉽게 메시지를 생산할 수 있게 된 기술적 진보가 그대로 담론 구조의 진보와 민주화를 보장하는 것은 아니다. 기술에 앞서 중요한 것은 여전히 논리적이고 민주적인 사고의 능력, 인간에 대한 예의 같은 인문학적 가치들이다.

주목경제(관심경제)

노벨경제학상을 받은 심리학자 허버트 사이먼이 1970년대에 고안한 개념이다. 그는 '정보가 풍요로울수록 인간의 관심이 빈약해진다'라고 말하며 멀티태스킹이라는 것이 불가능하다는 것을 말하고자 했다. 결국 어디에 주목을 하고 관심을 쏟을 것이냐는 돈을 어디에 쓸 것이냐와 다름없는 경제적 문제가 된다. 1997년에 마이클 골드하버는 이 문제를 인터넷에 접목했다. 인터넷의 발전과 범용에 따라 정보의 생산과 확산이 매우 용이해졌다. 그런데 그 무수한 정보를 모두 접하고 수용하기에는 인간의 뇌에 한계가 있다. 즉 무한한 정보에 반해 인간의 관심은 유한하다. 따라서 정보에 경제적 가치를 매기는 것은 그것의 유용함이 아니라 그것에 보내지는 인간의 주목과 관심이다. 다만 그 주목과 관심의 성격, 즉 좋은 의미로 주목을 하느냐 혹은 나쁜 의미로 주목을 하느냐 여부는 크게 중요하지 않다. 조회수나 트래픽으로 측정되는 주목은 그 절대적인 양으로 가치가 정해진다.

　스마트폰이 확산된 2010년대 이후에는 페이스북·트위터·카톡·인스타그램 등 다양한 형태의 소셜 미디어, 즉 SNS가 사람들이 소통하고 문화를 공유하는 중요한 통로로 기능하고 있다. 소셜미디어는 사적이면서 동시에 공적인 공간이다. 이용자들은 페이스북이나 트위터, 인스타그램에 자신의 일상을 전시하면서 다른 사람의 주목을 즐긴다. 소셜미디어에 글이나 사진을 올리는 행위는 스스로 자신의 모습을 그려내는 자기재현(self-representation)의 과정이다. 사람들은 소셜미디어를 통해 자기 자신을 이야기하고 네트워크상의 지인들은 이를 지켜보며 반응해 주는 관객의 역할을 한다. 사람들은 홀로 밥 먹는 모습을 사진에 담고, 현재의 감정 상태를 소셜미디어에 기록하며, 이에 대한 타인의 반응을 지켜보고 자신의 존재감을 확인한다. 소셜미디어를 통한 이야기하기는 자신의 정체성을 형성하고 사람들과의 관계를 새롭게 구성하는 방식이다. 하지만 소셜미디어는 단지 수용자들의 자발적인 소통 공간만이 아니다. 다양한 소셜미디어 플랫폼 자체가 수익을 목적으로 만든 상업 공간이기 때문이다. 이용자들이 소셜미디어 플랫폼 위에서 자발적으로 소통하며 공유하는 수많은 정보들은 플랫폼을 소유한 미디어기업의 비즈니스 구조로 연결되며 수익을 가져다준다. 이용자들이 소셜미디어 플랫폼에서 주고받는 모든 정보는 바로 미디어기업의 수익 기반이 되며 그런 의미에서 수많은 이용자들은 미디어기업을 위한 무임 노동(free labor)을 수행하고 있는 셈이다.

　소셜미디어 속의 메시지는 아주 쉽게 널리 확산한다. 많은 수의 팔로워를 가진 인플루언서(influencer)들의 메시지는 어떤 미디어 못지않게 사회적 영향력을 행사한다. 대중문화에서도 소셜미디어는 무시할 수 없는 공간이다. 사람들은 자신이 신뢰하는 지인이 추천하는 음악을 따라 듣고 영화나 드라마를 찾아본다. 이미 소셜미디어는 대중문화 콘텐츠를 홍보하는 가장 중요한 공간이 되고 있다. 소셜미디어를 통한 콘텐츠 정보의 확산은 즉각적이고 광범위하게 이루어진다. 이는 특히 대중음악에서 두드러진다.

K팝의 세계적인 인기는 소셜미디어와 밀접한 관련이 있다. 2014년 자신들의 미국 공연을 알리기 위해 거리에서 직접 전단지를 돌리던 방탄소년단이 불과 몇 년 만에, 내놓는 음원마다 빌보드차트를 석권하는 스타로 성장한 것에는 소셜미디어의 힘이 적지 않게 작용했다. 그들이 빌보드에서 여러 차례 '톱소셜아티스트'상을 받았을 만큼 소셜미디어는 그들의 음악을 알리는 수단이었고 국경을 넘어 팬들과 소통하는 공간이었다. 방탄소년단은 데뷔 초부터 트위터 계정을 운영해 왔고 멤버들이 직접 사진과 영상을 올리거나 다양한 소식을 팬들에게 전달하는 창구로 활용했다. 방탄소년단의 팬덤인 아미(ARMY)는 트위터나 페이스북, 인스타그램에 올라오는 방탄소년단의 사진에 '좋아요'를 누르고 퍼 나르는 것을 넘어, 이들에 관련된 동영상 콘텐츠를 직접 제작해 퍼뜨리기도 하고 신곡의 가사를 각 나라 언어로 번역해 올리기도 한다. 이는 단지 방탄소년단의 경우나, 몇몇 팬들의 이야기가 아니다. 소셜미디어 시대의 수용자는 단순히 자신이 좋아하는 스타나 콘텐츠를 소비하는 데서 그치지 않는다. 그들은 좋아하는 스타와 관련된 2차 콘텐츠를 생산하고 적극적으로 홍보하는 생산자의 역할을 수행한다.

소셜미디어를 통해 문화 콘텐츠에 대한 수용자들의 반응은 즉각적으로 확산된다. 한국의 음원 사이트에서 순위가 1시간 단위로 갱신되는 '실시간 차트'가 중요해진 데는 소셜미디어의 역할이 크다. 현재 방송 중인 오디션 프로그램의 어떤 곡이 화제를 모으면 그 반응은 바로 소셜미디어로 확산되고 그 결과는 즉각적으로 실시간 차트에 반영된다.

SNS와 함께 대중문화 산업의 중요한 키워드로 떠오른 것이 OTT (over the top) 서비스다. OTT는 인터넷이나 모바일을 통해 여러 형태의 영상 콘텐츠를 소비할 수 있는 서비스를 말한다. 특히 2020년대 초반 전 세계적인 팬데믹 사태를 겪으며 극장에 가기 어려워진 관객들이 집 안에서 인터넷을 통해 편하게 볼 수 있는 OTT 서비스에 몰리면서 이용 자가 엄청나게 증가했다. 한국 콘텐츠를 OTT 기업이 제작하거나 독점 유통하는 경우도 늘고 있다. 봉준호 감독의 〈옥자〉나 조성희 감독의 〈승리호〉 같은 영화, 〈킹덤〉·〈오징어 게임〉·〈지옥〉 등 많은 드라마 시리즈를 OTT의 대표주자인 넷플릭스가 제작하거나 독점 유통했고, 〈파친코〉를 애플TV가 제작했다. 특히 〈오징어 게임〉은 넷플릭스를 통해 개봉한 후 전 세계적으로 시청 시간과 시청 가구 수 1위를 기록해 화제가 되었다. 하지만 OTT 비즈니스의 특성상 부가 수입이 전혀 없었 다는 것이 논란이 되고 있으며, 한국 콘텐츠는 한국 플랫폼으로 서비스 해야 한다는 주장이 제기되기도 했다.

넷플릭스를 비롯해 디즈니플러스, 애플TV, 유튜브 프리미엄, HBO 맥스 등 해외 OTT 서비스들이 전 세계를 무대로 치열하게 경쟁하고 있 는 가운데 한국에서도 웨이브(wavve), 티빙(TVING), U+모바일TV, 쿠 팡 플레이, 왓차 등 다양한 OTT 서비스들이 등장하고 있다. OTT 서비 스의 성패는 결국 얼마나 좋은 콘텐츠, 즉 이른바 킬러 콘텐츠를 많이 선점하고 얼마나 글로벌한 시장을 확보하는가에 달려 있다. OTT 서비 스의 확장과 함께 콘텐츠 경쟁은 더욱 치열해지고 있다. OTT 서비스의 인기는 케이블, 위성, IPTV 등 기존의 콘텐츠 제공 사업자들에게도 큰 위협으로 다가오며 대중문화 산업구조 전반에 큰 변화를 낳고 있다. 그와 함께 전 세계적으로 방송 네트워크, 통신산업, IT산업, 콘텐츠산 업, 플랫폼산업이 끊임없이 이합집산하는 양상이 나타나고 있다.

1. 미디어 기술의 급속한 발전이 가진 긍정적인 면과 부정적인 면에 대해 생각해 보자.
2. 대중이 일방적인 소비자의 위치에서 벗어나면서 생산자와 소비자의 경계가 해체되는 현상을 보여주는 사례에 대해 생각해 보자. 그리고 자신은 생산자의 역할을 어떻게 하고 있는지 생각해 보자.
3. 스마트폰이 가져온 문화적 변화에 대해 생각해 보자.
4. 소셜미디어 활동을 하고 있는가? 소셜미디어가 본인에게 어떤 의미가 있는지 생각해 보자.
5. 극장에서 영화를 보는 것과 OTT 서비스를 통해 영화를 보는 것에는 어떤 차이가 있는가 생각해 보자.

참고 자료

김찬호. 2008. 『휴대폰이 말하다』. 지식의 날개.

이 책의 부제는 '모바일 통신의 문화인류학'이다. 이 제목이 말해주듯 이 책은 휴대전화의 등장과 함께 변화하는 문화 풍속도를 인류학적 시각으로 짚어준다. 휴대전화가 단순히 걸어 다니며 쓰는 통신수단이 아니라 우리의 삶과 사회적 관계의 혁명적 변화를 매개하는 놀라운 수단임을 보여준다.

김창남. 2021. 『한국대중문화사』. 한울엠플러스.

이 장의 일부는 『한국대중문화사』 중 2000년대 이후를 다룬 장에서 발췌한 것이다. 21세기 디지털 시대 한국 대중문화 전반에 나타난 변화를 좀 더 자세히 알고자 한다면 이 책을 읽기를 권한다.

이창호 외. 2011. 『정보사회의 이해』. 미래인.

사회학자 10여 명이 공동 집필해 내놓은 『정보사회의 이해』 3차 개정판은 한국판 디지털 전도서라 할 수 있다. 아니 그보다 디지털 참고서라 평하는 것이 더 적당할 듯 싶다. 무서운 속도로 밀려들어오는 디지털 문명의 현상을 파악하고 그 원인을 면밀히 짚어 제대로 된 이해와 대응 방안을 끌어내기 위한 저자들의 노력이 곳곳에 숨어 있다.

정준영 외. 2020. ≪정보사회와 디지털 문화≫. 한국방송대학교 출판문화원.

정보사회에서 개인의 상황에서부터 언론 환경의 변화와 여성의 삶의 변화, 새로운 예술의 등장과 발전, 세계화 시대의 지역문화 등 다양한 논점을 다루고 있다. 정보사회의 디지털 문화와 연관된 주요 쟁점들을 확인하고 그것을 바라볼 관점을 정리하는 데 도움을 준다.

팔란티리2020. 2008. 『우리는 마이크로 소사이어티로 간다』. 웅진윙스.

'팔란티리2020'은 포털업체 NHN이 운영한 프로젝트 연구 모임이다. 다양한 분야의 연구자로 구성된 이 모임이 현대사회의 기술적 변화와 문화적 변화에 관해 토론하고 연구한 결과를 함께 써낸 결과물이다. 기술 발전이 초래한 현대적 삶과 문화의 새로운 트렌드를 전혀 학문적이지 않은 방식으로 쉽게 정리해 놓았다.

13 대중지성과 시민사회

주요 개념 및 용어 | 탄환이론, 대중사회론, 비판적 미디어 이론, 쌍방향성, 정보 민주주의, 커뮤니티 네트워크, 비정부조직(non government organization), 능동적 수용자, 기술결정론, 촛불집회, 집단지성(대중지성), 위키피디아, 디지털 미디어 리터러시, 미디어 교육, 사유의 외주화, 사이버 렉카, 디지털 큐레이션, 주목경제

2002년 미선·효순 추모 집회, 2008년의 미국산 소고기 수입 반대 집회, 2016년 박근혜 정권 비선 실세 농단 규탄 집회 등 2000년대와 2010년대의 몇몇 시점을 뜨겁게 달구었던 촛불시위는 이른바 집단지성, 혹은 대중지성에 대한 관심을 촉발했다. 일부 네티즌들의 자발적인 행동이 거대한 시민의 참여를 이끌어내며 엄청난 사회적 반향을 일으킨 촛불의 행진은 그동안 억눌렸던 대중이 주체적인 존재로 거듭나고 있음을 보여준 사례로 이해된다. 이 과정에서 인터넷을 통해 네트워크를 이룬 대중의 지혜가 모이고 쌓이면서 놀라운 문화적 창발성을 드러냈고, 이는 대중의 집단지성을 드러낸 것이라는 주장이 설득력을 얻었다. 촛불시위에 등장한 대중은 미디어와 국가권력의 조작 대상이 되는 어리석은 대중도 아니었고, 그렇다고 단일 대오로 국가권력에 맞서 투쟁하는 혁명 대중도 아니었다. 촛불 대중은 동원된 대중이 아니라 스스

로 형성한 대중이었고 고정되지 않고 움직이며 성장하는 대중이었으며, 현실 세계와 사이버 세계를 넘나드는 디지털 대중이었다. 이 새로운 대중은 오랫동안 미디어와 대중문화 이론에서 묘사해 온 수용자 대중의 개념을 새롭게 바꾸고 있다. 물론 디지털 대중이 늘 합리적인 모습만 보여주진 않는다. 2005년의 황우석 사태와 2007년의 〈디 워〉 논란에서는 다수의 대중이 소수 지식인과 전문가의 견해를 야유하고 공격하는 비이성적 행태를 보여주기도 했고, 일베를 비롯한 인터넷 하위문화들에서는 소수자에 대한 비이성적 혐오와 극우적 공격성을 드러내기도 했다. 하지만 이런 부정적 측면조차도 인터넷으로 대표되는 디지털 문명에 의해 자기표현의 통로를 갖게 된 대중의 새로운 주체성과 힘을 보여준다는 점은 분명하다. 결국 문제는 대중의 주체적이고 적극적인 자기표현의 에너지가 어떻게 합리적이고 진보적인 집단지성의 형식으로 진화할 수 있겠는가에 있는 것이다.

1. 매스미디어 시대 수용자와 대중에 대한 인식

매스미디어와 대중문화에 대한 지적 관심은 20세기 초반 서구 사회에서 파시즘과 같은 비이성적 정치체제가 등장하고 대중의 소외가 극심해지는 상황에 대한 위기감을 배경으로 출발했다. 당시 매스미디어와 대중문화의 문제에 관심을 가졌던 지식인들을 사로잡았던 문제의식은 어떻게 해서 다수의 대중이 파시즘과 같은 비이성적 체제를 지지하게 되었는가, 혹은 대중이 왜 전체주의적 선전에 그토록 쉽게 설득당했는가 하는 것이었다. 이러한 문제의식은 대중사회론이라고 하는 비관적인 사회이론으로 연결되었다.

대중사회는 다수 인구의 동질성과 개인 간, 집단 간 관계의 약화를 특징으로 한다. 원자화된 대중이라거나 '고독한 군중'이라는 표현은 대중사회의 개념적 특징을 잘 드러낸다. 대중사회론은 급속한 산업화, 도시화와 함께 서구 사회에서 가족 간 유대의 해체, 직장에서의 소외감 증대, 지역 공동체와 종교적·인종적 유대 약화 등의 현상이 나타나고 이런 상황에서 매스미디어가 고립된 대중에게 소속감과 동질성을 제공하는 역할을 하게 된다고 본다.

전통적인 사회관계로부터 단절되어 소외되고 원자화된 개인은 매스미디어를 통해 소외로부터 벗어나고자 하고, 따라서 매스미디어의 선전 공세에 지극히 취약한 존재가 된다. 초기 미디어 효과이론으로 널리 받아들여진 이른바 탄환이론(bullet theory)은 바로 이러한 대중사회론적 인식과 맥을 같이하고 있다. 탄환이론은 세계대전과 볼셰비키 혁명 과정에서의 선전전의 위력, 새로운 매체인 영화와 라디오의 등장, 서유럽 일부 국가의 파시스트 집권 등을 시대적 배경으로 한다. 매스미디어의 메시지가 대중에게 절대적인 영향을 미친다는 탄환이론의 수용자관은 결국 대중사회론의 원자화된 개인이라는 개념을 바탕으로 하고 있으며 여기서 수용자, 즉 인간은 수동적이고 아무런 주체성도 가지지 못한 존재일 뿐이다.

탄환이론이 전제하는 수동적 대중관은 일차적으로 매스미디어의 구조라는 것이 어쩔 수 없이 일방향성의 특성을 가지고 있다는 점과 무관하지 않다. 매스미디어는 기본적으로 소수의 생산자가 대량 복제 미디어를 통해 다수의 대중에게 메시지를 한꺼번에 전달한다는 기본 구조를 가지고 있다. 메시지는 미디어로부터 대중에게로 일방적으로 전달된다. 대중은 그렇게 전달된 메시지의 한계 내에서 선택하거나 거부할 수 있을 뿐이다. 수용자 대중으로부터의 피드백은 불가능하거나 극히 제한적인 범위 내에서만 가능하다. TV를 보는 시청자들이 할 수 있는 주체적 선택이란 기껏 소수의 채널 가운데 하나를 선택하거나 스위치를 끄거나 하는 수준에서 벗어나기 어렵다. 그러나 미디어와 수용자의 관계는 단지 메시지의 전달과 수용이라는 좁은 범주의 행위에만 국한된 것이 아니다. 미디어와 수용자는 양자 모두 폭넓은 사회관계 속에

탄환이론

탄환이론은 매스미디어를 총으로, 매스미디어가 던지는 메시지를 총알, 즉 탄환으로 비유하여 시청자의 머리가 그 총알에 맞는 것을 미디어 수용에 비유한 이론이다. 머리에 총을 맞는 것과 같이 미디어가 대중에 미치는 영향은 직접적·즉각적이고 일방향적이라는 것을 강조한다. 또한 누구나 총을 맞으면 최소 치명상을 입거나 사망하거나 둘 중 하나이듯이 미디어가 수용자에게 미치는 영향은 수용자가 어떤 사람이건 상관없이 강력하고 절대적이고 획일적이라는 것을 시사한다.

위치하며 메시지의 전달과 수용 행위도 그 폭넓은 사회적 관계의 맥락 속에서 의미를 가지게 된다. 미디어와 수용자를 둘러싼 복잡한 사회적 맥락을 사상하고 단지 미디어와 수용자 사이의 인과론적 관계를 통해 미디어의 효과와 수용자의 성격을 규명한다는 것은, 수용자를 능동적 존재로 보든 수동적 존재로 보든, 지극히 제한적인 의미만을 가질 수 있을 뿐이다.

마르크스주의의 영향 속에서 서구 자본주의사회의 미디어에 대해 비판적으로 접근하고자 한 시도들이 미디어와 수용자 사이의 인과론적 관계에 집중하는 자유주의적 혹은 실증주의적 미디어 연구에 대한 대안적인 관점으로 받아들여진 것은 그런 점에서 자연스러운 일이라 할 수 있다. 비판적 미디어 이론은 대체로 자본주의사회에서 매스미디어와 대중문화가 기존의 계급과 권력관계를 어떻게 재생산하는가에 초점을 맞춘다. 자유주의적 미디어 연구들이 사회적 권력과 지배의 관계를 배제한 채 미디어와 수용자의 관계에 초점에 맞춘 것과 달리 이들은 미디어와 수용자를 둘러싼 사회적 관계에 주목하며 매스미디어가 자본주의사회에서 어떤 방식으로 이러한 사회적 관계를 지배적인 것으로 확립하고 유지하는가에 대해 밝히고자 했다. 따라서 수용자 개개인이 특정한 미디어의 메시지로부터 영향을 받는가 아닌가 하는 문제는 여기서 그리 중요한 문제가 아니다. 중요한 것은 미디어의 사회적 위치이며, 권력관계를 통한 메시지의 생산과 통제의 문제인 것이다.

비판적 미디어 이론의 이론적 갈래는 매우 다양하고 각 이론마다 복잡하고 차별적인 내용을 가지고 있다. 따라서 이를 한 마디로 정의한다는 것은 매우 위험한 일이지만 위험을 무릅쓰고 단순화해 본다면, 비판적 미디어이론의 핵심은 결국 자본주의사회의 매스미디어가 지배 이데올로기의 도구이며 이를 통해 자본주의의 지배구조가 재생산된다는 것이다. 이런 논리 속에서 수용자 대중이 메시지를 수용하는 과정은 사실상 중요한 의미를 가지지 않는다. 매스미디어가 지배 이데올로기의 도구라는 것은 매스미디어의 메시지가 지배 집단의 이해를 지지한다는 것, 그리고 수용자 대중이 이를 무비판적으로 수용한다는 의미를 함축하고 있다. 결국 여기서도 수용자 대중은 주어진 메시지를 단지 수동적으로 받아들이는 존재로 규정된다. 사실 대중에 대한 좌파이론의 관점은 기본적으로 이러한 가정에 근거해 있다. 여기서 대중은 수동적이고 비주체적이며 타락한 존재이다. 물론 대중의 타락의 책임은 대중 자신에게 있는 것이 아니다. 그 책임은 자본주의 이데올로기와 미디어에 있다. 그러나 결국 이러한 관점은 대중을 단지 자본주의의 음모에 무분별하게 마취당하고 마는 순진무구한 존재로밖에 보지 못하고 있다는 점에서 반대중적인 속성을 감추기 어렵다.

2. 디지털 시대의 수용자 대중

디지털 기술은 미디어 체계는 물론 우리의 일상생활과 의식에까지도 심대한 변화를 몰고 왔다. 정보의 압축·저장·전송 방식에 엄청난 혁신이 이루어졌고 다양한 방식의 커뮤니케이션 양식과 정보의 흐름을 가능하게 한 유무선 커뮤니케이션 네트워크가 발전하면서 우리의 일상적 커뮤니케이션 활동, 정보를 얻고 교환하는 방식, 여가와 사회적 관계맺기의 방식은 커다란 변화를 겪었다.

디지털 기술에 기반을 둔 새로운 미디어 체계에서 두드러진 특징은 그것이 수용자들의 능동적 선택과 실천을 가능하게 한다는 데 있다. 멀티미디어화한 미디어 환경은 수용자들로 하여금 문자와 음성, 화성, 동영상 정보들을 필요에 따라 손쉽게 가공하고 전환시켜 이용할 수 있게 해주었다. 게다가 디지털화와 함께 매체와 채널의 수가 기하급수적으로 증가하면서 수용자들은 스스로 원하는 정보와 콘텐츠를 선택해야만 하게 되었다. 채널 선택의 폭이 늘어난다는 것은 수용자의 입장에서 그만큼 적극적인 수용 태도를 요구받게 됨을 의미한다. 단순히

능동적 수용자

능동적 수용자는 탄환이론에서처럼 대중매체가 던지는 메시지를 꼼짝 없이 그대로 받아들이지 않고, 자기 나름의 해석으로 송신자가 의도한 바와는 다르게 메시지를 수용한다. 스튜어트 홀의 용어로는 교섭적 해독과 대립적 해독이 능동적 수용에 해당한다. 능동적 수용자는 또한 미디어 메시지 송수신을 일방향적인 것으로 바꾸기도 한다. 시청자 게시판 등을 경유한 적극적인 피드백은 대형 방송사를 움직이기도 하며, 이제는 방송 장비의 경량화로 수용자 자신이 직접 미디어 제작자로 나서서 아마추어 방송과 프로 방송의 경계를 허물고 있다. 심지어 아마추어 콘텐츠가 레거시미디어 콘텐츠를 능가하는 대중적 인기를 끌게 되면서 레거시미디어가 아마추어를 모방하는 데 이르렀다. 미디어 생산자와 수용자의 위상은 현재 레거시미디어 생산자, 아마추어 콘텐츠를 생산하는 능동적 수용자, 교섭적·대립적 해독을 하는 수용자, 수동적 수용자로 다원화된 상태다.

채널 선택의 행위를 넘어 디지털 기술의 쌍방향성은 수용자의 적극적인 정보 활동을 요구한다. 매스미디어 시대의 특징이었던 일방향성이 그만큼 시청자의 의식적 선택이나 정보 행위의 노력을 덜 요구하는 것이었던 데 반해 다채널 디지털 시대의 쌍방향성은 시청자로 하여금 다양한 선택 행위를 요구한다.

디지털 기술의 발전과 함께 대중은 미디어 메시지의 일방적인 소비자가 아니라 적극적인 미디어 이용자로서의 위상을 가지게 되었다. 개개인은 자신이 원하는 메시지를 원하는 시간에 선택적으로 수용할 수 있으며 필요한 경우 자신의 메시지를 적극적으로 송신할 수 있다. 이때의 수용자는 더 이상 수동적인 수용자가 아니며 자신의 목적에 따라 미디어를 조작하고 이용하는 능동적 수용자, 혹은 능동적 이용자이다. 대중이 적극적인 미디어 이용자의 성격을 가지게 되면서 사회적 커뮤니케이션 체계가 보다 민주적이고 개방적인 방향으로 변화하리라는 유토피아적 전망이 많은 사람들의 지지를 얻기도 했다.

디지털 기술의 미래상에 대한 낙관적 전망과 함께 대중문화와 관련해서도 몇 가지 낙관적인 전망이 등장했다. 우선은 디지털 시대의 문화가 대중사회가 상실한 공동체적 성격을 새로운 형식으로 구현하게 되리라는 점이다. 이는 디지털 시대의 미디어가 개인화된다는 전망과 상반되는 것처럼 보이지만, 이 개인화된 미디어 이용자들이 네트워크상에서 연결됨으로써 다수 대 다수의 새로운 커뮤니케이션 환경이 조성된다는 데 근거하고 있다. 모니터 앞에 앉은 개인들은 네트워크상에서 만나 주체적 이용자들의 상호연결을 통해 커뮤니케이션의 새로운 관계를 형성하게 된다. 이러한 양상은 이미 다양한 인터넷 네트워크를 통해 구체화하고 있다. 인터넷 이용자들은 다양한 관심과 취향을 중심으로 묶인 소규모 공동체들의 네트워크를 형성하고 있다. 또 디지털 기술은 무한한 복제 가능성으로 인해 지식과 정보의 공유를 쉽게 하고 예술의 대중화와 창작 주체의 자유로움을 가능케 한다. 그렇게 함으로써 문화 생산자와 소비자의 단절을 약화시키고 거대 매스미디어의 일방적 지배를 거부하는 다양한 하위문화의 발전을 가능케 한다는 것이다.

그러나 디지털 기술의 변화가 이처럼 개인의 주체성을 극대화하면서 다양한 하위문화의 공동체적 네트워크를 이루게 할 것인가 하는 문제는 그리 단순하지 않다. 디지털 정보 기술로 인해 수용자 대중이 수동적인 미디어 소비자에서 적극적인 미디어 이용자로 변화할 수 있는 기술적 가능성이 있다 하더라도 그것은 가능성일 뿐이다. 실제로 그러한 기술적 가능성에도 불구하고 대중 스스로 미디어 이용자로서의 주체적 인식을 가지지 않는다면, 또 적극적으로 미디어를 사용하고 능동적으로 정보를 생산·활용할 자세를 갖추고 있지 않다면 그런 가능성은 다만 가능성으로 그칠 뿐이다. 대체로 기술 발전을 이끌어가는 것은 자본의 논리이고 자본의 상업주의는 기술 발전으로 형성된 새로운 공간을 시장 논리의 영역으로 흡수하려고 하기 때문이다. 또 하나 중요한 문제는 사회계층과 소득수준 등에 따라 발생하는 정보격차의 문제이다. 모든 기술적 가능성에도 불구하고 미디어를 활용하고 정보를 이용할 수 있는 여건을 갖춘 집단과 그렇지 못한 집단 사이의 정보 불평등 현상이 구조화된다면 디지털 기술에 바탕한 문화 공동체의 꿈은 단지 환상에 그칠 뿐이다.

새로운 미디어일수록 매체 소유와 이용의 정도에서 소득별·교육수준별 차이가 크게 나타나게 마련이다. 교육과 소득수준이 높을수록 매체의 소유와 사용 수준이 높으며 새로운 정보 테크놀로지일수록 그 격차가 심화된다. 이른바 디지털 격차(digital devide)이다. 정보 테크놀로지의 발전 자체가 정보의 생산과 사용의 평등한 기회를 제공하지 않으며 오히려 정보의 부익부 빈익빈을 심화할 수 있다는 뜻이다. 많은 미디어 학자들은 이러한 불평등을 극복하기 위한 별도의 사회적 정책이 필요하며 이를 뒷받침하는 정보민주주의의 실현이 필요함을 주장하고

디지털 격차

228쪽 능동적 수용자 설명에서 말했듯이 이제는 수용자 안에서도 계층화가 일어나기 시작했다. 디지털 격차는 이 계층화를 심화한다. 촬영 및 방송 장비들이 아무리 경량화되고 조작이 쉬워졌다고 할지라도 모든 사람이 그것을 다룰 수 있는 것은 아니다. 디지털 장비, 프로그램, 플랫폼에 익숙하지 않은 사람은 여전히 수동적인 수용자로 남기 쉽다. 점점 더 빨라지는 테크놀로지의 발전은 미처 그에 익숙해지지 않은 사람이 뒤늦게나마 배우는 것조차 엄두를 못 내게 만든다. 결국 그 기술을 운용할 수 있는 사람에게 의존할 수밖에 없게 된다. 새로운 기술을 기민하게 집하고 운용할 수 있는 사람은 그만큼 더 많은 부의 창출을 위한 기회를 맞이할 수 있게 되고, 그러지 못한 사람과의 격차를 더 벌리게 된다. 디지털 격차는 정보격차와도 맞물린다. 무한한 정보의 바닷속에서 유익한 정보와 해로운 정보를 판별할 감식안을 갖추지 못한 사람은 정보 필터링을 다른 사람에게 맡길 수밖에 없게 되는데, 자연히 소셜미디어, 디지털 플랫폼을 매개로 한 반지성주의적 선동에 취약해진다.

있다. 단순히 소비자로서 상품을 선택할 수 있는 권리를 넘어 비용을 지불할 능력이 부족하더라도 시민으로서 정보와 테크놀로지에 접근할 수 있는 권리를 확보할 수 있어야 하며, 그런 차원에서 시민의 정보 욕구와 민주주의를 신장하는 데 필요한 커뮤니케이션 영역의 제도화가 요구된다는 것이다. 정보민주주의의 개념은 대기업 문화자본의 왕성한 탐욕을 적절히 제어하면서 문화 영역 내에서 대중의 주체성을 구현할 수 있는 제도적 장치와 공간을 확보하는 문제로 직결된다. 그리고 이는 결국 적극적으로 자신의 권리를 인식하고 주장하는 대중 주체의 시민사회와 시민운동의 활성화를 통해서만이 가능한 일이다. 즉 시장을 지배하고자 하는 문화산업과 그들의 이익을 보장하고자 하는 국가에 대해 강력한 규제력을 발휘할 수 있는 비판적 공중을 형성하고 이들의 목소리를 조직화함으로써 디지털 시대의 미디어 공간을 대중의 공간으로 만들어 가는 노력이 필요하다. 디지털 네트워크가 앞의 낙관적 예측처럼 대중 주체의 공동체 문화를 형성할 수 있는가의 문제도 전적으로 대중의 실천에 달려 있는 것이다. 결국 중요한 것은 수용자 대중이 어떻게 변화될 것인가가 아니라 대중을 어떻게 변화시킬 것인가의 문제이다.

3. 대중의 집단지성과 '사유의 외주화'

앞서 말했듯 디지털 시대와 함께 미디어 수용자, 즉 대중에 대한 이해가 크게 바뀌었다. 대중은 더 이상 수동적인 미디어 소비자로서만 존재하지 않으며 적극적이고 능동적인 미디어 이용자이자 생산자의 지위를 함께 갖게 되었다. 수용자 개개인이 주체적인 미디어 이용자로서 능력과 의지를 갖추고 있을 때 새로운 민주적 문화 공동체의 실현이 가능해진다.

디지털 미디어는 대중이 쉽게 복제·변경·합성할 수 있는 형태를 가지고 있다. 대중은 디지털화된 모든 텍스트와 이미지, 사운드를 소스로 하여 아주 쉽게 자신만의 새로운 메시지를 만들어낸다. 이제 인터넷은 그저 필요한 정보를 찾아 다운로드하는 공간이 아니라 다운로드한 정보를 가공하여 새로운 메시지를 작성하고 이를 다시 업로드하는 공간이 되었다. 대중은 다운로드받은 사운드를 리믹스(remix)하여 새로운 음악을 만들고, 웹상에서 얻은 이미지와 동영상을 편집·가공하여 새로운 이미지와 동영상을 만들어 웹상에 올린다. 기술적 변화가 대중의 역할과 존재 방식을 바꿔놓았고 이는 다시 대중이 주체가 되는 민주주의의 원리와 성격을 변화시키고 있다. 촛불집회는 바로 그런 시대 대중의 변화를 극적으로 표출한 사건으로 볼 수 있다.

촛불집회가 과거부터 숱하게 보아왔던 시위나 집회와 달랐던 것은 이를 통해 새로운 정치적 주체로 모습을 드러낸 집단이 과거와는 전혀 다른 성격의 대중이었다는 점이다. 과거 정치 집회의 가장 중요한 주체가 노동자, 농민 등 생산계급이거나 의식화된 지식인 집단이었다면 촛불집회의 주체는 과거의 사회운동에서 늘 설득과 선전의 대상으로 간주한 '소비 대중'이었다. 특히 과거에는 사회적 주체로 인식되거나 대접받은 적이 없는 10대 청소년들의 참여가 매우 두드러졌는데, 이는 그들이 가장 적극적인 미디어 이용자란 사실과 무관하지 않다. 이들 소비 대중이 집회를 조직하는 방식도 과거와는 사뭇 달랐는데 이들은 디지털 기기(2008년에는 휴대전화와 디지털카메라, 2016년에는 스마트폰)를 자유롭게 사용해 자신들이 전하고자 하는 메시지를 표현하고 동조자를 모으며 집회를 유지·확산했다. 촛불집회에는 노래와 공연, 코스튬 플레이 등 다양한 방식의 퍼포먼스가 등장했다. 이 새로운 형태의 거리 정치는 과거의 정치 집회처럼 비장하고 엄숙한 것이 아니라 유쾌하면서도 공격적인 풍자와 가벼운 유희가 뒤섞인 축제와도 같았다. 투쟁과 유희가 아무런 모순 없이 공존할 수 있는 이 새로운 문화는 클릭 한 번으로 노동 모드와 오락 모드를 쉽게 오갈 수 있는 디지털 시대를 사는 대중의 특징이다.

촛불집회와 함께 회자하기 시작한 용어가 '집단지성' 혹은 '대중지성' 이란 말이다. 집단지성, 대중지성이란 평범한 시민들 한 사람 한 사람의 지식과 지혜가 협력하고 경쟁하는 과정에서 뛰어나고 합리적인 집단적 지혜를 형성한다는 의미를 가지고 있다. 인터넷상에서 여러 사람들이 참여해 만들어지고 있는 위키피디아(Wikipedia) 등은 집단지성의 대표적 사례로 알려져 있다. 촛불집회의 참여자들은 인터넷을 통해 자신이 가진 정보와 지식을 공유하고 소통하면서 정치권력과 보수언론의 담론 권력을 무력화함으로써 집단지성의 놀라운 힘을 보여주었다고 평가된다. 하지만 대중의 집단적인 행동이 늘 합리적인 방향으로 나타나지는 않는다. 인터넷을 기반으로 한 대중의 집단행동이 사회적 약자에 대한 혐오를 드러내거나 자신들의 집단적 의견에 반하는 지식인들을 공격하는 비이성적 모습을 보여준 사례는 적지 않다.

중요한 문제는 디지털 시대 많은 사람들이 스스로 정보를 생산·유통하는 주체가 되면서 인터넷상의 정보가 지나치다고 할 만큼 흘러넘치게 되었다는 것이다. 과잉 정보의 홍수 속에서 필요한 정보를 찾고, 비교하고, 선택하는 일은 점점 더 힘들어진다. 초 단위로 급변하는 세상에서 사람들은 무한하게 제공되는 정보들을 일일이 비교하고 살펴 볼 시간이 없다. 그런 가운데 무수한 정보 중에서 중요하다고 느껴지는 것, 흥미로운 것만 골라 직관적으로 이해할 수 있게 가공해 이용자에게 제공하는 디지털 큐레이션이 인기를 얻는다. 카드 뉴스나 뉴스레터처럼 지식과 정보를 가공해 입안에 떠먹여 주는 디지털 큐레이션은 복잡한 세상사를 아주 쉽게 이해한 듯한 착각을 준다. 많은 정치 유튜브 방송도 이와 유사한 방식으로 작용한다. 정치 유튜버들은 시사 논점을 가능한 한 단순화·희화화·극단화한다. 특히 모든 사회적 사안마다 개입하며 극단적인 공격성을 드러내 주목을 받는 '사이버 레커'들이 성행한다. 여기에 기성의 미디어들도 한몫 거든다. 사이버 레커들의 극도

위키피디아

위키(wiki)는 하와이어로 빠르다는 뜻이다. 위키피디아는 종래의 백과사전 제작의 절차와 틀을 완전히 깼다. 전문가들이 집필하고 전문가들이 감수하고 팩트체크, 오탈자 확인까지 거쳐 출간하는 절차를 일체 없애버린 것이다. 인터넷 세상에서 이것은 너무 느렸기 때문이다. 그 대신 고안된 체계가 유저들이 지적질 막론하고 언제든지 편집권을 행사할 수 있는 것이 위키다. 유저들이 실시간으로 집필하고 편집하는 과정 자체가 하나의 완성된 백과사전 항목으로 독자들에게 공개되고 이것은 모두 비밀리로 이뤄진다. 위키미디어의 그룹 편집은 집단지성의 신뢰을 예증한다. 하지만 많은 사람이 수정을 거듭한다고 할지라도 그것이 문서의 신뢰성을 보증하는 것은 아니며, 사보타주와 반달리즘에 취약하다.

디지털 큐레이션

무한한 정보, 하루 단위로 빠르게 바뀌는 화젯거리, 시사 이슈 등을 중요하고 흥미로운 순서로 정리하여 짧은 시간 안에 이해할 수 있게 요약해 이용자 앞에 가져다놓는 콘텐츠들이 디지털 큐레이션이 아주 나쁘기만 한 것은 아니다. 무한한 정보의 유무익을 판별할 감식안이 없는 사람을 위해 그것을 외주화함으로써 정보격차를 줄이는 순기능을 하는 디지털 큐레이션이 없지 않다. 하지만 중요하고 흥미로운 것과 중요하지 않고 흥미롭지 않은 것을 판별하는 데는 디지털 큐레이션 제작자의 주관이 개입되는데, 이것은 정치적 상황에 크게 좌우된다. 따라서 디지털 큐레이션에의 외주화가 반복되면 정치적으로 편향된 정리·요약을 무비판적으로 받아들일 위험이 있다.

로 단순화하고 극단화한 시사논평과 그에 대한 네티즌들의 반응이 미디어에 의해 기사화되면서 더 많은 사람들에게 전달되고 이들의 정보가 더 많은 주목을 받게 된다. 이런 가운데 디지털 큐레이터들과 사이버 레커들은 주목경제의 논리에 따라 그만큼 더 많은 돈을 벌게 된다.

이런 콘텐츠들은 다양한 소셜미디어를 통해 확산한다. 페이스북이나 유튜브, 인스타그램 같은 소셜미디어 플랫폼은 이용자의 선택을 알고리즘화해 비슷한 성향의 콘텐츠를 노출시켜 제공한다. 결국 이용자들이 사회를 보는 시각은 그들이 주로 접하는 디지털 큐레이션, 사이버 레커와 동기화된다. 비슷한 생각과 감각을 가진 사람들이 폐쇄적인 공동체에 머물며 다른 생각을 가진 사람들을 혐오하고 공격하는 상황에서 다원화된 민주적 문화의 형성은 불가능할 수밖에 없다. 특정한 시각에서 가공된 정보를 편하게 소비하면서 마치 자기 자신이 스스로 정보를 찾고 생각해 판단한 것 같은 착각을 갖는 것을 한 마디로 '사유의 외주화'라 표현할 수 있다.

이렇게 사유를 외주화하는 사람들이 많아질 때 집단지성은 합리적으로 구현될 수 없다. 디지털 기술을 이용한 자유로운 정보의 소통과 수용자의 능동적 실천 그 자체가 늘 지성적인 대중을 만드는 것은 아니다. 인터넷 담론의 장이 단지 미디어산업의 이해관계에 의해 재단되고 인터넷상의 공론이 주목경제의 시장 논리에만 맡겨진다면 합리적인 집단지성의 형성은 어려울 수밖에 없다. 집단은 사유의 주체가 될 수 없다. 지성적 사유의 주체는 각각의 개인일 수밖에 없다. 결국 중요한 것은 집단지성 자체가 아니라 비판적인 능력을 갖춘 지성적 대중의 형성에 있는 것이다. 디지털 기술이 일정 정도 수용자의 선택성과 주체성을 보장하는 것은 틀림없지만, 그것이 매스미디어 시대의 대중사회적 양상과 완전히 다른 민주적이고 다원적인 문화 상황을 낳을 것인가 하는 것은 결국 그 기술의 사회적 이용 형태가 어떤 형식으로 구조화될 것인가의 문제에 달려 있다.

사이버 레커
어디선가 접촉사고가 일어나면 굉음을 내며 누구보다 앞서서 현장에 도착하는 사설 견인차(레커)에 비유한 것으로, 세간의 이목을 끌 만한 사건이 일어나면 즉시 방송 아이템으로 써먹으면서 조회수를 높이는 인터넷 방송 및 그 제작자를 가리킨다. 논란, 논쟁거리를 인위적으로 만들어내기도 한다. 형식은 뉴스나 기사, 방송 프로그램 스틸컷(저작권 때문에)을 짜깁기에 보이스오버나 자막을 입한 경우가 대부분이며 단골 소재는 연예인의 구설, '국뽕', 반페미니즘이다. 연예계 소식을 알려주는 디지털 큐레이션으로 포장되곤 한다.

4. 디지털 미디어 리터러시와 시민사회

정보 민주주의와 대중의 주체적 실현이라는 측면에서 시민운동의
문제는 두 가지 방향에서 논의할 수 있다. 하나는 디지털 정보통신 기
술이 시민사회의 형성과 공공영역의 확대에 기여함으로써 민주주의의
기반에 큰 도움이 될 수 있다는 측면이다. 모든 정보를 손쉽게 변형·조
작·복제·전송·보관할 수 있는 디지털 기술은 다양한 정보와 의사의 소
통을 통한 시민사회의 민주화에 적지 않은 힘이 되며, 비판적 공중의
형성에 중요한 기반이 되어줄 수 있다. 실제로 정보기술의 발전은 시
민운동의 새로운 형식들을 만들어내고 있다. 지역사회의 주민들이 온
라인 네트워크를 통해 지역사회의 현안들에 관한 정보를 얻고 의사
교환을 통해 지역 사회 내의 생활정치를 실현하는 커뮤니티 네트워크
의 형성을 예로 들 수 있다. 그런가 하면 각국의 시민사회가 네트워
크를 구축함으로써 국제적인 차원에서 시민운동의 연대가 가능해졌
다는 점도 중요하다. 흔히 NGO라 불리는 비정부기구(non government
organization) 운동이 그 수나 역량 면에서 엄청난 성장을 이룬 것은 각
국 시민사회 내부의 커뮤니케이션은 물론이고, 국가 간의 커뮤니케이
션을 가능케 한 정보통신 기술의 발전에 힘입은 바 크다. 정보통신기
술을 활용함으로써 비정부기구들은 지역과 나라 그리고 세계적인 수
준에서의 소통 능력을 확보하며 광범위한 정보의 공유와 획득, 다른 조
직들과의 연대활동을 비교적 적은 비용으로 손쉽게 이루어내고 있다.
또한 자신들의 활동을 전 세계인들에게 폭넓게 홍보하고 지원을 호소
하는 데도 정보통신기술은 중요한 수단이 된다.

정보 민주주의라는 측면에서 시민운동과 관련한 다른 하나의 주제
는 대중 개개인의 미디어 이용 주체로서의 능력과 의지의 구축이라는
문제이다. 앞에서도 여러 번 강조한 것처럼 디지털 미디어가 제공하는
여러 가지 가능성은 그것을 사용하는 대중 스스로가 미디어 이용자로

서, 나아가 문화의 주체로서의 자각을 가지고 적극적으로 미디어를 이용할 때 비로소 의미를 가질 수 있다. 그러한 자각 역시 기술의 발전이 보장해 주는 것은 아니다. 개인화와 쌍방향성이라는 특성을 가지고 있다 해도 디지털 기술이 적극적 수용자를 낳는다는 기술결정론적 전제를 그대로 수용할 수는 없다는 것이다. 결국 중요한 것은 수용자 대중을 적극적인 미디어 이용자로 전환시키고 이들을 시민사회의 네트워크 속에 포섭하고 조직화하는 노력이다. 이것은 새로운 차원의 수용자 운동이라 할 수 있다. 매스미디어 시대의 수용자 운동이 주로 미디어의 메시지를 감시하고 비판적으로 해독하며 이를 조직적으로 피드백하는 차원의 운동이었다면 디지털 시대의 수용자 운동은 수용자 스스로 미디어의 주체로서 적극적으로 미디어를 이용하면서 정확한 정보를 취사선택할 수 있도록 하며, 개개의 미디어 이용자들을 하나의 네트워크로 묶어내는 운동이어야 한다는 것이다. 이른바 디지털 미디어 리터러시(digital media literacy)에 대한 관심이 높아지는 것은 이런 문제의식과 관련이 있다.

미디어 리터러시는 수용자가 미디어를 '읽고 쓰는' 능력, 즉 미디어를 활용해 필요한 정보를 얻고 동시에 자신의 메시지를 표현할 수 있는 능력을 말한다. 디지털 미디어 리터러시는 디지털 미디어를 통해 필요한 콘텐츠에 접근하고, 콘텐츠를 비판적으로 해석하며, 자신의 생각을 창의적 콘텐츠를 통해 표현하되 그 영향에 대해 책임을 지고, 미디어를 이용해 사회적 소통에 참여할 수 있는 능력을 의미한다. 디지털 미디어 리터러시 교육은 미디어 교육의 핵심이며, 수용자 운동의 가장 중요한 영역 가운데 하나다.

이른바 능동적 수용자의 문제, 혹은 미디어 수용자에서 미디어 이용자로의 변화라는 문제도 그러한 시각에서 조명해야 한다. 디지털 기술이 대중을 변화시킨다는 기술결정론적 논리는 아무런 의미도 가지지 못한다. 중요한 것은 대중 스스로 변화하는 것이며 스스로의 노력으로

사실상 모든 것이 전산화·디지털화되고 디지털 큐레이션과 사이버 레커, 인공지능 알고리즘에 의해 세상을 보는 틀이 구성되는 데이터 시대, 플랫폼 시대에는 미디어를 '읽고 쓰는' 능력인 미디어 리터러시 이상의 능력이 요구된다. 디지털 미디어 리터러시는 미디어 리터러시 외에 기술을 운용하는 기술 리터러시, 소프트웨어를 이해하는 코드 리터러시 등을 포괄한다. 이 장에서 강조하는 것은 레거시미디어 콘텐츠뿐만 아니라 수용자들(프로슈머)이 만들어내는 콘텐츠들에 대한 비판적 독해, 알고리즘과 데이터에 기반한 광고 및 추천 시스템의 논리에 대한 이해, 무익하고 유해한 정보를 걸러내는 능력이다.

미디어와 문화의 주체로 바로 서는 일이다. 그랬을 때 디지털 기술이 약속하는 민주적이고 대중 주체적이고 공동체적인 문화의 수립이 가능하다. 토니 베넷(Bennet, 1996: 269)의 주장대로 "중요한 것은 대중을 '정의'하는 것이 아니라 '만드는' 것이다. 지배 블록에 대항하여 사회세력의 광범위한 연대를 이끌어낼 수 있는 '대중'을 구축하고 우세한 문화적 비중과 영향력을 확보함으로써 정치적 중요성을 높이는 것이다."

생각해 볼 문제

1. 정보사회의 미디어 환경에서 대중의 위치와 역할은 매스미디어 시대와 비교하여 어떤 차이를 가지는가?
2. 디지털 미디어 리터러시를 향상하기 위해 개인적·사회적으로 어떤 노력이 필요할지 생각해 보자.
3. 디지털 기술이 대중문화에 어떤 변화를 낳고 있는지 알아보자.
4. 디지털화된 정보기술이 시민사회와 시민운동에 어떤 영향을 미치는지 생각해 보자.
5. 촛불집회에서 나타났던 디지털 대중의 모습은 대중사회론에서 이야기하는 대중의 모습과 어떻게 다른 것인가?
6. 대중의 집단지성을 보여주는 사례에는 또 어떤 것이 있을까?

참고 자료

김경희 외. 2020. 『디지털 미디어 리터러시: 미디어에 대한 올바른 이해와 활용』. 한울엠플러스.

디지털 미디어리터러시의 개념과 구체적인 내용, 교육 등에 대해 개괄하고 있다. 뉴스와 영상, 개인방송과 광고, 게임 등 다양한 분야에서 디지털 미디어 리터러시의 개념을 이해하고 미디어 활용 능력을 키울 수 있는 방법을 논한다.

김내훈. 2021. 『프로보커터: 그들을 도발해 우리를 결집하는 자들』. 서해문집

도발적 퍼포먼스로 주목받고, 그런 주목 자본을 밑천 삼아 여론 시장에서 영향력을 행사하는 '정치적 관종'이 바로 '프로보커터다. 이 책은 디지털 시대의 공론장의 오염이 어떻게 이루어지는지 추적하면서 주목경제 시대에 온갖 선동과 음모론으로 공론장을 오염시키는 한국의 프로보커터들에 대한 실명 비판을 담고 있다.

천정환. 2008. 『대중지성의 시대: 새로운 지식문화사를 위하여』. 푸른역사.

대중은 무지하다는 생각은 오늘날 지식의 광범위한 유포, 기술 발전에 따른 정보 습득 기회 확대 등으로 인해 그 유효성을 잃고 있다. 대중지성의 시대가 온 것이다. 이 책은 우리의 역사에서 대중이 지식을 전취해 온 과정을 통해 대중지성의 의미를 탐구한다. 저자에 따르면 대중은 바로 우리 자신이며 대중지성은 연대와 소통의 다른 말이다.

베넷, 토니(T. Bennet). 1996. 「대중성과 대중문화의 정치학」(김창남 옮김), 『문화, 일상, 대중: 문화에 관한 8개의 탐구』. 박명진 외 엮음. 한나래.

팔란타리2020. 2008. 『우리는 마이크로 소사이어티로 간다』. 웅진윙스.

14 지구화 시대의 한류

주요 개념 및 용어 | 한류, 반한류, 혐한류, 아시아, 동아시아 (담론), 아시아적 정체성, 문화적 할인율, 문화적 근접성, 텔레노벨라, 국가주의, 문화민족주의, (아류) 제국주의, 문화제국주의, (탈)식민주의, 타자(화)

　　1990년대 말부터 한국의 대중가요와 TV 드라마, 영화 등 대중문화 상품들이 일본, 중국, 대만, 필리핀, 베트남 등 아시아 지역에서 큰 인기를 끌기 시작했다. 한류(韓流, Korean wave)라는 용어는 이처럼 한국의 대중문화가 아시아 지역에서 인기를 모으면서 등장했고 이후 전 세계적인 현상으로 확산되었다. 한국 대중문화의 인기는 한국 음식과 패션 등 한국의 다양한 생활양식에 대한 관심과 선호로 이어졌고, 이는 오랫동안 문화의 수입국 지위에 만족해야 했던 한국이 드디어 문화 수출국의 위상을 갖게 되었다는 자부심을 낳으면서 한류에 대한 국민적 관심을 촉발했다. 마침 21세기 정보 시대의 가장 중요한 경제 자원은 문화라는 인식이 확대되어 가는 시점에 터진 한류 열풍은 문화의 영역을 넘는 사회적 어젠다로 등장했다.

한류는 한국의 대중가요, 영화, TV 드라마 등이 외국에서 인기를 얻고 해외 대중에게 적극적으로 수용되는 현상을 말한다. 최근에는 음식·건축·미용·패션 등 여러 분야에서 한류라는 용어가 사용되고 있고 K-Pop·K-Drama·K-Fashion·K-Contents 등 한국을 의미하는 K라는 접두어가 다양하게 사용되기도 한다.

한류가 성장해 온 역사를 이야기할 때 짚고 넘어가야 할 중요한 계기적 사건들이 있다. 우선 1997년 드라마 〈사랑이 뭐길래〉가 중국에서 높은 시청률을 올리며 인기를 끈 것을 들 수 있다. 이는 2020년대 초 현재까지 이어지고 있는 드라마 한류의 시작이다. 2000년 2월에 열린 HOT의 베이징 공연에 만 명이 넘는 중국 팬들이 몰려들어 열광적인 반응을 보여준 것도 기억할 만하다. 이 공연 이후 한류라는 말이 중국과 아시아에서 널리 회자되기 시작했다. 이와 함께 한국의 연예 기획사들이 해외진출 가능성을 적극 모색하기 시작했고 SES, GOD, 슈퍼주니어 등 아이돌그룹이 아시아 지역에서 큰 인기를 끌었다.

또 하나 한류의 역사에 기록해야 할 사건은 드라마 〈겨울연가〉가 일본에서 엄청난 반향을 일으킨 일이다. 〈겨울연가〉는 NHK 위성방송에서 2003년 4월에 처음 방송했다가 12월에 재방송했고, 2004년에는 NHK 지상파방송에서 또 한 번 방송했다. 당시 20%가 넘는 시청률을 기록했고 주연 배우 배용준은 '욘사마'라는 별명으로 불리며 일본의 중년 여성들에게 높은 인기를 누렸다. 한때 〈겨울연가〉의 촬영지를 보기 위해 한국을 찾는 일본 관광객이 급증하기도 했다. 또 다른 드라마 〈대장금〉은 2004년 일본, 2005년 중국에서 화제를 모으며 방송했고, 이어 중동지역에까지 수출하여 이란에서는 평균 시청률 88%를 기록하는 놀라운 성과를 거두었다.

주로 아시아 권역에 국한된 현상으로 여겨지던 한류는 2010년대 접어들면서 글로벌한 관심의 대상이 된다. 2011년에는 프랑스 K-Pop 팬들이 'SM타운 월드투어'의 파리 공연 연장을 요구하며 루브르박물관 앞에서 플래시몹 커버댄스를 춘 사건이 화제를 모았다. 이 사건으로 파리 공연이 하루 더 연장되었고, 프랑스의 유력 언론이 크게 보도하면서 K-Pop에 대한 글로벌한 관심이 확인되었다. 이후 빅뱅이나 엑소(Exo) 같은 아이돌그룹이 아시아를 넘어 세계적인 팬덤을 가진 그룹으로 떠올랐다.

2012년에는 싸이의 「강남 스타일」이 엄청난 유튜브 조회수를 기록하면서 빌보드 핫 100차트에서 7주 연속 2위를 기록했다. 전 세계적으로 수많은 커버댄스 비디오들이 제작·공유되면서 싸이는 삽시간에 글로벌 스타로 떠올랐다.

2014년에는 드라마 〈별에서 온 그대〉가 중국에서 40억이 넘는 조회수를 기록했고, 이어서 〈태양의 후예〉가 25억이 넘는 유료 조회수를 기록하며 화제가 되었다. 이를 계기로 넷플릭스가 〈미스터션샤인〉·〈킹덤〉 등 한국 드라마 제작에 나서게 되었고, 한국 드라마가 본격적으로 전 세계적인 관심의 대상으로 떠올랐다.

K-Pop 한류의 최고 기록은 방탄소년단(BTS)이 찍었다. 방탄소년단은 2017년 '빌보드뮤직어워드'에서 '톱소셜아티스트'상을 받은 이후 연이어 이 상을 수상했고, 2018년에는 '아메리카뮤직어워드'에서 '페이버리트소셜아티스트'상을, MTV '유럽뮤직어워드'에서 '베스트그룹&비거팬'상을 수상했다. 그런가 하면 빌보드 200차트에서 여러 차례 1위를 기록했고, 2020년 8월에는 「Dynamite」가 한국인 가수 중 처음으로 빌보드 핫 100차트에서 1위를 차지하는 기록을 세운 후 새 음원이나 앨범이 발표될 때마다 새로운 기록을 추가하고 있다.

2000년대 이후에는 임권택·이창동·홍상수·박찬욱·봉준호·김지운·김기덕 등 한국의 영화감독들이 해외 영화제 초청 명단에 자주 오르고 수상도 하면서, 한국의 작가주의 영화가 주목의 대상이 되었다. 해외 영화제 수상의 정점은 봉준호 감독이 찍었다. 봉준호 감독의 〈기생충〉이 2019년 칸 영화제 황금종려상을 받고 2020년 아카데미영화제에서 작품상, 감독상, 각본상, 외국어영화상까지 받으면서 세상을 놀라게 했다. 그런가 하면 코로나 팬데믹과 함께 OTT 서비스가 급성장하던 2021년에는 넷플릭스 제작의 한국 드라마 〈오징어게임〉이 넷플릭스가 서비스하는 전 세계 83개국에서 시청률 1위를 기록하는 일도 벌어졌다.

1990년대 말부터 2000년대 초에 이르는 시기 중국어권을 중심으로 한국 드라마와 댄스음악이 인기를 얻으며 시작된 한류는 2000년대 들어 일본과 동남아시아, 중동지역으로 확장되었고, 2010년대로 오면서 유럽과 미국, 남미권까지 확장되면서 글로벌한 흐름으로 성장하고 있다. 한국 대중문화 콘텐츠의 세계적인 열풍은 일시적이거나 국지적인 현상이 아니라 21세기 초반 세계 대중문화 시장의 흐름을 특징짓는 중요한 트렌드임이 분명해진 것이다.

K-Contents의 다양한 성과와 함께 한류는 자연스럽게 국가적 어젠다로 떠올랐다. 하지만 한류에 대한 국가적 관심은 그것이 가진 문화적 의미에 주목해서라기보다 한류의 경제적 효과에 대한 관심 때문이라고 할 수 있다. 한류 붐은 마치 한류가 우리 경제를 새롭게 도약시킬 황금 광맥이라도 되는 듯 과잉 기대를 모았다. 한류 열풍을 지속한다는 명목으로 정부와 지자체, 관련 기업들이 막대한 예산과 자원을 투입하기도 했다. 곳곳에 한류를 소재로 한 테마파크를 조성한 것이 그 예다. 하지만 문화보다 경제를 앞세우며 단기적인 가시적 성과를 노리는 전략은 늘 실패하기 마련이다. 가시적인 단기 경제효과를 노리는 전략은 대부분 실패하고 장삿속을 앞세운 테마파크에 대한 관심도 오래가지 않는다. 한류 열풍에 대한 반작용으로 중국의 반(反)한류와 일본의 혐(嫌)한류 현상이 등장하기도 했다. 중국은 한류 견제와 자국 문화산업 육성을 위한 '문화산업진흥계획'(2009년 7월)을 발표했고, 해외 드라마 수입을 제한하는 조치를 취하기도 했다. 사드 배치 문제로 한중 관

문화 할인율

어떤 문화 콘텐츠가 한 나라에서 다른 나라로, 한 문화권에서 다른 문화권으로 수출되거나 이동했을 때, 문화적 차이로 인한 해당 콘텐츠의 맥락이나 역사 등에 대한 몰이해로 가치가 절하되고 쉽게 수용되지 못하는 현상을 말한다. 일반적으로 스포츠·다큐멘터리·게임 등은 문화 할인율이 낮고, 영화·드라마 시리즈·예능프로그램 등은 문화 할인율이 높은 것으로 분류된다. 기술 발전 등으로 인해 문화 수출입이 거의 즉각적으로 이뤄지고 교통이 원활해지면서 문화 할인율이 점점 낮아지고 있다.

계가 악화되던 시점에는 한국 대중문화와 예술인들의 활동을 대놓고 규제하기도 했다. 일본의 극우세력은 한국과 한류에 대한 반감을 확산시키며 시위를 벌이고, 한국 연예인 퇴출운동을 벌이는가 하면 만화 '혐한류' 시리즈를 발간하는 등 다양한 방법을 동원하고 있기도 하다.

2. 한류의 성공 요인

한국이 오랫동안 미국을 비롯한 선진국들의 문화상품을 일방적으로 수입해 온 수입국이었고 따라서 문화식민지라는 자조까지 유행했던 데 비추어 보면 한류의 다양한 성과는 대단히 새로운 것이며 의미 있는 현상이 아닐 수 없다. 한류 현상이 우리의 경제력이 그만큼 커지고 국가 위상이 높아졌음을 보여주는 것이라며 뿌듯해하는 것도 좋지만, 한국의 문화가 세계적으로 대중을 사로잡은 배경과 이유를 짚어보고 그 속에서 한국 문화의 정체성에 대해 새롭게 생각해 보는 것도 중요한 일이다.

한류 열풍이 시작될 수 있었던 이유에 대해서는 여러 가지 주장이 제기된 바 있다. 먼저 한국의 대중문화가 아시아 지역에서 문화 할인율(cultural discount)이 비교적 낮았다는 점에서 한류의 인기를 찾는 시각이 있다. 한 나라의 문화가 다른 나라로 들어갈 때 두 나라 사이의 역사와 문화가 다른 까닭에 일정하게 장벽이 생겨난다. 두 나라 사이의 문화적 차이가 크지 않을수록 장벽은 낮아지고 문화를 수용하는 데 따르는 거부감이 줄게 된다. 이를 문화 할인율이라고 하는데 서구문화에 비해 같은 아시아 지역의 문화권 내에서는 비교적 문화적 동질성이 크고 그만큼 문화 할인율이 낮아 수용이 쉽게 이루어진다는 것이다. 특히 같은 한자문화권인 중국과 일본, 대만, 홍콩 등지에서 한국의 대중문화가 비교적 빠르게 수용된 것은 한류 붐에 일정하게 문화적 동질성이라는 조건이 작용했다는 해석이다.

한류 열풍의 원인을 외부 조건에서 찾는 시각도 있다. 동아시아 지역 특히 중국과 베트남의 급속한 경제성장과 함께 새로운 소비층이 형성되고 미디어와 문화상품에 대한 수요가 급증했던 반면, 이를 채워줄 콘텐츠가 부족한 상황에서 그 자리를 한국의 대중문화 콘텐츠가 메워주었다는 해석이다. 사실 한류가 등장하기 전 아시아 지역에서 가장 각광받는 문화상품은 홍콩과 일본의 대중문화 콘텐츠였다. 한류 붐이 시작되는 시점이 홍콩과 일본의 문화산업이 쇠락하는 시점과 겹친다는 점에서 한류가 홍콩과 일본 문화상품의 빈자리를 대체한 것이라는 해석이 나온다. 그와 함께 2000년대 초반 일본의 위성방송이 대중화하면서 새로운 콘텐츠가 필요했던 것도 한류 성공의 요인으로 꼽는다. 2000년 12월부터 위성방송이 시작되고 2003년이면 거의 모든 가구가 위성방송을 시청하게 되는데, 비교적 비용이 저렴하고 품질이 높은 한국 드라마가 일본 위성방송의 콘텐츠 부족을 메우는 대안으로 선택되고 인기를 끌면서 대만과 중국 등 아시아 지역으로 진출하는 계기가 되었다는 것이다.

2010년대 이후 한류가 아시아 권역을 넘어 글로벌하게 성장한 요인으로는 유튜브, 페이스북, 블로그, 트위터 등 다양한 소셜미디어의 발전이 거론되기도 한다. 한국은 세계 최고 수준의 IT 강국이고 소셜미디어의 활용도도 최고 수준이다. 유튜브는 K-Pop을 세계에 알리는 통로가 되었고 다양한 소셜미디어들은 전 세계의 K-Pop 팬들이 서로 소통하며 글로벌한 팬덤을 형성할 수 있게 해주었다. 전 세계에 수천 개의 한류 관련 동호회들이 만들어져 수천만 명의 회원들이 활동하고 있는 것은 다양한 소셜미디어의 확산이 있었기에 가능한 일이다.

한국 대중문화의 질적 우수성과 관련해 또 하나 생각해 볼 문제는 한국 문화가 가진 혼종성이다. 한국에서 근대적인 대중문화가 형성되기 시작한 것은 일제강점기였다. 서구의 문화를 일본식으로 소화한 혼종적 성격의 일본 문화 영향을 크게 받지 않을 수 없었다. 해방 이후에는 미국을 비롯한 서구 대중문화가 급속도로 유입되면서 한국 대중의 정서와 대중문화의 성장 과정에 큰 영향을 미쳤다. 한국의 대중문화는 일본 문화, 미국 등 서구문화 그리고 한국 고유의 문화가 뒤섞이며 형성된 혼종적 성격의 문화다. 거기에 더해 한국 사회가 대단히 빠른 시간에 압축적 근대화를 이루면서 전통적인 문화와 근대적인 문화, 디지털 시대의 탈근대적인 문화가 공존하는 시간적 혼종성을 가지게 된 것도 빼놓을 수 없다. 그렇기 때문에 한국의 대중문화가 어떤 지역에서는 잃어버린 전통에 대한 향수를 불러일으키고 다른 지역에서는 세련된 현대적 문화의 상징으로 받아들여질 수 있는 것이다.

한국 사회의 치열한 경쟁 체제가 한류의 발전을 낳았다는 분석도 있다. 비교적 좁은 국내시장을 두고 치열하게 경쟁할 수밖에 없는 상황에서 해외시장 진출을 적극적으로 모색했고, 질적 수준도 높아졌다는 것이다. 연습생 시절부터 치열한 훈련과 경쟁을 거치며 가창력과 댄스, 외국어 실력까지 높여 국제적 경쟁력을 갖추는 아이돌그룹의 경우가 사례로 제시되곤 한다. 분명 그런 점이 있지만 한국 사회 전반의 비인간적인 경쟁 체제는 그 자체로 문제적이며 한류와 무관하게 성찰과 극복의 대상이 되어야 할 것이다.

한류의 배경과 원인을 어디에서 찾건 한국의 문화 콘텐츠가 글로벌 대중에게 인기를 끌 만큼 매력적인 요소를 가지고 있다는 점은 부인할 수 없다. 한류를 이끌었던 TV 드라마나 대중가요가 과연 한국 문화를 대표할 만한 질적 수준을 가지고 있었는지, 또 그것이 진정 한국적인 것이었는지, 나아가 '한국적'인 게 무엇인지 등에 대해서는 이론이 적지 않지만, 한류가 한국 대중문화 전반의 질적·양적 성장을 반영하는 것임은 틀림이 없다.

한국의 대중문화가 급속하게 질적·양적 성장을 이룬 것은 1980년대 후반 이후 민주화 과정이 진행되면서부터라고 할 수 있다. 오랜 군사 독재 정권 아래 극심한 검열과 통제에 시달렸던 한국의 대중문화는 민주화 과정을 밟으며 차츰 검열의 칼날에서 벗어나 조금씩 표현의 자유, 상상력의 자유를 얻어갔고, 그 과정에서 창의성 넘치는 뛰어난 인재들이 대중문화 영역에 뛰어들면서 빠르게 발전하기 시작했다. 또 정부의 규제가 풀리면서 대기업 자본이 문화산업에 투입되기 시작했고, 디지털 미디어의 급속한 발전과 함께 문화시장의 규모와 폭이 대폭 성장했다. 문화시장의 개방과 함께 글로벌 문화가 유입되면서 한국 대중의 문화적 경험의 폭은 과거와 비교할 수 없을 만큼 커졌다. 1980년대 말에서 1990년대 말까지의 시기는 창의성과 상상력이란 측면에서 한국 대중문화가 가장 역동적으로 발전한 시기이다. 한류는 바로 이런 변화가 그 결실을 맺은 것이라고 볼 수 있다. 만일 21세기까지도 군사독재 정권이 유지되고 표현의 자유가 억압되었다면 한류 현상은 꿈도 꿀 수 없었을 것이다. 그런 의미에서 한류의 가장 근본적인 원인을 단 하나만 꼽으라면 단연 민주화를 꼽지 않을 수 없다.

민주화와 함께 표현의 자유가 만개하면서 생성되었던 창의력과 상상력은 상업주의와 시장 논리가 문화 영역 전반을 지배하면서 다시 활력을 잃어버릴 위기에 봉착한다. 문화 영역의 중요성이 커지면서 이 분야에 대한 정책적 지원과 투자는 늘었다고 하지만, 당장 눈앞의 돈벌이를 최우선 과제로 삼는 상업주의가 팽배하면서 장기적 안목으로 창조적 인력을 키우는 일은 도외시되고 있다. 시장에서는 오직 돈이 되는 것만 살아남게 되고, 그 결과는 문화적 다양성의 심각한 훼손이다. 그런가 하면 정부 당국은 어떤 식으로든 한류 현상을 국가주의적으로 전유하면서 한류 붐에 편승하고자 한다. 그런 까닭에 흔히 외국의 언론은 한류 현상이 한국 정부의 적극적인 지원과 육성 정책 때문에 가능했다는 식의 보도를 그치지 않고 있다. 한류는 민주화 이후 한국 대중문화 콘텐츠의 다양성과 창의성이 성장한 때문이지 국가의 의도적인 육성 정책의 산물이 아니다.

한류 열풍이 민주화의 산물이라면 상업주의의 시장 지배에 따른 문화적 다양성 상실은 한류의 미래를 낙관하지 못하게 하는 요인이다. 게다가 박근혜 정부 시절 블랙리스트 파문이 보여주듯이 정치적인 변화에 따라 표현의 자유가 심각하게 위축되고 대중문화 전반의 창의적 활력이 약화되면서 한류의 동력이 약화될 가능성도 상존한다.

3. 한류 현상을 둘러싼 담론들

한류 현상에 대한 담론 가운데 가장 대표적이고 일반적인 것은, 한류가 한국의 국가적 위상과 경제력의 향상을 의미하며 따라서 이를 정책적으로 지원해 경제적 이익을 극대화하고 국가적 위상을 더욱 높여야 한다는 다분히 자기만족적이고 게다가 국가주의적인 시각이다. 이는 또한 한류를 통한 경제적 이익을 강조하는 신자유주의적 경제 담론과도 연결된다. 한국이 문화시장의 주변국 지위에서 벗어나 문화 수출국으로 성장했다는 것을 강조하면서 다른 나라나 다른 문화권의 사람들에게 한국의 문화정체성을 확산하고 문화적 영향력을 키우며 이를 통해 경제적 이득을 얻어야 한다는 식의 주장이다. 그동안 정부의 정책이나 한류와 관련된 산업의 담당자들이 내세운 한류관은 거의 그와 같은 국가주의나 경제주의 시각에서 벗어나 있지 않았다고 할 수 있다. 한국 대중문화의 글로벌한 팬덤 현상을 열심히 뒤쫓아 보도하며 '자랑스러운 한국인' 담론에 열중하거나 한류로 인한 국가 이미지 제고, 문화역량의 신장과 문화외교의 성과 등을 강조해 온 대다수 언론의 시각 역시 그와 같은 맥락에 있다.

학계에서는 미시경제학적 시각에서 대중문화의 국제적 유통을 설명하는 논의에 기대어 한국 미디어산업의 해외시장 진입의 성과를 평가하고 향후 해외시장 확대를 위한 전략을 모색하는 작업이 적잖이 이루어진 바 있다. 이와 같은 문화산업론적 담론 역시 크게 보면 국가주의와 경제주의의 기본 시각을 벗어나지 않는다고 할 수 있다.

또 하나의 시각은 한류 현상을 경제 논리보다는 문화론의 차원에서 설명하고자 하는 것이다. 특히 한류 현상 초기에는 서구와는 다른 동아시아 지역의 문화적 근접성(cultural proximity)을 강조하는 담론이 많이 나왔다. 앞서 한류의 성공 요인을 설명하는 시각에서도 언급되었지만, 인종적 유사성과 한자문화권으로서의 언어적 근친성, 유교문화적 전통의 공유 등이 동아시아의 문화교통을 만들어내는 요인이라는 것이다. 이와 유사한 사례로 흔히 거론되는 것이 남미 지역에서 유행한 이른바 텔레노벨라(telenovela)라고 하는 TV 드라마 장르이다. 중남미 지역의 대중이 미국의 드라마보다 자신들과 문화적으로 유사한 브라질이나 멕시코의 드라마인 텔레노벨라를 더 선호한다는 것이다. 한류역시 동아시아 지역의 문화적 근접성 때문에 생겨난 현상이라는 것인데, 사실 역사적 맥락은 물론 대중의 현실적 조건과 욕망이 서로 다를 수밖에 없는 동아시아 국가들에 대해 유교문화권이나 한자문화권과 같은 전통적 요소가 얼마나 동질적인 문화적 정서를 만들어낼 수 있는지에 대해서는 적잖은 의문이 제기되기도 한다.

한편 많은 문화연구자들은 한류를 그저 문화상품의 수출, 한국 대중문화의 약진이라는 프리즘으로 보는 주류 담론의 경제주의와 국가주의를 강하게 비판한다. 주류 담론이 보여주는 문화우월주의 혹은 문화민족주의가 결국 한류를 수용하는 동아시아의 대중을 소비 대상이자 시장으로서 타자(他者)화하는 아류 제국주의적 시선이라는 것이다. 일본과 미국의 대중문화가 한국 시장을 지배할 때 많은 사람들이 이에 대해 문제를 제기하고 문화제국주의라 비판했던 것을 상기한다면, 우리가 동아시아 지역을 그저 수출시장으로 대할 때 현지인들의 저항을 받게 되는 것은 당연한 일이다. 비판적 문화연구자들은 국가주의나 경제주의적 시선을 벗어나 아시아 국가 간의 문화적 교류와 공존, 접촉을 통한 아시아적 문화정체성의 형성이라는 시각으로 한류를 보고자 한다. 글로벌화의 과정 속에서 전 세계를 미국 문화를 중심으로 한 단일

텔레노벨라

중남미 지역에서 스페인어(혹은 포르투갈어)로 제작되는 드라마 시리즈물을 일컫는 용어이다. 1950년대부터 브라질, 멕시코, 아르헨티나 등에서 제작된 텔레노벨라는 중남미 지역은 물론 히스패닉 인구가 점점 증가하고 있는 미국에서도 큰 인기를 끈 바 있다.

타자

인식론, 정신분석학 등 다양한 영역에서 사용되는 개념이지만 문화연구 맥락에서 이 개념의 용법을 잘 보여준 것은 에드워드 사이드(Edward Said)의 「오리엔탈리즘」이라고 할 수 있다. 이 책에서 사이드는 유럽인들이 아시아를 '열등하고 비합리적'인 '타자'로 묘사함으로써 '우월하고 합리적인' 서구의 정체성을 확립하는 방식을 보여준다. 특정한 주체가 다른 주체에 대해 정의함으로써 자기 자신의 정체성을 구성하는 과정에서 상대화되는 주체가 타자이다. 누군가를 타자화한다고 할 때 그것은 상대방을 나에게 종속시키거나 배제함으로써 내가 우월한 지위를 누리게 되는 권력관계를 형성하는 방식이라고 할 수 있다.

시장으로 만들어가는 힘이 강하게 작용하는 한편으로, 지역적으로는 국가의 범주를 넘어 권역화된 문화정체성이 생성되면서 문화 권력의 탈중심화가 이루어지는 복합적인 현실을 한류 현상을 통해 볼 수 있다는 것이다.

4. 아시아적 존재로서 한국, 한류

최근 아시아, 혹은 동아시아라는 주제는 지식인 사회의 중요한 화두 가운데 하나이다. 〈기생충〉이나 〈오징어게임〉, 방탄소년단의 사례에서 볼 수 있듯이 한류의 영향 범위가 아시아의 범주를 넘어 글로벌한 차원으로 확장되었다고 하지만 여전히 한국 대중문화 콘텐츠의 가장 중요한 시장은 아시아 지역이다. 누구나 아는 사실이지만 한국은 아시아 혹은 동아시아, 동북아시아의 일원이다. 하지만 근대화 이후 한국 사회에서 아시아적 정체성은 중요하게 거론되거나 의식되어 본 적이 없다. 광복 이후 한국의 역사는 미국과의 관계 속에서 만들어졌고, 이른바 근대화의 과정 또한 기본적으로 미국 혹은 서구의 문화와 문명, 기술과 제도, 의식과 가치를 빠르게 도입하고 뒤쫓는 방식으로 이루어져 온 까닭이다. 20세기에 아시아의 많은 나라들이 서구화의 과정을 밟아왔지만, 한국처럼 빠르게 또 철저하게 서구적 가치와 삶의 양식을 내면화한 나라는 달리 없다고 할 수 있다. 최근의 아시아 담론은 그런 가운데 우리의 정체성을 구성하는 또 하나의 요소인 아시아에 대한 재인식에서 출발한다. 그 중요한 계기 가운데 하나가 한류였음은 물론이다. 어떤 의미에서 한류는 한국이 아시아에 위치한 아시아적 존재라는 사실을 새삼스럽게 확인하면서 그동안 잊고 살아온 다중적 정체성의 일부를 새롭게 재발견하고 재구성할 수 있는 계기가 된다고 말할 수 있다.

한국이 후발 산업화에 성공하면서 동남아시아를 포함한 아시아 지역에 대한 경제적 영향이 커졌고, 그와 함께 아시아 지역을 경제적 진출의 대상으로 보는 시각이 많아졌다. 여기에는 스스로를 경제적 헤게모니를 쥔 우월한 자의 입장으로 보는 시각이 깔려 있다. 한류를 대하는 시선에도 그런 패권적 아시아주의가 숨어 있음을 부인할 수 없다. 한류에 대해 비판적 시각을 견지하는 문화연구자들의 입장은 바로 그런 패권주의를 경계하는 데서 비롯된다. 미국의 대중문화가 전 세계를 지배하는 것이 진정한 의미의 문화의 세계화일 수 없듯이 한국의 대중문화가 아시아 시장을 지배하는 것 또한 진정한 의미의 문화 세계화와는 거리가 있다. 중요한 것은 패권주의, 제국주의, 식민주의의 틀에서 벗어나 호혜적이고 공생적인 아시아, 아시아적 정체성을 구성하는 것이고, 한류에 대한 우리의 시각 역시 그런 차원에서 재구성될 필요가 있는 것이다.

생각해 볼 문제

1. 한류 현상의 대표적 사례들에 대해 조사해 보자.
2. 한류에 대한 담론들을 조사하고 본문에서 이야기한 시각의 차이에 대해 좀 더 구체적으로 알아보자.
3. 아시아적 문화정체성이란 어떤 것인지 상상해 보자.
4. 한류가 있기 전에 일본 대중문화의 국제적 유통 현상[즉, 일류(日流)]이 있었다. 지금도 일본은 여전히 세계적인 문화 수출국이다. 일류와 한류는 어떤 차이가 있는가?
5. 한류 현상을 보도하는 주류 언론의 시각에 어떤 문제가 있는지 생각해 보자.

참고 자료

강준만. 2020. 『한류의 역사: 김 시스터즈에서 BTS까지』. 인물과사상사.

한류라는 키워드를 중심으로 한국의 대중문화사를 개괄하고 있다. 한국 대중문화가 국제적인 문화교류와 충돌의 과정에서 보여준 다양한 사건과 논점, 담론들이 망라되어 있다.

백원담 . 2005. 『동아시아의 문화선택, 한류』. 펜타그램.

저자는 성공회대의 동아시아연구소를 이끌며 한류와 아시아의 문화정체성 연구를 주도하고 있다. 이 책은 수년 간 한류와 동아시아 문화를 고민한 저자의 지적 탐구가 담긴 노작이다. 비판적 문화연구의 시선으로 다기·다양한 한류 현상을 분석하고 있다. 특히 뒷부분에 한류에 관련된 연보가 자료로 제시되어 큰 도움을 준다.

이동연 . 2006. 『아시아 문화연구를 상상하기: 문화민족주의와 문화자본의 논리를 넘어서』. 그린비.

문화연구의 중심에 아시아라는 화두를 놓은 흔치 않은 지적 성과라고 할 수 있다. 신자유주의와 국가주의에 침윤된 시선에서 벗어나 아시아적 문화정체성을 고민하는 저자의 시각은 한류에 대해서도 새로운 시각을 열어준다.

이수연 . 2008. 『한류드라마와 아시아 여성의 욕망』. 커뮤니케이션북스.

이 책은 한류의 대표 장르인 TV 드라마를 중심으로 한류를 수용하는 아시아 대중의 욕망을 읽어낸다. 특히 이 책의 관심은 한국의 TV 드라마를 열심히 시청하는 아시아의 여성들이다. 아시아 여성들의 드라마 보기에 내재된 욕망을 읽어냄으로써 한류의 내밀한 풍경을 그려낸다.

홍석경 . 2020. 『BTS 길 위에서』. 어크로스.

한류의 한 정점을 보여주고 있는 BTS의 신화에 대한 전방위적 분석이 담겨 있다. BTS 현상을 둘러싼 문화산업과 미디어의 변화, 글로벌한 팬덤에 담긴 세대·문화·인종·젠더의 의미를 깊이 있게 들여다본다. BTS가 생산해 보여주는 텍스트, 콘서트 현장의 모습, 팬들의 목소리를 다양하게 담으면서 다층적인 분석을 보여준다.

김창남 . 2021. 『한국대중문화사』. 한울엠플러스.

대중문화와 표현의 자유
그리고 정치적 올바름의 문제

주요 개념 및 용어 | 표현의 자유, 검열, 사전심의 제도, 금지곡, 대마초 파동, 우수 영화 제도, 한국공연윤리위원회(공윤), 무크(Mook), 미네르바 사건, 블랙리스트, 정치적 올바름, 정체성 정치, 소수자 문화, 비주류 문화, 문화적 공공성

    대중문화는 대단히 정치적이다. 대중문화 자체가 다양한 방식으로 정치적 효용을 가질 수 있기 때문에 어느 사회에서든 정치권력에 의한 직간접적 통제의 대상이 된다. 민주주의의 수준을 재는 척도 가운데 하나가 대중문화가 정치권력으로부터 얼마나 자유로운가에 있다. 일제강점기부터 자유당 독재를 거쳐 오랜 군사독재 기간에 이르기까지 한국의 대중문화는 극도의 정치적 통제 아래 표현의 자유를 제약받았다. 표현의 자유를 억압하던 금기의 사슬은 1987년 이후 민주화의 흐름 속에서 조금씩 풀리기 시작했다. 사전검열이 없어지거나 검열제도의 틀이 바뀌었고, 권력의 마음에 들지 않는 대중문화 콘텐츠를 강제로 금지하는 일도 시나브로 사라졌다. 연령 등급을 통해 성인물의 유통을 통제하거나 일반 형법에 근거해 사후 처벌하는 경우는 있지만, 그 정도의 통제도 없는 나라는 없다. 그렇지만 표현의 자유는 여전히 뜨거운

논란의 대상이다. 보수 정권 시절에는 군사독재 시절과는 다른 방식으로 문화예술에 대한 통제가 재현되었다. 그런가 하면 디지털 기술과 함께 수용자 대중의 목소리가 커지면서 다양한 사회집단의 요구와 압력이 표현의 자유와 충돌하는 상황이 만들어지기도 한다. 특히 사회적 소수자들에 대한 문화적 재현의 문제가 논란이 되기도 하고, 이른바 정치적 올바름(PC: political correctness)과 표현의 자유가 충돌하는 상황이 벌어지기도 한다.

1. 군사독재 시대의 정치적 통제와 억압

대중문화에 대한 통제와 억압은 근대적인 미디어가 도입되고 대중문화의 역사가 시작되던 일제강점기부터 시작되었고 해방 후 자유당 정권에서도 극심했지만, 여기서는 한국 사회가 본격적으로 산업화하고 대중사회화하면서 매스미디어와 대중문화의 시대로 들어선 1970년대에서 1980년대까지, 즉 군사정권의 개발독재 시대에 벌어졌던 대중문화의 표현의 자유에 대한 억압의 역사를 살펴보기로 한다.

어느 사회에서나 문화정책은 명시적이건 아니건 그 사회체제의 정당화와 국민적 통합이라는 목표를 지향하게 마련이다. 정당성의 약점을 안고 있던 유신체제와 5공화국 권력은 스스로 정당성이 취약함을 너무나 잘 알고 있었고 따라서 정당성을 확보하기 위해 폭력적 통제와 교묘한 의식 조작을 뒤섞은 다양하고 체계적인 문화정책을 구사했다. 문화정책은 하나의 방향을 강제하고 장려하는 '의도적 육성' 정책과 일정한 테두리를 벗어나는 행위를 통제하고 가로막는 '체계적 배제' 정책으로 구성된다. 유신체제와 5공화국의 문화정책도 '의도적 육성'과 '체계적 배제'의 메커니즘을 기조로 하면서 기본적으로는 어느 쪽이든 폭력성을 동반했다는 점을 특징으로 한다.

1) 의도적 육성 정책: 문화의 정치도구화

1972년 유신체제를 통해 지배구조의 물리적 강화를 도모함으로써 민중의 저항에 직면한 체제의 위기를 해결하고자 한 유신정권은 언론과 문화 전반에 대한 강력한 통제를 통해 이데올로기적 지배를 강화해 갔다. 문화예술에 대한 개입도 보다 강력하고 체계적인 형태로 나타났는데, 이는 실제로는 유신 이념을 국민적으로 홍보하고 이데올로기적 기반을 다지고자 하는 의도를 깔고 있는 것이었다. 예컨대 당시 이러한 정책 목표하에서 시행했던 우수 영화 제작 및 수입에 관한 방침을 보면, 문화에 대한 유신정권의 사고방식이 잘 드러난다. 이 가운데 국산 영화의 우수 영화 선정 기준은 다음과 같다.

(1) 10월유신을 구현하는 내용

(2) 민족의 주체성을 확립하고 애국·애족의 국민성을 고무 진작시킬 수 있는 내용

(3) 의욕과 신의에 찬 진취적인 국민 정신을 배양할 수 있는 내용

(4) 새마을운동에 직접 참여케 하는 내용

(5) 협동·단결을 강조하고 슬기롭고 의지에 찬 인간 상록수를 소재로 한 내용

(6) 농어민에게 꿈과 신념을 주고 향토문화발전에 기여할 수 있는 내용

(7) 성실·근면·검소한 생활자세를 가진 인간상을 그린 내용

(8) 조국 근대화를 위하여 헌신 노력하는 산업 전사를 소재로 한 내용

(9) 예지와 용단으로서 국난을 극복한 역사적 사실을 주제로 한 내용

(10) 국난 극복의 길은 국민의 총화된 단결에 있음을 보여주는 내용

(11) 민족수난을 기울삼아 국민의 각성을 촉구하는 내용

(12) 수출 증대를 소재로 하거나 전 국민의 과학화를 촉진하는 내용

(13) 국가와 민족을 위하여 헌신하는 공무원상을 부각시킨 내용

(14) 우리의 미풍양속과 국민정서 순화에 기여할 수 있는 내용

당시 우수 영화로 선정된 작품 수에 따라 외국 영화를 수입할 수 있
는 권리를 배당했기 때문에 영화사들은 최대 이권인 외화수입권이 걸
린 우수 영화로 선정되기 위해 열을 올렸고, 이는 결과적으로 한국 영
화를 한층 침체와 저질의 나락으로 굴러 떨어지게 한 중요한 요인이 되
었다. 이 내용을 보면 알 수 있듯이 당시 정권의 사고방식은 문화예술
은 창조적이고 개성적인 인간 정신의 표현과는 아무 상관이 없고 단지
현실을 미화하고 정부의 이념과 정책을 홍보하는 수단에 지나지 않는
다는 것이었다.

5공화국 정권의 경우에는 대규모 문화행사의 빈번한 개최와 유치를
통해 권력의 정당성을 홍보하고자 하는 시도가 두드러졌다. 1980년 봄
광주민주화운동의 충격이 채 가시기도 전에 서울에서 벌어졌던 '미스
유니버스 대회'를 비롯해 1981년의 '국풍81' 그리고 86아시안게임
과 88올림픽 유치가 대표적이다. 특히 86아시안게임과 88올림픽은
1980년대 제5공화국 정권 내내 대중의 일상을 통제하고 저항세력을 억
압하는 수단이 되었다.

2) 체계적 배제 정책: 검열과 규제

방송윤리위원회, 신문윤리위원회, 도서잡지주간신문윤리위원회, 공
연윤리위원회 등 이미 1960년대부터 각종 법적 장치를 통해 정비해 왔
던 다양한 검열기구와 제도는 유신체제로 들어서면서 한층 억압적인
검열의 칼날을 휘두르게 된다. 예컨대 영화법상의 검열 기준을 보면,

① 헌법의 기본질서에 위배, ② 국가 권위의 손상, ③ 미풍양속과 사회질서 문란과 기본 질서 위배, ④ 국제간의 우의 손상 등의 위험이 있는 영화를 규제하도록 되어 있다. 또 보다 구체적인 시행령과 시행규칙에는 국가·국기·국가원수 모독, 반국가적 행동 묘사, 준법정신 해이·법정 모독 등이 규제 대상으로 포함되어 있다. 중요한 점은 이러한 검열 기준이 지나치게 포괄적이고 불명확해서 검열관의 자의적 해석에 의존할 수밖에 없었다는 것이다. 기준이 구체적이지 않고 명확하지 않을 때 심의 제도란 결국 공권력에 의한 억압과 규제의 강화만을 의미할 뿐이다.

대중문화에 대한 검열은 꼭 정치나 사회적 내용에 관해서만 이루어진 것은 아니었다. 정치성과 함께 중요한 검열의 기준은 퇴폐·외설·폭력의 문제에 모아진다. 영화 검열의 시행규칙에도 잔인한 묘사, 사살 행위 장려의 우려, 육체·의상의 과잉 노출과 선정성, 동물의 성기·성교 장면 묘사 등이 포함되어 있다. 그러나 지극히 표피적인 수준의 표현을 문제 삼는 검열 관행은 오히려 대중문화 전반에서 선정성에 대한 욕구만을 광범위하게 부풀리고 대중문화의 다양한 발전을 저해하는 결과를 낳았다.

1970년대 중반 이후 긴급조치가 남발되면서 사회 분위기가 극도로 경색해 간 것과 함께 대중문화는 더욱 억압적인 통제 아래 놓이게 된다. 1970년대 초반 젊은이들에게 폭넓게 확산된 청년문화가 정치적 규제와 함께 맥이 끊긴 것도 그 결과였다. 유신정권은 청년들의 장발과 미니스커트를 단속했고, 심지어 연예인들의 외국식 예명까지도 규제 대상으로 삼았다. 1975년의 대마초 파동과 대중가요 재심사는 그런 상식을 초월한 억압의 대표적인 사례로 기억된다.

1975년 6월 한국예술문화윤리위원회는 국내 대중가요에 대한 통제를 강화하는 '공연활동 정화대책'을 발표했다. 이에 따라 모든 공연예술의 심의를 강화하는 한편 당시까지 발표된 모든 대중가요에 대해 재심의를 실시했고, 3차에 걸쳐 222곡의 금지곡 목록을 발표했다. 이때 금지곡을 가려낸 심의 기준은 ① 국가안보와 국민총화에 악영향을 줄 수 있는 것, ② 외래 풍조의 무분별한 도입과 모방, ③ 패배, 자학, 비탄적인 작품, ④ 선정·퇴폐적인 것 등이다. 이러한 기준에 따른 재심사에 의해 1차 재심에서 신중현의 「거짓말이야」 등 43곡이, 2차 재심에서 이장희의 「그건 너」 등 45곡을 금지했는데, 김민기의 「아침 이슬」 등 현실 비판이나 풍자의 내용을 담은 대부분의 가요들이 모두 금지곡 목록에 포함되었다. 또 그해 12월에는 외국 팝송의 규제조치도 발표했는데 가사의 저속성, 퇴폐성을 기준으로 1차 135곡, 2차 126곡을 방송 및 음반 발매를 금지시켰다. 특히 2차 규제에서는 51개 그룹의 외국 좌익 작사가·작곡가 및 가수의 목록을 작성하고 밥 딜런(Bob Dylan)의 「Blowing in the wind」 등 91곡을 저항·반전의 내용을 담았다 하여 금지시켰다. 한국예술문화윤리위원회는 1976년 해체되었고, 새로이 한국공연윤리위원회(공윤)가 설치되면서 모든 사전검열 업무를 맡게 된다.

유신정권은 TV 프로그램의 편성에 대해서도 규제를 강화했다. 1973년에는 방송법을 개정하여 임의 단체였던 방송윤리위원회를 법정기관으로 하고 제재 규정을 강화했으며, 방송국에 심의실을 두어 사전심의를 의무화했다. 방송편성 기준에서 교양방송 비중을 20%에서 30% 이상으로 높였고 광고방송의 시간과 횟수를 대통령령으로 정하도록 했으며 프로그램 중간에 삽입되는 중간광고를 폐지했다. 긴급조치와 함께 더욱 경색된 정국으로 가던 1975년 9월에는 문공부가 아예 '추계방송순서 개편방향'을 작성하여 하달했는데, 그 핵심은 ① 새마을 정신을 생활화하고, ② 퇴폐성 프로그램은 편성하지 말며, ③ 외화선정에 있어 모방이나 호기심을 자극하는 내용을 일체 금한다는 것 등이었다. 1976년에는 문공부에서 시간대별 편성 지침을 하달하여 3개 TV 채널이 모두 동일한 시간대에 동일한 종류의 프로그램을 편성하도록 강제했다. 특히 저녁 8시대는 3개 채널이 모두 정부 시책과 관련 있는 안보,

새마을, 서정쇄신 등을 주제로 매일 25분짜리 프로그램을 제작·방송하도록 되어 있었다. 전반적으로 TV 방송에 대한 정부의 규제는 오락성 배제와 계도성 강화라는 방향성을 가지고 있었다. 그러나 유신체제가 의미하는 계도성이란 유신 이념의 재생산과 다름없는 말이었고 또 여기서의 오락성 배제는 가부장적인 억압 체제의 단면이었을 뿐 건강한 대중문화에 대한 지향과는 거리가 먼 것이었다.

1980년에는 새롭게 정권을 잡은 5공화국의 신군부 세력에 의해 1970년대 지식인들의 활동 무대였던 ≪창작과 비평≫, ≪문학과 지성≫ 등 양대 계간지와 ≪뿌리깊은 나무≫, ≪씨올의 소리≫ 등의 월간지를 포함하여 정기간행물 172종이 등록 취소되었고, 이후 정기간행물에 대해 강력한 발간 억제 정책을 유지했다. 그래서 5공화국 기간 동안 지식인들의 지적 활동은 주로 무크(MOOK)라고 부르던 부정기 간행물을 통해 이루어졌다. 또 이 기간 동안 새로 창간한 신문은 정부 소유의 서울신문사가 창간한 ≪스포츠서울≫이 유일했다. 5공화국 시대에도 일제강점기부터 이어온 대중문화에 대한 검열은 시종 강력히 시행되었고 '국가보안법', '집시법' 등 문화예술과 관련이 없는 법적 장치들도 수시로 문화 활동을 통제하는 수단으로 활용되었다. 이 같은 통제와 억압에 의해 5공화국 치하에서 수많은 문화예술인, 출판인, 언론인들이 고초를 겪어야 했고, 수많은 문화 산물들이 금지당했다.

2. 민주화 이후 국가 개입과 표현의 자유 문제

노태우, 김영삼 정권기를 거치며 대중문화에 대한 정치적 억압은 조금씩 줄어들었다. 특히 문화에 대한 남다른 안목과 감각을 갖추었던 김대중 정부 이후 대중문화의 표현의 자유는 괄목할 만큼 늘었다. 이런 변화 속에서 의식 있는 젊은 인재들이 대거 문화산업계에 뛰어들었고 군사독재 시절이라면 상상도 못했을 내용의 콘텐츠들이 다양하게

무크
잡지를 뜻하는 magazine과 책을 뜻하는 book을 합성해 일본에서 만들어낸 용어로 잡지 형식의 부정기 간행물을 의미한다. 1980년대 초 수많은 잡지가 폐간되고 더 이상 새로운 잡지의 창간이 어려워지자 당시의 지식인들은 잡지의 형식을 가지고 있지만 부정기적으로 발행하는 무크라는 간행물을 통해 활동을 벌였다. 이 무크들은 다양한 주제와 내용으로 발간되었고 1980년대 초반 문화운동의 중요한 거점이 되었다.

만들어졌다. 2000년대 한국 대중문화 산업의 발전과 국제적인 성공은 다분히 그 결과라 할 수 있다. 많은 사람들은 이제 표현의 자유가 과거로 후퇴하는 일은 없으리라고 믿었다.

하지만 이런 예상은 보기 좋게 빗나갔다. 2008년 이명박의 집권과 함께 탄생한 보수 정권 기간 내내 대중문화 공간은 다양한 방식의 통제와 억압에 직면해야 했다. 이명박 정권은 집권 초기인 2008년에 촛불집회를 경험한 후 네티즌이 중심이 된 가상공간의 저항적 담론을 규제하고자 다양한 시도를 했다. 사이버 모욕죄 신설을 시도하고(결국 무산되기는 했다), 제한적 본인 확인제(인터넷 실명제) 대상을 하루 평균 방문자 수 30만 명 사이트에서 10만 명 이상 사이트까지 확대했으며, 통신비밀보호법을 개정해 개인의 휴대전화 감청이나 인터넷 IP 추적을 법원 영장 없이도 가능하게 했다(이후 2012년 8월 헌법재판소에서 헌법불합치 판정을 받았다). 촛불시위가 인터넷의 잘못된 여론 형성 때문이라고 판단한 이명박 정부는 인터넷에서의 자유로운 언론 활동과 표현의 자유를 제한하는 조치를 남발했다. 2009년 이른바 '미네르바' 사건은 그 과정에서 터졌다. 미네르바는 당시 다음의 아고라 토론방에 정부 정책을 비판하는 경제 관련 글을 게시하던 네티즌의 필명이다. 정부는 미네르바의 게시글들이 허위사실 유포라며 구속했지만, 몇 달 후 그는 무죄로 석방되었다. 이명박 정부의 인터넷 통제 조치들은 사후에 사법부가 무죄판결을 하거나 무효화한 경우가 많았지만, 네티즌들의 자유로운 표현과 소통은 위축될 수밖에 없었다.

이명박 정부의 문체부 장관 유인촌은 이전 노무현 정권 시절 임용된 문체부 산하 기관장들에게 노골적으로 사퇴를 압박해 물의를 빚었다. 기관장이 자발적으로 물러나지 않는 경우 표적 감사를 통해 압력을 넣기도 했다. 당시 한국문화예술위원회 김정헌 위원장이 사표를 내지 않고 버티자 특별감사를 통해 '문예진흥기금 운용을 잘못해 투자 손실을 초래했다'는 등의 이유로 해임했다. 김정헌 위원장은 즉각

취소 소송을 냈고 2년 만에 승소해, 한때 한국문화예술위원회 위원장이 두 사람이 되는 사태가 벌어지기도 했다. 2010년 영화 제작비 지원 사업 심사에서 이창동 감독의 〈시〉 대본에 0점을 주는 횡포를 부리기도 했던(이 영화는 칸 영화제 각본상을 받았다) 조희문은 영화진흥위원장 재직 기간 내내 자신의 이념적 지향과 맞지 않는 영화계와 갈등을 일으킨 끝에 1년 만에 해임되었고, 2014년에는 교수 채용 비리로 구속되었다.

　박근혜 정권의 문화 통제는 좀 더 전방위적이고 집요하게 이루어졌다. 노무현 전 대통령의 변호사 시절을 다룬 영화 〈변호인〉이 2013년 12월에 개봉해 1000만 관객을 넘기며 흥행하자 정권은 이 영화에 투자한 CJ 이미경 부회장에게 경영 일선에서 물러나라는 압력을 가했다. 이미경 부회장에 대한 퇴진 압력은 CJ 계열사인 케이블 채널 tvN이 방송하던 〈SNL코리아〉에서 박근혜 대통령을 풍자하는 코너를 방송하고 있던 데 대한 불쾌감도 작용한 것으로 알려졌다. 이 부회장은 결국 압력을 견디지 못하고 2014년 10월 경영 일선에서 물러나 미국으로 떠났다. 〈변호인〉의 배급사였던 넥스트엔터테인먼트월드는 강도 높은 세무조사를 받았고, 상황을 면피하기 위해 반공영화 〈연평해전〉을 배급하기도 했다. CJ 역시 반공영화 〈인천상륙작전〉 배급에 나서는 모습을 보여주어야 했다.

　2014년 세월호참사가 터진 후 정부에 대한 비판 여론이 높아지자 위기감을 느낀 박근혜 정권은 다양한 방식으로 통제와 억압 수단을 동원하며 '문화예술계의 좌파를 척결'하고자 했다. 이 과정에서 그들은 정권에 비판적인 문화예술계 인사들의 명단을 작성해 이들을 공공지원에서 일체 배제하도록 하는 이른바 '블랙리스트'를 만들어 시행했다. 블랙리스트에는 선거에서 문재인이나 박원순을 지지했던 예술인들, 세월호 시국선언이나 세월호 정부 시행령 폐지 촉구 선언에 서명하는 등 정권에 비판적이라고 판단한 문화예술인 9473명이 포함되었다. 블랙리스트는 다양한 버전이 있었다. 비정규직 노동자 시위를 지지하거나 쌍용자동차 해고 노동자들을 지지하는 활동, 혹은 용산참사 해결을 촉구하는 활동을 한 문화예술인들을 열거한 블랙리스트도 있었고, 이명박 정부 규탄 시국선언에 이름을 올린 문화예술인들을 열거한 블랙리스트도 있었다. 예술인 개인들만이 아니라 다양한 예술인 단체들을 나열한 블랙리스트도 나왔다. 이미 2015년 무렵부터 의혹이 일었던 블랙리스트의 존재는 이른바 비선 실세에 의한 국정 농단 사건이 터지고, 특검 수사가 시작되면서 세상에 알려졌다. 결국 박근혜 정권 당시 비서실장이던 김기춘과 문체부 장관이던 조윤선 등이 이 사건 관련으로 구속되었다.

군사정권 시절의 문화 통제가 명시적인 검열 체제와 사법 체제를 통해 문제가 될 콘텐츠의 생산 자체를 무자비하게 봉쇄하는 방식으로 이루어진 반면, 그것이 불가능해진 민주화 이후 보수 정권의 문화 통제는 인적 청산과 교체, 공공지원 배제, 고소·고발을 통한 괴롭힘이라는 수단을 통해 이루어졌다. 과거와 같은 검열 제도가 존재하지 않는 상황에서 자신들의 이념 성향에 맞지 않는 문화 창작자들을 배제하는 현실적 방법은 자리를 빼앗고, 돈줄을 말리고, 사법절차를 통해 진이 빠지도록 괴롭히는 것이었다. 이명박·박근혜 시대의 경험은 언제든 보수세력이 정권을 잡았을 때 비슷한 상황이 도래할 수 있음을 보여준다. 하지만 보수 정권 시대의 문화 통제가 실질적인 효력이 얼마나 있었는가는 별개의 문제다. 적지 않은 문화예술인들이 공공지원 심사 등에서 불이익을 받기는 했지만, 과거처럼 콘텐츠 창작과 제작 자체를 원천 봉쇄하는 것은 불가능했다. 지원 심사에서 0점을 받았던 이창동 감독의 〈시〉가 칸 영화제에서 각본상을 수상하는 것도, 그들이 좌파 영화로 낙인찍은 〈변호인〉이 1000만 관객을 동원하는 것도 막을 수 없었다. 그토록 집요하게 문화계 좌파를 적출하고 대중의 눈과 귀를 가리려 했지만 결국 바로 그 대중의 촛불에 의해 권력을 내놓아야 했다. 인터넷을 중심으로 대안적 문화 생산과 유통의 공간이 다양하게 형성되고 평범한 대중이 자유롭게 의견을 표현하고 공유할 수 있는 문화 담론의 장이 활발하게 작동하는 상황에서 권력의 일방적인 배제와 통제의 논리가 제대로 관철되기는 어렵다. 권력의 향배가 어디로 가든 이런 상황이 쉽게 변화하지는 않을 것으로 보인다. 하지만 언제든 권력이 대중문화를 통제하고 장악하고자 하는 시도가 재현될 가능성도 사라지지는 않을 것이다.

3. 소수자 문화와 정치적 올바름 그리고 정체성 정치

민주화 이후 정치권력에 의한 문화 통제는 다소간 약화되거나 간접적인 방식으로 이루어진 반면, 문화시장에 대한 산업과 자본의 지배는 점점 더 강화되었다. IMF 외환위기를 거치면서 신자유주의적 세계화는 대세가 되고 사회 전반에서 모든 것을 경제효과로 환산하는 경제주의가 득세한다. 미디어와 문화산업도 경제주의의 강력한 요구에 직면하게 되고, 상업주의의 경향은 더욱 강화되고 있다. 상업주의 자체야 새로운 것이 아니지만 문화도 돈을 벌어야 한다는 논리가 지배하면서 대중문화 전반에 만연한 상업주의와 물량주의가 비난의 대상이 아니라 옹호의 대상이 된 것은 중요한 변화이다. 문화산업 역시 산업이고 문화상품 역시 상품이지만, 그것이 물질적 소비와 함께 대중의 감성과 의식에 영향을 미친다는 점에서 여타의 산업 분야와는 다른 특성을 갖는다. 사회는 다양한 집단으로 구성되고, 그들은 각기 자신의 욕망을 충족할 수 있는 문화를 누릴 권리를 가진다. 사회적 약자 혹은 소수자들도 그들 자신의 문화를 향유할 수 있어야 한다. 하지만 경제적 이윤논리가 앞서는 상업주의가 지배할 때 소수자의 문화는 배제되거나 주변화된다. 자본주의 체제에서 문화산업의 가장 중요한 목표는 돈을 버는 것이고 돈을 벌기 위해서는 사회의 주류적 가치와 이념, 감수성에 기초할 수밖에 없다. 주류는 확대·재생산되고, 비주류는 축소·배제된다. 1000만 관객 영화가 연이어 나오는 동안 소자본 독립영화는 상영관을 얻지 못해 사라진다. TV 채널에는 늘 나오는 사람들만 나오고, 비슷한 포맷의 프로그램들이 줄을 이으며, 똑같은 스토리들이 반복된다. 아이돌그룹과 K-Pop 한류가 화제를 모으고 대중의 눈길을 사로잡는 동안 수많은 인디밴드들은 그들만의 게토를 벗어나지 못한다.

문제는 단지 시장 불균형에 그치지 않는다. 2017년 영화 〈청년경찰〉이 500만을 넘기며 흥행했을 때 대림동 일대의 한국계 중국인 노동자들이 항의 시위를 벌였다. 영화 속에서 한국계 중국인들이 인신 납치와 장기 적출을 일삼는 범죄 집단으로 묘사되고 대림동 일대가 범죄 소굴처럼 표현되었다는 데 대한 항의였다. 이에 대해 "영화는 영화일 뿐"이라는 반론도 있지만, 편견에 근거한 영화가 특정 소수자집단에 대한 차별과 혐오를 부추긴다는 주장은 충분히 타당하다. 주류 대중문화는 대체로 다수자의 시각에 기반을 두기 마련이고, 그 속에서 사회적 약자, 소수자에 대한 차별과 혐오가 '자연스럽게' 표현되곤 한다. 여성과 성적소수자, 이주노동자, 장애인 등 사회적 약자들에 대한 혐오와 차별은 이런 주류 영화와 드라마 속에서 '자연화'된다. '자연화'란 역사적이고 문화적인 관습을 통해 형성된 문화가 마치 자연적인 것처럼, 즉 불가피하며 보편적인 것처럼 인식되는 것을 말한다. 상업주의의 지배를 받는 주류 대중문화는 기존의 사회질서 속에서 형성된 다수자의 시선을 자연화하는 속성을 흔히 갖는다.

이와 관련해 최근에는 정치적 올바름(PC)의 문제가 대중문화에서도 중요한 이슈로 떠오른다. 정치적 올바름은 인종, 젠더, 성적 지향, 종교 등 개인의 정체성 차이를 구실로 차별적이거나 편견이 담긴 언어를 쓰거나 특정 집단을 부정적으로 묘사하는 관행을 지양하자는 신념, 혹은 그런 신념에 기반을 둔 사회운동을 가리킨다. 이는 특히 1980년대부터 다인종국가인 미국에서 크게 논란이 되면서 각종 소수자 우대 정책을 낳기도 했고, 이를 둘러싼 다양한 문화적 갈등이 유발되기도 했다. 한국에서도 PC는 중요한 사회적 논란의 대상이 되어 'PC충'이라는 부정적인 용어가 등장하기도 했다.

PC는 대중문화에서도 적지 않은 변화와 갈등을 낳고 있다. 디즈니가 〈인어공주〉 실사판 영화를 제작하면서 흑인 여배우를 주인공으로 캐스팅해 큰 논란을 빚기도 했고, 〈캡틴 마블〉에서 여성 슈퍼히어로가 등장한 것에 비판이 쏟아지기도 했다. 많은 영화나 게임 등에서 여성에 대한 묘사가 철저히 남성적 시각에서 이루어진다는 비판이 제기되면, 반대편에서는 PC에 대한 요구가 표현의 자유를 억압한다는 반론이 제기된다. 사회적 소수자에 대한 편견을 불식하고 차별 없는 표현을 내세우는 PC의 주장은 필연적으로 표현의 자유라는 가치와 갈등을 불러일으킨다. 정치적 올바름의 가치와 표현의 자유 사이의 균형을 찾는 일은 결코 쉽지 않다.

PC 논란은 이른바 '정체성 정치'와도 무관하지 않다. 정체성 정치는 젠더, 인종, 세대, 종교, 지역, 성적 지향 등 특정한 정체성 요소를 공유하는 집단들을 기반으로 이루어지는 정치적 갈등과 운동을 말한다. 한국에서 이런 정체성 정치가 두드러지게 나타나기 시작한 것은 1990년대부터라 할 수 있다. 이념과 계급을 둘러싼 정당 정치와 계급 정치가 가장 중요한 갈등의 소재였던 민주화 이전 시대에는 다양한 소집단적 정체성의 문제는 늘 부차적인 주제일 수밖에 없었다. 민주화와 함께 다양한 정체성 집단들이 목소리를 내며 사회운동의 주체로 등장하는 과정에서 정체성 정치가 중요한 사회적 의제가 되기 시작했다. 1990년대 신세대 문화의 부상에 대해서도 이를 단지 새로운 세대의 소비문화로만 보는 것이 아니라 10대라는 사회집단의 정체성이 표출되며 기성의 문화와 갈등을 일으킨 현상으로 보고 신세대 문화 속에 숨은 저항의 의미에 주목하는 담론이 활발히 펼쳐졌다.

정체성 정치는 주로 사회적 소수집단의 정체성을 당당하게 드러내며 이들에 대한 차별과 억압의 철폐를 주장하는 주장과 운동의 형식으로 나타난다. 그런 의미에서 정체성 정치의 기원은 가부장제를 비판하고 여성 차별 철폐를 주장한 페미니즘 운동, 백인 우월주의 사회에 문제를 제기한 흑인민권 운동 같은 것들로 거슬러 올라갈 수 있다. 하지만 최근에 와서는 백인, 남성 등 다수자 위치의 집단들이 반난민, 반무슬림, 반여성 정서를 부추기는 극우적·반동적 정체성 정치의 양상이 나타나기도 하고, 정체성 차이를 물신화하고 다른 사회적 요인은 부차적인 것으로 취급하는 경향도 일부 나타난다. 그런가 하면 정체성 정치에 대한 강조가, 여전히 작동하고 있는 계급 정치의 문제의식을 희석하거나 덮어버린다는 비판도 있다. 무노조 경영 원칙을 고수하는 아마존이 홈페이지에 성소수자 운동의 상징인 무지개라도 걸면 여기저기서 '깨어 있는 기업'이라는 찬사가 난무한다는 것이다. PC를 둘러싼 서로 다른 입장들의 갈등도 정체성 정치의 한 양상으로 볼 수 있다.

PC의 문제 제기가 아무리 옳다고 해도 이를 무차별적으로 적용하며 표현의 자유를 침해하는 것이 옳은가 하는 것은 여전히 논쟁적인 주제이다. 중요한 것은 문화적 다양성이다. 문화적 다양성은 문화민주주의의 기본조건이기도 하다. 문화의 민주화는 근대사회와 매스미디어의 등장과 함께 과거 귀족들만 누리던 문화적 혜택을 다수의 대중이 누리게 된 상황을 가리키는 말로 쓰이기 시작했다. 이런 관념은 여전히 강하게 남아 있다. 문화에 대한 접근성을 높여 가능한 한 많은 국민이 문화의 혜택을 누리게 하고, 예술적 체험의 기회를 제공하는 문화복지의 추구가 문화정책의 중요한 내용으로 설정된다. 하지만 취약계층에게 문화 향수의 기회를 제공한다는 문화복지의 개념은 문화민주주의를 구성하는 일부일 뿐이다. 더 중요한 것은 다양한 사회집단의 구성원들이 자신들의 문화적 욕구를 주체적으로 실천하고 스스로 삶의 질을 높일 수 있는 문화적 환경을 조성하는 일이다. 다양한 문화 환경 속에서 다양한 문화적 경험을 하면서 주체적인 문화 실천을 할 수 있을 때 각자의 문화적 창발성은 극대화되고, 그럴 때 사회 전체의 문화적 창조력도 높아진다. 가장 중요한 것은 사람들에게 다양한 문화적 환경을 제공함으로써 주체적 선택과 실천을 통해 스스로 문화적 정체성을 역동적으로 형성할 수 있게 하는 일이다.

상업주의의 지배에 의해 주류 문화시장만이 살아남고, 주류 문화에 의해 소수자의 가치와 시선이 배제되는 상황에서 문화적 다양성이 꽃피울 수는 없다. 자본주의적 시장 논리와 상업주의가 지배하는 가운데 소수자 문화, 비주류 문화가 나름의 공간을 확보하면서 문화적 다양성이 실현되기 위해서 문화적 공공성의 가치가 중요해진다. 사적 이윤 논리에 지배되지 않고 공동체 구성원의 다양한 욕구가 숨 쉴 수 있는 공간을 공적으로 보장해야 한다는 것이다. 그런 차원에서 정부의 문화정책과 공공지원의 문제가 중요해진다. 시장 논리와 기존의 사회적 권력관계 속에서 소외되고 배제되는 소수자 문화와 비주류 문화에 적정한 공간을 제공하고 그 창조적 활력을 북돋는 데 집중해야 한다.

소수자 문화와 비주류 문화

소수자 문화는 이른바 소수자로 일컬어지는 정체성 집단의 문화를 말한다. 성정체성과 지향성 등 젠더, 인종, 세대, 종교, 수도권 외의 지역 등 한 사회의 표준(norm), 주류로 간주되지 않는 집단이 지배적으로 형성한 문화이다. 소수자 개념은 권력 문제와 결부되어 있기 때문에 반드시 수적으로 적어야만 소수자 문화인 것은 아니다. 남미, 아프리카 대륙의 몇몇 국가들처럼 원주민이 피억압 계층인 경우 원주민의 문화는 수적으로 다수일지라도 소수자 문화라고 할 수 있다.

소수자 문화와 비슷하지만 약간 다른 개념인 비주류 문화는 으레 하위문화의 이음동의어로 쓰인다. 인디문화, 오타쿠 문화, 힙스터 문화, 히피 문화 등 여러 가지이며 반드시 소수자성과 연관이 있는 것은 아니다. 주류의 감상에 반하고 비표준적이라는 점에서 저항의 맹아를 내재하며, 따라서 억압의 대상이 되기도 한다. 주류 문화는 소수자 문화와 비주류 문화에 내재한 저항의 맹아를 잘라버리고 왜곡시켜 재현(문화적 전유)함으로써 주류로 포섭한다.

생각해 볼 문제

1. 군사독재 시절 대중문화에 대한 검열과 억압의 사례들에 대해 조사해 보자.
2. 민주화 이후 보수 정권이 행한 표현의 자유 억압 사례들에 대해 조사해 보자.
3. 정치적 올바름에 관한 문제로 논란이 되었던 사례들에 대해 살펴보자.
4. 표현의 자유는 무제한적으로 보장되어야 하는가?
5. 정치적 올바름과 표현의 자유 가운데 어느 쪽이 더 우선되어야 하는가?

이동연 외. 2017. 「블랙리스트」. ≪문화과학≫, 89호. 문화과학사.

문화이론 전문지 ≪문화과학≫은 박근혜 정권의 블랙리스트가 사건화한 2017년 봄에 '블랙리스트'를 통해 박정희 시대에서 박근혜 시대에 이르는 검열과 블랙리스트의 역사, 여기에 저항해 온 예술인들의 운동을 특집으로 다루었다.

김창남. 2021. 『한국대중문화사』. 한울엠플러스.

제4부 대중문화, 대중 주체의 문화

16 대중문화, 스토리텔링과 카타르시스의 즐거움

17 스타시스템과 팬덤의 문화정치학

18 대중문화 시대의 스포츠

19 육체의 문화, 성의 문화

20 호모루덴스, 문화의 주체가 되기 위하여

대중문화, 스토리텔링과 카타르시스의 즐거움

주요 개념 및 용어 | 픽션, 논픽션, (문화)콘텐츠, 스토리텔링, 디지털 스토리텔링, 웹툰, 병맛, 카타르시스, 판타지, 현실도피, 감정적 리얼리즘

영화, 드라마, 만화, 소설 등 대중문화 콘텐츠 대부분은 상상의 산물이다. 그것은 누군가가 인위적으로 꾸며낸 이야기이다. 다양한 장르의 작가, 예술가들은 끊임없이 허구의 이야기, 즉 픽션(fiction)을 만들어낸다. 픽션은 문학의 한 갈래로서 소설을 의미하기도 하고, 허구로 가공한 모든 형태의 이야기를 의미하기도 한다. 이와 반대로 실제 사건을 소재로 구성한 이야기를 논픽션(non-fiction)이라고 하지만, 논픽션 역시 특정한 작가의 시각에 의해 걸러진 사실들을 작가의 의도에 따라 배열한 것이라는 점에서 보면 허구의 속성을 어떤 식으로든 가지지 않을 수 없다. 언어나 소리, 영상 등 인간이 스토리텔링을 위해 동원하는 도구들이 현실을 완벽하게 있는 그대로 보여주는 것은 불가능하다. 현실은 무한하지만 현실에 대한 인간의 인식은 한계가 있다. 작가는 자신이 인식하는 범주 안에서 현실의 질서를 만들고 이를 읽을 수 있는, 혹

은 감상할 수 있는 대상으로 축소해 구성하는 작업을 거칠 수밖에 없다. 그것이 픽션을 만드는 작업이고, 모든 스토리텔링 대중문화 콘텐츠는 바로 그런 작업의 산물이다.

1. 문화 콘텐츠와 스토리텔링의 시대

우리는 이야기 속에서 산다. 어린 시절 어머니 무릎 위에서 들었던 옛날이야기로부터 책들을 통해 만난 이야기들, TV와 영화 속의 이야기들, 그리고 지금 매일매일 눈과 귀를 사로잡고 있는 수많은 이야기들이 우리의 삶을 에워싸고 있다. 생각해 보면 우리 삶 자체가 이야기의 연속이다. 우리의 삶은 크고 작은 이야기들의 연쇄이고, 우리가 접하는 세상은 수많은 이야기들의 집합체이다. 우리는 이야기를 통해 나와 세상을 연결하고, 자신과 타자를 관련짓고 역사를 이해하며, 삶에 의미를 부여한다. 이야기는 우리가 경험을 조직하고 지식을 구성하는 가장 중요한 형식이다. 삶 속에서 갖게 되는 모든 경험은 이야기의 형식으로 기억된다. 이야기되지 않는 경험은 무의미하다. 이야기는 삶에 의미를 부여하며, 우리는 스스로 존재의 의미를 찾기 위해 이야기를 추구한다. 그런 뜻에서 모든 이야기는 궁극적으로 인간의, 인간에 관한 이야기다.

당연하게도 이야기의 형식과 내용은 끊임없이 변화해 왔다. 문자 이전 구술 시대의 모든 이야기는 청자와 화자가 같은 시공간에서 쌍방향 소통하는 방식으로 이루어졌다. 구술 시대의 이야기는 기본적으로 기억에 의존한다. 고정된 텍스트가 존재하지 않는 상황에서 순전히 기억에 의존해 이야기가 전해지기 위해서는 기억하기 쉬운 형태로 사고해야만 한다. 반복과 정형화는 그 시대 이야기의 가장 기본적인 패턴이다. 운율이 발달하고 표준화된 묘사와 형용구가 자주 쓰이는 것도 기억에 의존할 수밖에 없었던 구술 시대의 불가피한 서사 전략이었다.

문자가 쓰이기 시작한 후에도 구술 문화의 힘은 사라지지 않았다.

쓰기는 결국 구술에 종속된 것이었다. 문자가 자기 충족적이고 완결적인 텍스트가 된 것은 인쇄술이 상용되면서부터다. 인쇄술의 보편화와 함께 문학 장르는 형식을 갖추었고, 플롯은 좀 더 정교하고 복잡하게 되었다. 이야기가 구술 시대에 가졌던 다감각성, 현장성, 소통성에서 벗어나 독립적이고 자기 완결적인 텍스트의 형태로 전화한 것이다.

인쇄된 텍스트 속에 쓰인 이야기는 고착된 최종적 형태로 여겨진다. 인쇄는 견고하게 폐쇄된 언어의 형태를 만들어낸다. 그 폐쇄된 텍스트는 사적으로 소유된다. 구술언어와 문자 텍스트의 결정적인 차이가 여기에 있다. 인쇄된 텍스트는 사적으로 소유되는 이야기이다. 인쇄술의 보편화와 함께 가장 발달한 이야기 형식이, 한 개인이 창작한 이야기를 또 다른 개인들이 사적으로 소유하는 소설이라는 형식인 것은 자연스러운 일이다. 소설 문학은 구술 시대의 신화와 민담을 대신해 텍스트 시대를 대표하는 이야기의 산실이자 보고가 되었다.

전자기술에 기초한 매스미디어의 출현은 이야기의 성격을 또 한 번 크게 바꾸어놓았다. 문자로 이루어진 폐쇄적이고 서술적인 텍스트 대신 다감각적이면서 재현적인 성격의 이야기들이 등장했다. 영화와 텔레비전은 문자 텍스트와 달리 좀 더 구술적인 이야기 매체에 가깝다. 소리와 언어, 영상이 어우러지는 다감각적인 성격과 화면 속의 등장인물과 실시간 대화를 하는 듯한 현장적 시공간성을 제공할 수 있기 때문이다. 디지털 기술의 발전은 여기에 더해 쌍방향적 소통성까지 부여함으로써 구술적 특징을 더욱 강화한다. 이야기의 형식이 구술에서 텍스트로, 다시 구술적 형식으로 변화해 가고 있는 셈이다.

기술 발전과 함께 도래한 이 새로운 구술의 시대에 이야기의 의미는 완연히 달라지고 있다. 이야기의 달라진 의미를 상징하는 용어가 콘텐츠와 스토리텔링이라는 개념이다. 콘텐츠는 디지털 환경을 기반으로 문자, 부호, 음성, 음향 및 영상 등 다양한 형태로 가공하여 전달하는 메시지(즉, 이야기)를 말한다. 콘텐츠라는 용어는 어떤 이야기가 그것이 담긴 용기에서 분리되어 다양한 형태의 용기로 옮겨 담기며 전달될 수 있음을 가리킨다는 데 의미가 있다. 말하자면 콘텐츠는 하나의 이야기를 여러 가지 형식의 매체에 담아 대중의 다양한 소비를 이끌어내고자 하는 산업적 혹은 상품적 의도를 강하게 내포한 용어라고 할 수 있다.

콘텐츠(혹은 문화 콘텐츠)라는 용어가 상용되면서 등장한 또 하나의 용어가 스토리텔링이다. 스토리텔링은 말 그대로 이야기를 흥미롭고 설득력 있게 풀어냄으로써 생생하게 전달하는 기법을 의미한다. 구술 시대로부터 소설 시대, 그리고 매스미디어 시대에 이르기까지 수천 년 동안 축적된 이야기는 당연하게도 엄청나게 방대하다. 고대로부터 현대에 이르는 동안 집적된 이야기의 아카이브는 이제 실측이 불가능한 세계가 된 것이다. 그렇게 엄청난 이야기들이 축적되는 것과 함께 날이 갈수록 새로운 이야기는 찾기 어려워졌다. 이른바 포스트모더니즘 담론이 유행하면서 문학의 오리지널리티 자체에 대한 의문이 제기되고 패러디나 패스티시(pastiche) 같은 것이 새로운 미학적 기법으로 주목받게 된 것은 더 이상 지상에서 새로운 내러티브가 불가능하다는 인식과도 무관하지 않다. 그와 함께 이야기 자체보다 이야기의 방법이 더 중요해지기 시작했다. '무엇'을 이야기하는가보다 '어떻게' 이야기하는가가 더 중요해지면서 주목받기 시작한 개념이 스토리텔링이다. 그리고 스토리텔링의 부상은 이야기의 거점이 문학 텍스트에서 이른바 문화 콘텐츠로 변화하게 되는 것과 맥이 닿아 있다.

스토리텔링은 단지 소설이나 영화, 드라마 같은 고유한 이야기 형식만이 아니라 현대사회 전반에서 가장 중요한 전략 개념으로 활용되고 있다. 기업은 브랜드마케팅에 이야기를 도입하고 정치인은 이야기를 통해 감성적인 캠페인을 벌인다. 각 지역마다 고유한 이야기를 찾거나 만들어내 지역축제와 토산품 마케팅에 활용하고 교사들은 스토리텔링을 새로운 교육의 기법으로 받아들인다. 바야흐로 스토리텔링의 시대이다.

2. 디지털 스토리텔링

디지털 기술은 대중 스스로 자신의 삶에 의미를 부여하는 스토리텔링의 주체가 될 수 있게 해주었다. 수많은 사람들이 디지털 기기를 활용해 자유롭게 영상을 제작하고 글을 쓰고 이를 온라인상에 올려 다른 사람들과 공유할 수 있게 된 것이다. 디지털 테크놀로지의 발전은 또한 다양한 형태의 그래픽, 특수 영상 효과 등을 비교적 쉽게 활용할 수 있게 함으로써 메시지 표현의 한계를 획기적으로 넓혀놓았다. 이와 같은 디지털 기술의 발전과 함께 기존 이야기 장르의 스토리텔링 방식도 크게 변화했다. 기존의 이야기 양식이 좀 더 다양하고 풍부해지는 것과 함께 디지털 기술을 활용한 좀 더 새로운 형태의 스토리텔링 양식들이 탄생한 것이다. 디지털 영상을 이용한 보통 사람들의 생애사, 구술사, 혹은 자서전적 글쓰기를 통해 공동체의 기억을 보존하고자 하는 프로젝트가 등장하는 것도 그런 예가 될 것이다. 하이퍼텍스트를 활용한 다양한 형태의 예술 행위들, 그리고 물론 디지털 스토리텔링의 새로운 영역으로 단연 손꼽히는 디지털 게임도 있다. 게임은 문자, 음향, 그래픽, 동영상 등이 종합적으로 구현되는 멀티미디어의 특성을 갖고 있고, 미디어와 이용자의 상호작용을 통해 이야기가 구현되는 스토리텔링 양식이다. 여기서 중요한 것은 스토리텔링을 통해 완성한 결과가 아니라 사용자의 참여 속에서 스토리텔링이 이루어지는 과정 자체이다. 스토리텔링이 이루어지는 과정 자체가 하나의 놀이이며 이를 통해 완성된 게임 스토리를 축적하거나 감상하지는 않는다.

모바일 게임은 게임 스토리텔링을 또 한 번 진화시키고 있다. 여러 사람들이 네트워크에 동시에 접속하여 이루어지는 모바일 게임에서 게임 공간은 단지 사이버스페이스에 한정되지 않고 현실 공간으로 확대된다. 실제 현실 속에 존재하는 이용자가 게임 캐릭터와 중첩되면서 실제의 현실적 맥락이 게임 공간으로 전환된다. 현실 공간은 더 이상 게임의 가상적 상황과 유리되어 있는 것이 아니라 게임 공간과 결합되어 있고 이용자는 그 두 공간의 경계를 넘나들며 게임을 수행하는 것이다.

이처럼 디지털 기술이 새롭게 열어놓은 공간 속에서 이야기의 세계는 과거에 비해 훨씬 더 다양하고 폭넓게 진화하고 있다. 이 디지털 스토리텔링의 세계에서 우리가 눈여겨보아야 할 또 하나의 중요한 대목은, 과거라면 전혀 주목받거나 의미 있는 이야기로 간주되지 않았을 이야기들이 주목받고 인기를 얻는 현상이 생겨났다는 것이다. 바로 그런 전형적인 예를 우리는 디지털 시대의 새로운 이야기의 보고가 되고 있는 웹툰(webtoon)의 경우에서 쉽게 발견할 수 있다.

웹툰은 이제 출판만화를 대신한 가장 활발하고 역동적인 만화 창작과 소비의 공간이다. 매일매일 수많은 웹툰이 업데이트되고, 인기 웹툰 작가들의 작품은 속속 영화나 드라마로 제작된다. 주목해야 할 것은 지금 인기를 얻으며 주목받고 있는 많은 작가와 작품들 가운데는 과거 아날로그 시대라면 결코 그만큼 주목받기 어려웠을 경우가 적지 않다는 점이다. 이야기를 판단하고 게이트키핑하는 권력이 편집자로부터 일반 독자에게 옮겨왔기 때문이다. 또 웹툰의 세계에서는 작품에 대한 전권을 작가 자신이 갖게 되었다는 점도 중요하다. 과거의 출판·편집자들이 작가의 창작 과정에 깊이 개입하고 상당한 권력을 행사했던 것과 달리 포털의 만화 담당자들은 작가가 완벽하게 만들어놓은 작품을 플랫폼에 올리는 역할을 할 뿐이다. 어떤 작가의 작품을 올릴지는 포털의 결정 사항이지만 적어도 작품 자체에 대한 작가의 권한은 과거에 비해 훨씬 커졌다. 만화가의 자격은 독자들이 부여하고 만화에 대한 책임은 작가가 지는 것이 웹툰 시대의 새로운 시스템이다.

이 새로운 시스템에서 가장 특징적인 것은 역시 수용자의 역할이 대단히 커졌다는 것, 그리고 만화의 매개자이자 만화가의 후원자로서 포털의 영향력이 막강해졌다는 것이다. 수용자는 만화의 독자이면서 과거 출판만화 시대와는 비교할 수 없을 만큼 활발한 피드백을 생산하는 문화적 주체이기도 하다. 수용자들은 웹을 통해 공개된 신인 만화가나 만화가 지망생들에게 적극적으로 반응함으로써 그들이 포털의 지원을 받는 만화가가 될 수 있도록 작용한다. 포털이 특정 만화가의 작품을 어떻게 평가하고 대우할지는 거의 전적으로 수용자들의 반응에 달려 있다. 바로 그런 수용자의 역할 때문에 편집자들이 만화와 독자 사이의 병목을 틀어쥐고 있던 시대에는 등장하기 어려운 작품들이 창작되기도 한다. 대중문화 공간에 전에 없던 이야기들이 등장하면서 스토리텔링의 미학적 스펙트럼이 크게 확장된 것이다.

이에 관한 하나의 예를 2010년대 초반 인기를 끈 이른바 '병맛' 만화에서 찾아볼 수 있다. '병맛'이란 '병신 같은 맛'의 줄임말로 인터넷상의 다양한 창작물 가운데 수준 이하의 작품에 대해 조롱하는 의미로 생겨난 말이다. 그런데 이런 유의 작품들이 늘어나고 그 가운데 큰 인기를 끄는 작가들이 등장하면서 병맛은 조롱의 차원을 넘어 하나의 문화적 코드가 되었다. 몇몇 작가는 병맛 코드를 통해 스타가 되기도 했다. 이 병맛 만화의 특성은 이야기 자체가 논리적 맥락이 없거나 지극히 엉성하다는 것이다. 병맛 만화의 내러티브는 흔히 '기승전병'이라는 말로 표현된다. 기승전으로 이어지다 마지막에 지극히 병맛스러운 결말로 전개된다는 말이다. 병맛 만화들은 인터넷의 다양한 정보와 게임, 여러 하위문화적 현상들을 패러디의 소재로 삼는다. 그런 문화에 익숙하지 않은 사람들이 보면 도대체 왜 이 이야기가 재미있는지, 왜 웃기는지조차 이해하기 어렵다. 이야기의 개연성이 전혀 없고 상식을 벗어난 전개가 다반사인 이 병맛 만화는 오랜 이야기의 전통에서 보면 매우 일탈적인 하위문화의 성격을 띤다. 그 하위문화의 주체는 물론 젊은 세대이고 그중에서도 온갖 인터넷 문화에 익숙한 집단이며, 스스로 병맛이라는 자기비하적 감성을 내면화하고 있는 사람들이다.

아날로그 시대라면 공식적인 대중문화권에서 쉽게 인기를 얻기 힘들었을 이야기들이 인기를 얻고 병맛 코드 같은 현상이 등장하는 것은 디지털 스토리텔링의 시대가 이야기의 스펙트럼을 넓히고 있음을 말해준다. 하지만 디지털 스토리텔링을 통한 이야기의 확장이란 현상이, 사람들이 디지털 문화를 통해 정말 새롭고 다양한 내러티브를 즐기고 그 속에서 자신의 정체성을 찾는 과정을 그만큼 의미 있고 풍요롭게 만드는 것인가에 대해서는 좀 더 생각해 볼 여지가 있다. 디지털 스토리텔링의 확장이, 디지털이 갖고 있는 쌍방향성을 기반으로 대중이 좀 더 능동적인 소비자가 되는 현상에 맞닿아 있는 것이긴 하지만, 기본적으로 이를 추동하는 힘은 상업적이고 소비지향적인 문화산업적 욕망에 있다. 이 말은 디지털 시대가 열어놓은 스토리텔링의 자유로움이 이야기의 확장이 아니라 거꾸로 이야기의 축소로 귀결될 가능성이 있다는 것이다. 이는 대부분의 디지털 스토리텔링을 소비하는 대중의 소비 방식과도 관련이 깊다. 소설이나 만화를 책으로 '읽는' 것과 웹상에서 '보는' 것은 상당히 다른 체험이다. 책의 물성 속에 자리 잡고 있는 이미지들과 달리 웹상의 이미지들은 스크롤바의 흐름 속에서 아주 쉽게 휘발해 버린다. 게임도 마찬가지이다. 디지털 게임의 스토리텔링이 소비자의 참여 속에서 상호작용적으로 이루어진다 해도 그렇게 구성된 이야기는 게임이 끝나는 순간 기억되지도 축적되지도 않고 사라져 버린다. 디지털 스토리텔링이 가진 이와 같은 휘발성은 이야기의 의미 자체를 바꾸어버린다. 이제 이야기는 우리가 세상을 이해하고 자신의 정체성을 찾아가는 과정으로서의 의미보다 시간을 메우고 순간의 감각을 즐기며 상업적 이윤을 발생시키는 수단으로서의 의미를 더 많이 갖게 된 것 아닌가 싶다.

3. 이야기를 통한 카타르시스의 즐거움

디지털 시대와 함께 스토리텔링의 형식이 진화하고 이야기의 성격이 크게 달라지고 있지만, 여전히 수많은 대중문화 속 이야기들이 대중에게 커다란 즐거움의 원천이며 정체성 구성의 중요한 요소인 것은 변함이 없다. 사람들은 대중문화 텍스트 속에 담긴 이야기에 기꺼이 빠져들고 등장인물과 동일시하며 정서적 카타르시스를 느낀다. 카타르시스란 자신의 마음속에 내재한 감정의 응어리를 외부의 대상에 투사함으로써 심리적 정화를 얻는 것을 말한다. 자기 마음속의 억압된 감정을 외부 대상을 통해 표출함으로써 해소하는 것이다. 물론 그것이 곧 그 텍스트의 내용을 그대로 받아들인다는 의미는 아니다.

영화나 드라마를 보면 가난한 주인공은 억울하게 핍박받고 고난에서 벗어나려 할수록 더욱 깊은 수렁에 빠지는 불운한 인물로 묘사될 때가 많다. 그리고 반대편에는 주인공을 괴롭히는 사악한 악당이 있다. 대체로 주인공은 몇몇 조력자의 도움을 받으면서 악당을 단죄하고 정의를 실현한다. 관객들은 자신의 시선을 가난하지만 정의로운 주인공에 두며 그와 동일시한다. 그러고는 역경을 딛고 마침내 승리하는 주인공의 모습을 보며 심리적 카타르시스를 얻게 된다. 카타르시스가 해피엔딩을 통해서만 이루어지는 것은 아니다. 주인공이 역경에 굴복하고 좌절하거나 비극적 결말을 맞이하는 모습을 보면서 눈물을 흘리는 과정을 통해서도 감정의 정화가 일어난다. 우울한 상황에 처해 있는 인물에 몰입하며 감정의 격동을 겪음으로써 자신의 감정적 응어리를 해소하는 것이다. 힘들고 고통스러운 현실을 살아가는 여성들이, 비극적 운명으로 비애에 빠진 신파 멜로영화 속 여주인공에 감정이입하면서 펑펑 울고 나서 속이 후련함을 느끼는 게 바로 그런 경우이다. 해피엔딩이면 함께 행복해지면서 감정이 정화되고, 새드엔딩이면 한바탕 눈물을 흘리고 난 뒤 마치 악몽에 시달리다가 깨어나는 것과 같은 일종의 안도감을 느끼며 감정이 정화된다. 이 카타르시스야말로 대중문화가 갖는 가장 중요한 기능이라 할 수 있다.

하지만 그런 카타르시스를 느낀다는 것과 영화나 드라마의 내용이 진짜라고 믿는 것은 전혀 별개의 문제이다. 가난한 스턴트우먼이 우연히 만난 잘생기고 매너까지 좋은 재벌 2세와 결합하는 이야기가 현실 속에서 가능하다고 믿는 사람은 거의 없다. 억울한 일을 당한 힘없는 서민이 권력과 부를 가진 악당에게 통쾌한 복수를 한다는 게 현실적으로 쉽지 않은 일임을 모르는 사람도 드물다. 중요한 것이 이야기의 내용이 아니라 그 속에서 형성되는 감정 혹은 정서이다.

1978년부터 1991년까지 미국에서 방송된 〈댈러스〉라는 드라마가 전 세계적으로 큰 인기를 모은 적이 있다. 이 드라마는 미국의 석유 재벌가를 무대로 온갖 막장 스토리가 난무하고 특히 가부장적인 문화 속에서 여성들이 남성들의 욕망의 대상이 되며 학대받는 내용이 자주 등장하는 드라마였는데, 이 드라마의 가장 열렬한 시청자들이 다름 아닌 여성들이었다. 이엔 앙(Ian Ang)이라는 네덜란드 여성학자가 이 드라마에 열광하는 여성 시청자들을 연구해 『댈러스 보기(Watching Dallas: Soap Opera and the Melodramatic Imagination)』(1982, 영어 번역본은 1984) 라는 책을 썼다. 이 책에서 내놓은 개념이 감정적 리얼리즘(emotional realism)이다. 이엔 앙에 따르면, 〈댈러스〉의 시청자들은 드라마의 내용을 그대로 받아들이는 것이 아니라 공감할 수 있는 등장인물들의 감정에 반응한다. 비현실적인 막장 설정이지만, 그 속에서 등장인물들이 느끼는 심리적 갈등과 복수, 행복, 슬픔, 사랑 같은 감정에 몰입하며 강한 현실감을 느낀다는 것이다. 즉 그들이 리얼하게 느끼는 것은 스토리가 아니라 감정이라는 얘기이다. 그런 의미에서 이른바 '저질' 혹은 '막장'스러운 문화 텍스트를 즐기는 수용자들을 그저 대중문화의 공세에 무비판적으로 포섭된 비주체적 대중으로 보는 시각은 결코 올바르다고 할 수 없다.

사회학자 재니스 래드웨이(Janice A. Radway)는 로맨스 소설을 즐겨 읽는 여성 독자들을 연구한 『로맨스 읽기: 여성, 가부장제와 대중문학 (Reading the Romance: Woman, Patriarchy and Popular Literature)』(1984) 에서 여성 독자들에게 로맨스 읽기는 자신이 처해 있는 부담스러운 가부장적 체제로부터의 도피와 탈출이라는 해방감을 안겨준다고 분석한다. 그에 따르면 여성들이 선호하는 로맨스 소설은 대체로 여주인공의 정체성 불안에서 출발해 여성의 능력으로 배려 깊은 남자로 변신한 남자 주인공과의 행복한 결합을 이룸으로써 여성 자신의 본래적 가치를 인정받는 여성 유토피아적 판타지를 제공한다. 여성 독자들은 로맨스 소설을 읽으면서 가족을 돌봐야 하는 일상적인 의무와 압박감으로부터 벗어나 온전히 자신만의 시공간에 몰입할 수 있다. 즉 로맨스 읽기는 가부장적 결혼에서 파생되는 불안한 현실을 부정하며 이로부터 탈출하고자 하는 욕구를 해결해 주는 일시적인 도피처이며 일상적인 슬픔과 우울에서 벗어나 영혼을 고취하는 행위로서의 의미를 지닌다. 말하자면 여성들은 로맨스 소설 읽기를 통해 그 안에 담긴 가부장적 가치에 더욱 종속되는 것이라기보다는 그로부터의 상상적 도피를 통해 정서적 구원을 얻음으로써 가부장적 체제와 타협할 수 있게 해준다는 것이다. 문화가 현실을 구성한다는 것은 현실에 대한 대중의 감각이 다분히 문화에 의해 형성된다는 의미이지만, 그것이 곧 대중이 문화 텍스트가 가진 지배적 가치와 이데올로기를 고스란히 받아들이면서 기존의 질서에 그대로 편입된다는 뜻은 아니다.

대중문화 콘텐츠는 기본적으로 허구이며 많건 적건 판타지(fantasy)의 속성을 갖고 있다. 좁은 의미의 판타지는 초자연적인 현상이 플롯의 중요한 소재가 되는 픽션 장르를 말한다. 신화나 마법, 전설 같은 것이 소재가 되는 경우도 많고 SF나 공포물과 겹치기도 한다. 하지만 넓은 의미에서 보면 영화나 드라마, 대중소설, 만화 등 모든 스토리텔링 미디어는 어떤 식으로든 판타지를 전달한다. 아무리 현실적인 소재를 다루고 세계를 날것 그대로 보여주는 작품이라 해도 대중문화의 형식을 통해 재현되는 한 그것은 일정하게 비현실이며 다소간 판타지의 공간일 수밖에 없다. 사람들의 삶은 죽음에 이르기까지 끝없이 이어지는 것이지만, 대중문화 콘텐츠 속의 이야기는 어떤 식으로든 완결될 수밖에 없고 그 완결 자체가 하나의 판타지일 수밖에 없다.

　사람들은 영화를 보고 드라마를 보는 동안 그것이 보여주는 허구의
세계에 몰입하며 주인공과 동일시하고 그런 가운데 일정한 감정의 카
타르시스를 경험한다. 그리고 이를 통해 위안을 얻고 즐거움을 느낀
다. 대중문화의 사회적 기능을 둘러싼 논란의 상당 부분은 다분히 바
로 그런 카타르시스와 현실도피의 즐거움을 어떻게 볼 것인가 하는 문
제와 관련이 있다. 대중문화를 비판하는 많은 논자들은 대중문화가 제
공하는 현실도피와 카타르시스의 즐거움이 결과적으로 대중이 현실에
저항하지 못하고 안주하게 하는 기능을 한다고 말한다. 반면 또 다른
논자들은 대중문화를 통한 즐거움과 현실도피가 오히려 지배 이데올
로기의 영향에서 벗어나게 하는 것이라고 주장한다. 일방적으로 어느
한편이 옳다고 말할 수는 없을 것이다. 대중문화는 다양한 힘과 감정
이 혼재하는 복잡한 공간이다. 다만 대중문화의 스토리텔링이 제공하
는 다양한 이야기들이 대중에게 즐거움을 주고, 대중의 정체성에 커다
란 영향을 미친다는 것은 부정할 수 없다.

생각해 볼 문제

1. 콘텐츠 혹은 문화콘텐츠라는 용어가 상용화된 배경에 대해 생각해 보자.
2. 미디어의 변화에 따른 스토리텔링 양식의 변화에 대해 알아보자.
3. 감정적 리얼리즘이란 개념에 대해 알아보자.
4. 카타르시스라는 용어에 대해 좀 더 알아보고 대중문화를 통한 카타르시스에 대해 생각해 보자.
5. 모든 문화 콘텐츠는 일정하게 판타지의 속성을 갖는다는 말의 뜻에 대해 생각해 보자.

라이언, 마리-로어(Marie-Laure Ryan) 엮음. 2014. 『스토리텔링의 이론, 영화와 디지털을 만나다』. 한울엠플러스.

주로 문학을 중심으로 논의되던 스토리텔링 이론을 영화, TV, 디지털 등으로 확대해 스토리텔링 연구의 지평을 확대하고 있다.

이엔 앙. 2018. 『댈러스 보기의 즐거움: 우리의 삶을 드라마처럼 상상하다』. 박지훈 옮김. 나남.

왜 사람들은 개연성 없고 비현실적인 막장 드라마에 열광할까? 이엔 앙은 미국 드라마 〈댈러스〉의 열광적 시청자들이 보낸 편지를 바탕으로 이 문제를 파헤친다. 미디어와 문화연구에서 자주 거론되며 인용되는 고전적 저작 중 하나이다.

스타시스템과 팬덤의 문화정치학

스타는 현대 대중문화의 성격을 특징짓는 가장 중요한 열쇠 가운데 하나이다. 영화와 TV, 그라운드와 체육관에는 숱한 스타들이 있다. 그리고 그들을 우상으로 삼고 환호하는 수많은 팬들이 있다. 연예·오락 산업의 주변에는 스타가 되고 싶어 하는 수많은 젊은이들이 모여든다. 그들 가운데 어떤 이들은 스타가 되어 부와 인기를 거머쥔다. 그리고 또 많은 스타들이 순식간에 주변으로 밀려나 팬들의 기억 속에서 사라지기도 한다. 그런 일련의 과정은 매우 우연적인 것처럼 보이지만 사실 그 속에는 엄청난 투자와 치밀한 계획, 주도면밀한 이미지 조작, 무엇보다도 냉엄한 승부와 철저한 경쟁의 논리가 숨어 있다. 스타를 만들어내는 조직적이고 체계적인 작업, 그리고 그것을 통해 경제적 이윤을 노리는 일련의 메커니즘을 흔히 스타시스템이라고 부른다. 스타는 주도면밀한 경제 논리에 의해 제조되는 것이라는 점에서 생산 현상이다. 또한 스타는 다수 대중이 자신의 욕망을 투사하고 이를 통해 정체성을 형성하는 대상이라는 점에서 소비 현상이기도 하다. 스타시스템은 자본주의 대중문화의 가장 핵심적인 작동 원리 중 하나이다.

1. 스타는 어떻게 만들어지는가

스타시스템은 할리우드에서 시작되었다. 영화가 산업적 형태로 정착된 1910년대 후반부터 이미 영화 자본가들은 스타라는 특정한 인물 이미지를 활용해 관객을 끌어들이는 전략을 구사하기 시작했다. 스타라는 개념이나 스타시스템이라는 제도가 모두 영화에서 기원한 것이라 할 수 있다. 요즘은 영화뿐 아니라 TV, 스포츠, 대중음악에서도 스타라는 말이 일반적으로 쓰이고 심지어 연예, 오락과 전혀 관련이 없는 분야의 사람들도 더러 스타라 불리기도 한다. 그러나 역시 스타시스템의 가장 전형적인 메커니즘은 영화에서 발견할 수 있고, 그와 가장 유사한 현상은 대중음악에서 볼 수 있다.

영화에서 스타가 제조되는 방식은 대강 다음과 같은 공식으로 설명할 수 있다.

배우의 외형적 타입 + 극중 인물의 성격 + 배우의 제조된 사생활 + 배우에 관한 미디어의 지속적인 취급 + 팬클럽의 유지 → 스타 시스템

우선 스타가 되기 위해서 배우는 동시대 사람들이 선호하고 선망하는 외양의 소유자여야 한다. 예컨대 여자의 경우는 성적 매력이 넘치는 미인, 남자의 경우는 다소 반항적인 터프가이와 같은 조건이 스타가 되기 위한 기본 자질이 된다. 물론 배우의 외모가 대중적 이상형에 맞춰지기 위해서는 필연적으로 '가공'의 과정이 요구된다. 성형수술, 헤어디자인, 화장술, 보디빌딩 등이 동원되어 배우를 특정한 이미지로 꾸

〈7년 만의 외출〉에 출연한 메릴린 먼로

미는 과정이 뒤따른다. 이렇게 다듬어진 배우는 우선 전략적으로 선택된 이미지에 맞는 역할을, 가능한 한 주연급으로 맡아야 한다. 그리고 나서는 그와 유사한 이미지의 역할을 연속적으로 맡음으로써 일정한 이미지를 형성해야 한다. 존 웨인(John Wayne)은 서부극의 영웅으로 연속 출연함으로써 영웅적이고 남성적인 이미지를 구축했고, 메릴린 먼로(Marylin Monroe)는 섹시한 금발 여자 역을 통해 백치미의 육체파라는 이미지를 구축했다.

스타는 사생활도 철저히 '관리'되었다. 스타시스템이 활용되기 시작한 초창기 할리우드에서 배우와 영화사 간에 이루어지는 전속계약상에는 사생활에 관한 구체적인 조항까지 명시되었다. 예컨대 초창기 할리우드의 유명한 코미디언이었던 버스터 키튼(Buster Keaton)은 실제 생활에서 공중 앞에서는 절대로 웃으면 안 된다는 계약을 맺기도 했다. 청순한 이미지의 배우는 어디를 가든 항상 어머니와 함께 다닐 것을 강요받기도 했고, 요부형 배우는 일정 기간에 한 번씩 유명 인사와 호사스러운 장소에서 데이트하는 모습을 보여줄 것을 요구받기도 했다.

이렇게 연출된 사생활은 물론 미디어를 통해 대중에게 널리 알려져야 한다. 할리우드에는 수많은 신문기자와 연예잡지 기자, 방송기자들이 들끓으면서 유명 배우의 사생활 취재에 열을 올렸고, 배우들은 적당히 매스컴에 뉴스거리를 제공함으로써 인기와 관심을 유지했다. 이런 과정에서 배우의 이미지는 대중에게 더욱 신화적인 모습으로 자리 잡는 것이다.

존 웨인

할리우드의 고전적 장르인 서부극 시대를 대표하는 배우 존 웨인 (1907-1979)은 남부 캘리포니아 대학교의 미식축구 선수였을 때 여름방학을 이용하여 20세기 폭스의 소품 담당자로 일하던 중 존 포드 감독을 알게 되고, 1928년 포드 감독의 영화에 단역으로 출연하면서 영화계에 입문했다. 고전 서부극의 정점이라고 할 수 있는 존 포드 감독의 〈역마차(Stagecoach)〉(1939)에서 링고 키드 역을 맡으면서 일약 미국의 상징으로 떠올랐다. 이후 그는 수많은 서부 영화에 주연으로 출연하여 미국의 제국주의적 성격과 보수우익적 이념을 상징하는 하나의 기호가 되었다.

메릴린 먼로

1950년대 할리우드를 대표하는 섹스 심벌이었던 그녀는 백치미를 지닌 금발의 육체파라는 여배우의 한 유형을 만든 인물이다(1926~1962). 극작가 아서 밀러, 야구 선수 조 디마지오 등과의 결혼, 케네디와의 염문 등으로 숱한 화제를 뿌리기도 했다. 대표작으로는 〈신사는 금발을 좋아한다〉, 〈백만장자와 결혼하는 법〉, 〈버스 정류장〉, 〈7년 만의 외출〉 등이 있다. 특히 빌리 와일더 감독의 〈7년 만의 외출〉에서 먼로가 지하철 통풍구에서 바람 때문에 올라가는 치마를 붙잡고 있는 장면은 매우 유명하다.

버스터 키튼

찰리 채플린, 해럴드 로이드와 함께 무성영화 시대를 이끈 전설적인 희극배우이자 감독(1895~1966). 어린 시절부터 배우였던 부모와 함께 무대 연기를 했다. 1917년에 단편 영화에 출연하면서 영화 경력을 시작해 많은 영화에서 감독 및 주연으로 활약했다. 특히 몸을 사리지 않

20세기 후반 이후 대중문화의 스타가 제조되는 가장 중요한 공간은 TV이다. 요즘에는 인터넷도 스타 탄생의 중요한 통로가 되었지만, 여전히 스타를 만드는 가장 강력한 힘은 지상파와 케이블 채널을 망라한 TV가 가지고 있다. 한꺼번에 수백만 명의 시청자들에게 얼굴을 알릴 수 있는 TV 드라마나 각종 예능 프로그램들은 연예인들이 스타로 발돋움하고자 치열하게 각축을 벌이는 전쟁터나 다름없다. 그 전쟁터의 일선에서 싸우는 전사들은 물론 가수, 배우 등 연예인들이지만 실제로 이들을 배후 조종하며 전쟁을 벌이는 것은 그들을 매니지먼트하는 기획사, 제작사들이다. 여기서 스타가 만들어지고 사라지는 과정은 할리우드의 스타 제조 과정과 아주 흡사하다. 이는 특히 요즘 대중음악의 주류 시장을 장악하고 있는 아이돌 음악 쪽에서 잘 나타난다. 과거의 음악 그룹들은 대부분 음악을 좋아하는 친구들이 모여 팀을 이루고 피나는 연습 끝에 기회를 잡아 스타덤에 오르는 것이 일반적인 과정이었지만, 요즘의 아이돌그룹은 기획사의 철저한 전략에 의해 만들어진다.

기획사는 우선 오디션을 통해 재능 있는 연습생들을 선발하고 철저한 시장조사와 기획에 따라 각기 개성적인 이미지를 가진 멤버들로 훈련시킨다. 이 가운데 그룹의 콘셉트에 맞는 멤버들을 조합해 팀을 구성한다. 소비층의 구미에 맞는 곡을 선정하고, 인상적인 춤을 개발하며, 패션과 코디네이션을 통해 화려하게 포장한 후 시장에 내놓는다. 이후에는 이들이 출연할 수 있는 모든 TV 프로그램을 통해 가능한 한 짧은 기간 안에 여러 번 대중에게 노출시킨다. 팬클럽도 조직하고 대형 콘서트를 개최하는 것은 물론이다. 짧은 기간 동안 엄청나게 자주 화면에 모습을 드러내다 보면 당연히 식상한 느낌을 줄 수밖에 없는데 그때쯤이면 휴지기를 갖고 다음번 앨범 작업에 들어간 후 일정 기간이 지나면 다시 '화제를 모으며' 컴백한다. '오디션 → 이미지에 부합하는 가수 선발 → 이미지 메이킹과 연습 → 음반 제작 → 공식 데뷔와 방송 활동 → 팬클럽 조직 → 대형 콘서트 개최 → 음반 작업을 위한 일시적 활동 중지'라는 패턴이 작동하는 것이다. 이 과정에서 인기가 시들해진 다고 여겨질 때면 기획사는 미련 없이 그룹을 해체하고 새로운 상품을 내놓는다. 그렇게 해서 어느 틈엔가 옛 스타는 사라지고 새로운 스타가 또다시 등장하는 것이다.

대중문화계에서 기획사와 연예인 간의 불협화음이 심심치 않게 노출되곤 한다. 기획사 대표로부터 언론계, 방송계 유력 인사들을 대상으로 한 성상납을 강요받던 신인 탤런트가 스스로 목숨을 끊어 엄청나게 물의를 빚은 사건도 있었다. 이른바 연예계 노비문서 논란도 끊이지 않는다. 기획사와의 갈등으로 팀이 해체되거나 분리되는 경우도 생긴다. 이는 기본적으로 스타가 되려는 사람은 많고 기회는 제한되어 있는 까닭에 기획사와 연예인 사이의 관계가 불평등할 수밖에 없는 데서 비롯된다. 스타가 되고 싶어 기획사를 찾는 젊은이들은 아무리 계약조건이 불리하더라도 일단 기회를 얻기 위해 응할 수밖에 없다. 그나마 기회도 못 잡는 사람들이 허다하기 때문이다. 그렇게 해서 운 좋게 대박이 터지고 스타덤에 오르면 그래도 다행이지만, 그런 성공보다는 실패 사례가 당연히 더 많다. 어쩌다 스타덤에 오르게 되면 당연히 계약 조건에 불만이 생길 수밖에 없다. 스타가 되어 여기저기 불려 다니며 흥행수입을 올리지만 불리한 계약조건으로 인해 정작 자신들이 얻는 이익은 많지 않기 때문이다. 당연히 문제가 발생하고 매니저가 바뀌고 법정 투쟁이 벌어지기도 하지만, 그러는 가운데 팬들은 이미 다른 스타에게 마음을 주게 마련이다. 수많은 반짝 스타들이 그렇게 소모품처럼 나타났다 사라진다.

스타는 물론 일차적으로 배우 혹은 가수 본인이 가지고 있는 자질과 능력에 의해 성패가 판가름 나겠지만, 사실 고만고만한 자질을 가진 사람은 무수히 많다. 그 가운데 극히 일부만이 스타가 될 수 있다. 그런 의미에서 모든 스타는 일단 행운의 산물이라고 할 수 있다. 선택받은 소수의 행운아들만이 스타가 된다. 그리고 바로 거기에 스타의 매력이 있는 셈이다. 스타를 꿈꾸는 모든 사람들이 바로 그러한 행운이 자신에게도 오기를 학수고대한다. 그것이 어차피 행운에 의한 것이라면 그 행운이 내게 오지 말란 법이 없는 것이다.

그러나 기회를 얻은 모든 배우나 가수가 스타가 될 수 있는 것은 아니다. 여기서부터 스타를 만드는 사람들의 치밀하고도 구체적인 전략과 전술이 개입한다. 이미 스타를 발굴하고 제조하고 관리하는 매니지먼트 자체가 하나의 산업으로 성장했다. 스타를 지망하는 수많은 젊은 이들이 매니지먼트 시스템에 편입되기 위해 노력한다. 음반 기획사에 자신의 녹음 CD를 들고 오는 젊은이들, 배우학원을 찾는 수많은 사람들, 방송사 주변을 기웃거리는 많은 남녀들이 그러하다. 이 밖에도 전국적으로 이루어지는 수많은 미인대회, 신인 공모 대회, 방송사의 공채, 모델 에이전시 등이 스타로 향하는 관문의 역할을 하고 있다. 요즘은 방송사의 서바이벌 오디션 프로그램이 중요한 스타의 산실 역할을 하기도 한다. 그런가 하면 유튜브나 SNS 등 인터넷 공간을 통해 느닷없이 스타덤에 오르는 사람들도 적지 않다.

일단 가능성을 인정받고 매니지먼트의 대상이 된 사람은 치밀한 준비 과정을 통해 일정한 캐릭터로 개발된다. 여기에는 의상과 헤어스타일 같은 외형적 요소를 가꾸는 코디네이터, 적당한 작품을 고르고 캐릭터에 맞게 가공하는 프로듀서, 댄스 전문가, 주도면밀한 언론플레이로 상품을 세상에 알리는 홍보 담당 매니저, 스타의 일거수일투족을 관리하는 로드매니저 등 많은 사람들이 개입한다. 그렇게 만들어진 연예인 가운데 극소수가 이른바 스타덤에 오르게 되는 것이다. 우리나라의 경우 오랫동안 연예인이 스타로 발돋움하는 과정에서 가장 큰 영향력을 행사해 온 것이 TV이다. TV는 신인이 대중에게 얼굴을 알릴 수 있는 최고의 수단이었다. 그렇기 때문에 대부분의 기획사들은 어떻게든 연예인을 TV에 출연시키기 위해 안간힘을 썼고, 이 과정에서 'PR비'와 같은 부적절한 관행이 만들어져 논란이 되기도 했다. 최근에는 매체와 채널이 늘어나고 인터넷이 중요한 역할을 하게 되면서 TV(특히 지상파 TV)의 권력이 상대적으로 약화되었다.

요컨대 스타는 그와 관련된 수많은 사람들에 의해 조직적으로 제조된다. 스타의 몸짓 하나, 입고 있는 옷 하나, 화면에 등장해서 마시는 음료수 하나에 이르기까지 철저한 매니지먼트의 산물이라 보아야 한다. 매니지먼트가 산업화되면서 최근에는 이에 관한 전문교육도 이루어지고 대졸 출신을 공채하는 대규모 연예 매니지먼트 회사도 등장하고 있다. 이 회사들의 공채에는 수많은 사람이 몰려든다. 그만큼 이 분야의 산업적 가치가 커지고 있다는 의미이다.

2. 사람들은 왜 스타에 열광하는가

수많은 사람들이 스타가 되고 싶어 하고 또 수많은 사람들이 스타 만들기에 진력하는 것은, 물론 스타가 엄청난 경제적 효과가 있는 상품이기 때문이다. 그리고 스타가 그렇게 엄청난 경제적 효과를 낼 수 있는 것은 많은 사람들이 스타를 동경하고 스타에 열광하기 때문이고, 스타를 보고 스타의 노래를 듣기 위해 기꺼이 비용을 지불하는 대중이 있기 때문이다.

사람들은 왜 스타에 열광하는가? 그것은 일단 스타가 대중이 가지고 있는 어떤 욕망을 충족해 주는 역할을 하기 때문이다. 스크린과 TV 화면에 비친 스타는 화려하고 강하고 영웅적이며 성적 매력이 풍부하고 매력적인 인물이다. 그리고 그것은 모든 사람이 꿈꾸는 이상적 인간형이기도 하다. 사람들은 스타에 열광하는 순간 스타와 자신을 무의식적으로 동일시한다. 즉 스타는 사람들이 스스로 결여하고 있다고 느끼는 부분을 환상을 통해 충족해 주는 대상이다. 이런 과정이 가장 전형적으로 드러나는 장르가 영화이다.

영화는 어떤 환상도 쉽게 먹혀들어 갈 수 있는 조건에서 수용된다.

영화는 기술적으로 완벽한 이미지를 구현한다. 게다가 화면이 크기 때문에 압도적인 이미지로 관객을 빨아들인다. 컴컴한 극장 안에서 관객은 부동자세로 숨죽인 채 영화에 집중하게 되며, 자연스럽게 영화가 제공하는 이미지에 빠져든다. 이런 상황에서는 스크린에서 벌어지는 어떤 상황도 진짜처럼 리얼하게 느껴진다. 영화에서 보여주는 내용이 정말 그럴싸한 것인가 아닌가 하는 판단은 실제 생활의 기준을 따르지 않는다. 관객은 영화를 보는 그 순간에는 사람이 날아다니고, 과거를 여행하고, 유령과 대화를 나누고, 로봇과 사랑에 빠지는 것을 진짜처럼 믿게 되는 것이다.

이런 식으로 영화에 빠져들면서 관객은 영화에서 보여주는 주인공의 근사한 모습에 매료될 수밖에 없다. 그리고 그 순간 무의식적으로 자신을 영화 속의 주인공과 동일시하게 된다. 그렇게 매력적인 대상에 자신을 동일시하면서 사람들은 자신의 진짜 모습, 저 약하고 초라하고 별 볼일 없는 현실의 모습을 잊고 그 순간 이상적인 인간형을 간접 체험하게 되는 것이다.

대중음악 스타의 경우도 마찬가지이다. 화려한 무대에서 노래 부르는 스타의 모습에 열광하는 순간 대중은 그 스타가 표상하는 강력한 힘(그것은 곧 권력이다)과 스스로를 동일시한다. 그 동일시의 순간은 자신의 고달프고 초라한 현실로부터 벗어나는 해방의 순간이기도 하다.

결국 스타에 대한 대중의 열광은 기본적으로 스크린과 TV 화면에 비친 허구적 이미지에 대한 것이지 자연인으로서 배우나 가수에 대한 것이 아니다. 그러나 대중은 그 둘을 하나로 간주한다. 사실 스타시스템은 대중 한 사람 한 사람과 스타의 관계가 기본적으로 익명적일 수밖에 없다는 데서 가능해진다. 사람들은 스타 역시 어쩔 수 없는 한 인간, 약점과 한계를 안고 사는 한 인간일 수밖에 없다는 사실을 아주 쉽게 잊어버린다.

스타가 무대에서 노래 부르고 있다. 수많은 팬들이 소리를 지르고 환호하는 가운데 스타는 공연을 마치고 황급히 무대 뒤로 사라진다. 그 뒤를 한 소녀 팬이 꽃다발을 든 채 뒤쫓아 간다. 무대 뒤로 간 스타는 화장실로 들어간다. 잠시 후 용변을 마친 스타가 시원하다는 표정을 짓고 화장실을 나와 대기실로 사라진다. 꽃다발을 든 소녀는 순간 꽃을 전달하는 것조차 잊은 채 망연자실한다. "아, 오빠도……."

언젠가 본 적이 있는 코미디의 한 장면이다. 물론 코미디이기는 하지만 스타에 대한 대중의 동경은 그 소녀 팬의 착각과도 같은 속성을 기본적으로 가지고 있는 것이다.

하지만 스타와 대중의 관계는 그렇게 일방적이기만 한 것이 아니다. 겉으로는 대중이 스타를 숭배하고 스타가 대중 위에 군림하는 것으로 보이지만 사실 스타와 대중의 관계는 그리 단순하지 않다. 스타가 무대 위에서 노래하고 수많은 팬들이 스타의 손짓 하나에 열광하는 그 순간에는 명백히 스타가 권력을 가진 것으로 보인다. 하지만 수많은 대중에게 스타는 단지 숭배의 대상이기만 한 것이 아니라 소비의 대상이기도 하다. 대중이 스타의 사생활에 관심을 갖고 가십거리를 찾아 옮기고 악성 댓글을 다는 것은 그들이 스타를 소비하는 방식들 가운데 일부이다. 기본적으로 대중은 '보는 주체'이고 스타는 '보여지는 객체'이다. '보는 자'와 '보여지는 자' 사이에는 또 하나의 권력관계가 형성된다. 스타는 그들을 훔쳐보고자 하는 대중의 시선에 끊임없이 노출되며 그 과정에서 원치 않는 사생활 침해와 기본권 유린을 경험하기도 한다. 최고의 스타들이 악플에 시달리다가 스스로 목숨을 끊는 사건이 드물지 않은 것은 스타와 대중의 관계가 가진 역설을 잘 보여준다고 할 수 있다.

　스타시스템이 할리우드 영화계에서 가장 먼저 시작된 것은 앞서 말한 바와 같다. 할리우드 시스템에서 스타는 일종의 고정자본과 같은 것이었다. 스타는 그 환상적인 이미지를 통해 관객을 모으고 영화산업의 실패를 방지하기 위한 전략으로 등장했다. 한때 스타는 영화의 성공을 보장하는 열쇠로 인정되었고, 은행으로부터 영화 제작을 위한 융자를 얻을 때 중요한 담보가 되기도 했다. 이처럼 스타가 중요한 경제적 기능을 했기 때문에 할리우드에는 특정 스타가 위기에 처한 영화사를 살린 신화가 많다. 1950년대 TV의 위협에서 영화산업을 구원했던 메릴린 먼로의 경우가 바로 그런 예이다.

　요즘은 과거처럼 스타가 곧 흥행을 보장하는 정도의 위력을 발휘하지는 못하지만 여전히 스타는 문화산업의 사업적 성패를 좌우하는 중요한 요소가 된다. 특히 스타는 이제 단지 영화나 대중음악 같은 문화산업만이 아니라 자본주의경제 자체가 원활히 돌아가기 위해 없어서는 안 되는 요소가 되어 있기도 하다. 그것은 스타가 대부분의 소비재 상품을 광고하는 광고모델이 되는 데서 잘 나타난다. CF에 등장해 직접적으로 어떤 상품을 광고하기도 하지만, 영화나 드라마 속에서 특정 상품을 사용함으로써 간접광고의 기능을 수행하기도 한다. 그렇기 때문에 자기네 상품의 브랜드를 영화나 드라마 속 소품으로 사용하도록 하기 위해 기업들은 치열한 경쟁을 벌인다.

　자본주의의 특징 가운데 하나는 필요 이상의 물건을 생산하고 그것을 팔기 위해 갖은 방법으로 소비자들의 욕망을 부추긴다는 것이다. 스타는 그 과정에서 소비자들의 구매 욕구를 불러일으키는 가장 중요한 연결고리 역할을 한다. 스타시스템은 대중문화의 안팎에서 스타의 화려하고 소비적인 생활 패턴을 통해 이와 관련된 소비를 자극하고 스타들을 상품의 생산과 판매를 위한 도구로 이용한다. 또 끊임없이 오락과 소비의 영역을 확장하고 거기서 이윤을 발생시킨다. 이 모든 것이 가능한 것은 많은 대중이 스타와 자신을 동일시하고자 하는 욕구를 가지고 스타의 패션과 스타일, 소비 패턴을 모방하기 때문이다.

스타시스템은 자본주의 대중문화의 핵심 요소이다. 그것은 단지 문화적인 것이 아니라 문화산업 및 소비재산업과 직결된다는 점에서 경제적 현상이며 세대 간, 집단 간의 정체성 갈등과 결부되어 있다는 점에서 정치적 현상이기도 하다. 자본주의 대중문화 속에서 사는 한 스타시스템 자체를 거부하기는 어려운 일이다. 또 스타가 많은 대중의 욕망을 구현하고 정체성을 형성하는 매개가 되어준다는 점에서 스타가 갖는 사회적 역할이 적지 않다고 할 수 있다.

중요한 것은 팬 집단에 절대적인 우상이 되고 있는 스타들이 스타시스템의 과정에서 철저하게 소모품화되어 있는 현실을 정확히 직시하는 일이다. 최근 스타를 꿈꾸는 젊은이들이 학교 교육의 틀을 벗어나는 사례가 늘면서 사회적인 문제가 되고 있다. 획일적이고 보수적인 학교 교육의 틀을 벗어나 자기 나름의 주체적 욕구를 실현하고자 하는 것은 좋은 일이지만, 그것이 유독 스타시스템으로 몰리는 것은 중요한 문제이다. 그것은 우선 우리 사회의 자본주의적 발전 과정이 점차 고착화 단계로 들어서면서 사회적 이동 혹은 신분 상승을 꾀할 수 있는 영역이 연예산업으로 한정되어 가는 추세와 관련이 있다. 과거 산업화 시절 신분 상승의 가장 중요한 통로 역할을 했던 교육이 돈 놓고 돈 먹는 머니게임으로 변질되면서 "개천에서 용 나는" 일이 드물어졌고, 이제 연예계가 유일하게 남은 사회적 이동의 통로가 된 것이다. 우연과 행운에 의하여, 혹은 치밀한 계획과 엄청난 투자를 통하여 스타가 되는 것 외에는 교육제도의 울타리 밖에서 자신의 욕구를 실현할 길이 많지 않다는 것이다. 그렇게 보면 최근 스타 지망생이 엄청나게 늘어나는 것은 단지 연예인에 대한 사회적 인식이 달라졌다거나 하는 차원의 문제만이 아니라 할 수 있다. 요즘의 청소년들은 달라진 사회 환경 속에서 성장하면서 기성세대와는 다른 욕구와 가치를 형성하고 있지만, 그들을 육성하는 사회적 시스템은 여전히 구태의연하다. 청소년 문제의 많은 부분은 그 모순에서 비롯된다. 스타에 대한 지향은 그 갈등이 일탈적으로 분출되지 않고 시스템 내에서 소화되는 하나의 출구인 셈이다.

그러나 스타 지망생은 많고 스타가 될 수 있는 사람은 극소수에 불과하다. 아직 우리 사회에는 그렇게 많은 스타 지망생들의 욕구를 적절히 수렴할 수 있는 메커니즘이 거의 존재하지 않는다. 스타 지망생으로 라면을 먹으며 버티다 좌절하거나 행운을 잡아 스타가 되거나 둘 중 하나이며, 그 중간은 존재하지 않는다. 결국 그런 속에서 스타를 지망하는 다수 청소년들의 에너지는 문화산업이 장악해 버리며 그런 가운데 스타는 철저하게 소모품으로 소비되어 버리는 것이다.

스타시스템을 건강한 대중문화의 기제로 발전시키기 위해서는 우선 많은 예술 인력과 스타시스템 사이를 연결하는 중간 메커니즘을 육성할 필요가 있다. 대중문화 산업에 종사하고자 하는, 혹은 자기 나름대로 독자적인 창조 활동을 펴고 싶어 하는 젊은이들이 나름대로 활동 공간과 유통 구조를 확보하면서 다양하게 실험적이고 독창적인 활동을 벌일 수 있는 토양을 만들어야 한다는 것이다. 독립영화와 다큐멘터리, 언더그라운드 예술, 인디밴드 활동 같은 것을 정책적으로 지원하고 활성화해야 하는 것도 그 때문이다.

4. 팬은 누구인가

대량생산되어 대중적으로 전파된 문화 생산물 가운데 특정한 연기자나 연주가 또는 특정 텍스트를 선택하여 자신의 문화 속에 수용하는 사람을 우리는 팬이라고 부른다. 그러나 사실은 여기서 한 걸음 더 나아가 이런 사람들이 자발적으로 모이고 서로의 취향을 적극적으로 공유할 때 팬이라는 의미에 좀 더 가까워진다고 할 수 있다. 우리는 흔히 일반적인 대중문화의 수용자들을 그저 막연히 팬이라 부르는 관습에 익숙하지만, 그보다 좀 더 적극적으로 자신의 취향을 추구하는 사람들이 팬이라 할 수 있다.

스타덤(stardom)이라는 말이 있다. 스타라는 제도와 그 제도를 성립 가능하게 하는 사회적 기반, 스타로서의 의식 등을 포괄적으로 말하는 개념이다. 여기에 대해 팬덤(fandom)이라는 개념이 있다. 팬이라는 현상과 팬으로서의 의식을 포괄적으로 지칭하는 개념이다. 팬덤은 산업사회의 대중문화에서 일반적으로 나타나는 현상이다.

일반적으로 팬덤 현상은 사회 내의 문화적 담론 체계에서 그다지 가치를 인정받지 못하는 문화, 주변적인 문화에서 많이 나타난다. 이른바 엘리트주의적인 예술 분야에서 팬덤 현상은 어쩐지 어색하다. '나는 베토벤의 팬이야', '나는 카라얀의 팬이야' 같은 말은, 물론 불가능한 것은 아니지만 그리 일상적으로 들을 수 있는 말은 아니다. 팬덤은 대중음악, 할리우드 영화, 로맨스 소설, 만화, 스포츠 같은 분야, 흔히 예술적 가치가 크지 않다고 여겨지는 분야에서 주로 나타난다. 또 팬은 흔히 사회적으로 주변적이면서 상대적으로 권력이 약한 집단에서 많이 나타난다. 남성보다는 여성, 성인보다는 청소년, 상류층보다는 중하류층에서 나타나는 것이 일반적이다.

바로 그런 이유 때문인지 모르지만, 지금까지 팬덤은 그리 긍정적으로 평가되지 않았다. 많은 경우 팬은 어리석은 문화 중독자(cultural dopes)라는 이미지를 가지고 있다. 이들은 보다 진지한 문화예술이나 사회문제에 대해서는 관심이 없고 단지 스타에게 맹목적으로 매달리는 존재, 그렇게 함으로써 문화산업의 이윤 창출을 위해 조작되고 동원되는 무력한 존재라는 식으로 인식되어 왔다.

물론 이러한 인식에는 대중문화는 저급한 것이고 사람들이 대중문화를 좋아하는 것은 문화산업의 조작에 마취당했기 때문이라는 다분히 엘리트주의적인 시각이 깔려 있다. 대중이 무조건 능동적이고 선택

스타덤과 팬덤

영어에서 'dom'이라는 접미사는 어떤 권위나 지위 혹은 어떤 집단의 습성이나 기질 같은 것을 말한다. 스타덤이란 스타라는 지위와 그 지위에 오른 사람들의 성격, 그를 둘러싼 다양한 현상과 관계를 의미하는 말이고, 팬덤이란 스타를 숭배하는 팬이라는 지위와 집단의 성격을 의미한다. 스타덤과 팬덤은 일종의 공생관계라 할 수 있다. 스타와 팬은 서로가 서로를 필요로 한다.

문화 중독자

대중문화에 관한 오랜 편견 가운데 하나가 대중, 즉 문화의 수용자를 아무런 주체성도 없고 선택 능력이 없는 단순한 존재, 다시 말해 문화 중독자로만 보는 시각이다. 이런 편견으로 바라본 대중은 단지 문화에 중독되었을 뿐 문화를 선택한 것이 아니며 문화에 의해 일방적으로 영향을 받을 뿐 어떤 영향도 미치지 못한다.

공연을 기다리는 팬클럽 회원들

적인 방식으로만 문화를 수용하는 것은 아니지만, 대중의 문화 수용을
수동적이고 조작된 것으로만 보는 것도 잘못이다.

특히 우리가 팬이라고 부르는 집단의 경우에는 일반적인 수용자 대
중에 비해 좀 더 적극적이고 능동적이며 선택적이다. 좀 더 열광적인
팬 집단일수록 자신들의 문화적 기호와 취향을 다른 사람들의 그것과
명확히 구별하고 차별화하려는 의식이 강하다. 또 단순히 문화를 수용
하는 것에서 벗어나 자기의 욕구를 표현하고자 하는 경향이 강하다.
팬클럽은 그들이 단순한 문화 수용자의 위치에서 벗어나 무언가에 참
여하고 생산하고자 하는 욕구를 하나의 조직적인 형태로 결집시킨 것
이라 할 수 있다.

5. 팬덤과 팬클럽의 문화적 기능

한국 사회에서 다른 어느 집단보다 청소년층의 팬덤이 가장 강하게
나타나는 것은 그들이 처한 삶의 조건과 연관하여 이해할 수 있다. 억

압적인 입시 위주의 교육 시스템에서 이 청소년들에게 여타의 자율적 문화 활동이나 공간은 거의 허용되지 않는다. 그런 환경 속에서 대중문화는 청소년들의 욕망이 상징적으로 실현되는 가장 중요한 공간이 된다. 청소년들은 억압적 규범들로 구성된 학교생활을 중심으로 하는 삶의 조건 속에서, 갈등과 스트레스를 해소하며 환경에 적응할 방법을 찾는다. 부모나 학교의 억압으로부터 벗어나 욕망을 발산할 수 있는 통로를 찾는 그들에게 대중문화는 가장 좋은 소재이자 탈출구가 된다. 문화적 우월감을 바탕으로 마니아적 취향을 선택하는 청소년들도 있지만, 대개의 경우 청소년들의 선택은 쉽게 공감할 수 있는 유행성 문화상품이나 대중 스타에게 집중되기 마련이다. 대중 스타의 이미지는 반학교적이다. 그들은 청소년들이 학교에 입고 갈 수 없는 옷을 입고, 절대로 교문을 통과할 수 없는 헤어스타일을 하며, 단조로운 교실과 비교할 수 없을 만큼 화려한 무대 위에서 자유분방하게 춤을 춘다. 청소년들은 자신이 현재 실현하기 어려운 욕망을 대중 스타들의 그런 모습에 동일시함으로써 간접적이고 상징적인 방식으로 충족하고 싶은 것이다.

팬덤의 가장 중요한 특징 중 하나는 자신들의 취향과 선택을 다른 사람들과 차별화하고 싶어 하는 데 있다. 그것은 동시에 자신이 좋아하는 스타와 자신을 동일시하는 심리와 통한다. 그래서 많은 팬들은 자신이 좋아하는 스타의 스타일을 흉내 내고 또 팬덤을 공유하는 사람들끼리 스타일을 공유함으로써 자신들의 정체성을 드러내고 싶어 한다. 특히 팬클럽의 구성원들은 집단적으로 고유한 스타일을 만들고 다른 팬클럽, 혹은 나아가 다른 청소년 일반과 자신들을 구별짓기 한다. 공개방송 홀에 무리를 이루어 모여 있는 팬들의 스타일이나 그들이 들고 있는 풍선에 따라 어떤 가수의 팬들인지 쉽게 구분할 수 있을 정도이다. 이들은 자기가 좋아하는 스타 외의 다른 스타와 팬들에 대해 대단히 배타적인 모습을 보여주기도 한다. 이는 팬덤이 때로 매우 맹목적인 성격을 띠고 있음을 보여주는 것이기도 하지만, 문화적 다양성과 타 문화에 대한 관용적 인식이 부족한 우리 사회의 현실을 그대로 반영하는 것이기도 하다.

팬클럽 회원이 스타의 이미지를 수용하고 그를 통해 자신의 정체성을 형성하는 것은 수용자의 정체성 확인이 팬덤의 중요한 문화적 기능이라는 점을 보여준다. 어떤 점에서 보면 스타 그 자체는 부차적인 요소일 수도 있다. 스타는 단지 이들을 하나로 묶어주고 모이게 하는 동기를 제공할 뿐 정작 팬덤의 기능은 동질적인 집단의식을 통해 자신의 정체성을 확인하는 데 있다는 것이다. 팬클럽의 경우 많은 구성원들이 그 모임으로부터 얻는 즐거움의 가장 큰 부분은 '우리끼리 모인다'는 사실 자체에 있다. 여기에는 부모도 없고 교사도 없다. 여기서만큼은 자신들에게 공부를 강요하고 사회적 고정관념과 질서를 강요하는 어떤 힘에서 벗어나 같은 취향과 같은 욕구를 지닌 '우리'가 모여 있다는 것이다. 그렇게 보면 팬덤 혹은 팬클럽이 반드시 문화산업의 스타시스템과 상업적인 이윤 논리만으로 작동되는 것은 아니라는 사실이 분명하게 드러난다. 사실 팬, 특히 청소년 팬은 나름의 방식으로 대중문화를 적극적으로 수용하고 변형하며, 그 과정에서 자신의 욕구를 만족시키고 있다. 팬클럽의 활동은 청소년들이 대중문화를 수용하는 과정에서 제도교육이나 지배적인 질서에서 성취될 수 없는 욕구를 성취하는 데 대중문화를 이용하고 있음을 보여준다.

그러나 팬들의 문화 수용 과정이 나름의 주체적이고 적극적인 의미를 지니고 있음에도 역시 한계를 가지지 않을 수 없다. 기본적으로 팬덤은 문화산업의 스타시스템에 의해 제조된 상품 ― 스타와 그의 노래, 외모, 춤, 대중매체에 의해 형성된 그의 캐릭터, 기타 연관 상품들 ― 에 기반해 있기 때문이다. 팬덤이 유지되기 위해 문화산업은 끊임없이 새로운 상품을 내놓고 팬들은 그 상품을 소비한다. 결국 팬들이 자신의 문화적 욕구를 충족하는 행위는 결과적으로 문화산업의 경제 논리에 포섭

되는 과정일 수밖에 없다. 그런 의미에서 팬덤은 문화산업의 자본 논리와 수용자들의 적극적인 정체성 욕구가 만나 일정한 형태로 타협을 이루어낸 문화 형식이라 말할 수 있다. 최근 일부 팬클럽들이 기획사의 횡포에 맞서기도 하고 사회적으로 의미 있는 활동에 나서기도 하는 것은 팬덤이 적극적이고 능동적인 문화 주체로서의 역량을 가질 수 있음을 보여주는 것이라 할 수 있다.

6. 적극적 수용자이자 생산자로서의 마니아

요즘 대중문화에서 매우 독특한 위치를 차지하는 주체가 마니아라는 집단이다. 우리말로 한다면 무슨무슨 광(狂) 정도의 의미를 가지는 마니아는 영화, 음악, 만화, 스포츠 등 다양한 대중문화 영역에서 빠르게 늘어가고 있다. 마니아들은 우선 특정한 문화 텍스트(그것이 영화일 수도 있고, 음악일 수도 있고, 또 특정한 스타일 수도 있다)를 대단히 적극적으로 수용하고, 또 그에 대해 상당히 풍부한 정보와 지식을 가지고 있는 전문가 수준의 수용자들이다. 그런 의미에서 마니아는 매우 적극적인 팬이라고 할 수 있고, 실제 팬클럽의 열성 회원이 마니아가 되는 경우도 많다. 일반적으로 대중문화의 주류적 분야, 즉 스타시스템이 작동하는 분야에서는 팬이라는 말이 자연스럽지만, 상대적으로 소외된 장르나 문화상품 자체에 관해서는 팬보다는 마니아라는 말이 자연스럽게 쓰인다. 예컨대 방탄소년단 마니아보다는 방탄소년단 팬이, 프로그레시브 록 팬보다는 프로그레시브 록 마니아라는 말이 자연스럽다. 특정 분야에 깊이 빠진다는 점에서 마니아는 일본의 오타쿠(お宅, 요즘은 한국식 발음으로 오덕후, 혹은 덕후라 불리기도 한다)와도 유사한 점이 있지만 오타쿠의 경우는 특정 문화에 대한 집착이 병적인 상태를 부정적으로 묘사하는 단어라는 점에서 차이가 있다.

마니아의 등장은 일단 우리 대중문화가 그만큼 다양화·전문화되었다는 사실을 보여준다. 또 대중문화의 환경이 과거에 비해 상당히 민주화되었다는 사실과도 관련이 있다. 대중문화 전반에 대해 정치권력의 간섭이 극심했던 유신시대나 5공화국 시대에는 마니아가 많이 나올 수 없었다. 당시에도 마니아들이 없지 않았지만, 이들의 문화는 지극히 개인적인 차원에서 이루어졌을 뿐 하나의 사회적 현상으로 존재하지는 않았다. 말하자면 마니아의 등장은 대중문화에 대한 정치권력의 입김이 줄어들고 그만큼 대중문화의 영역이 다양화되면서 이루어진 것이다.

마니아는 대중문화라는 영역에서 생산자 측이 일방적인 권력을 누리던 상황에서 수용자 대중의 목소리가 커지는 상황으로 변화하는 것과도 관련이 깊다. 대중이 일방적으로 수동적인 소비자의 처지에만 머물지 않고 나름의 주체적인 의지와 시각으로 문화를 선택하고 수용하는 주체로 변화하면서 그 가운데 좀 더 적극적인 수용 주체로서 팬과 마니아 집단이 출현한 것이다.

말하자면 마니아는 일단 문화적 민주화의 산물이며 또 주체적 대중 집단의 등장이라는 점에서 매우 긍정적인 측면이 있다. 사실 누구든 대중문화를 수용하는 처지에서 좀 더 문화에 대해 많은 지식과 정보를 쌓고 또 나름의 안목으로 문화를 분류하고 선택할 수 있는 능력을 가진다는 것은 매우 바람직한 일이다. 모든 대중이 그런 정도의 문화적 주체가 될 수 있다면 얼마나 좋은 일이겠는가.

마니아는 자신의 취향에 따라 적극적으로 정보와 지식을 수집하고 이를 공유하고자 한다. 특히 마니아들은 소수자 취향의 대중문화를 널리 소개하는 역할을 수행함으로써 문화산업의 시장 논리 속에서 소외되는 마이너 장르의 문화시장을 유지하게 하는 기반이 된다. 마니아 집단의 존재는 그런 의미에서 시장 논리가 문화를 획일화하는 것을 막아내는 문화적 항체의 역할을 수행하는 셈이다. 또한 마니아는 단순히 문화산업이 제공하는 텍스트의 소비에 만족하지 않고 스스로 새로운 텍스트를 생산함으로써 보다 능동적인 문화 실천을 보여준다. 예컨대 프로그레시브 록 마니아들은 부트렉(bootleg)과 같은 마니아 텍스트를 생산하고 유통함으로써 단순한 문화 수용자의 수준을 넘어 생산자적인 특성을 보여준다. 또 최근 우리나라에서 1970년대 포크 음악의 마니아들이 잊혀간 과거 포크 가수들의 공연을 직접 기획한 사례도 마니아들의 문화 실천이 단순히 적극적인 수용자의 수준을 넘어 능동적인 생산자의 성격을 띠고 있음을 보여준다.

많은 경우 일반적인 팬덤이 문화산업이 제공한 문화상품에 대한 적극적 소비에 머무는 경우가 많고 따라서 기본적으로 문화적 획일성의 틀에서 근원적으로 벗어나지 못하는 반면, 의식적이고 진정성을 가진 마니아 집단은 스스로 축적한 문화자본(cultural capital)을 토대로 기존 문화산업의 틀을 벗어난 문화 실천을 보여주며, 이를 통해 다양한 문화가 숨 쉴 수 있는 가능성을 키워주는 존재가 되기도 한다. 그렇게 보면 자신의 취향과 관련한 단편적 지식을 과시하는 데 그치지 않고, 문화산업 구조에 대한 비판적 인식을 토대로 능동적 문화 실천을 행하는 마니아 집단은 우리 대중문화의 다양성과 진정한 문화적 민주주의의 확대를 위해 꼭 필요한 존재라고 할 수 있을 것이다.

부트렉 음반
뮤지션의 공연을 몰래 녹음하거나 공개되지 않은 음원을 이용해 당사자의 허가 없이 발매된 모든 음반을 말한다. 부트렉 음반은 특히 라이브 음반일 경우 공식 음반보다 생생한 현장감을 제공하고 있어 더 귀하게 취급되기도 한다.

1. 사람들이 스타에 열광하는 이유는 무엇일까?
2. 나의 '스타'는 누구인가? 그리고 나는 왜 그 스타를 좋아하는가?
3. 사생활 문제로 물의를 일으키는 스타도 많다. 이때 스타는 공인이므로 사생활에서도 모범적이어야 한다는 주장이 있고, 스타의 가치와 사생활은 분리되어야 하며 스타의 사생활은 존중되어야 한다는 주장도 있다. 어떤 것이 더 합리적인 주장인가?
4. 할리우드의 역사 속에서 명멸했던 스타들의 사례를 조사해 보자.
5. 주변에 팬클럽 활동을 하는 사람이 있는지 알아보고 있다면 그 팬클럽의 구성원과 활동 방식, 내용, 그리고 그들이 팬클럽 활동을 통해 어떤 즐거움을 얻고 있는지 등에 대해 알아보자.
6. 인터넷상에서 활동하는 다양한 마니아 집단의 현황과 활동 등에 대해 조사해 보자.

참고 자료

김호석. 1998. 『스타시스템』. 삼인.

스타가 시장에서 생산·거래되는 자원이자 상품이라는 경제적 시각에서 스타 시스템을 분석하고 있다. 스타 시스템은 문화산업의 상품전략 속에서 자연스레 만들어진 제도로 본다.

다이어, 리처드(Richard Dyer). 1995. 『스타: 이미지와 기호』. 주은우 옮김. 한나래.
모랭, 에드가(Edgar Morin). 1992. 『스타』. 이상률 옮김. 문예출판사.

영국의 영화학자 리처드 다이어의 『스타: 이미지와 기호』와 프랑스의 사회학자 에드가 모랭의 『스타』는 스타 연구의 고전적 저작이라 할 수 있다. 스타 시스템의 탄생과 변화, 스타 이미지의 사례들, 스타를 둘러싼 사회적·경제적 논리, 그리고 스타를 소비하는 대중 등 여러 논점을 체계적으로 정리하고 있다. 다만 모랭의 책은 1957년, 다이어의 책은 1979년에 각각 초판이 발행된 탓에 주로 과거의 사례들을 다루고 있어, 요즘 젊은 독자들에게는 다소 낯설 수 있다.

박은경. 2003. 『God 스타덤과 팬덤』. 한울엠플러스.

사회학자이자, 아이돌스타 God의 팬이었던 저자가 직접 팬클럽 활동을 한 경험을 토대로 기획사와 스타, 팬의 관계가 어떻게 형성되고 움직이는지를 기술한 현장보고서이다.

이지행. 2019. 『BTS와 아미컬쳐』. 커뮤니케이션북스

BTS의 글로벌 팬덤 집단 아미(ARMY)는 아이돌 팬덤에 대한 기존의 편견을 깨뜨리며 진화하고 있다. 문화 연구자이자 BTS의 열성 팬인 저자는 BTS와 아미가 서로에게 영향을 미치며 함께 성장하는 모습을 세밀하게 보여준다.

피스크, 존(John Fiske). 1997. 「팬덤의 정치경제학」(손병우 옮김). 박명진 외 엮음. 『문화, 일상, 대중: 문화에 관한 8개의 탐구』. 한나래.

18 대중문화 시대의 스포츠

주요 개념 및 용어 | 카니발, 집단 정체성, 훌리거니즘, 핑퐁외교, 문화산업, 미디어 이벤트, 국가주의, 제의

스포츠는 가장 대중적인 오락이며 문화이다. 또한 현대 자본주의사회에서 스포츠는 대단히 규모가 크고 중요한 문화산업이기도 하다. 2002년 한일 월드컵은 스포츠가 한 사회의 사회적·경제적 분위기마저도 결정적으로 바꾸어놓을 만큼 위력적인 이벤트가 될 수 있음을 보여주었다. 월드컵은 한국 사회의 변화와 역동성을 보여주었고 특히 젊은 세대의 새로운 문화가 사회 전체를 바꿀 만큼 놀라운 에너지를 보유한 것임을 알게 해주었다. 물론 하나의 스포츠가 엄청난 사회적 영향력을 가질 수 있는 것은 그것이 TV를 비롯한 현대사회의 영상 미디어와 결합되었을 때 가능해진다. TV는 특성상 어떤 식으로든 볼거리를 필요로 한다. 신체의 움직임이 격렬하고 시각적인 자극 요인이 많은 스포츠는 당연히 영상 미디어의 중요한 소재가 된다. 실제로 TV가 존재하지 않던 시대의 스포츠와 영상시대의 스포츠는 그 사회문화적 의미가 완전

히 다르다고 할 수 있다.

1. 스포츠가 주는 즐거움

영상시대의 스포츠는 무엇보다도 화려한 볼거리이다. 올림픽이나 월드컵 같은 세계적인 스포츠 이벤트들은 가장 화려하고 다양한 볼거리를 제공함으로써 전 세계 수십억 인구의 눈을 사로잡는다. 물론 TV는 이 이벤트를 중계하면서 막대한 광고 수입을 올린다. 스포츠는 TV와 결합함으로써 대규모 이벤트가 되고, TV는 스포츠와 결합함으로써 손쉽게 엄청난 광고 수입을 올리는 것이다. 영상 미디어와의 결합을 통해 스포츠 이벤트가 더욱 상업화해 가면서 스포츠 자체의 성격에도 큰 변화가 생겨났다. 광고 시간을 위해 경기의 룰이 바뀌기도 하고 볼거리가 많은 종목이 새롭게 인기를 얻는 반면, 볼거리가 적은 종목은 주변으로 밀려난다. 결국 영상시대의 스포츠는 단순한 힘과 기의 경연이 아니라 부가가치가 대단히 높은 문화산업이며, 자본이 지배하는 대규모 미디어 이벤트이기도 하다.

스포츠가 엄청난 규모의 국제적인 산업이 될 수 있는 것은 스포츠가 대중에게 즐거움을 주기 때문이다. 그 즐거움은 어디서 비롯되는가. 축구의 예를 떠올려 보자. 우선 축구는 우리의 육체에 숨어 있는 원시적인 욕망을 일깨운다. 사냥감을 쫓던 원시 인간의 자연적인 에너지가 공을 쫓아 움직이는 현대 인간의 동작을 통해 나타나는 것이다. 선수들이 보여주는 빠른 스피드와 지칠 줄 모르는 체력, 쭉 뻗은 몸매와 호쾌한 몸놀림은 그 자체로 아름다움을 느끼게 하고 즐거움을 가져다준다. 다른 스포츠도 크게 다르지 않다. 프로농구 선수들이 보여주는 묘기도 인간의 육체가 구현하는 아름다움과 자유로움, 힘과 스피드를 느끼기에 부족함이 없다. 가로막고 있는 수비벽을 뚫고 몸을 길게 뻗으며 쏘는 레이업슛이나 호쾌한 덩크슛, 여럿이 빠르게 주고받으며 터뜨

카니발
신에게 제물을 바치던 고대의 종교
의식에서 비롯된 사육제(謝肉祭),
사순절(四旬節) 직전 1주일간의 축
제를 말한다. 중세 사회에서 카니발
은 피지배 민중이 일시적으로나마
억압에서 벗어나 욕구를 발산할 수
있는 기회가 되었다.

리는 속공, 백보드를 맞고 튀어나오는 공을 공중에서 받아 넣는 탭슛
등, 농구 경기마다 터지는 묘기들은 일단 아무 생각 없이 보기에도 재
미있고 통쾌하다. 인간의 육체가 지닌 한계를 넘나드는 힘과 기술은
그 자체로 훌륭한 스펙터클이며 즐거움의 원천이다.

스포츠의 또 다른 재미는 경쟁에서 나온다. 맞붙은 두 팀이 벌이는
대결은 어느 팀과도 아무런 이해관계가 얽혀 있지 않은 사람에게도 대
단히 재미있는 게임이 된다. 엎치락뒤치락하는 시소게임이라도 벌어
질라치면 그 재미는 훨씬 커진다. 물론 특정한 팀을 응원하는 입장이
라면 그 재미는 더욱 극대화된다. 경기를 구경하는 사람들은 자신이
응원하는 팀과 동일시하면서 열정적인 카타르시스를 경험한다. 월드
컵이 전 세계 사람들에게 각광을 받는 이유 중 하나는 그것이 국가 대
항전의 성격을 띠고 있어 각국 국민의 동일시를 아주 쉽게 이끌어낸다
는 것이다.

그러고 보면 TV를 통해 중계되는 스포츠는 대부분 해방된 육체에
대한 욕망 그리고 경쟁이라는 두 가지 재미에 기대고 있다. 선수들이
보여주는 묘기, 그것은 해방된 육체에 대한 우리의 무의식적 욕망을 충
족시킨다. 사실 이것은 구경거리가 되는 모든 스포츠에 공통적인 요소
이다. 생각해 보면 우리의 육체는 얼마나 억압되고 갇혀 있는가. 그리
고 얼마나 왜소하고 무력한가. 그런 억압과 무력감에서 탈출하기에 스
포츠는 가장 손쉽고 부담 없는 통로가 되어준다. 물론 그 탈출은 현실
적 체험이 아니라 가상적·대리적이며 일시적인 체험이다. 이는 중세의
카니발(carnival)에 모인 수많은 평민들이 기괴한 복장과 육체적 발산
을 통해 억압된 욕구를 해소하던 메커니즘과 유사하다. 카니발이 사라
진 시대에 스포츠는 어쩌면 가장 대중적인 해방의 체험을 제공하는 축
제의 장이라고 할 수 있다. 그런 의미에서 스포츠는, 특히 TV를 통해
전국적으로 중계되는 스포츠일수록 일종의 제의적(ritual) 성격을 지닌
다. 그 제의는 사회의 다른 제도와 영역은 아무것도 건드리지 않으면

서 억압된 육체에서 해방되고 싶은 사람들의 욕망을 효과적으로 관리하고 승화한다.

그리고 경쟁의 게임, 이것이야말로 자본주의사회에서 왜 프로스포츠가 존재하는지를 명확하게 보여주는 요소이다. 게임은 늘 공정한 경쟁의 형식으로 이루어진다. 선수들에게는 균등한 기회가 부여되고 동등한 자격이 주어지며 공정한 규칙이 적용된다. 그 속에서 이루어지는 성취는 순전히 개개의 선수(혹은 팀)가 잘하거나 잘하지 못한 만큼 나타나는 보상일 뿐이다. 이것은 완벽한 자본주의의 신화이다. 사실 게임의 규칙이 공정하다고 해도(어쩌면 바로 그것 때문에) 게임은 대부분 공정하지 않다. 대개 강자가 이기고 약자는 진다. 2미터의 장신 선수들이 즐비한 미국의 프로농구 팀과 키 작은 한국의 프로농구 팀이 공정한 규칙 아래 게임을 한다면 그 결과는 불을 보듯 뻔한 노릇이다. 공정한 규칙은 그 자체로 공정하지 못한 게임의 법칙을 담보하고 있는 셈이다. 그런 의미에서 프로스포츠는 자본주의와 너무나 닮아 있다. 기회의 균등과 공정한 경쟁의 논리 속에 실질적인 불균형과 불평등이 감추어져 있다는 점에서 그렇다. 그럼에도 스포츠는 우리 사회에 여전히 공정한 게임이 진행되고 있고 여전히 기회는 균등하게 보장되어 있다는 믿음을 꾸준히 재생산한다. 이것이야말로 자본주의사회에서 스포츠가 지닌 핵심적인 기능이자 의미인지도 모른다.

2. 스포츠 스타와 집단 정체성

스포츠에서 스타는 경기의 인기와 대중성을 담보해 주는 핵심적인 장치이다. 그것은 마치 드라마 주인공의 역할과 흡사하다. 스포츠 경기는 전개 과정을 쉽게 예측하기 어려운 하나의 드라마라 할 수 있다. 팬들은 스타가 보여주는 묘기에 환호할 뿐 아니라 그가 엮어내는 게임의 드라마에 몰입한다. 스타는 팬들이 동일시하는 대상이 된다. 자신이 숭배하는 스타의 도전과 승리의 과정은 상상적인 세계에서 공유되는 팬 자신의 도전과 승리의 경험이다. 스포츠가 TV 속으로 들어오면서 그 동일시의 기제는 더욱 강력해졌다. TV는 클로즈업을 통해 경기장에서 먼발치로 보는 모습과는 비교할 수 없을 만큼 강력한 스타의 이미지를 제공한다. 경쟁이 절정에 이른 순간 클로즈업으로 보여주거나 느린 화면을 반복적으로 보여주는 것, 각종 보조 카메라를 사용해 사람의 눈으로는 동시에 포착할 수 없는 여러 장면을 화면에 담아내는 등의 TV 기법은 스타와의 동일시를 강력하게 이끌어내는 기제이다.

이런 동일시는 때로 하나의 스포츠 스타를 국가나 지역을 대표하는 집단적 정체성의 상징으로 만들고 대중을 하나의 정체성으로 통합하는 기능을 하기도 한다. 유럽의 프로축구 리그는 도시를 대표하는 팀들로 이루어지며, 매 경기는 각 도시 주민들의 정체성을 확인하는 일종의 제의와도 같은 기능을 한다. 지역 갈등이 심할 경우 도시 간의 경기는 거의 전쟁을 방불케 한다. 예컨대 스페인 프로축구 프리메라리가의 라이벌인 레알 마드리드와 바르셀로나의 경기는 매번 전쟁을 치르듯 엄청난 열광과 긴장감 속에 이루어지곤 한다. 라이벌 팀으로 이적한 선수는 원래 소속 팀과 경기를 할 때마다 엄청난 야유와 비난에 시달려야 했다. 이런 경향은 물론 국가 간 경쟁에서 가장 강하게 나타난다. 선수들은 단순한 스포츠 선수가 아니라 한민족의 혼을 대표하는 인물이 되며, 한일 간의 축구 경기는 두 민족의 자존심 대결로 비화된다. 특히 우리나라처럼 국가주의적 성향이 강한 사회일수록 스포츠 스타는 국가적 상징의 지위를 강제로 떠맡게 되곤 한다. 손흥민이나 김연아가 국제무대에서 활약할 때 그들은 단지 스포츠 선수가 아니라 한국인의 염원을 담은 국가적 상징이 된다. 이런 과도한 국가주의적 정서가 때로 스포츠 스타들에게 좋지 않은 영향을 미치기도 하고 스포츠 문화를 왜곡하기도 하는 것은 물론이다. 월드컵과 올림픽이 국가적 이벤트가 될 수밖에 없는 것도 거기에 국가의 정체성과 국민의 자존심이 강력하게 투영되기 때문이고, 그런 스포츠 이벤트가 때로 정치적으로 이용되기도 하는 것 역시 그 때문이다.

3. 스포츠와 경제

올림픽이나 월드컵은 세계적으로 엄청난 사람들의 관심을 끄는 대규모 스포츠 이벤트이다. 이런 행사가 이토록 엄청난 규모의 이벤트가 될 수 있었던 데는 TV가 매우 큰 역할을 했다. TV를 통해 스포츠 경기가 중계되기 시작한 것은 사람들이 스포츠를 접하고 소비하는 방식에 혁명적인 변화를 일으켰다. 우선 경기장까지 이동하기 위해 투여되는 시간적 부담을 줄여주었고, 거의 무료로 많은 스포츠 이벤트를 즐기게 해줌으로써 스포츠팬을 크게 확대시켰다. TV 중계 기술이 발전하면서 방송 중계를 통한 스포츠 관람으로도 직접 운동장에 가서 보는 것 못지않은 감동과 흥분을 느낄 수 있게 되었다. 어떤 점에서는 직접 운동장에 가서 보는 것보다 더 재미있는 경험을 TV가 제공하기도 했다. 클로즈업이나 슬로모션과 같은 방송 기술을 동원한 다양한 표현을 통해 오히려 직접 체험보다 훨씬 박진감 넘치고 풍부한 경험이 가능해진 것이다.

TV가 스포츠를 보여줄 때 시청자들이 제공받을 수 있는 영상 효과는 크게 다섯 가지가 있다. 첫째는 이미지 크기의 변화와 시야의 확대가 가능하다는 점이고, 둘째는 장시간의 경기를 하이라이트 편집을 통해 압축적으로 볼 수 있다는 점이며, 셋째는 빠르거나 느린 화면, 정지화면을 통해 시간을 조작하고 경기를 좀 더 극적으로 보여줄 수 있다는 점이다. 넷째는 특정 행위에 초점을 맞추어 클로즈업할 수 있다는 것이고, 다섯째는 통계와 같은 부가적인 정보를 화면으로 제공할 수 있다는 것이다.

스포츠 이벤트에 TV가 적극적으로 개입하면서 나타난 가장 중요한 변화는, 물론 스포츠에 상업주의의 논리가 침투한 것이다. 스포츠가 많

2002년 한일 월드컵 당시 서울 시청 앞을 가득 메운 사람들

은 사람들의 관심을 끌고 높은 시청률을 기록하는 상황에서 이는 당연
한 일이라 할 수 있다. TV를 통해 스포츠가 중계될 때 당연히 광고가
끼어들게 된다. 대중적 관심이 높은 스포츠 이벤트일수록 광고는 많아
지고, 광고비는 비쌀 수밖에 없다. 매번 올림픽이 열릴 때마다 주최 측
은 세계 각국의 방송사를 상대로 TV 중계권을 판다. 중계권을 얻은 방
송사만이 올림픽을 중계할 수 있도록 하는 것이다. 그뿐이 아니다. 올
림픽이 열릴 때마다 나온 이야기이지만, 하다못해 무슨 기념행사를 하
려 해도 플래카드에 올림픽이라는 말을 쓰기 위해서는 돈을 지불해야
한다. 경기장 내에서는 후원사의 음료수만 마실 수 있어서 다른 회사
의 음료 제품을 가지고 들어가면 압수를 당하기도 한다. TV 화면에 비
친 경기장에서 가장 눈에 자주 띄는 것도 벽마다 빈틈없이 채워진 각종
광고판이다. 거기다 선수들의 유니폼도 기업과 상품을 홍보하는 광고
판의 역할을 한다.

광고주들로서는 많은 사람들의 이목이 쏠린 스포츠 경기에 광고를 함으로써 적잖은 광고 효과를 거둘 수 있고, 방송사로서는 경기를 중계함으로써 많은 시청자를 확보하고 광고료도 벌 수 있는 셈이다. 거기다 선수들로서는 이런 상업적 메커니즘이 끼어들면서 몸값을 올리고 큰 수입을 얻을 수 있다. 인기 종목의 스타플레이어들은 보통 사람들이 평생 구경하기도 어려운 액수의 돈을 연봉으로 받고 엄청난 광고 모델료를 덤으로 받기도 한다. 선수로서의 명예보다 연봉과 광고 모델료로 대변되는 돈벌이가 더욱 중요한 문제가 된 것이다.

결국 스포츠와 TV의 결합은 광고 수입과 시청률 증가를 달성하는 방송사, 기업 이미지를 높이고 광고 효과를 얻는 기업, 고액의 돈벌이를 할 수 있는 선수들의 이해타산이 맞아떨어짐으로써 스포츠의 상업화를 촉진했다. 운동장의 스포츠가 TV 스포츠로 변형되면서 상업주의 논리가 관철되는 자본주의적 이벤트로 재조직된 것이다.

TV의 개입은 스포츠 이벤트 자체의 규모나 성격도 크게 변화시켰다. 화려한 볼거리를 요구하는 TV의 속성은 화려한 응원전과 치어리더를 탄생시켰고, 스포츠 경기는 스포츠 자체와는 무관한 쇼 프로그램이 중간에 개입하는 복합적 이벤트의 성격을 띠게 되었다. 경기 시간도 방송 스케줄에 맞추어 짜이는 경우가 많이 생겼고, 심지어 게임의 진행 방식이나 규칙도 방송과 광고의 편의에 따라 바뀌기도 한다. 미국의 프로농구가 4쿼터 방식으로 진행되는 것도 매 15분 단위로 광고가 삽입되는 TV의 관행 때문이다.

TV의 개입은 운동선수들에 대한 가치 평가의 기준도 바꾸어놓았다. 성실한 플레이와 경기에 대한 공헌보다 잘생긴 외모와 화려한 기술을 갖춘 선수가 각광받고, 선수는 선수대로 외모와 스타일에 개성적 면모를 보여줌으로써 관중에게 선명한 이미지를 남기려 한다. 몸에 문신을 하거나 머리를 요란하게 물들이는 스포츠 선수들이 많아진 것도 TV와 따로 떼어 생각할 수 없다.

스포츠는 대단히 정치적이기도 하다. 올림픽만 해도 그렇다. 많은 사람들은 올림픽이 정치와 무관한 순수한 스포츠의 제전인 것처럼 생각하지만, 사실 올림픽만큼 정치적인 이벤트도 없다. 우리가 기억하고 있듯이 1980년 모스크바 올림픽과 1984년 LA 올림픽은 정치적인 이유로 반쪽 올림픽으로 치러졌다. 이미 1972년 뮌헨 올림픽 때에는 검은 구월단이라는 아랍 테러리스트들이 선수촌에 침투해 이스라엘 선수를 인질로 삼아 인질극을 벌이다 살해한 사건도 있었다. 미국과 중국이 오랜 적대 관계를 청산하고 외교적으로 접근한 것도 탁구 교류, 이른바 '핑퐁외교'를 통해서였다. 스포츠는 정치의 간접적인 수단이 되기도 하고 그 자체로 적지 않은 정치적 기능을 행하기도 한다. 유명 스포츠 스타 가운데는 자신의 정치적 신념을 공개적으로 표출함으로써 사회적 영향을 행사하기도 한다. 프랑스의 축구 스타 지네딘 지단은 2002년 프랑스 대통령 선거에서 극우파인 장 마리 르팽이 결선투표에 오르자 기자회견을 열어 "프랑스의 가치와 동떨어진 당이 집권했을 때의 결과를 생각해야 한다. 르팽이 집권한다면 나는 축구를 그만둘 것이다. 르팽이냐, 지단이냐 선택하라"라고 발언함으로써 극우파의 집권을 막는 데 기여하기도 했다. 축구 경기가 열리기 전에 양 팀 선수들이 함께 인종차별 반대나 전쟁 반대를 표현하는 의식을 진행하는 경우도 자주 볼 수 있다.

체제 간의 대결에서부터 사소한 개인의 경쟁에 이르기까지 스포츠 경쟁의 메커니즘은 특정 집단이나 개인을 집단적 정체성의 규범으로 통합해 내는 역할을 한다. 이 과정에서 스포츠 경기와 스타플레이어는 이데올로기적 통합의 주요 기제로 활용된다. 전두환 정권이 1986년 아시안게임과 1988년 올림픽을 유치한 것도 정치적인 고려에 의한 것이었음은 잘 알려져 있다. 불법적이고 폭력적인 방법으로 정권을 탈취한

310   제4부 대중문화, 대중 주체의 문화

전두환 정권이 권력의 정당성을 확보하고 국민 정서를 통합하기 위한 수단으로 대규모 국제 스포츠 이벤트를 유치해 권력과 질서 유지에 이용하려고 했던 것이다. 5공화국 초기 프로야구가 시작되었을 때도 많은 사람들은 거기서 정당성 없는 권력의 교묘한 문화통치의 전략을 읽어냈고, 그래서 비판의 목소리도 높았다. 실제로 프로야구는 권력의 폭력에 주눅 들어 있던 많은 사람들의 '폭력적 욕구'를 통쾌한 홈런 한 방으로 대리 배출시키는 통로로 자리 잡았다.

스포츠의 정치적 성격을 잘 보여주는 사례로 홀리거니즘(hooligan-ism)을 들 수 있다. 잘 알려져 있다시피 홀리건은 유럽의 프로축구 경기에서 집단적으로 난동을 부리는 젊은이들을 가리키며, 이들이 경기장 내외에서 일으키는 폭력 행위를 홀리거니즘이라고 한다. 홀리거니즘은 1960년대 영국에서 생겨나 유럽 전역과 남미로 확산되었다. 홀리거니즘에 대해서는 여러 가지 해석이 있지만 이 홀리건들이 대부분 노동계급의 청년들이라는 점에서 이들의 폭력적 행동을 사회경제적 소외에 대한 반작용으로 보는 시각은 제법 설득력이 있다. 사회적으로 더 이상의 다른 탈출구가 없는 상황에서 축구라는 가장 원시적인 스포츠 기제를 통해 이들의 억압된 욕망이 폭력적으로 분출된다는 것이다. 사실 유럽 사회에서 축구는 처음부터 노동계급의 스포츠였고 지금도 그렇다. 그렇게 보면 축구는 노동계급의 통제되지 않은 에너지를 축구장이라는 테두리 속에 가두어줌으로써 그 폭력적 에너지가 축구장 바깥의 사회체제를 위협하지 않도록 숨통을 터주는 일종의 완충장치 역할을 한다고 할 수 있다. 홀리거니즘은 그 에너지가 완충장치에 일시적으로 구멍을 내면서 생기는 일종의 파열음 같은 것인 셈이다.

물론 스포츠를 단지 정치적 시각에서만 해석하는 것은 옳지 않다. 스포츠는 인간이 생존을 위해 행하던 원시적 행위들을 문명화 과정에서 규칙과 제도의 형태로 진화시킨 것이다. 그것은 기본적으로 안전을 보장받은 상태에서 위험과 파괴, 폭력의 욕망을 실현하는 장치이며 그

홀리거니즘

축구장에서 폭력을 휘두르는 난동자를 지칭하는 홀리건이라는 말은 19세기 말 런던에 살았던 아일랜드 출신의 패트릭 홀리한(Patrick Hooli-han)의 이름에서 나왔다. 그는 아비한 싸움꾼이자 깡패였으며, 주점의 경비원으로 일하면서 대단히 폭력적인 공포체제를 강요했다고 한다. 1960년대 영국에서 출현한 홀리건은 이후 유럽 전역에 퍼졌다. 1985년 영국의 리버풀과 이탈리아의 유벤투스가 벨기에 브뤼셀의 헤이젤 경기장에서 맞붙은 유러피언컵 결승에서 홀리건들의 난동으로 38명이 사망하고 450명이 넘는 사람이 부상한 사건은 최악의 축구장 참화 가운데 하나로 기록된다. 요즘에도 홀리거니즘은 심심찮게 매스컴을 장식하며, 굵직한 국제 경기가 열릴 때마다 유럽의 각 나라는 홀리건의 출입을 통제하고 경기장 폭력을 예방하기 위해 애쓰고 있다.

를 통해 즐거움을 얻을 수 있는 메커니즘이다. 중요한 것은 자본주의와 함께 스포츠가 상업적 구경거리가 되고 결국 대다수 인간이 단지 스포츠의 쾌락을 수동적으로 즐기는 구경꾼으로 전락했다는 것, 여기에 다시 TV를 비롯한 매스미디어산업이 개입하면서 스포츠가 엄청난 규모의 문화산업으로 변했다는 것이다. 따라서 다른 모든 문화와 마찬가지로 스포츠에서도 다수의 대중이 단순한 구경꾼이나 소비자로서가 아니라 스포츠를 통해 자신의 육체를 스스로 통제할 수 있는 문화적 주체가 되는 일이 중요한 의미를 지닌다.

최근 들어 건강에 대한 사회적 관심이 높아지면서 직접 스포츠를 즐기는 사람들이 늘고 있는 것은 주목할 만하다. 1990년대 이후 한국 사회에서 여가의 중요성이 커지면서 다양한 스포츠가 대중적인 취미 활동이 되었다. 특히 2000년대 이후에는 생활체육에 대한 관심이 높아지고 동호인 클럽과 회원 수도 빠르게 늘어나고 있다. 동호인 클럽과 무관하게 개인적으로 스포츠를 즐기는 인구까지 포함하면 그 수는 더욱 늘어날 것이다. 국가적으로도 다양한 생활체육 활동을 장려하며, 다양한 지원 정책을 펴고 있다. 구경거리로서의 스포츠와 내가 직접 몸으로 겪는 스포츠는 다를 수밖에 없다. 국가대표 팀이 좋은 성적을 올리고 내가 응원하는 팀이 이기는 것도 좋지만, 더 중요한 것은 내 몸의 건강이라는 인식이 확산하는 것은 반가운 일이다. 스탠드에 앉은 관객의 시선으로 바라보는 축구와 운동장에서 직접 뛰면서 느끼는 축구는 다를 수밖에 없다. 그리고 이런 시선의 변화를 통해 우리의 삶에서 스포츠가 가지는 의미가 변화할 수 있는 것이다.

1. 프로스포츠의 의미를 정치와 연관시키는 해석에 대한 본인의 의견은 어떠한가?
2. 훌리거니즘에 대해 어떤 설명들이 있는지 조사해 보자.
3. 스포츠 분야에서 나타나는 스타 시스템의 사례들을 찾아보자.
4. TV 시대의 스포츠와 TV가 없던 시대의 스포츠는 어떤 차이가 있을까?
5. 인터넷의 등장과 함께 스포츠 문화에 어떤 변화가 생겼을까?

정준영. 2003. 『열광하는 스포츠 은폐된 이데올로기』. 책세상.

우리나라에서 스포츠에 관심을 가진 많지 않은 사회학자 가운데 한 사람인 정준영 교수는 이 책에서 스포츠의 역사와 의미, 제도, 그리고 그 속에 담긴 이데올로기를 분석한다. 이 책을 보면 스포츠라고 하는 것이 얼마나 다양하고 복잡한 의미로 가득 차 있는 텍스트인지 알 수 있다.

정희준. 2009. 『스포츠 코리아 판타지』. 개마고원.

해방 전후에서 현재에 이르기까지 한국 사회에서 이어져 온 스포츠 현상과 그 작동 방식, 그리고 그런 스포츠 현상들을 낳은 한국의 사회문화사적 배경과 의미를 분석하고 있다.

캐시모어, 엘리스(Ellis Cashmore). 2001. 『스포츠, 그 열광의 사회학』. 정준영 옮김. 한울엠플러스.

'왜 스포츠는 우리를 매혹시키고 사로잡는가?'라는 부제가 달려 있는 이 책은 스포츠에 대한 사회학적 논점들을 종합적이고 체계적으로 정리한 스포츠 사회학의 교과서라 할 수 있다. 물론 스포츠에 관심이 있는 사람이라면 교양서로서도 재미있게 읽을 수 있다.

19 육체의 문화, 성의 문화

주요 개념 및 용어 | 성(sex)과 젠더(gender), 금욕주의, 도덕주의, 쾌락주의, 향락주의, 육체산업, 가부장 문화, N번방 사건, 디지털 성 착취, 디지털 성범죄, 포르노그래피, 관음증

인간의 육체는 분명 자연의 일부이며, 생로병사라는 생물학적 원리에서 벗어나지 못한다. 하지만 몸의 외양과 활동, 몸에 대한 인식은 문화적인 것이다. 그것은 사회에 따라 다르고 시대에 따라 끊임없이 변화한다. 20세기 말 이후 한국 사회에서 가장 중요한 변화의 하나는 '문화화된 몸'의 중요성이 점점 커지고 있다는 것이다. 몸에 대한 사회적 관심은 다양한 육체산업의 호황을 낳았다. 대중문화 속에서도 몸의 중요성은 점점 커지고 있으며 몸의 표현을 둘러싼 사회적 논란이 그치지 않는다. 대중문화 속에서 몸은 성(性)과 밀접히 관련된다. 젠더와 섹슈얼리티의 문제는 대중문화에서 가장 뜨거운 주제 가운데 하나이다.

1. 문화화된 몸

사회적 관계에서 몸가짐과 예절은 시대에 따라 달라진다. 지금 우리가 당연하게 생각하는 사람 사이의 예의나 행동의 의례들은 근대화 과정에서 형성된 것이다. 1530년 에라스무스(Desiderius Erasmus)가 쓴 『아이들의 예의(On Civility in Children)』에는 "소변을 보거나 대변을 보는 사람에게 인사를 건네는 것은 예의 바르지 못하다"라는 조언이 실려 있다. 그 시절에는 길거리에서 대소변을 보는 일이 그리 흉한 일로 간주되지 않았다는 얘기이다. 그로부터 한 세기 이상 지난 후에야 이런 일이 사적인 것이며, 수치심과 역겨움을 초래하는 문제라는 인식이 생기게 되었다.

먹는 행위 역시 자연적이고 생물학적인 행동이지만, 동시에 문화적 규범의 산물이다. 먹을 것이 풍성했던 상류층과 먹을 것이 부족했던 하층민들의 먹기 패턴은 다를 수밖에 없었다. 비만과 거식증 같은 것이 사회문제가 되는 사회와 최소한의 생존을 위해 음식을 구해야 하는 사회에서 먹는 행동의 양식과 의미는 다를 수밖에 없다.

몸은 문화적 표현의 수단이기도 하다. 몸을 감싸는 의복과 패션은 물론이고 바디페인팅, 피어싱, 문신 같은 것들도 분명한 사회적·문화적 의미를 갖는다. 과거에는 죄인이나 노예의 몸에 낙인을 찍는 일도 흔했다. 아프리카의 일부 원주민 사회에서는 성인 남성이 되는 통과의례로 얼굴에 상처를 낸다. 몸에 문신을 새김으로써 집단의 일원임을 표시하는 사례도 많다. 요즘은 좀 인식이 바뀌었지만, 한국 사회에서 문신은 한때 폭력 집단의 상징처럼 여겨지기도 했다. 펑크족 같은 하위문화 집단은 피어싱을 중요한 표현 수단으로 삼았다.

인간의 몸은 미디어를 통해 다양한 방식으로 재현된다. 미디어에 의한 몸의 재현 속에서 남성성·여성성에 대한 사회적 이미지가 형성된다. 남성성과 여성성은 성(sex)의 용어라기보다 젠더(gender)의 용어라

할 수 있다. 섹스는 남녀의 생물학적 차이를 나타내는 반면, 젠더는 문화적으로 형성된 성적 관념을 말한다. 남성성과 여성성은 문화적으로 구성된다. 특히 대중문화와 관련해 중요한 논점은 대중매체 속에서 남성성과 여성성이 어떤 방식으로 구성되는가 하는 문제이다.

일반적으로 몸의 외형적 속성은 남성성보다 여성성과 관련해 더 중요한 문제가 된다. 요즘은 남성도 외모에 관심을 많이 갖지만 아무래도 외모가 더 중요하게 인식되는 것은 여성 쪽이다. 여성다운 아름다움은 오직 소수의 사람들만, 그것도 생애주기를 통틀어 극히 짧은 기간 동안만 유지되는 이상적 상태를 기준으로 한다. 그 기준에 도달하거나 이를 유지하기 위해 많은 여성들은 화장품, 성형수술, 다이어트, 지방흡입술, 피트니스 같은 육체산업에 의존한다. 그런 이상적 형태의 아름다움에 대한 이미지는 주로 대중문화에 등장하는 배우나 가수, 모델 같은 사람들이 제공한다.

이상적인 남성성 역시 많은 경우 대중문화 스타들을 통해 제시된다. 할리우드 영화는 전통적으로 남성성의 모델을 제공해 왔다. 주의할 점은 대중문화가 제시하는 여성성의 스펙트럼에 비하면 남성성의 스펙트럼이 상대적으로 더 넓고 다양하다는 점이다. 여성성의 모델이 주로 예쁘고 아름답고 성적 매력이 넘치는 배우들인 반면, 남성성의 모델은 강하거나 반항적이거나 어둡고 거칠거나 댄디하거나 자상하거나 등등 비교적 다양하다. 대중문화에서 남성성에 비해 여성성의 이미지를 좁게 규정한다는 것은 이 사회의 지배적인 문화 담론에서 여성에 대한 억압이 그만큼 더 크다는 의미로 해석할 수 있다. 물론 최근에는 기존의 남성성과 여성성의 규범이 해체되고 변화하는 양상이 눈에 띄게 늘어나고 있지만, 지배적인 문화 담론에서 전통적인 젠더 규범은 여전히 강력하게 남아 있다.

2. 한국 사회 성 담론의 이중성

20세기 말 이후 한국 대중문화에서 중요한 흐름 가운데 하나가 몸에 대한 관심의 증폭이다. 한국 사회가 민주화의 과정을 밟아온 과정은 육체적 억압의 사슬이 약화되고, 대중의 육체가 중요한 문화적 표현의 공간으로 변화해 온 과정이기도 했다. 군사정권 시절 급속한 근대화와 경제성장을 위해 노동력을 동원해야 했던 국가로서는 금욕적 가치관을 내세울 필요가 있었다. 대중의 육체는 통제와 억압, 혹은 동원의 대상이었고, 적절한 노동을 위해 훈육되어야 할 대상이었다. 그러나 다른 한편으로 억압적이고 권위주의적인 권력의 유지를 위해서는 대중에게 일정 정도 위안과 오락을 제공할 필요가 있었다. 이런 모순적 상황 속에서 앞에서는 금욕과 절제의 청교도적 윤리관이 지배하면서 뒤에서는 향락주의와 쾌락주의가 범람하는 이중적 상황이 연출되었다. 대중문화 속에서 육체는 억압적 검열의 대상이었지만, 사회 전반에는 육체와 성에 대한 욕망과 호기심이 넘쳐났다.

한국 사회 성 담론의 이중성을 보여주는 사례는 많다. 1990년대 말이니 꽤 오래전 이야기가 되었지만, 미국에서 활동하는 누드모델 이승희가 귀국했을 때 모든 신문과 방송이 총동원되다시피 하며 이른바 '이승희 신드롬'을 일으킨 바 있다. 미국 플레이보이사의 ≪란제리≫라는 잡지의 표지 모델이었고, 인터넷상에서 인기를 누린 누드모델이었던 이승희에 대해 한국 언론이 보인 태도는 다소 기이할 정도로 열광적이었다. 평소 점잖은 목소리로 대중문화의 선정성을 질타하고 검열강화론을 부르짖거나 우리 사회의 도덕성 타락을 못내 한탄하던 언론의 행태에 비추어보면 이승희에 대한 그런 열광은 이해하기 어렵다. 그러나 한편으로는 한국의 언론이 지닌 고도의 상업주의적 성격에 비추어보면 이해 못할 일도 아니다. 독자의 관심을 부추기고 호기심에 영합해 상업적 이득을 얻을 수 있다면 못할 일이 없는 것이 한국의 언론, 특히 보수

언론이다. 말하자면 이승희 신드롬은 늘 점잖은 체하며 보수주의의 기
치를 높이던 한국 언론이 독자의 얄팍한 호기심에 영합하는 과정에서
어쩔 수 없는 그 상업주의적 색채를 적나라하게 드러낸 한 사례인 셈이
다. 보수언론이 보여주는 이중성은 사실 우리 사회 전반에서 나타나는
성과 육체에 대한 이중적 태도를 그대로 반영하고 있다.

우리 사회의 지배 담론 속에서 여전히 성은 금기의 영역이며 감추어
야 할 것이라는 인식이 강하게 남아 있다. 그러나 한편으로는 섹스를
주제로 한 인터넷 사이트가 범람하고 온갖 성 관련 산업이 호황을 누린
다. 인기 연예인들의 성 비디오가 대중의 호기심을 끌며 화제가 되었
던 몇몇 사례가 우리 사회에 아직까지 남아 있는 성 담론의 이중성을
극명히 드러낸 바 있다. 명백히 피해자일 수밖에 없는 비디오 속의 여
성 연예인들이 성적 방종 혐의로 사회적 질타의 대상이 되는 이면에서
수많은 사람들이 인터넷을 뒤져가며 그 비디오들을 훔쳐보는 관음증
적 욕망을 드러냈던 것은 우리 사회의 이중적 성 윤리를 적나라하게 보
여준다.

성적 매력과 육체에 대한 대중의 관심은 우리 주변에서 흔히 눈에
띄는 몇 가지 사례만으로도 쉽게 드러난다. 인터넷에는 성적 욕망과
육체의 향연으로 가득한 에로물 사이트가 널려 있고, 마음만 먹으면 누
구나 쉽게 이에 접근할 수 있다. TV 유료 채널을 통해서도 쉽게 다양한
에로물들을 접할 수 있다. 소비재 상품의 광고는 어떤 식으로든 건강,
젊음, 아름다운 육체, 성의 이미지를 내세워 소비자의 눈을 현혹하기에
여념이 없다. 다이어트, 몸매 가꾸기를 통해 성적 매력이 풍부한 몸을
만들고자 하는 사람들을 겨냥한 육체산업은 불경기에도 아랑곳하지
않고 호황을 누린다. 이런 현상은 특히 1990년대 이후의 사회변화 속
에서 눈에 띄게 늘어났다. 그것은 육체문화와 성문화의 담론들이 정치
적인 변화와 밀접히 관련되어 있음을 의미한다.

앞서 말한 것처럼 1970~1980년대 권위주의적 정치질서하에서 육체

와 성의 담론은 철저히 억압되었다. 대중문화에서의 성적 표현은 금기시되어 검열의 칼날을 피할 수 없었다. 장발 단속이나 미니스커트 단속에서 단적으로 알 수 있듯이 육체를 통한 자기표현 역시 억압되었다. 경제개발과 안보의 논리는 국민에게 철저한 금욕주의적 가치의 생활화를 강요했다. 그러나 성과 육체의 욕망은 본능에 뿌리를 둔 것이어서 아무리 억압하려 해도 쉽게 억압되지 않는다. 제도적인 억압은 결국 성과 육체의 욕망을 비합법적인 지하의 영역에 가둘 뿐이다. 권위주의 시절 내내 강요된 금욕주의적 가치관은 결국 육체와 성 담론을 은밀한 지하 공간에 뿌리내리게 했다. 육체와 성 담론은 은밀한 공간에 가둘수록 병적이고 불건강한 성격을 띠게 마련이다. 또 겉으로는 근엄한 금욕주의와 도덕주의를 내세우지만 내면적으로 대중의 의식을 쾌락주의화하고, 정치적 무관심을 확산할 필요가 있었던 군사정부가 이런 은밀한 영역의 성문화를 못 본 척 눈감아 준 면도 없지 않았다. 그렇게 해서 한국 대중문화의 육체와 성 담론은 주로 불법 비디오나 퇴폐영업 같은 음습하고 왜곡된 모습으로 형성되었던 것이다.

민주화는 몸에 대한 인식에도 변화를 일으켰다. 검열이 완화되고 대중의 자기표현 욕구가 폭발하면서 육체는 더 이상 금기의 영역이 아니라 당당하고 적극적인 관심의 대상이 되었다. 육체적 건강과 아름다움을 추구하는 것은 자연스러운 욕망으로 받아들여졌고, 남성성과 여성성을 구현하는 몸은 돈과 명예를 얻고 신분상승을 이룰 수 있는 중요한 신체 자본으로 여겨졌다. 사회와 문화를 짓누르던 권위주의 정치체제가 부분적으로 해체되면서 금욕주의에 기반을 둔 가치관에 변화를 일으켰고, 제도적 금기의 굴레가 약화되면서 지하에 숨었던 성적 욕망이 밖으로 분출되기 시작했다. 그와 함께 전 세대와 여러모로 다른 감각과 가치관을 지닌 신세대가 새롭게 문화의 중심으로 등장하면서 육체를 통한 자기표현의 새로운 문화가 폭발적으로 나타나기 시작했다. 청소년의 성문화가 사회적 관심으로 대두한 것도 이때부터이다. 과거 세대와는 다른 환경에서 성장한 청소년들은 스스로 육체와 성의 주체라는 자기주장을 하기 시작했지만, 이들의 육체와 성은 여전히 학교와 교육제도의 틀에 결박되어 있다. 이런 가운데 10대의 성관계, 미혼모 등 다양한 문제가 표출되었다. 그리고 우리 사회는 여전히 청소년을 정당한 육체적·성적 주체로 인정하기보다는 보호 대상으로 가두며 성 또는 육체의 현실과 차단하는 것만을 능사로 여기고 있다. 이른바 '청소년보호법'은 바로 그런 의식을 잘 보여주는 예이다. 인터넷이 보편화되고 이를 통해 세계의 다양한 성 문화가 장벽 없이 넘나드는 상황에서 청소년들을 과거의 '순진무구한' 세계 속에 가둔다는 것은 아무런 의미도, 실효도 있을 수 없다. 가장 중요한 것은 청소년을 정당한 육체적·성적 주체로 인정하는 것이며, 이들의 성적 에너지를 스스로 조절하고 통제할 수 있는 문화적 능력을 키워주는 일이다.

3. 몸에 대한 집착과 육체산업의 호황

청소년이나 대학생을 대상으로 한 설문조사를 보면 여학생 대부분이 자신의 신체에 불만족해하며, 특히 자신의 체형이 뚱뚱하다고 여기는 것으로 나타난다. 그러나 남학생은 여학생에 비해 자신의 현재 체형에 만족하는 정도가 상대적으로 높은 것으로 나타난다. 때로 여학생의 날씬한 몸매에 대한 집착은 건강의 이상도 아랑곳하지 않을 만큼 병적인 상태로 치닫기도 한다. 거식증을 호소하는 여학생이 늘고 몸매에 대한 비관 때문에 자살을 선택하는 극단적 경우마저 생겨나고 있다. 결국 많은 경우 여성의 자기 몸에 대한 집착은 자신의 육체에 대한 학대와 다를 바 없는 것이다.

사실 이런 현상은 새로운 것이 아니다. 이것은 여성의 몸을 남성의 관점에 맞춰 학대해 온 육체문화의 가부장적 전통의 현대적 양상이다. 즉, 여성에게 코르셋이나 허리받이 등을 통해 허리를 조이고 가슴과 엉

덩이를 돌출하게 하는 식의 체형을 강요해 여성의 몸을 사회 활동에 부
적합하게 만들어온 전통이 현대에 들어서 한층 심한 육체적 학대로 나
타나고 있는 것이다. 이는 여성의 경우 외모가 성공의 조건이 되는 현
대사회의 남성 중심적 성격을 반영하는 것이기도 하다. 직장에서 '외모
단정한 여성'을 명시적 또는 암묵적으로 요구하고 있고, 단지 육체적
매력 하나로 사회적 성공을 거두는 여성들이 대중적 우상으로 등장하
면서 많은 여성들에게 몸매 가꾸기는 일종의 의무로까지 간주된다. 여
성의 상품적 가치는 노동력이 아닌 외모로 평가된다.

　2000년대 한국 사회를 풍미한 이른바 '얼짱, 몸짱' 신드롬은 외모와
몸의 상품화가 단지 여성만의 일이 아님을 보여주었다. 몸에 대한 관
심과 집착은 모든 사회적 차이와 계급적 불평등, 정치적 신념과 도덕성
을 초월하는 가치로 부상했다. 이런 현상에 맞춰 각종 육체산업이 호
황을 누렸다. 다이어트·슬리밍(체중 감량을 위한 절식이나 운동)·미용기
술·건강의학·피부관리·화장·선탠·성형수술·몸매교정·차밍스쿨·체
형관리와 관련된 레저·헬스 등 각종 육체관리산업은 자신의 몸을 매력
적으로 만들려는 사람들로 들끓고 있다. 또 광고와 패션산업, 스타산업
은 남성과 여성을 가릴 것 없이 상업적으로 규범화된 이상적 몸의 모델
을 제시하며, 사람들을 끊임없이 육체산업의 노예로 만들고 있다. 물론
'얼짱', '몸짱' 콤플렉스에 남녀가 따로 없다고는 해도 육체산업에 의해
끊임없이 호출되는 외모 콤플렉스의 대상은 아무래도 남성보다는 여
성이라 해야 할 것이다.

　여성이 지닌 최고의 자산이 육체라는 이데올로기는 가부장사회의
오랜 문화적 유산이다. 가부장 문화는 오랫동안 여성에게 몸이 최고의
자산임을 가르쳐왔다. 즉, 가부장제에 봉사하는 가사노동, 생식, 성생
활의 근본 자산이 여성의 몸이라는 관념이 그것이다. 이런 전통이 소
비자본주의사회에서 더욱 노골적으로 확대·재생산되면서 이제 몸 자
체가 여성성을 상징하고 구현하는 최고의 기준이 된 것이다.

여성의 몸매 만들기와 이를 통한 육체적 표현을 두고 여성 해방이나 성적 해방으로 미화하는 것은 매우 잘못된 일이다. 그것이야말로 남성적이고 가부장적인 소비자본주의의 교묘한 이데올로기 조작에 지나지 않는다. 과거 여성의 몸에 대한 가부장적 통제가 주로 성적 금기를 통해 이루어져 왔다면, 소비문화는 여성의 몸을 성적 해방으로 상징화하면서 자연적 본능 그 자체로 부각한다. 광고에서 여성의 에로틱한 육체는 흔히 자연의 원시성을 일깨우는 이미지로 제시되는데, 이는 바로 여성의 몸 혹은 성적 본능을 자연과 일치시키는 것이라 할 수 있다. 이처럼 여성의 몸에 대한 상품문화적 가공이 오히려 몸의 자연적 본능을 해방하는 것처럼 위장하는 것은 결국 여성의 몸에 대한 남성의 착취를 마치 자연적인 질서인 것처럼 인식시키는 것과 다름이 없다.

현대의 소비자본주의 경제에서 육체산업과 광고, 스타산업, 패션산업 등을 통해 이루어지는 여성 육체의 상품화는 결국 여성의 몸을 상업적 관리 대상으로 삼고, 이를 통해 자본을 증식하는 것이다. 그리고 이는 결국 여성을 주체적 존재가 아닌 성적 대상으로 만드는 데 기여할 뿐이다. 가부장적 소비문화에서 여성은 남성의 입장에서 자신의 육체를 경험하도록 강요당한다. 대중문화 속에서 남성은 보는 주체이고, 여성은 보이는 대상이다. 남성은 여성을 바라보고, 여성은 남성에게 보이는 자신을 본다. 아름다운 몸에 대한 여성의 집착은 바로 그런 시선의 권력관계를 통해 형성된다.

요즘에도 한국에선 1년에 최소 수십 회 이상의 미인대회가 열리고 있다고 알려져 있다. 전국 규모의 대형 미인대회부터 각 지역의 특산물 이름을 붙인 지역 미인대회에 이르기까지 미인대회는 경쟁적으로 열리고 있다. 어떤 명분과 그럴듯한 캐치프레이즈를 내걸던 미인대회는 결국 여성의 몸을 철저히 성적 대상으로 만드는 행사일 뿐이다. 미인대회에서 평가의 기준이 되는 미인은 각종 성형과 육체 관리 기술로 조련된 육체의 소유자이며, 이들은 사실상 육체 관리로 돈을 벌어들이는 육체산업의 상품일 뿐이다. 여성의 최대 가치를 단지 육체적인 매력에 가둬둠으로써 여성의 인격적인 발전과 사회적 진출을 억제하는 반여성적 장치들이라 할 수 있다.

4. 포르노그래피와 디지털 성 착취

한편에 육체산업과 광고, 패션, 스타산업 등이 부추기는 육체의 환상과 신화가 있다면, 다른 한편에는 그보다 좀 더 노골적으로 여성의 육체를 상품화하는 포르노그래피(pornography)가 있다. 포르노그래피는 성적 욕망을 자극하는 노골적이고 음란한 내용을 담은 소설·그림·사진·영화 등을 말한다. 포르노그래피의 제작과 확산은 미디어의 발달 과정과 떼려야 뗄 수 없는 관계에 있다. 고대사회의 그림과 조각에서 시작해 인쇄술, 판화 그리고 사진과 영화, 비디오, 최근의 인터넷과 가상현실에 이르기까지 새로운 미디어들은 늘 포르노그래피의 제작과 확산에 이용되어 왔다. 포르노그래피는 대체로 국가의 통제 대상이 되었지만, 금지와 억압이 포르노그래피의 존재를 없애지는 못했고 다만 음성화했을 뿐이다. 20세기 이후 매체의 발달과 함께 서구 사회에서 포르노그래피는 거대한 산업으로 성장했다.

우리나라의 경우 포르노그래피는 법으로 금지되어 있다. 하지만 권위주의 시절에도 음성적인 지하 시장을 통해 다양한 형태의 포르노그래피가 유통되어 왔다. 민주화 이후에도 성기노출과 실제 성행위 묘사가 담긴 포르노그래피는 금지되어 있다. 하지만 다양한 방식으로 성적 욕망을 묘사하는 유사 포르노그래피는 넘쳐나고 있다. 이 유사 포르노들은 사실상 발상에 있어서 포르노그래피와 다를 바 없다.

포르노그래피는 대부분 남성에 의해, 남성적 시각에서, 남성을 위해 제작된다. 포르노그래피에 등장하는 여성은 자신의 성적 욕망을 불태우고 표출하는 것으로 나타나지만, 그것은 결국 남성 관객의 시선 앞에서 남성의 성적 욕구를 충족시키는 수단에 지나지 않는다. 포르노그래피는 여성에 대한 남성의 성적 착취를 직접적인 묘사를 통해 표출한다. 일부 논자들은 남성과 여성의 사회적 권력관계를 성적 행위를 통해 노골적으로 보여주는 포르노그래피가, 그러한 관계를 슬쩍 감추면서 성과 육체에 대한 환상을 부추기는 육체산업, 미인대회 등보다 차라리 덜 해악적이라 주장하기도 한다.

디지털 시대가 되면서 인터넷은 이른바 음란물을 만들고 유통하는 가장 중요한 공간이 되었다. 인터넷방송을 통해 섹스를 시연하고 돈을 버는 BJ가 구속되는 사건도 심심치 않게 벌어지고, 몰래카메라를 통해 여성의 몸을 촬영한 영상물이 유통되어 심각한 피해를 발생시키기도 한다. 불법 촬영과 유포, 편집과 합성을 통한 허위 영상물 제작, 성 착취 그루밍, 사이버공간상에서의 성적 괴롭힘 등 디지털 성범죄의 유형도 점점 다양화하고 있다. 이른바 N번방 사건은 은밀한 네트워크를 통해 여성의 몸과 성을 착취한 범죄로 큰 충격을 준 바 있다. N번방 사건의 피해자 가운데는 중학생 등 미성년자도 적지 않았고, 텔레그램 방을 드나들며 성 착취물을 찾아본 범죄 가담자는 수만 명에 달했던 것으로 알려졌다. 디지털 기술과 인터넷은 사람들의 관음증적 욕망을 더욱 광범위하게 부추기고 아주 쉽게 공유할 수 있게 한다. 그런 가운데 디지털 성범죄 피해는 점점 늘어난다. 특히 디지털 성범죄의 가해자와 피해자 연령대가 점점 낮아지고 있는 것도 중요한 문제다. 사회적 여론에 힘입어 디지털 성범죄에 대한 처벌이 강화되고 있지만, 처벌만으로 이런 범죄를 해결하기는 어렵다. 어린 시절부터 기본적인 인권 감수성을 높이고 디지털 성범죄의 심각성을 인식시키는 교육이 필요하며, 문화를 소비하고 실천하는 데 갖추어야 할 최소한의 인권 의식과 윤리에 대한 사회적 공감을 확산시킬 필요가 있다.

무엇보다도 한편에서 엄숙한 금욕주의를 강조하고, 다른 한편에서 쾌락주의적 성 욕망을 부추기는 성 담론의 이중성을 극복해야 한다.

성을 둘러싼 다양한 담론을 양지에서 공개하고 논의할 수 있어야 한다. 성과 육체에 대한 욕망은 가장 근원적이며 본능적인 것이다. 그것은 사회제도나 금기를 통해 막을 수 없다. 제도적으로 막으면 더욱 음습하고 불법적인 방향으로 발전할 뿐이다. 우리나라에서 포르노그래피는 법적으로 엄격하게 규제하고 있지만, 대중의 삶에서 경험하는 성 문화 환경은 포르노그래피가 허용된 서구 여느 나라에 비해서도 자극적이며 일상화되어 있다. 주택가에 버젓이 러브호텔과 룸살롱이 자리 잡고 있고 인터넷에서는 섹스를 담은 스팸메일과 온갖 이미지, 동영상, 음란 사이트를 쉽게 찾을 수 있다. 이런 상황에서 엄숙주의적 성 윤리와 성 담론을 내세우는 것은 부질없고 기만적인 일일 뿐이다.

생각해 볼 문제

1. 포르노그래피의 허용이 어떤 결과를 불러올지 생각해 보고, 각자 의견을 나누어보자.
2. 진정한 여성 해방, 진정한 성 해방은 어떤 것일지 생각해 보자.
3. 성 담론의 증가와 정치 상황의 변화 사이의 관계는 어떤 것인지 생각해 보자.
4. 각종 육체산업이 호황을 누리는 원인이 어디에 있는지 생각해 보자.
5. 육체적·성적 쾌락이라는 문제를 문화적으로 어떻게 이해해야 하는가? 이와 관련된 다양한 이론적 시각들을 조사해 보자.

참고 자료

볼드윈, 일레인(Elaine Baldwin) 외. 2008. 『문화코드, 어떻게 읽을 것인가』. 조애리 외 옮김. 한울엠플러스.

문화연구의 이론적 성과를 폭넓게 살펴보는 이 책의 한 장이 '문화가 된 몸'이다. 인간의 몸이 사회적으로 구성되고, 문화적으로 매개되는 다양한 방식에 대한 여러 가지 이론적 관점을 소개하고 있다. 문화 연구의 몸 담론에 대한 개괄적 이해를 얻을 수 있다.

엘리아스, 노르베르트(Norbert Elias). 2021. 『문명화과정』 1. 박미애 옮김. 한길사.

이 책은 중세에서 근대에 이르는 유럽의 역사에서 인간의 몸을 통제하는 방식이 변화해 온 과정을 보여 준다. 식사 예절이나 생리적 욕구에 대한 태도, 코를 풀고 침을 뱉는 행위에 대한 사회적 관념이 변화해 온 과정은 곧 근대의 문명이 형성되는 과정이다.

주형일. 2020. 『미디어와 성』. 영남대학교 출판부.

미디어가 성을 재현하고 성에 의미를 부여하는 다양한 방식을 분석하면서 한국 사회 성 담론의 변화를 살펴보는 책이다. 포르노그래피의 사회적·문화적 의미, 미디어에서 이성애와 동성애가 재현되는 방식, 한국 영화에서 젠더가 재현되는 방식이 시대에 따라 변화해 온 과정 등 다양한 분석이 담겨 있다.

20

호모루덴스, 문화의 주체가 되기 위하여

주요 개념 및 용어 | 호모루덴스, 노동권, 노동 이데올로기, 노동사회, 재생산, 재충전, 좋은 문화, 문화정치, 의미화 실천, 문화 주체

'논다는 것'은 인간의 가장 중요한 활동 가운데 하나이다. 인간 문명의 창조성을 놀이 활동에서 도출하는 허위징아(Johan Huizinga)의 개념 '호모루덴스(Homo Ludens)'를 빌리지 않더라도 모든 인간은 '노는 인간'이며 과거에 놀았고, 지금 놀고 있거나 앞으로 놀 인간이다. 놀이는 – 형식화되어 있는 좁은 의미의 놀이가 아니라 '논다는 것'에 포함될 수 있는 모든 활동을 놀이라고 부른다면 – 인간의 삶에서 피해 갈 수 없는 필수적인 부분이다. 놀이의 형식과 방식은 한두 마디로 규정지을 수 없을 만큼 다양하다. '논다'는 말과 관련된 활동이나 현상, 개념을 얼핏 떠올려 보기만 해도 '놀이'의 개념이 만만치 않게 복잡하고 다양한 것임을 알 수 있다. '논다'는 말은 예컨대 여가, 노름, 오락, 휴식, 농담, 대화, 수다, 게임, 장난, 구경, 감상, 운동 등 여러 가지 형태의 활동을 의미하기도 하며, 시간을 죽이는 것(killing time)이기도 하고, 심지어 아무것도 하지

호모루덴스

놀이하는 인간, 즉 호모루덴스는 네덜란드의 문화사학자(文化史學者) 하위징아(1872~1945)가 제창한 개념이다. 그는 모든 문화와 문명이 놀이에서 유래했다고 보며, 진정한 문명은 어떤 놀이 요소가 없이는 존재할 수 없다고 본다. 문명은 자제와 극기를 전제로 하며, 또한 자신이 자발적으로 받아들인 일정한 한계 안에 있다는 것을 이해하는 능력을 전제로 하기 때문이다. 문명은 항상 어떤 규칙에 따라 행해지는 놀이이며, 진정한 문명은 항상 페어플레이를 요구한다.

않는 것(doing nothing, 이것도 어떤 의미의 활동이다)이 되기도 한다. 이 모든 활동은 우리가 지금까지 공부한 문화, 대중문화의 개념과 그리 다르지 않다. 논다는 것은 문화를 실천하는 것이다.

1. 노동하는 인간, 놀이하는 인간

현대 자본주의사회를 살고 있는 우리에게 '논다'는 것은 일차적으로 '노동'과의 상대적 관련 속에서만 의미가 있다. 우리가 흔히 놀이를 '무가치한 것', '중요하지 않은 것'이라고 생각하게 되는 이유도 우리가 '노동'을 가장 가치 있는 활동으로 여기는 사회에 살고 있기 때문이다. 예컨대 우리가 흔히 쓰는 '놀고 있네'라는 말에는 생산적이거나 합리적이지 않은 행동으로서 '노는 것'에 대한 경멸이 담겨 있다. '노는 것'이 즐거운 것은 오직 노동을 전제로 할 때이다. 노동을 전제로 하지 않는 사람들(우리가 흔히 백수라 부르는)에게 논다는 것은 단지 악몽일 뿐이다.

그러나 '노동은 신성한 것'이며 사람은 '일하기 위해' 산다는 관념이 성립된 것은 사실 그다지 오래된 일이 아니다. 아주 오랜 옛날 자연의 생명력만으로 충분히 인간이 먹고 살 수 있던 시절에 인간은 일하지 않았다. 일정한 노동을 통해 자연을 변화시켜야 생존할 수 있게 되면서 노동이 시작되었지만, 이때의 인간들은 단지 필요한 만큼만 노동을 했을 뿐이며, 그 외의 시간은 노동 이외의 활동(즉, 넓은 의미의 놀이)에 사용되었다.

고대사회에서 노동은 결코 '신성한 것'이 아니었고, 오히려 천한 것이었다. 그래서 그것은 (인간이 아닌) 노예들이 담당해야 하는 것이었다. 당시의 사람들에게 삶은 일하기 위한 것이 아니라 놀기 위한 것이었다. 그런가 하면 중세 기독교문화에서 노동은 신이 내린 형벌이었다("너희는 고된 일을 함으로써만 양식을 얻게 되리라", 「창세기」). 노동을 찬미하는 것은 당연히 신에 대한 모독이었고, 교회법은 노동자들에게 90일

의 휴가를 보장하고 이를 어기면 엄벌에 처했다. 1700년 무렵 프랑스
의 일반 평민의 비노동일은 연 160일 정도였고, 18세기 중엽의 기록을
보면 연간 180일 정도 일한 것으로 나와 있다. 말하자면 1년의 반 이상
을 놀며 지낸 셈이다. 근대사회를 이룬 신흥 부르주아지들은 이렇게
게으른 평민들을 비난하면서 노동 이데올로기를 전파했다.

근대 부르주아혁명은 가톨릭의 반노동 이데올로기를 거부한 프로테
스탄티즘의 노동 이데올로기의 승리 과정이었다고도 할 수 있다. 노동
이 신성한 것으로 간주되고, 사회적 가치의 중심이 된 것은 근대 이후
의 일이다. 자본주의사회에 와서 '노동권'이라는 개념이 생겼고 그에
대응해 '여가'라는 개념이 생겨났다. 산업화의 과정에서 토지로부터 쫓
겨난 농노들은 어쩔 수 없이 일하지 않을 수 없게 되었고, 그렇게 노동
자로 재편되어 갔다. 근대 자본주의사회에서 노동은 구원의 방식이자
자기실현의 형식이며 부와 가치 창출의 원천으로 간주되었다. 반면 노
는 것은 그 자체로 가치 있는 일로 여겨지기보다 노동의 재생산을 위한
휴식의 과정, 즉 재충전(recreation)의 과정으로 이해되었다.

자본주의사회에서 노동의 사회적 가치가 부각되는 것은 기본적으로
자본주의가 잉여생산에 기초하기 때문이다. 필요 이상의 생산과 소비
를 통해 끊임없이 가치를 확장해 가는 자본주의 시스템은 필연적으로
노동에 대한 적절한 통제와 착취를 필요로 하며, 여기에 절대적으로 필
요했던 것이 '노동 이데올로기'이다. 노는 자, 게으른 자를 소외시키고
벌하는 것을 정당화하며 사회 구성원을 일정한 기간 숙련된 노동력으
로 훈련시키기 위해, 노동이 신성한 것이며 천부의 인권이라는 이데올
로기가 유지될 필요가 있었다. 사회주의도 이와 크게 다르지 않았다.
자본주의가 노동의 개인성과 자기실현이라는 이데올로기를 토대로 가
치 증식을 꾀했다면, 사회주의는 노동 자체를 규범화하면서 생산력 증
대를 위한 집단적 에너지로 삼았다. 요컨대 사회주의, 자본주의를 막론
하고 근대사회를 이끈 것은 노동 이데올로기라 할 수 있다. 노동 이데

올로기가 지배하는 사회에서 '노는 것'은 최악의 경우 죄악이고 최선의 경우 노동력 재생산을 위한 필요악이었다.

잉여가치를 추구하는 자본은 노동시간을 무한정 연장하게 되고, 이 때문에 노동자들은 엄청난 정신적·육체적 고통에 시달리게 된다. 그 결과 노동시간의 단축이라는 문제가 중대한 사회문제로 떠오르고, 자본가와 노동자는 이를 두고 치열한 투쟁을 벌여왔다. 마르크스의 사위였던 라파르그(Paul Lafargue)가 「게으름 부릴 권리」라는 선언서를 발표한 것이 1883년이다. 이후 자본주의의 역사는 노동자들의 '놀 권리'의 확장을 위한 역사였다.

기술의 발전은 노동과 놀이를 둘러싼 이 같은 길항관계에 새로운 상황을 가져왔다. 기술의 발전과 함께 기계가 인간의 노동력을 대신하게 되면서 천부인권으로서의 인간의 노동권은 위협받게 된다. 다수의 노동자들이 끊임없는 '고용의 불안정' 상태에 놓여 있게 되는 것이다. 생산된 부가 사회 구성원 전체의 필요를 충당하고도 남을 정도라 해도(분명 그렇지만) 그 부는 구성원 전체에 분배되지 않는다. (절대적인 부의 수준은 올라가더라도) 여전히 부유한 소수와 가난한 다수라는 사회 구성이 유지되며 노동자들은 최소한의 생존을 위해 실업보다는 차라리 과다한 노동을 선택할 수밖에 없다. 노동 이데올로기가 지배하는 사회에서 고용의 불안정은 직장에 남은 자에게는 과로를, '노는 자'에게는 빈곤과 고통을 의미하는 것이다. 신자유주의는 자본에 예속된 노동 이데올로기를 더욱 극단적으로 밀어붙임으로써 이른바 시장과 효율의 원리를 구현하는 시스템이라 할 수 있다. 시장 논리와 효율주의를 앞세우는 신자유주의의 흐름 속에서 고용은 점점 더 불안정한 상태에 놓이게 되고 노동자들은 더욱 더 노동의 이데올로기에 사로잡히게 된다.

기술 발전은 이런 과정을 더욱 가속화한다. 디지털 기술의 발전, AI 기술의 발전은 직업 구조를 바꾸고 있다. 이미 많은 직업이 사라지고 있고 머지않아 소멸될 것으로 예측하는 직업도 많다. 어차피 기술 발전과 함께 사회 유지를 위해 필요한 노동의 양은 줄어든다. 문제는 노동 이데올로기가 지배하는 한 이런 변화가 노동으로부터의 해방을 가져오지는 않는다는 것이다. 오히려 노동을 소수 사람들에게 '과점'시키면서 나머지를 항구적인 주변부 노동자로 전락시킨다.

사회의 양극화와 구조적인 불평등의 문제에 대한 해법을 이 자리에서 논하기는 어렵다. 다만 한 가지 짚고 넘어가야 할 것은 지난 수백 년간 사회를 지배해 온 노동 이데올로기를 극복해야 한다는 것이다. 사회적으로 필요한 노동의 양이 줄어든다는 것을 다른 말로 하면 이제 '노는 것'은 사회적으로나 개인적으로나 노동보다도 더 중요한 비중을 차지하는 영역이 되고 있다는 것이다. 요컨대 우리의 삶에서 문화의 의미와 중요성이 그만큼 더 커지고 있다는 말이다. 단지 노동 혹은 경제를 위한 보조장치로서가 아니라 놀이, 즉 문화 그 자체가 가지는 사회적 가치와 실천적 의미를 중요하게 인식하지 않으면 안 된다는 것이다.

2. 자본주의 시대의 놀이, 대중문화

고대사회에서 놀이는 생산 활동에 대한 기원의 의미를 가지는 것이었다. 고대인들은 다산을 기원하는 뜻으로 짐승을 사냥하는 일과 농사 짓는 일을 흉내 내면서 춤을 추고 노래를 불렀다. 그들의 춤과 노래는 사냥과 노동 같은 그들의 '노동'을 담은 것이었다. 말하자면 그들에게 놀이는 생존을 위한 일상적 삶(노동)을 '낯설게' 재현하는 행위였다. '흉내 내기' 혹은 '낯설게 하기'는 놀이의 가장 오래된 형식이라 할 수 있다. 그로부터 시작된 놀이는 이후 역사 속에서 다양한 형식과 스타일의 놀이 형태들을 만들어내며 가지치기해 왔다. 그 가운데 가장 중요한 변화는 두 가지 지점에서 찾을 수 있다. 하나는 놀이하는 주체의 변화이고, 다른 하나는 놀이 자체의 산업화(혹은 상업화)이다. 물론 이는 모두 자본주의의 발전과 밀접히 연관된다.

낯설게 하기

낯설게 하기라는 말을 처음 제시한 사람은 러시아의 시클로프스키(Victor Borisovich Shklovsky, 1893-1984)라는 사람이다. 그는 러시아 형식주의를 대표하는 인물로 문학과 다른 학문(사회학, 철학, 심리학, 역사 등)을 구분해 주는 특징이 언어를 다루는 방식에 있다고 주장한다. 즉, 문학을 문학답게 하고 다른 학문 영역과 문학연구 영역을 변별시켜 주는 특징을 문학성이라고 할 때, 그 문학성은 문학이 사용하는 언어적 특질(말하는 방식)과 관련되며, 이는 바로 일상의 익숙한 언어를 낯설게 하기에 있다고 했다. 예술은 실생활을 정확하게 재현하는 것이 아니라 도리어 생활의 모습을 일그러뜨려서 낯설게 만들어 우리의 관심을 불러일으키는 것으로, 시의 운율도 실상은 무미건조한 생활언어의 억양을 일그러뜨려 우리의 습관화된 청각을 자극하는 수단이라는 것이다. 예술은 새로운 사실의 개발이 아니라 우리의 습관적 반응을 일으키는 일상의 사실을 비상(非常)하게, 낯설게 보이게 하는 것이라는 주장이다. 이 낯설게 하기의 개념은 독일의 시인이자 극작가 베르톨트 브레히트(Bertolt Brecht)의 거리 두기(소외효과, 소격효과) 이론과도 유사한 점이 있다. 브레히트는 관객이 연극 속의 등장인물에 감정 이입하는 것을 막고, 무대 위의 사건에 대해 비판적 거리를 유지하게 하는 거리 두기를 통해 관객이 냉철하고 이성적인 시선을 갖게 해야 한다고 주장하며, 이를 위해 주석 달기, 관객에게 말 걸기, 노래 삽입 등 다양한 기법을 만들어냈다.

자본주의 시스템이 노동에 대한 통제와 조직화를 통해 유지된다면 그 노동의 조직화는 일정한 방식으로 놀이를 제공하고 통제함으로써 가능해진다. 10분간의 휴식을 제공함으로써 50분간의 노동을 유지하는 방식이다. 여기서 휴식(즉, 놀이)은 철저하게 노동시간을 중심으로 편제된다. 자본주의사회에서 노동을 벗어난 일상의 삶은 사실상 노동을 위해 존재하는 것이다. 그뿐이 아니다. 자본주의는 모든 것을 상품으로 변화시킨다. 자본주의는 노동을 벗어난 일상의 삶조차 철저히 상품화한다. 노는 것도 예외는 아니다. 오락과 휴식은 상품화한 형태로 제공되며, 사람들은 이를 구매하는 방식으로 놀이를 '소비'한다. 우리가 익히 알고 있는 대중문화란 바로 그렇게 구매를 통해 소비하는 놀이의 형식들이다.

놀이가 상품의 형식을 갖추게 되면서 놀이의 방식과 놀이 주체의 형태도 변화하게 된다. 과거의 놀이가 주로 '체험'과 '참여'의 형식으로 이루어졌다면 자본주의사회의 놀이는 대부분 (참여 아닌) '구경'과 '소비'의 형식으로 이루어진다. 사람들이 놀이의 주체에서 놀이의 객체로 변하게 된 것이다. 노동 중심으로 짜인 사회적 구성에서 놀이는 비창조적인 것이며, 짧은 시간에 해결해야 할 욕구이다. 그것은 탐구하고 창조하기보다 주어진 프로그램에 그저 몸을 맡기면 되는, 주어진 상품을 구매하기만 하면 되는 그런 것이어야 한다. 자본주의 대중문화 속에서 대부분의 대중은 그렇게 주어진 상품을 소비하는 소비자이자 수용자의 성격을 띤다.

디지털 시대가 도래하면서 사람들은 무언가를 직접 체험하고 참여하면서 놀고 싶어 하는 경향이 커지고 있다. 이는 대단히 중요한 변화이다. 여기에는 여가와 소득의 증대, 사회적 가치의 변화, 그리고 사람들이 직접 참여하여 적극적으로 놀이를 즐길 수 있게 해준 기술적 발전 등 많은 요소들이 관련되어 있다. 가장 중요한 것은 이제 노동 중심으로 짜인 사회적 편제로는 충족될 수 없을 만큼 사람들의 주체적 욕구가 커지고 있다는 사실이다. 이제 사람들은 남의 노래를 듣기보다 노래방에 가서 스스로 목청껏 노래 부르고 싶어 한다. 백화점의 문화교실은 스스로 무언가를 체험하고 만들어보고 싶은 사람들로 넘쳐난다. 이런 경향은 젊은 세대로 갈수록 더하다. 젊은 세대는 과거의 어느 세대보다도 '주체적으로 놀고 싶은' 욕망을 강하게 가지고 있다. 디지털혁명, 즉 컴퓨터와 인터넷이라는 기술은 이들의 그런 욕망에 날개를 달아준다. 컴퓨터와 인터넷을 규정하는 핵심 개념은 쌍방향성이다. 이는 TV 같은 대중매체가 대다수의 사람들을 구경꾼을 만들었던 것과 근본적인 차이가 있다. 컴퓨터와 인터넷에서 사람들은 구경꾼일 뿐 아니라 작가이고 생산자이며 송신자이다. 게다가 컴퓨터와 인터넷은 노동과 놀이의 구분 자체도 모호하게 만든다. 컴퓨터와 인터넷을 통해 재미있게 놀면서 돈을 벌고 있거나 돈벌이를 꿈꾸는 사람들도 많다. 요컨대 이제 놀이는 노동이라는 절대적 영역과의 연관에서 상대적으로 규정되는 것이 아니라 그 자체로 중요하며, 가치 있고 창조적인 영역으로 변화하고 있다. 이제 대중은 그저 소비하고 구경하는 존재가 아니라 직접 참여하고 즐기는 주체로 여겨진다. 하지만 스스로 노래방에서 노래 부르고 전자 게임을 한다고 문화의 주체라 말할 수 있을까? 문화의 주체가 된다는 것은 어떤 의미일까? 우리가 문화의 주체로서 잘 놀기 위해서는 어떤 조건이 필요할까?

3. 좋은 문화란 어떤 것인가

사회가 변화하면서 사람들의 관심이 정치에서 멀어지는 만큼 문화와 여가, 오락에 대한 관심이 많아지는 것은 자연스러운 현상이다. 그러나 그것은 더 이상 정치에 관심을 가지는 것이 별 의미가 없을 때 해당하는 말이다. 모두 알다시피 정치는 여전히 우리 사회에서 매우 중요한 부분이다. 우리 사회는 정치적으로 여전히 안정되어 있지 않다.

우리 사회는 아직도 해결해야 할 문제가 산적해 있고, 다양한 사회적 갈등도 끊이지 않는다. 그 가운데 대부분은 정치와 밀접히 관련되어 있다. 통일 문제도 그렇고, 민주주의의 문제도 그렇고, 부정부패도 그렇고, 지역문제도 그렇다. 교육 문제도 마찬가지이고 차별과 불평등, 소수집단에 대한 혐오의 문제도 다르지 않다. 보수언론에 의한 여론 독과점, 계급·계층 간의 갈등과 세대 간의 장벽, 경제적 불황, 사회안전망의 낙후 등등 문제들이 널려 있다. 이 문제들이 해결되기 위해서는 여러 가지 조건이 함께 해결되어야 하는데, 그 가운데 정치는 여전히 가장 중요한 요소 가운데 하나이다. 그렇게 여전히 문젯거리로 되어 있는 정치를 남겨두고 사람들의 관심이 문화로, 오락과 여가로만 몰려간다면 그것은 비극이다. 만일 사람들이 문화에 대해 지나칠 정도로 관심을 많이 가지게 됨으로써 그만큼 정치에 무관심해진다면 우리의 산적한 문제들은 더욱더 해결의 길이 멀어질 것이다.

그런 의미에서 필자는 문화에 대한 우리의 관심도 필연적으로 정치적이어야 한다고 믿는다. 다른 말로 바꾸면 문화를 아는 것이 곧 정치를 이해하는 것이어야 한다는 말이다. 물론 여기서 정치란 좁은 의미의 정치, 정부와 국회와 정당과 선거를 중심으로 하는 정치가 아니다. 우리의 일상생활 구석구석까지 어떤 식으로든 존재하는 권력의 문제, 불평등의 문제, 갖가지 형태의 차별 문제, 제도와 관습의 문제, 비합리적인 의사결정의 문제, 의식적·무의식적 검열과 규제의 문제, 자본의 논리와 상품의 논리, 이 모든 것이 사실은 모두 정치적인 문제임을 의식해야 한다는 뜻이다. 문화연구자들이 흔히 언급하는 문화정치(cultural politics)의 개념이 의미하는 바가 그것이다. 문화를 사람들의 취향과 스타일, 소비, 표상, 정체성 등을 포함하는 일상생활의 의미화 실천(signifying practices)이라고 본다면 그것은 그 자체로 사회적인 권력관계가 작동하는 영역이며, 사회적인 의미와 상징, 정보를 획득하고 표현하는 행위가 모두 권력의 문제와 결부되어 있다. 따라서 우리가 문화를 이해하고 그 문화를 궁정적인 방향으로 변화시키고자 할 때 이는 필연적으로 정치적인 함의를 가질 수밖에 없는 것이다. 문화에 대한 우리의 관심과 연구는 바로 우리를 둘러싸고 있는 문화 현실에 대해 비판적이고 진보적으로 사고할 수 있는 안목을 키우는 데 그 의미가 있다.

문화 현실에 대해 비판적으로 사고한다고 할 때 필수적인 것은 '좋은 문화'에 대한 문제의식이다. 어쩌면 이것이야말로 우리가 문화에 대해 공부하고 끊임없이 사고해야 하는 가장 중요한 이유가 될 것이다. 사실 우리가 문화에 대해 관심을 가지고 이야기하는 것도 궁극적으로는 우리의 문화를 '좋은 문화'로 변화시켜 나가기 위해서이기 때문이다.

좋은 문화에 대한 기준이 어떤 것이든 하나뿐일 수는 없다. 하나의 잣대만으로 좋은 문화를 정의하고, 거기서 벗어나는 문화는 나쁜 문화로 매도하는 것은 매우 위험한 독선이다. 그것은 전체주의적 사고방식이다. 그것이 무엇이든 단 하나의 기준만으로 문화를 평가하는 사회에서 좋은 문화가 창조될 수는 없다. 그런 사회일수록 문화를 규제하는 검열의 칼날이 매섭고 금지와 억압의 족쇄가 무거운 법이다. 그 결과는 문화의 가장 중요한 원천이라 할 수 있는 창조력의 빈곤으로 나타날 수밖에 없다. 오랫동안 권력의 잣대로 문화를 재단하면서 검열과 금지의 족쇄를 채웠던 한국의 군사독재 시절이 바로 그런 시대였다.

어느 사회에나 '좋은 문화'에 대한 다양한 기준이 존재한다. 그 기준들은 사회 내에 공존하면서 갈등하고 경쟁한다. 사회 속에 존재하는 다양한 집단들은 각기 나름의 조건에 따라 나름의 욕구를 가지고 있으며 거기에 맞추어 나름대로 '좋은 문화'를 판단한다. 세대에 따라, 성별에 따라, 혹은 직업이나 계층에 따라, 교육 수준에 따라 각기 자신에게 '좋은 문화'를 선택한다는 말이다. 중요한 것은 자신과 다른 사람들의 판단 기준이나 취향에 대해 관용하고 이해하는 태도를 가지는 것이다. 그럴 때라야 사회 전체의 문화가 조화롭고 창의적인 방향으로 발전할 수 있다.

여기서 문제가 되는 것은 어떤 것이 '좋은 문화'라는 자신의 판단이 정말로 내 스스로 주체적인 입장에서 내린 것인가 하는 점이다. 정말로 이것이 나의 삶의 조건과 욕구에 합당한 것이며, 진정 나의 삶을 풍요롭고 주체적인 것으로 만들어줄 문화인가 하는 의문이다. 어쩌면 내가 '좋은 문화'라고 생각하는 그 판단 기준이 단지 문화산업의 광고 전략에 의해 만들어진 것은 아닌지, 혹은 다른 사람들의 문화 행태에 자신도 모르게 영향을 받아서 생긴 것은 아닌가라는 자기반성이 필요하다는 것이다. 사실 우리가 가지고 있는 문화에 대한 판단 기준은 많은 경우 외부적인 영향에 의해서, 특히 매스미디어와 문화산업의 영향에 의해 형성된 경우가 많다. 말하자면 다른 사람의 목소리를 내 목소리인 것처럼 착각하고 사는 경우가 많다는 것이다.

'좋은 문화'에 대해 몇 가지 윤리적이거나 미학적인 기준을 제시하는 것은 결코 옳은 일이 아닐 뿐 아니라 그다지 의미도 없다. 중요한 것은 각자의 삶 속에서 자신이 향유하고 실천하는 문화가 얼마나 삶을 풍요롭고 복되게 하는가 하는 것이다. 내 자신의 삶이 고립된 삶이 아니라 사회적인 삶일진대 당연히 그 문화는 사회적으로도 '좋은 문화'여야 한다. 나 자신의 삶을 위해 좋은 문화라는 것이 어떤 개인적 쾌락이나 이기적 욕심을 충족하는 문화라는 뜻은 아니라는 말이다. 앞서 문화정치의 개념과 관련해서도 이야기한 바처럼 '좋은 문화'는 필연적으로 좋은 정치적·사회적 결과를 수반한다. 우리 사회 전반이 좀 더 민주화되고 좀 더 평등하게 되고 좀 더 통일에 가까워지고 좀 더 평화로워지는 것이 각자의 삶을 좀 더 복되게 하는 가장 기본적인 조건이 아닐 수 없다. 말하자면 '좋은 문화'란 더불어 사는 우리의 삶과 사회를 좀 더 나은 방향으로 고양할 수 있는 그런 문화여야 한다. 결국 그것은 단지 문화적 차원의 문제로 그치는 것이 아니라 다른 사람을 대하고 사회를 생각하며 살아가는 우리 삶의 기본자세와 관련되는 문제인 것이다. 가장 기본적이고 중요한 것은 늘 좋은 사회와 좋은 문화를 생각하고 추구하고

자 하는 우리의 태도와 자세이다. 그리고 그러한 태도는 바로 우리 스스로 문화적 주체로서 자신을 세우는 일과 같은 것이다.

4. 자유로운 문화의 주체가 된다는 것

한국에서 근대적 대중문화는 20세기 초 외세에 의해 문호가 열리고, 식민지 시대를 겪으며 사실상 강제적으로 이식되었다. 그로부터 한 세기가 지나면서 한국은 세계적인 대중문화 강국이 되었다. 한국은 할리우드 영화의 세계적 패권이 맥을 못 추고 대중가요 시장 대부분을 국산 대중가요가 차지하는 많지 않은 나라 가운데 하나이다. 한국이 대중문화 강국임을 보여주는 가장 강력한 증거는 물론 한류 열풍이다. BTS와 봉준호, 〈오징어 게임〉의 사례는 한류 열풍이 정점에 이르렀음을 보여준다. 한류의 미래를 쉽게 전망하기는 어렵지만, 무엇이든 정점에 이르렀을 때 위기의 순간이 시작된다는 것은 새겨둘 필요가 있다.

세계적으로 인정받는 한류 콘텐츠의 특성은 그것이 한국의 것이면서 다양한 요소가 뒤섞인 혼종성을 가지고 있다는 점이다. 사실 한국 대중문화의 역사 자체가 끊임없이 새로운 요소들이 수입되고 결합하고 뒤섞이며 진행된 혼종화의 역사라 할 수 있다. 식민지 시대에는 일본을 통해, 해방 이후에는 미국을 통해 이질적인 문화가 들어오고 토착문화와 뒤섞였다. 획일적인 문화적 가치가 강요되던 군사독재 시절에도 언더그라운드에서는 지배문화에 저항하는 다양한 문화들이 생산, 수용되었다. 민주화 이후에는 지배와 저항의 문화가 뒤섞이기 시작했고, 혼종화의 경향은 더 다양하게 더 자유롭게 이루어졌다. 한국 대중문화의 창조 역량은 그 과정에서 빠르게 성장했다. 하지만 자본의 패권과 시장 논리가 문화적 다양성을 억압하면서 다시 시장을 획일화하는 위험이 가시화되고 있다.

대중문화는 '지금 여기'의 사회를 살고 있는 사람들 개개인의 삶과 의식, 감정과 정서를 반영한다. 대중문화는 현대사회를 사는 대중의 삶의 환경이다. 사람들은 각자의 삶의 조건 속에서 일정한 욕구를 갖게 되는데, 대중문화는 그런 욕구를 충족하고 해소하는 수단이 된다. 가장 바람직한 문화 환경은 사람들이 가진 다양한 욕망을 충족시킬 수 있을 만큼 다양한 문화적 자원이 존재하는 것이다. 한류 열풍이 아무리 거세도 다양한 문화적 욕구를 충족시킬 만큼 다양한 문화적 환경을 갖지 못한다면 이 사회의 문화적 역량은 그만큼 취약한 것이다.

대중문화를 변화시키는 기술과 시장의 패권은 자본에 있다. 기술과 시장을 추동하는 자본의 권력에 대응하고, 제어할 수 있는 힘은 오직 시민사회만이 갖고 있다. 시민 각자, 혹은 대중 스스로가 '좋은 문화'를 추구하는 실천의 주체가 되어야 한다. '좋은 문화'의 기준은 대중의 수만큼 다양하다. 특정한 집단이 가진 기준이 사회를 지배하거나 강요되어서는 안 된다. 개인에 따라, 집단에 따라 서로 다른 '좋은 문화'들이 자유롭게 공존하는 것이야말로 바람직한 대중문화의 가장 중요한 조건이다.

이를 위해서는 대중 스스로 문화적 주체로서 자각하는 것이 중요하다. 단지 주어진 문화를 소비하는 주체가 아니라 스스로 자신의 삶의 조건을 객관화하고 취향과 욕망을 선택하는 주체가 되어야 한다. 기술 발전을 통해 쌍방향성이 실현되고 대중 스스로 자신의 콘텐츠를 생산할 수 있는 시대라고 하지만, 그런 기술적 조건만으로 민주적이고 다변화된 문화가 만들어지지는 않는다. 최근 많은 사람들, 특히 젊은 층의 주요한 문화 창구가 된 유튜브의 사례를 보면 알 수 있다. 요즘 유튜브 시청은 지극히 일상적인 행위이다. 출퇴근, 통학길 대중교통에서, 심지어 화장실에서 용변 보는 동안에도 유튜브를 보는 사람들이 적지 않다. 유튜브 문화가 주류 미디어의 관성에서 벗어나 자유롭고 독창적인 콘텐츠가 생산될 수 있는 공간으로 기능하면 좋겠지만, 현실은 그렇지 않다. 사람들이 찾아보는 동영상은 대체로 자극적이고 화제성이 강한 것들이다. 검증되지 않은 정보도 많다. 자신만의 취향을 갖기보다는 조회수가 높고 자극적 제목이 달린 것들을 선호한다. 요즘은 음악도 유튜브를 통해 듣는 사람들이 늘었다. PC 앞에서 다른 작업을 하면서 유튜브 음악 영상을 백그라운드에 틀어놓는다. 유튜버가 음악들을 선곡해 편집해 놓은 영상을 틀어놓는 것이 요즘 음악감상의 새로운 행태로 자리 잡았다. 20대 이하 세대에게 "요즘 어떤 음악을 듣느냐"라고 물으면 뮤지션 이름이나 장르를 언급하는 대신 "○○채널의 플레이리스트를 듣는다"라는 대답이 돌아오는 경우가 많다는 조사 결과도 있다. 몇몇 대형 유튜브 채널에 자신의 취향을 의탁하는 것이다. 그렇다면 과거 TV가 대중의 취향을 결정하는 막강한 권력을 가졌던 시대와 크게 달라진 것이 없는 셈이다.

문화의 주체로서 가장 중요하고 필요한 일은 자신의 취향과 선택에 대해 스스로 객관적으로 바라볼 수 있는 능력을 키우는 것이다. 주변의 문화 환경 속에서 자신의 것을 적극적으로 선택하고, 그 선택에 대해 스스로 마땅한 이유를 가져야 한다는 것이다. 자기의 이유, 그것을 줄이면 자유(自由)가 된다. 자유로운 삶이란 자기의 이유로 사는 삶이다. 세상에는 매우 다양한 문화가 존재한다. 주류 미디어를 통해 보고 듣는 대중문화 콘텐츠, 사회적으로 화제가 되고 높은 조회수를 올리는 콘텐츠는 지금 우리 사회에서 창작·유통되는 대중문화 콘텐츠의 극히 일부일 뿐이다. 우리가 미처 듣거나 알지 못하는 대중문화 콘텐츠가 세상에는 엄청나게 많다. 그것들을 의식적으로 찾아보고 듣고 즐기는 노력을 통해 우리는 좀 더 다양하고 창조적인 문화생활을 즐길 수 있다. 아는 만큼 보고 아는 만큼 느끼는 법이다. 많이 알고 많이 생각하면 그만큼 많이 느낄 수 있고 더 많은 즐거움을 얻을 수 있다. 시민 한 사람, 한 사람이 스스로 자신의 문화를 선택하고 수용하는 문화적 주체가 될 때 바람직한 대중문화가 형성될 것이다.

1. 하위징아의 호모루덴스 개념에 대해 좀 더 알아보자.
2. 디지털 시대의 놀이 방식과 아날로그 시대의 놀이 방식에는 어떤 차이가 있는가?
3. 내가 생각하는 좋은 문화는 어떤 것인가?
4. 수동적인 문화소비자와 문화적 주체의 차이는 무엇인가 생각해 보자.
5. 나는 문화의 주체인가?

뒤비뇨, 장(Jean Duvignaud). 1998. 『축제와 문명』. 류정아 옮김. 한길사.

프랑스의 인류학자인 장 뒤비뇨가 쓴 이 책은 세계 곳곳의 축제에 대한 인류학적 성찰을 통해 문명과 사회의 본질에 다가가고자 한다. 축제의 가장 원론적인 이해를 위해 도움이 되는 책이다.

카유아, 로제(Roger Caillois). 1994. 『놀이와 인간』. 이상률 옮김. 문예출판사.

하위징아의 『호모루덴스』 이래 놀이의 핵심에 접근하는 최고의 업적이라면 이 책을 꼽을 수 있을 것이다. 이 책에서 저자는 놀이를 정의하고, 몇 가지 기본 범주로 분류하며, 각각의 특성과 의미를 분석적으로 보여준다.

하위징아, 요한(Johan Huizinga). 1997. 『호모루덴스』. 김윤수 옮김. 까치.

네덜란드의 문화사가 요한 하위징아는 인간의 문명을 놀이라는 프리즘을 통해 들여다본다. 인간은 본능적으로 유희를 추구하는 존재이며, 놀이야말로 인간을 인간답게 만들어주는 요소라는 하위징아의 시각은 인간과 문화에 대한 새로운 통찰을 열어주었다.

ㄱ

가부장문화 277, 321
가부장제 264
감성 정치 190, 202
감정구조 163, 167
감정적 리얼리즘 268, 277, 279
강담사(강독사, 전기수) 76
강압적 국가기구 158
개발독재 197
검열 43, 63
결정(결정론) 133
경제결정론 133
경제자본 179
계급 32
계급문화(론) 52
계열체와 통합체 149
고급문화 36
고급예술 119
공시적/통시적(공시태/통시태) 150
과시 소비 178
관음증 318
광주항쟁(광주민주화운동) 105
교섭적 해독 67
구별짓기 181
구술언어 270

구조주의 147
국가주의 201
근대사회 73
근대 신문 75
금욕주의 314
금지곡 64
기술결정론 75, 133
기표와 기의 149
기호학 149
기호학적 저항 69
긴급조치 101, 196, 255~256

ㄴ

낯설게 하기 331
내포와 외연 156
노동권 329
노동사회 327
노동 이데올로기 329
노동자계급(노동계급) 164
노래를 찾는 사람들(노찾사) 107
노래운동 107
뉴미디어 207
능동적 수용자(론) 228
능력주의 180

ㄷ

다매체 다채널 81
대량 복제 기술 47
대립적 해독 67
대마초 파동 101, 196, 255
대중 48
대중문화 37
대중사회 26
대중사회론 224
대중성 42
대중예술 118
대중지성 223
대항문화 190
도구적 합리성 138
독립영화 185, 204, 262, 292
동일시 159, 287
디지털 미디어 리터러시 235
디지털 성범죄 324
디지털 성 착취 314
디지털 스토리텔링 272
디지털 컨버전스 86
디지털 큐레이션 232
디지털 혁명 207

ㄹ

랑그와 파롤 149
레게 음악 173

ㅁ

마녀사냥 32
마니아 295, 297
마당극 105
마취 65
매스미디어 224
매스커뮤니케이션 46
매스컬처 36
멀티미디어 83
메타버스 208
모던 걸 90
모던 보이 90
모던 세대 90
무크 257
문명 27
문화 22
문화(적) 주체 297
문화(적) 할인율 238, 242
문화민족주의 247, 264
문화복지 264
문화산업 135
문화상품 57
문화수준론 122
문화실천 43, 49
문화연구 31
문화의 생산 주체와 소비 주체 55
문화자본 299
문화적 근접성 247
문화정체성 52, 246

문화제국주의 247

문화주의 164

문화 중독자 293

문화통치 90

(문화)콘텐츠 271

미8군 무대 94

미네르바 사건 251

미디어 23

미디어 이벤트 62

민속문화 120

민속예술 40

민중가요 106

민중문화(운동) 52

민중주의 196

밈 37

ㅂ

반공이데올로기(반공주의) 95

반영이론 133

반한류 238

병맛 274

본격예술 40

부르주아계급 74

부상하는 문화 168

부트렉 음반 299

블랙리스트 259

비정부조직(NGO) 223

비주류 문화 204, 265

비판이론 136

비판적 미디어이론 226

빽판 98

ㅅ

사유의 외주화 233

사이버 레커 233

사회자본 179

사회적 인간 23

사회주의 리얼리즘 134

사회진화론 27

사회학, 인류학 30

산업사회 26

산업혁명 29

삶의 문화 165

상부구조 133

상업주의 77, 199

상징권력 181

상징자본 179

상징체계 30

상호작용 23

상호작용성 84

생활양식 30

서사극 143

서태지 현상 199

선정주의 77

선호된 해독 67

성 317

세대(담론) 191

세대문화 191

소비문화 106

소셜미디어(소셜 네트워크 서비스) 218

소수자 문화 265
소외효과(이론) 130 143
소프오페라 78
순수예술 40
스마트폰 218
스타덤 293
스타 시스템 62
스토리텔링 268, 271
시민혁명 72
신세대문화 52
신화 156
쌍방향성(상호작용성) 66

유기적 지식인 171
유비쿼터스 83
육체산업 314
의미화 실천 334
이대남 192
이대녀 192
이데올로기 52
이데올로기 비판 136
이데올로기적 국가기구 158
인디밴드 262
인쇄술 47
일상생활 49, 165
(일상의) 미디어화 213

ㅇ

(아류) 제국주의 247
아비투스 184
아시아적 정체성 249
아우라 141
아카데미 영화제 62
언더그라운드 292
언론통폐합 103
엘리트주의 119
영상세대 108
예술의 정치화와 정치의 예술화 141
오타쿠(오덕후, 덕후) 297
우수 영화 제도 251
우수한(세련된) 문화, 범속한 문화, 저속한 문화 122
원소스멀티유즈 61
웹툰 273
위대한 거부 137

ㅈ

자연 32
자연화 32
자율예술 137
잔존하는 문화 168
장 185
재충전 329
저항 담론 190
전문직주의 29
정보민주주의 229
정보사회 82
정체성 44
정체성 정치 109
정치적 올바름 261
제의 304
젠더 314~315
조국근대화 253

조성음계 33
좋은 문화 335
주류 문화 265
주목경제 217
주체(의) 구성 159
주체성 152
지구화(글로벌화, 세계화) 53
지배문화 173
지배 이데올로기 65, 169
지배적 문화 168
지배적-헤게모니적 해독 67
지상파 81
진화론 27
집단(적) 정체성 306
집단지성 223

ㅊ

차연 153
창구효과 61
청년문화 59
촛불집회 258
취향공중 124
취향문화(론) 124
친교적 커뮤니케이션 212

ㅋ

카니발 304
카타르시스 276
커뮤니케이션 23
커뮤니티 네트워크 234

쾌락주의 317
클리셰 61
키치 40

ㅌ

타자(화) 247
탄환이론 225
탈춤 105
텍스트 43
텔레노벨라 247
토대와 상부구조 132
통섭 83
통속 문화 74
트로트(뽕짝) 92

ㅍ

파퓰러컬처 36
판타지 278
팝 아트 41
팟캐스트 216
패러디 271
패스티시 271
팬덤 293
펑크, 펑크족, 펑크록 174
포르노그래피 323
포스트모더니즘 153
포스트모던 문화 66
표현의 자유 251
프랑크푸르트학파 130
표현의 자유 251

프랑크푸르트학파 130
프로그레시브 록 297
프롤렛쿨트 134
픽션, 논픽션 268
핑퐁외교 310

ㅎ

하위문화 172
한국공연윤리위원회(공연윤리위원회, 공윤) 256
한류 238
향락주의 317
헤게모니 170
현실도피 65
혐한류 242
호명(호출) 158
호모루덴스 327
혼종성, 혼종화, 혼종문화 113
홀리건, 훌리거니즘 311

황색저널리즘 77
후기구조주의 147

기타

1차적 의미작용 156
2차적 의미작용 156
3S정책 105
586세대 201
6월항쟁 103
88올림픽 86아시안게임 104
B급 문화 41
B급 영화 41
MZ세대 204
N번방 사건 324
on demand 서비스 86
OTT 서비스 241
UCC 211

지은이

김창남

서울대학교 경영학과를 졸업하고 동 대학원 신문학과(현 언론정보학과)에서 석사와 박사 과정을 마쳤다. 1980년대부터 문화평론가로 활동하며 월간 ≪말≫, ≪사회평론≫ 등 여러 잡지의 기획위원과 편집위원을 지냈고, 한국대중음악학회 회장, (사)우리만화연대 이사 등을 역임했다.

현재 성공회대학교 미디어콘텐츠융합자율학부와 문화대학원 교수로 재직 중이며, 한국대중음악상 선정위원장, (사)더불어숲 이사장으로 활동하고 있다.

『삶의 문화 희망의 노래』, 『대중문화와 문화실천』, 『나의 문화편력기』, 『신영복 평전』(공저), 『한국 대중문화사』 등의 책을 썼고, 『현대사회와 매스커뮤니케이션』, 『문화, 일상, 대중』, 『문화 이론 사전』 등의 집필과 번역에 참여했으며, 『김민기』, 『대중음악의 이해』, 『노래운동론』, 『대중음악과 노래운동, 그리고 청년문화』, 『아름다운 인생의 승부사들』, 『통하면 아프지 않다』, 『가는 길이 내 길이다』, 『상상력으로 미래를 연습하다』 등 여러 책을 엮었다.

한울아카데미 2395
전면 3개정판 대중문화의 이해

ⓒ 김창남, 2022

지은이 **김창남** ㅣ 펴낸이 **김종수** ㅣ 펴낸곳 **한울엠플러스(주)** ㅣ 편집책임 **최진희**
초판 1쇄 발행 **1998년 2월 28일**
전면개정판 1쇄 발행 **2003년 9월 10일** ㅣ 전면 2개정판 1쇄 발행 **2010년 2월 26일**
전면 3개정판 1쇄 발행 **2022년 8월 31일** ㅣ 전면 3개정판 3쇄 발행 **2024년 2월 5일**

주소 **10881 경기도 파주시 파주출판도시 광인사길 153 한울시소빌딩 3층**
전화 **031-955-0655** ㅣ 팩스 **031-955-0656** ㅣ 홈페이지 **www.hanulmplus.kr**
등록번호 **제406-2015-000143호**

Printed in Korea.
ISBN 978-89-460-7395-1 93300